国家社科基金重点项目
"中国式现代化新道路与人类文明新形态研究"（21AZD 094）的阶段性成果

国家社科基金青年项目
"中国超大规模国家治理视角下对口支援制度研究"（23CZZ 015）的阶段性成果

吉林大学哲学社会科学研究创新团队项目
"中国式现代化道路的政治学阐释"（2022CXTD 06）的阶段性成果

国家出版基金项目

NATIONAL PUBLICATION FOUNDATION

对口支援

大国治理的
中国经验

周光辉　王宏伟 ◎ 著

全国百佳图书出版单位

时代出版传媒股份有限公司

安徽人民出版社

图书在版编目（CIP）数据

对口支援：大国治理的中国经验 / 周光辉，王宏伟著 . -- 合肥：安徽人民出版社，2023.10

ISBN 978-7-212-11646-0

Ⅰ . ①对… Ⅱ . ①周… ②王… Ⅲ . ①扶贫—经济援助—研究—中国 Ⅳ . ① F126

中国国家版本馆 CIP 数据核字 (2023) 第 199274 号

对口支援：大国治理的中国经验
DUIKOU ZHIYUAN DAGUO ZHILI DE ZHONGGUO JINGYAN

周光辉　王宏伟　著

出 版 人：杨迎会　　　　　　　　　　策　　划：何军民　汪双琴

责任编辑：汪双琴　刘书锋　卢昌杰　　责任校对：张　春

责任印制：董　亮　　　　　　　　　　封面设计：今亮后声·郭维维

出版发行：安徽人民出版社 http://www.ahpeople.com

地　　址：合肥市蜀山区翡翠路 1118 号出版传媒广场 8 楼

邮　　编：230071

电　　话：0551-63533258　0551-63533259（传真）

印　　刷：安徽新华印刷股份有限公司

开本：710 mm × 1010 mm　1/16　　印张：26.5　　　　字数：360 千

版次：2023 年 10 月第 1 版　　　2023 年 10 月第 1 次印刷

ISBN 978 - 7 - 212 - 11646 - 0　　　　　　　　　定价：80.00 元

目　录

大国治理的
规模问题

治大国，若烹小鲜。

——《道德经》

一

大国治理的
规模负荷

自公元前 3 世纪，秦朝结束了春秋诸侯分裂割据局面，建立起中国历史上第一个大一统王朝以来，中国就开始了大国治理的历史进程。尽管广阔的领土和庞大的人口规模引发了规模治理负荷与治理成本问题，但是在两千多年的历史长河中，中华文明保持着逐渐的演变，并没有发生根本性的断裂。中华文明呈现出鲜明的历史延续性特征。疆域、族群以及文化的扩大和多元一体构成了王朝中国国家治理的基本事实。在中国的核心区域内如何实现基于辽阔疆域和众多人口的中华文明的自我维系和自我延续成为历朝历代统治者所面临的根本性难题。

当今世界是以主权国家为单位构成的国际体系，而"主权国家的首要职能，也许是最显著的职能就是空间的组织。……主权国家因此声称，它拥有控制空间的最高权力，从而强化了共同体的领土概念"[1]。因此，主权国家间的规模差异巨大。中国拥有 14 亿多的人口，国土面积位居世界第三，是世界上面积最大的单一制国家。[2]国土面积仅有 0.44 平方公里、常住人口约 800 人的梵蒂冈是世界上公认的规模最小的国家。观察现实政治世界，1945 年，联合国主权国只有 74 个，20 世纪后半个世纪殖民主义终结、苏联解体，乃至遍及世界各地的大量分离主义运动促使众多新的国家涌现，到了 1975 年，30 年间突增到 158 个，如今已增加至 193 个。[3]特别是 20 世纪 90 年代以来，世界政治版图的重组变化呈现出剧烈的态势，如苏联的解体、南斯拉夫和捷克斯洛伐克等国家的分裂，亦如德国和也门的统一。这类事件既凸显了现实政治世界的复杂性，也引起政治学者对于国家规模的高度关切。国家规模的巨大差异无疑是国际体系中的一个重要现象。作为具有明确边界的政治共同体，国家的形状和大小往往会产生深刻的政治经济影响。这样一个汇集多方面特征的政治共同体是如何生存、维系，乃至影响经济绩效尤其是 GDP 增长的，无疑是一个复杂的问题。在此意义上，国家规模既是比较政治经济学、社会组织学、政治学研究中的重要议题，也是影响现代国家建构的重要因素。特别是对于"大国"而言，因其面临更多的内外部问题或挑战，尤其是需要管理大片的领土和大量的人口，国家的治理要求会有别于疆域规模和人口规模都很小的国家。我国是超大规模国家，国民、国土以及经济总量与一个大洲的体量相当。一个省份的规模，也大都抵得上一个中型国家。不仅如

[1] [澳] 约瑟夫・A. 凯米莱里，吉米・福尔克：《主权的终结？——日趋"缩小"和"碎片化"的世界政治》，李冬燕译，浙江人民出版社 2001 年版，第 29 页。

[2] 世界各国领土面积排在前七位的国家中，有六个国家实行联邦制，只有中国实行单一制体制。关于"联邦制"的概念，参见亚当・库珀、杰西卡・库珀主编：《社会科学百科全书》，上海译文出版社 1989 年版，第 271 页。

[3] 参见联合国门户网站，https://www.un.org/zh/sections/about-un/overview/index.html.

此，我国各地风俗、地理、文化差异也大，仅方言就有上百种，治理难度可想而知。放眼世界，一些大国的地方区域尽管从规模上堪比小国，却没有小国的主权权力，这就需要更多的治理智慧。国家规模在此意义上构成了决定人类公共生活质量的重要因素。

在政治学领域中讨论国家规模问题，核心关切是"治理规模以及由此产生的治理负荷"①。尤其是对于实行单一制体制的中国来说，单一制体制同超大规模的国家空间耦合导致"规模压力"或者"治理负荷"的产生，对中央政府的政治控制和治理能力构成了严峻的挑战。考察世界历史和现实不难发现，规模治理负荷在很大程度上受到治理的规模②、治理的内容以及国家结构形式的影响。

第一，治理的规模直接影响国家的治理成本。国家规模是离散调整的，这意味着，国家治理的规模并非一成不变。治理的规模很大程度上是由国家的领土规模和人口规模决定的。当国家规模扩大时，通常也意味着维系国家共同体统一与稳定的管理成本呈指数上升。大规模意味着大责任，大责任意味着大成本。《周礼》有言"惟王建国，辨方正位，体国经野，设官分职，以为民极"，任何一个国家的建立都需要首先确定其所处的自然地理方位，划分行政区域，分设官职，以此来加强对其管辖领土的统领、管理和整合。"在国家边界之内，权限是有层次的，从最高的中央政府扩大到若干次权限层次，次权限又可分成地区更低的层次。"③在 1957 年国际

---

① 周雪光：《中国国家治理的制度逻辑：一个组织学研究》，生活·读书·新知三联书店 2017 年版，第 14 页。
② "治理的规模"不同于"规模的治理"。所谓"治理的规模"通常由历史演变轨迹、制度安排和治理模式等一系列因素塑造，更多地强调在规模治理中领土规模和人口规模是重要的影响因素。而"规模的治理"是指基于规模的影响因素所导致的国家治理问题。笔者认为，狭义的规模治理是指大规模国家的治理问题。广义的规模治理强调各种体量的国家治理问题，如小国脆弱性问题和大国非均衡性问题等。
③ [澳] 约瑟夫·A. 凯米莱里，吉米·福尔克：《主权的终结？——日趋"缩小"和"碎片化"的世界政治》，李冬燕译，浙江人民出版社 2001 年版，第 29 页。

经济协会海牙会议的论文集《国家规模的经济影响》中，剑桥大学的奥斯汀·罗宾逊教授在《国家规模与管理成本》一文中指出，国家的规模越大，意味着更冗长的和更加强的分层等级链，也意味着行政事务更加复杂，因为下属数量的增加会导致协调管理难度增加。[①] 费尔南·布罗代尔在《菲利普二世时代的地中海和地中海世界》一书中，曾如此描述 16 世纪西班牙帝国的统治与庞大的规模之间的关系，"与距离作斗争，仍然是费神的问题……从君士坦丁堡渡海到亚历山大（埃及亚历山大里亚），包括中途停留，需要 15 天左右，不算中途停留，要 8 天时间"[②]。西班牙帝国庞大的国家规模，被其视为政令发布和应对措施迟缓的基本原因。[③] 学者黄仁宇同时注意到更大的国家规模并不意味着国家会拥有更强的规模治理能力。甚至恰恰相反，规模问题本就是规模治理难题的一部分。根据人类学家和社会学家的研究，人类社会合作存在着规模局限，大规模的、跨地区的群体合作存在自然的障碍。[④] 大规模国家相对于小规模国家而言必然要依赖多层级的分层体制并面对差异化的地区事务。多层级体制和差异化的地区事务相结合，不仅导致行政事务更加复杂，而且会使上情下达与下情上达的信息变异，致使协调管理的难度增加。过长的行政控制链条还会引发严重的委托—代理难题。古代中国通过建立以庞大的官僚集团的个人品德修养为核心内容的"教化"体系来维持社会上层和下层的关系。但是这种管

---

① [英] 奥斯汀·罗宾逊主编：《国家规模的经济影响》，欧阳峣、陈娟娟、盛小芳译，格致出版社、上海人民出版社 2022 年版，第 238 页。

② [法] 费尔南·布罗代尔：《菲利普二世时代的地中海和地中海世界》（第 1 卷），唐家龙、曾培耿等译，商务印书馆 1996 年版，第 533—537 页。

③ [法] 费尔南·布罗代尔：《菲利普二世时代的地中海和地中海世界》（第 1 卷），唐家龙、曾培耿等译，商务印书馆 1996 年版，第 551—553 页。

④ 例如由英国牛津大学人类学家罗宾·邓巴在 20 世纪 90 年代提出的"邓巴数"，推断人类智力将允许人类拥有稳定社交网络的人数是 148 人，四舍五入大约是 150 人。参见，王道勇：《社会合作何以可能——集体利益论与集体意识论的理论分析与现实融合》，《社会学研究》2022 年第 5 期。

理方式经常由于缺乏有效的治理工具、社会上层与下层的分离而导致整个庞大国度的失控、动乱乃至改朝换代。学者葛剑雄同样强调了历史上中华帝国的空间距离给官僚体制中的信息流通和指令执行带来了种种困难。[①]在当前的交通、通信和组织技术条件下，超大规模的国土空间带来的沟通和控制上的困难得到了一定程度的缓解。但是，技术治理手段本身的局限性决定了国家规模治理负荷很难从根本上得到解决。

　　除了地理空间因素外，人口的变化往往也是影响国家治理的重要因素。美国社会学家杰克·A.戈德斯通提出了一种基于人口变化的人口/社会结构模型来解释国家崩溃现象。在此模型中，以人口变化为核心的物质因素是国家崩溃的主导因素，特定的文化结构以及精英意识形态则是国家重建的主导因素。不断增长的人口一旦超过土地收益的承载量，将会加剧土地和劳动力市场的负担，引起剧烈的社会流动，削弱国家财政收入，从而导致政治动乱和社会动荡。[②]事实上，工业化时期之前，欧亚大陆温带地区的一些主要农业大国，包括欧洲各君主国、奥斯曼帝国、中国和德川幕府时期的日本，在持续的人口压力下发生的国家治理困难已经证实了这一点。当我们将视角从欧亚大陆回归到中国自身，不难发现，从人口规模和国土体量来看，中国的国家规模大体上可以和全欧洲进行比较。然而，后者是10多亿人口分布在大约50个主权独立的国家，中国是10多亿人口集中生活在一个国家，中央政府的管理范围南北跨越纬度近50度，从寒温带到热带、从干燥到潮湿、从陆地到海洋，无所不包。各类灾祸于一时一地或有或无，但是对于如中国这样地广民众的国家而言，就可谓"无时不有""无处

---

① 葛剑雄：《统一与分裂——中国历史的启示》，生活·读书·新知三联书店1994年版。
② [美]杰克·A.戈德斯通：《早期现代世界的革命与反抗》，章延杰、黄立志、章璇译，上海人民出版社2013年版，第23页。

不在"了。在此意义上，规模治理负荷的程度直接受到领土规模和人口规模等一系列变量的影响。

第二，国家规模治理的负荷程度受到治理内容的影响，两者呈正相关关系。所谓治理内容，是指国家机构在各种公共物品或服务的生产和供给中所承担的职责或履行的职能。不同的国家在不同的历史时期，往往有着不同的治理内容。这意味着国家负荷的治理成本和挑战大相径庭。在"皇权不下县"的帝制时期，中央政府受到"财政收入、组织技术、沟通手段以及官员来源"① 的限制，国家治理的内容"止步"于县，县以下可谓"天高皇帝远"。县级政权以下需要通过士绅阶层以及各种民间的宗法组织来维持对基层社会生活的有效组织、治理和控制，这也是缘何费正清先生会认为"从基层上看去，中国社会是乡土性的"。随着封建王朝的瓦解，国家公权力逐渐延伸覆盖到了县以下的乡镇和城市的街道。县乡一级的地方精英自治被国家的统一管理取代。但是在乡以下的村落，仍要依赖于村民自治。倘若村落建制，仅财政负荷的压力就要呈指数级上升。而在实行计划经济的人民公社时期，中央政府通过以中国共产党各级组织为核心的人民公社三级机构，把混乱和分散的乡土社会整合为一个高度组织化的政治社会，城市以外几乎所有的地区、行业和人员都被纳入国家的组织管理中。② 同时，国家在城市中还承担了就业、住房、教育、社会福利等方面的责任。

值得注意的是，除了治理内容的多寡外，治理内容的差异性、多样性和复杂性同样是国家规模治理负荷产生的重要因子。"国家是人类通过合作达成基本认同的共同目标的一种组织形式。……国家能完成家庭、氏

---

① 孙立平：《中国传统社会中贵族与士绅力量的消长及其对社会结构的影响》，《天津社会科学》1992 年第4 期。
② 徐勇：《"政党下乡"：现代国家对乡土的整合》，《学术月刊》2007 年第 8 期。

族、部落和其他组织办不到的大规模的事业。……国家是（虽有全球化的压力，今天我们的时代仍然是）确保大规模合力协作项目得以实现的主要形式。"① 作为一种管理"大规模的事业"的组织形式，国家的治理内容包含着深刻的差异性、多样性和复杂性。从理论上讲，国家规模越大，差异性、多样性和复杂性就会越显著，从而产生更多的治理困难和治理成本。首先是治理内容的差异性。所谓差异性，是指"社会群体在阶级、阶层、地域、血缘、语言、文化、习俗等方面具有区分，存在着不同的心理偏好和认同"②。国家规模越大、人口数量越多，产生的意见和分歧就越多，需要协调和解决的问题也越多。不同偏好、文化、语言、身份的群体对一系列公共政策（比如再分配、公共物品的提供等）达成一致，开展人与人之间的共同协作就会更加困难。其次是治理内容的多样性。尽管在文学、艺术、学术或者商业领域，多样性总体上作为人类生活的积极面被接受，但是不容忽视的是，正如社会学家们所发现的，在很大程度上多样化的人口不利于经济发展（Easterly and Levine 1997）、容易造成对陌生人的不信任（Bjornskov 2004）、弱福利国家（Alesina and Glaeser 2004；Gerring et al. 2015）、提供更少的公共物品（Alesina et al. 1999）以及形成社会隔离（Alesina and La Ferrara 2000；Putnam 2007）等。例如，伊斯特利和莱文的一项经验研究表明，族群多样化的国家比同质化国家低 2% 的年增长率。这在一定程度上，解释了几十年来困扰许多发展中国家，特别是非洲多样化国家的"增长悲剧"的部分原因。对此，哥伦比亚大学的安德烈亚斯·威默教授在其专著《国家建构：聚合与崩溃》中不无沮丧地写道："多样性使得编织包罗万象

---

① [美] 约瑟夫·R. 斯特雷耶：《现代国家的起源》，华佳、王夏、宗福常译，格致出版社 2011 年版，第 14 页。
② 周光辉、彭斌：《其命维新：中国构建新型现代国家的道路与经验》，吉林大学出版社 2023 年版，第 118 页。

的联盟网络更为困难，从而阻碍了政治整合的前景。"① 最后是治理内容的复杂性。复杂化一般是指"一个社会的规模、其组成部分的数量和特点、其整合的特殊社会功能的多样性、其拥有的独特社会人格的数量及其多样性以及社会功能整体凝聚机制的多样性"②。在一个社会中这些方面任何尺度的增加都意味着社会复杂性的增大。复杂性系统论承认人类历史的复杂性、个体行为的复杂性、一国地域文化的复杂性，以及制度的复杂性，认为这些因素无一例外地深刻影响着国家治理的复杂性。③ 从这个角度而言，国家规模越大，国家内部所有行动者、要素、关系、规则和制度安排之间的交互就会越复杂，规模治理的难度也会随之呈几何级数式的增加。事实上，治理内容的高度差异性、多元性与复杂性已经成为一些国家发生宗教冲突、群体对抗、身份对立、认同模糊等的根源。事实上，巴尔干国家发生的事件已经充分地证明了约瑟夫·泰恩特对复杂社会的崩溃的担忧不无道理。当代中国是一个涵括了多种地理元素、民族构成、文化品类和治理体制的聚合体。④ "权威体制将中央政府与辽阔的国土、数千里的疆土边界、不平衡发展的区域、多样的文化制度、各种自然和人为的灾害和危机，以及数以亿万计民众的生计紧密地联系在一起。"⑤ 中国规模治理的负荷难题就产生于这些关系之中。

第三，规模的治理同样深刻地受到国家结构形式的影响。联邦制国家通过权力下放的分权实践以期削弱国家管理的幅度和压力。通常，权力下放的动机是认为如果中央政府将政策特许下放给地方，异质性或多样性的

① [瑞士] 安德烈亚斯·威默：《国家建构：聚合与崩溃》，叶江译，格致出版社、上海人民出版社 2019 年版，第 258 页。

② [美] 约瑟夫·泰恩特：《复杂社会的崩溃》，邵旭东译，海南出版社 2010 年版，第 38 页。

③ 刘伟：《论当代中国政治的复合性与国家治理现代化》，《武汉大学学报》2015 年第 3 期。

④ 吴稼祥：《公天下》，广西师范大学出版社 2013 年版，第 31 页。

⑤ 周雪光：《权威体制与有效治理：当代中国国家治理的制度逻辑》，《开放时代》2011 年第 10 期。

偏好能够得到更好的满足。然而，并非所有的权力下放都是成功的。在许多发展中国家，权力的下放导致国家出现巨大的财政失衡和政策缺陷。主要原因是中央和地方政府之间的财政关系很容易处理不当，从而导致地方超支和赤字。因此，从理论上讲，虽然权力下放可以优化衡量大国的规模经济，降低不同地区的偏好异质性，但实际上比起它所解决的问题来说，权力下放往往会产生更多的问题。① 无论是单一制的国家结构形式还是联邦制的国家结构形式，"规模压力"真实且客观地存在着。在世界各国领土面积排在前七位的国家中，有六个国家实行联邦制，只有中国实行单一制体制。单一制体制同超大规模的国家空间耦合导致"规模压力"抑或形成"治理负荷"。中央政府承担着来自全国四面八方的问题压力以及维护社会稳定、寻求地区平衡、促进经济发展的多重使命。特别是我国疆域广袤，地理环境极其多样，地域差异极其显著，民族成分极为复杂，中央政府的治理能力面临严峻的挑战。

国家规模与国家的实际治理能力之间存在"落差"。黄仁宇所讨论的"数目字管理"在一定程度上缓解了"落差"引起的治理压力，提高了国家规模治理的有效性。这在国土和人口规模较小的情况下是具有现实可能性的。但是，规模治理困难的根本不在于统计学意义上数目字管理的落后与欠缺，而是国土和人口规模较大的情况下实际治理能力的不足以及极高的政治和社会治理成本。大规模国家社会结构的高度复杂化，使得大国治理的规模负荷难题很难单纯地依靠技术治理手段得到根本性的解决。

---

① [意] 阿尔伯托·阿莱西纳、恩里科·斯波劳雷:《国家的规模》，戴家武、欧阳峣译，格致出版社、上海人民出版社 2020 年版，第 237 页。

从国家规模的角度审视大国治理，应从"国家"的含义说起。需要强调的是，从基于不同思想知识体系的中华文明和西方基督教文明中思考国家规模的概念对接、术语互译和逻辑沟通，具有重要的意义。颇为有趣的是，在表达国家概念时，英语世界常常使用"country""nation"和"state"从国家的不同面向来指称国家，而在汉语中仅有"国家"一词表示国家的概念，别无分称。汉字中的"国"（繁体字作"國"）始见于甲骨文中，由一"戈"一"口"组成，本意为宫城，指的是城、邑。[①] 当先民因农业发展而定居下来以后，逐渐围绕部落首领的居住地形成"国"与"野"，相当于现在的城市与乡村的关系。清人焦循曾归纳总结"国"字含义："经典国有三解：其一，

① 陆忠发：《"国"字本义考》，《杭州师范大学学报（社会科学版）》2012 年第 6 期。

大曰邦，小曰国，如'惟王建国'，'以佐王治邦国'是也；其一，郊内曰国，《国语》《孟子》所云是也；其一，城中曰国，《小司徒》'稽国中及四郊都鄙之夫家'、《载师》'以廛里任国中之地'、《质人》'国中一旬，郊二旬，野三旬'、《乡土》'掌国中'是也。盖合天下言之，则每一封为一国；而就一国言之，则郊以内为国、外为野；就郊以内言之，又城内为国、城外为郊。"[1]

商周晚期，铜鼎铭文中的"国"包含的"口"表示人口，"一"表示领土，"戈"表示以武器守卫。由此可见，古代中国的"国"已涵纳了国家的若干要素。此外，关于"国"字本义尚有两种说法：一说"國"字来自上下结构为"或＋王"的古汉字组成，包含有"一""口""戈""王"等若干要素。[2]一说"國"

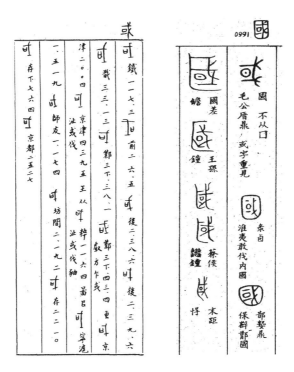

图 0-2　甲骨文"国"字（左）与金文"国"字（右）

---

① 焦循:《群经宫室图》卷上。

② 冷玉龙等编:《中华字海》，中华书局、中国友谊出版公司 1994 年版，第 809 页。

字出自汉字的早期形态甲骨文"或"，西周早期金文在甲骨文"或"字下加一横，本义是指由武器戈守护一方土地（见图0-2）。按照目前的字义来看，"国"是政治组织的单位，"家"是由血缘关系组成的社会单位。"国"与"家"放在一起时，即泛指整个国家。例如，《孟子·离娄上》中记载，"人有恒言，皆曰'天下国家'。天下之本在国，国之本在家，家之本在身"。而《周礼·大司徒·乡大夫》中所说的"五家为比，五比为闾，四闾为族，五族为党，五党为州，五州为乡"，其实就是将"家"作为计算划分闾州乡、实行乡制的基本单位。《论语·季氏》中也有言"丘也闻有国有家者，不患寡而患不均，不患贫而患不安"，其中诸侯封地谓之"国"，卿大夫封地谓之"家"。"有国有家者"指有国土的诸侯和有封地的大夫。在此意义上，"国家"可以被认为是有等级差别的、不同地域范围的政治空间或统治区域。而在西方，"国家"原指城邦。在盛行共和国的古罗马，"国"是指"共和国"，意即一城市中的公众。1538年，英国人斯塔基在《英格兰》一书中以"status"的英文"state"指称"国家"，意指国家的某些要素如土地、人民、政府以及统治技术。

"国家规模"一词在英文世界中经常使用为"country size"或者"the size of nations"。国际学界研究国家规模问题已经取得了一系列的重要成果，如由罗宾逊教授主编的1957年国际经济协会海牙会议的论文集《国家规模的经济影响》、阿莱西纳教授和斯波劳雷教授所著的《国家的规模》、德国洪堡大学阿卢伊尼的博士学位论文《国家规模、增长和货币联盟》等。以上文献基本代表了21世纪初期国际学界对于国家规模的研究水平。从这些系列成果中不难发现，他们在"国家规模"一词的使用上略有差异。[1]

---

[1] 尽管概念不同，"country"和"nation"常在文献中互换使用。关于国家规模概念界定的更详细讨论，参见本书第一章内容。

一般而言，"nation"一词具有中文"民族"与"国家"双重含义。其所指的"国家"主要是指以"民族"和人口为基础的社会共同体，强调国家的民族和国民内涵，意指民族意义上的国家。其外延要比同样可以表述中文"国家"概念的词语——"country"和"state"要窄一些。英文"country"是具有相对固定边界和范围的地域共同体，侧重国家的领土和疆域因素，意指地理意义上的国家。英文"state"所表述的"国家"概念代表一定地域范围内组成的政治单位，它由一个控制着其内、外事务的政府所管辖，强调国家的政权和管理属性，意指政治意义上的国家。比如古希腊的"city-state"（城邦国家）、中世纪的"feudal state"（封建国家），乃至近代以降所形成的现代"sovereign state"（主权国家）等。

根据"国家"一词的词源意义，有三要素说或四要素说。三要素说认为，国家是人口（国民）、领土（国土）、政府（组织）三者的联合体。四要素说认为，国家的构成除了上述三要素以外，还需加上主权（权力）。无论东方还是西方，都不约而同地将一定的人口和领土视为国家构成的基本要素。领土和人口，是人们认识和理解国家的两个基本维度。没有人口和领土，就没有了一切社会的、政治的现象，也就没有了国家。领土大小和人口多寡决定了国家规模的大小，进而成为影响国家治理规模与治理难度的基本参数。

定居的人口是国家构成的第一个要素。作为国家组织要素的人口，是指以一定数量定居某地区的居民。这就是说，人口应具有一定的数量，并且此数量没有上下限额，更无成分的限制。就目前已知的情况而言，世界上人口最多的国家是中国，人口规模逾14亿，占世界总人口（据联合国报告，2022年11月15日全球人口达到80亿）的18%。世界上人口最少的国家是梵蒂冈，人口约800人。一些南太平洋区域星罗棋布的岛屿国家，如瑙鲁、图瓦卢等人口只有万余，常常被称为"微型国家"或者"袖珍国家"。人口多的国家与人口少的国家的人口规模差距，可见一斑。定居的人口，表明国家是生活在特定地区的稳定的人群共同体。人口是定居下来的人口，而不是流动性的人口，并且与其定居的一定地区面积相联系。

德国政治学家约翰·卡斯帕·布隆奇利在《国家论》第二卷"国民及国土"中对于"族民"和"国民"定义的区分彰显了这一特性：

> 族民与种族同指一定数量的民众，国民指居住于同一国土上一定数量的民众。故一族民可能分裂为多个国家，一国家可能拥有数种族民，然而国民则不同。

世界上有 3000 多个民族，交错分布在 200 多个国家和地区。虽然每个民族都有一定数量的人口，但是多寡不一、悬殊极大。例如，我国的汉族人口超过了 12 亿，而位于印度洋上安达曼岛的大安达曼人已经从 19 世纪的 5000 人锐减到今天的 28 人。[①] 一个国家可以有多个民族，一个民族也可以分布于多个国家。譬如，起源于印度北部、散居于全世界的流浪民族——吉普赛人，无根流浪、随遇而安的民族特性使得"永远的异乡客"成为世界作家笔下共同的吉普赛人"他者"形象。

确定的领土是国家构成的第二个要素。领土一般是指国家权力以及它所提供物质资源的空间范围，因为与国家相关而具有了政治含义。[②] 它是国家存在的重要物质基础，也是国家主权行使的地理空间。从空间角度看，现代国家的一个根本特征就是必须拥有固定的领土，清晰且稳定的边界以

---

① 《安达曼人正走向消亡》，2003 年 3 月 24 日《环球时报》第 14 版。
② 狭义的领土主要是指国家的领陆，国家的领土面积主要是指领陆面积，国家的疆域轮廓也主要由领陆勾勒。广义的领土是指处于国家主权管辖下的地球表面的特定部分，包括领陆、领水和领空，是一个立体化的三维空间。参见詹宁斯、瓦茨修订《奥本海国际法》（第1卷第2分册），王铁崖等译，中国大百科全书出版社1998年版，第 7—10 页。

及对领土的权利是现代国家必要的构成要素。任何国家，无论其大小，都必须具备一定的领土。没有领土，定居的人口（国民）就失去了居住与进行一切活动的空间。离开领土，国家也就不复存在了。

"领土"一词来自拉丁文，原意指坐落在城邦周围或属于城邦的土地，即为古代世界中的城市居民提供基本资源的土地。[①]柏拉图认为它为城邦居民提供了必要的物质条件。亚里士多德则将它连同人口和政府视为获得安全和财富的第三元素。到了16世纪初威斯特伐利亚体系形成后，领土逐渐被嵌入一般的道德秩序中，"充当了为了更大的和平从空间上限制主权、一般将国家限于它们的界线之内的方式"[②]。恩格斯指出，"国家和旧的氏族组织不同的地方，第一点就是它按地区来划分它的国民。……这种按照居住地组织国民的办法是一切国家共同的"。传统国家有边疆，而无边界。与此不同，现代国家需要勘定边界、划分地域，在清晰的边界领土范围内维持行政垄断。正如马克斯·韦伯对于国家的经典定义，"国家是这样一个人类团体，它在一定的疆域之内（成功地）宣布了对合法使用暴力的垄断权"[③]。这意味着，现代国家不仅是民族国家，也是领土国家（territorial state）；不仅拥有对其空间内的人口（国民）的权威，而且拥有对其领土（国土）的权利。如果居民所居住的土地不能被政治组织予以控制，则就不能称为"确定的领土"或者"特定的土地"。

恩格斯认为，"第一次基于公共需要而将人们分开，不是根据社会集团，而且根据人们居民的共同地域……同古代的人身依附组织不同的是，国家首次成为一种生活在同一领土上的成员所组成的集团"。建立在血缘

---

① Parker,G.（2004）Sovereign City: The City-state through History. London:Reaktion Books.

② [美]卡洛琳·加拉尔、卡尔·T·达尔曼、艾莉森·芒茨，[爱]玛丽·吉尔马丁，[英]彼得·舍洛：《政治地理学核心概念》，王爱松译，江苏教育出版社2013年版，第55页。

③ 马克斯·韦伯：《学术与政治》，冯克利译，生活·读书·新知三联书店1999年版，第55页。

纽带基础上的古代人身依附组织，不再单一地占有一块领土。建立在领土控制基础上的新的社会分化成为必须。因此，"地区依然，但人们已经是流动的了"，"这种按照居住地组织国民的办法是一切国家共同的。……现在只有户籍才是具有决定意义的，而不是一个血缘关系组织的成员身份。现在要划分的是领土而非人：居民仅仅变成了领土的政治附庸"。因此，民族主义以及任何一种其他的地方主义都可以在这种由阶级和性别所造成的社会分化当中，以及在作为统治阶级工具的国家的形成当中找到其历史根源。

中国大国治理的规模结构

从长历史的角度看，中国与欧洲国家形成了不同历史走向：欧洲国家是古罗马帝国解体后分化的结果，"中国作为一个统一的国家而进入现代"①。美国著名汉学家费正清曾如此喟叹：："可以翻一下世界地图。全欧洲和南北美洲住着 10 多亿人。这 10 多亿人生活在大约 50 个主权独立的国家，而 10 多亿中国人生活在一个国家里。这个惊心动魄的事实，全世界中学生都是熟悉的，但是迄今为止几乎没有人对它的含义做过分析。"②

这个"惊心动魄"的事实是超大型的人口规模与超广阔的疆域国土共同构成了中国大国治理的规模结构和约束条件。历史唯物主义认为："人们自己创造自己的历史，但是他们不是随心所欲地创造，并不是在他们自

---

① [美] 孔飞力：《中国现代国家的起源》，陈兼、陈之宏译，生活·读书·新知三联书店 2013 年版，第 121 页。
② [美] 费正清：《伟大的中国革命》，刘尊棋译，世界知识出版社 1999 年版，第 14 页。

己选定的条件下创造，而是在直接碰到的、既定的、从过去继承下来的条件下创造。"①

一是疆域辽阔。在中华文明的发展历程中，这一共同体的疆域范围经常覆盖的地区包括以帕米尔高原和巴尔喀什湖地区作为西线，蒙古高原和外兴安岭作为北线，向东向南直抵太平洋的大片区域。② 这一地理单元，包含着平原、草原、海洋、高原、荒漠等几种主要的自然—社会—经济生态区域。这一系列复杂的地理空间结构既为自然资源的蕴藏提供了空间基础，也决定了自然资源的分布会有大的差异。在这样一个大规模的国土空间，长期存在着各区域的自然禀赋和社会发展的不平衡。这就要求通过调配与再平衡的方式实现资源的合理利用，这显著地增加了中国大国治理的结构复杂性。

超广阔的疆域国土，既是中国发展的初始条件，又是发展过程中的结构性约束。

一方面，超大规模国家内生的规模结构和地理空间决定了中华文明的样态和发展，与国家进程和政治建构存在着必然的生成关系。文化乃至地理环境，是政治制度的底色。在铁路、飞机等运输方式发明之前，靠近海洋或通航河流是开展贸易、传播技术与获取海洋资源的一项关键优势，对发

---

① 《马克思恩格斯文集》第 2 卷，人民出版社 2009 年版，第 470—471 页。

② 中国疆域的形成和发展多以清代前期的疆域为最终结果，不是因为它广大（甚至这一范围也远未抵及中国历史上的最大疆域），而是因为在此之前中国的疆域基本没有受到来自外部的重大影响。学界认为这一地理版图能比较全面地反映出中国疆域的发展结果。更重要的是，这是一个自然形成的过程。参见李大龙：《中国疆域诠释视角：从王朝国家到主权国家》，《中国社会科学》2020 年第 7 期；李大龙：《传统夷夏观与中国疆域的形成——中国疆域形成理论探讨之一》，《中国边疆史地研究》2004 年第 1 期。葛剑雄在《中国历代疆域的变迁》中也表明了类似的观点："我们将历史上的中国，应该以中国历史演变成一个统一的、也是最后的封建帝国——清朝所达到的稳定的最大疆域为范围。具体地说，就是今天的中国加上巴尔喀什湖和帕米尔高原以东，蒙古高原和外兴安岭以南的地区。"参见葛剑雄：《中国历代疆域的变迁》，商务印书馆 1997 年版，第 6 页。

展进程与国家形成有重要意义。[1]在世界上 44 个内陆国中，尽管有奥地利和瑞士等经济繁荣的案例，大多数却依旧贫困。与之相似，过于崎岖的地形与多变的气候通常会给发展带来直接的不利后果。

国家的地理空间决定了自然资源的获取。中国的陆地面积约 960 万平方千米，这是一个包含平原、草原、江河、高原、荒漠等的多元共生体系。辽阔的疆域既为自然资源的蕴藏提供了空间基础，也决定了自然资源的分布会有大的差异。比如，有限的耕地资源集中在东部季风区的平原；铁主要分布在辽宁、冀东和川西；煤主要分布在山西、内蒙古和新疆等省区；90% 的石油可采资源分布在中国北部，而北方的淡水资源却仅有南方的1/4。根据地理学家胡焕庸在 1935 年提出的一条从黑龙江省黑河到云南省腾冲的人口地理分界线，此线以东面积约占全国面积的 36%，而人口约占全国总人口的 96%；此线以西面积约占全国面积的 64%，人口却仅占全国的 4%。[2]人口的不均衡分布进一步凸显了人均自然资源的非均衡性。一些地区享受着得天独厚的发展便利（如肥沃的土壤、优良的海港、便利的交通等），另一些地区却深陷"资源陷阱"。

地理因素除了对自然资源的获取有直接影响之外，还在以下方面有着间接的关键影响，即促进竞争、形成制度和文化特性。[3]从中国文明古国的夏、商、周三朝来看，文明集中在黄河中下游地区，包括其支流，如汾河、南洛河、渭河以及三门峡以东的今天冀、鲁、豫的交界地区。这块内部单一、面积广阔的地区，在公元前 221 年实现了大一统，并且成为以后朝代的核心地区。在过去的两千年里，这个核心区里使用着统一的文字系统

---

[1] Dalgaard, Carl Johan, Anne Sofie Knudsen and Pablo Selaya, "The bounty of the sea and long-run development," Journal of Economic Growth 25, no.3（2020）：259-295.

[2] 胡焕庸：《中国人口的分布、区划和展望》，《地理学报》1990 年第 2 期。

[3] [以] 奥戴德·盖勒：《人类之旅：财富与不平等的起源》，余江译，中信出版集团 2022 年版，第 165 页。

和主流语言，保持着经济活动的一致性和政治控制的稳定性。相反，欧洲以阿尔卑斯山系为中心，河流散布，天然地被分割成了多个地理区域，这限制了不同地理区域的交流与融合，无法形成一个人口绝对多数的主要民族，纷繁复杂的政权和语言拼凑成了众多的国家。不可逾越的阿尔卑斯山脉、比利牛斯山脉和喀尔巴阡山脉等更是为野心勃勃的征服者们制造了物理障碍。在英国"近代地理学鼻祖"哈·麦金德看来，"欧洲被关在南面不可逾越的沙漠、西面无边莫测的大洋和北面、东北面冰雪或森林覆盖的荒原之间，而东面和东南面又经常受到骑马和骑骆驼民族的优势机动性的威胁"①。欧洲破碎的海岸线上有着无数的海湾和半岛，沿海沿河的国家最终又都宿命般地走向海洋，或向北走向波罗的海，或向南走向地中海进入大西洋，最终形成了海上强国和陆上强国的对峙。有学者认为正是由于这种分裂的状况推动了欧洲各国间的激烈竞争，进而推动和促进了制度、技术与科学的发展。②

中国古代中原文明所处的东亚大陆，北部是荒漠和草原，西部是高山与高原，东部和南部是汪洋大海。中原王朝的核心区域呈现不规则的"漏斗状"，中间低四周高。从中国前往世界其他三处文明中心需要经过漫长的陆路或者海路。从世界地理位置来看，作为东亚古文明起源地的中国黄河、长江流域处于较为封闭的位置。西部的高山沙漠和东南部的汪洋大海，把中华文明限制在稳定的空间之内，从而导致了中华文明的原生性和独特性，也形成了中国政治制度的内生性。

另一方面，超大规模国家内经济资源分布呈现结构非均衡性以及族

---

① [英]哈·麦金德：《历史的地理枢纽》，林尔蔚、陈江译，商务印书馆1985年版，第54—55页。

② Jones,Eric,The European Miracle: Environments,Economies and Geopolitics in the History of Europe and Asia,— Cambridge University Press,2003.

群的多样性对国家主权统一和自主性构成了潜在威胁。[①] 规模性的资源条件，并不意味着天然具有"规模优势"。超大规模国家内生的规模结构的保守性和非均衡性构成影响甚至阻碍社会变革的重要因素。中国经济体制转型的过程，实际上也是区际经济非均衡增长的过程。特别是改革开放以来，产业和劳动力不断向东部沿海地区集聚，产品的生产、消费同资源的富集区有着明显的空间错位。[②] 地区经济增长的日益分化除了与自然资源、人口等在地理空间中的不均衡分布相关，也和规模效应不无关系。经济和人口的空间集聚形成比较优势（如信息和运输成本的节约），吸引经济资源的因果循环聚集。通常，优先发展的地区资本回报率和劳动回报率更高，更吸引生产要素的流入，进而锁定和强化其初始优势。在我国，产业、人口、技术、信息等集聚形成规模效应，强化东部沿海地区的发展优势。即使国家在欠发达地区加大一些经济投资政策，表面上地区间发展差距有所"收敛"，但这可能是以损失经济增长效率为代价的。[③]

此外，族群多样性是经济活动主体多样性的一种集中表现。任何一个特定范围内的人群在种族、语言、职业、收入、社会地位等统计学指标中都会表现出差异性。当某些指标的差异性突出到一定程度，族群多样性就产生了。一种常见的观点认为，如同中国和印度这样的超大规模国家的经济发展更容易受到国家规模的负面影响。因为管理这么庞大和族群多样化的国家是困难的。著名社会理论家厄内斯特·盖尔纳在《民族与民族主义》一书中提出了，族群同质性同经济发展正相关的经典性命题。可以设想，

---

① 周光辉、彭斌:《国家自主性:破解中国现代化道路"双重难题"的关键因素——以权力、制度与机制为分析框架》,《社会科学研究》2019 年第 5 期。

② 《〈全国国土规划纲要(2016—2030 年)〉系列专访之一》,中华人民共和国自然资源部, https://www.mnr. gov.cn/zt/hd/tdr/27tdr/td/201807/t20180709_2051934.html.

③ 路铭、刘雅丽:《区域平衡发展:中国道路的"空间政治经济学"思考》,《广西财经学院学报》2019 年第 4 期。

一个 90% 的民众使用同一种语言的国家，无疑要比一个最多 30% 的人讲同一种语言的国家更便于管理。

族群多样性不仅显著存在于国家之中，还呈现在地区、社区、组织甚至家庭之中，并且规模越小，表现出越强的同一性。随着规模的增加，趋向于更大的差异性，具有不同偏好、文化、语言、身份的群体对政策偏好达成一致就会更加困难。而中国恰恰是一个包含多种地理元素、文化元素、民族构成的多族群国家。这是现代中国人赖以安身立命的历史遗产。如何维护族群整体的均衡和完整、破解族群多样性的经济降低效应还需要深入研究。

二是人口众多。两千多年来，中国的人口数量一直在世界人口总数中占相当高的比重。除东汉末年战乱、瘟疫以及灾荒导致人口锐减至 1000 万外，[①] 在其余历史阶段，中国的人口数量占世界人口的比例"基本都在 20% 以上，一般在 30% 左右"[②]。得益于相对优渥的自然地理条件（如大面积的平原、众多的河流、丰沛的水源等）、历朝历代鼓励人口生育的政治制度、鼓励早婚早育多育的传统思想和社会习惯（如"多子多福"等生育价值观念）、农业生产的大发展，中国人口不断地增长。尤其是，清中叶高产农作物（如马铃薯、玉米等）在全国的推广、传播，加之"滋生人丁，永不加赋"和摊丁入亩制度的实行，极大地促进了人口的大发展。这为我国现阶段的人口规模奠定了庞大的人口基础。据史料记载，到了北宋时期中国人口已经突破 1 亿，到清末时已达到 4 亿的新高峰（见表 0-1 所示）。中国的人口变化直接影响到了国家的政权建设、经济建设和文化教育建设。学者李怀印提出，18 世纪最后几十年中国人口的快速增长，不仅对农业生产

---

① 朱贤枚：《中国历代人口统计》，《南昌大学学报（人文社会科学版）》1982 年第 3 期。
② 葛剑雄：《中国历代人口数量的衍变及增减的原因》，《党的文献》2008 年第 2 期。

造成了一定的影响，而且波及了清朝的财政状况。[①] 因此，有的学者将中国历代的人口变化描述为社会现状的"晴雨表"。[②] 王沪宁同样将人口问题放在了极为重要的地位，认为中国社会的特殊性在于"最大数量的人口规模上"[③]。庞大的人口基数在为国家发展提供了人口红利的同时，也衍生出一系列现实需求问题。如何将如此庞大的人口有效地组织起来、凝聚起来、协调起来，是处于变革中的中国面临的重大现实课题。

表 0-1　中国历代人口变化表（公元前 340 年—2014 年）

年份	人口数（万人）	年份	人口数（万人）	年份	人口数（万人）
前 340	2630	609	5542	1403	10100
前 210	2000	624	1537	1450	8781
前 202	1500	652	2090	1504	9451
前 134	3600	705	4085	1562	16630
前 87	3200	755	9045	1620	15430
2	5959	780	5350	1661	8489
30	2253	860	6700	1711	13570
88	4335	907	3850	1761	22815
125	5768	960	4598	1794	31328
157	6500	1023	7811	1834	40100
225	1900	1086	10734	1851	43189
265	2754	1110	12066	1866	25595
300	3479	1142	8882	1901	42644
380	3228	1190	11224	1925	48550
439	3280	1207	12480	1949	54877
520	5340	1291	9830	2014	136782
560	4530	1381	8200		

[①] 李怀印：《现代中国的形成》，广西师范大学出版社 2022 年版，第 110—111 页。

[②] 葛剑雄：《人口变化是社会现状的"晴雨表"》，2015 年 4 月 30 日《文汇报》第 8 版。

[③] 王沪宁：《政治的人生》，上海人民出版社 1995 年版，第 8 页。

中国历代人口变化图表

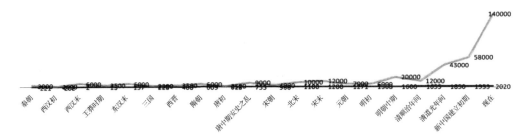

数据来源：①路遇，滕泽之：《中国人口通史》，山东人民出版社2000年版；②中华人民共和国国家统计局官网（http://www.stats.gov.cn/tjsj/ndsj/）。

    特别是，当超大规模的人口和领土结合起来，有限的社会资源总量与对资源的大规模需求之间的矛盾就凸显出来了。如麦克法夸尔和费正清在比较欧洲和中国时所指出的，"在人数和多民族方面，欧洲人和中国人很可以相比，同样是人数众多，民族复杂。可是在今天的政治生活中，在欧洲和南北美州生活的约10亿欧洲人分成约50个独立的主权国，而10亿多的中国人只生活在一个国家中。人们一旦看到1和50的差别，就不能忽视"①。可以想象，一个人口1万的共同体同一个人口100万的共同体相比，所遭遇的规模治理的负荷和挑战完全不是一个量级的。这些对事实的简单陈述提醒着我们，对规模治理的认知和思考，应当聚焦于共同体的空间属性。共同体的规模或大或小，民众的同质性程度不同，政治的诉求和伦理观念也千差万别。这就对国家的规模治理方式和内容提出了特殊要求，②绝不是舶来某个名词或者模板就可以生搬硬套的。中国的超大规模属性，

---

① [美]麦克法夸尔、费正清主编《剑桥中华人民共和国史》（1949—1965年），中国社会科学出版社1990年版，第12页。

② Buchanan,James M. "The Collected Works of James M. Buchanan," Vol. 18 ：Federalism,Liberty,and the Law . Indianapolis,IN: Liberty Fund,2001, p.84-86.

是我们研究当代中国国家治理的时空性前提，也是理解和认识中国规模治理独特性、坚韧性和长期性的历史起点和必然逻辑。正如历史社会学者安东尼·吉登斯所说的："各种形式的社会行为不断地经由时空两个向度再生产出来，我们只是在这个意义上，才说社会系统存在着结构性特征。"[①]在当代中国，快速的经济发展、高效的政府治理模式与稳定的社会环境正在引领着一场深刻的认知变革。对于想要探究中国缘何展现出新型现代国家形态的求索者而言，中国大国治理的时空性前提至少提供了重要的认知视角。

---

①[英]安东尼·吉登斯：《社会的构成》，李康、李猛译，生活·读书·新知三联书店 1998 年版，第 40 页。

四

从「双重难题」到「双重奇迹」

所谓"治大国，若烹小鲜"。在改朝换代的历史更迭中，政治家、思想家们注重经验教训的归纳总结，中国逐渐形成了一个独具特色的大国治理体系。古代中国依赖于以皇权为核心的官僚体系，加诸一系列的制度设计（如郡县制、科举制度、兵役制度、救荒制度等），这在某种程度上有效解决了古代中国的规模治理问题，实现了大范围领土内人员、资源和信息的交互与维系。自秦始皇建立起中央集权的大一统国家以后，这些制度逐步地得到完善，构建起了一套成熟的古代政治文明生态。即使是在分裂时期，分治各方也都是希望以自己为中心来重建大一统的国家。这一延续性和超稳定性在中国的近代化过程中虽然一度遭到挫折，甚至导致了国家建设的长期波折与失败，但是并不曾真正地中断过。

直至中华人民共和国成立，特别是改革开放以来，现代化进程中的"双重难题"① 逐步得到破解,形成了令世人瞩目的"发展奇迹"和"稳定奇迹":"中国用几十年时间走完了发达国家几百年走过的发展历程,经济总量跃居世界第二,近 14 亿人民摆脱了物质短缺,总体达到小康水平,享有前所未有的尊严和权利。"② 在向社会主义共同富裕理想迈进的 70 多年征程中,中国非但没有陷入"现代化陷阱",超大规模的人口和领土反而焕发出巨大的能量,成为人类历史上保持 7% 以上年增长率逾 40 年的 7 个国家(地区)中最大的经济体。除了难以想象的经济发展奇迹,中国还历史性地消除了绝对贫困,从衣不蔽体、食不果腹到让 7 亿多人口脱贫,对全球减贫贡献率逾 70%。这相当于每年都有一个中等规模国家的人口脱贫。中国正以超级体量,重新定义其所加入的世界秩序。

全球化背景下,中国大国治理的基础、手段以及目标都发生了革命性的变化。在此过程中,人们悄然发现过往的许多"参照系"在解释这一格局时失效了。为何当代中国能够维持超大规模性而没有走向国家崩溃?为何中国能够克服复杂社会所面临的边际收益递减趋势,消弭转型期经济和政治的波动,而多数转型国家却陷入过长时期的倒退甚至失败? 显然,用"维稳体制"不能有效解释中国改革开放 40 多年来经济高速发展与社会长期稳定的"两大奇迹"。

30 多年前,美国历史学家柯文提出"在中国发现历史"③。何种问题值得被发现且有意义? 难道只有西方学者处于自己的知识关怀而产生的问题才是有意义的吗? 有意义的问题难道是由"东方经验"在"西方知识"中的位置所决定的吗? 对这些问题进行回应,就要从汉弥尔顿

---

① "双重难题",即如何实现规模治理与推进发展相互交织的难题。参见周光辉、彭斌:《国家自主性:破解中国现代化道路"双重难题"的关键因素——以权力、制度与机制为分析框架》,《社会科学研究》2019 年第 5 期。
② 国务院新闻办公室:《新时代的中国与世界》,http://www.xinhuanet.com/2019-09/27/c_1125047331.htm。
③ [美] 柯文:《〈在中国发现历史〉新序》,《历史研究》1996 年第 6 期。

所说的那种"否定性问题"转向真正的本土性研究，以把握中国历史的特殊性。设身处地从中国人的角度来再现中国历史，而不是以外来强加的观念加以论述。当西方社会科学的概念模式不再适用于中国经验时，提出一种新的历史叙事就成了必须，并且这种新的历史叙事必须在以下方面发现时空的内在一致性，即时间意义上的长期统一和空间意义上的超大规模。

要真正理解中国破解"双重难题"实现"双重奇迹"的内生性原因，就需要摆脱"西方中心主义"的认知偏见，建立起基于中国经验的原创性研究或者基于中国历史叙事的学术表达。这是因为当代中国并不是一个"想象的共同体"，而是一个从历史中国传承下来的真实的国家。[①]曾被认为需要采纳西方现代化发展道路和西方现代国家模式以改变落后面貌的中国，如今已展现出了区别于既有现代国家建设方案的新型现代国家形态。这种新型现代国家不是横空出世的，而是根植于数千年的文明传承和中国共产党百年的奋斗历程，是在历史连续性中形成的。强调中国历史的连续性，要求关注以下基本特征：中国人口从来没有今天这么多；通过一个中央权威保持统一，仍然是必要的；管理这么多的人民只能依靠一个被广泛接受的信仰制度，政府机构必须由受过训练的精英组成，地方当局在农村代表着国家。[②]同时，来自国内和国际的双重压力，使得中国的大国治理既具有历史的延续性，又具有鲜明的时代特征。中国式现代化不仅是传统农业国家向现代工业国家转变的过程，也是一个由分散的、互不联系的地方性社会走向整体性国家的过程。

只有通过对实现"双重奇迹"的中国经验进行深刻把握，才能为中国

① 葛兆光：《宅兹中国：重建有关"中国"的历史论述》，中华书局 2011 年版，第 32 页。
② 费正清：《伟大的中国革命（1800—1985）》，刘尊棋译，世界知识出版社，2001 年版，第 432 页。

特色社会主义的理论建设找到正确的解释和依据；只有深刻地评估中国大国治理的成功经验和挫折教训，才能凸显中国特色，找到在今天突破"双重难题"，兼顾发展与平衡的现实可能，真正实现基础理论研究和应用对策研究的融合发展。同时，只有建构中国自主知识体系，才能在服务中国特色社会主义现代化建设和中华民族伟大复兴的历史进程中，实现中国社会科学的发展和繁荣。

中国之治的卓越成绩彰显了中国规模治理的制度优势和特色。然而，要想理解一个静态的制度，就需要深入我们自身的历史——尤其是从具体的、动态的治理过程出发。对口支援是一项由国家主导的系统治理工程，为学者们提供了一个理解和观察中国大国治理的典型场域。单一制体制下的对口支援实践与制度创新不仅打破了空间壁垒对要素流动的限制，同时兼顾了发展与平衡，实现了制度优势向治理效能的转化。本书中的研究深深扎根于中国传统的对口支援制度，达成这样的目的：发掘和理解中国作为世界上规模最大的单一制国家，是如何应对大国治理所遭遇的各种挑战的。

中国的大国治理涉及政治、经济、文化和社会发展的方方面面。党和国家是如何通过跨行政区域的资源（人、物、财等）调动来提高大国治理能力、破解规模治理负荷难题的呢？随着对口支援的内涵不断完善、对口支援的主体不断增加、对口支援的类型不断丰富，以边疆稳定、民族团结、区域协调发展为主要意图的经常性、长期性的对口支援制度已逐渐成为其中重要的方式。中国特色社会主义对口支援的创新实践已经显示出了卓越的国家规模治理能力：在维护边疆稳定和民族团结（例如对口援疆、援藏），控制和缩小地区发展差距实现区域协调发展（例如对口合作）、消除贫困推动西部少数民族经济和社会较快发展（例如对口帮扶）、应对突发重大事件（例如灾后恢复重建对口支援）等方面发挥了十分重要的作用。本书所要探讨的核心问题——大国治理中的对口支援制度，正是人们理解当代中国实现规模治理负荷向规模治理效应转化的重要窗口。

第一章

国家规模与
对口支援

不谋万世者，不足谋一时；不谋全局者，不足谋一域。

——（清）陈澹然

导　言

　　作为按照地域划分居民的政治组织，国家的产生是人类历史上一场深刻的"空间革命"，也标志着一种"新的空间秩序观念"的确立。大国治理，尤其是发展中大国的治理，其最重要的特征就是"国家规模"。诚然，规模效应为国家预设了颇为鼓舞人心的发展前景，但是，我们也要注意到超大规模的国家空间为秩序的存续与活力的保持所带来的挑战。如何提升国家的规模治理能力成为现代国家建设的题中之义。中华人民共和国成立后，特别是改革开放以来，中国逐步破解了现代化进程中规模治理与推进发展相互交织的"双重难题"，不仅没有出现其他转型国家那样的国家"崩溃"或者"失败"，还形成了令世人瞩目的"发展奇迹"和"稳定奇迹"。作为重要规模治理工具，对口支援既破解了大国规模治理的负荷难题，又有效解决了大国发展的非均衡性难题，呈现出了卓越的治理绩效，是当代中国富有特色的国家规模治理经验。

　　国家是拥有一定人口并占据特定空间的政治组织。恩格斯在《家庭、私有制和国家的起源》中指出，"国家和旧的氏族组织不同的地方，第一点就是它按地区来划分它的国民。正如我们所看到的，由血缘关系形成和联结起来的旧的氏族公社已经很不够了，这多半是因为它们是以氏族成员被束缚在一定地区为前提的，而这种束缚早已不复存在。地区依然，但人们已经是流动的了。因此，按地区来划分就被作为出发点，并允许公民在他们居住的地方实现他们的公共权利和义务，不管他们属于哪一氏族或哪一部落。这种按照居住地组织国民的办法是一切国家共同的"①。马克斯·韦伯也认为，"国家者，就是一个在某固定疆域内——注意："疆域"

---

① 《马克思恩格斯文集》第 4 卷，人民出版社 2009 年版，第 189—190 页。

乃是国家的特色之一——（在事实上）肯定了自身对武力之正当使用的垄断权力的人类共同体"①。当代国家基本都是由一个个领土单元构成的。不同的国家边界如同"篱笆"，塑造了各具规模、形态不一的"家园"。在政治地理学意义上，边界通常是位于国与国之间、将两个独立的主权国家的国土区分开来的标志。对于传统国家而言，领土是国民经济生活和政治统治关系的自然延伸，一个大国往往拥有广袤的领土。国家主权的领土化则是传统国家向现代国家转变的鲜明特征之一。拥有清晰且稳定的边界以及对领土的权利是现代国家不可或缺的构成要素。②这意味着地理空间意义的"领土"与政治性的意涵密切相关。在现实生活中，对一个国家规模的界定是人们认知一个国家、理解其国家行为的基本依据。虽然"规模"一词力图为描绘国家之间的关系提供一种"数学的精确感"，但是这些关系是"过于凌乱"的，基于现有知识谱系基础上，进一步明确"国家规模"这一核心概念，并根据相应指标进行分类就至为重要了。③

通常，人们会将领土面积广阔、人口众多、资源丰富的国家称为"大国"，领土面积较小、人口较少、资源贫乏的国家称为"小国"。由于国家规模的大小常同其经济表现、国际社会体系中的地位及影响力等息息相关，因而，国际社会通常对大国表现出更多的关注。遗憾的是，由于概念界定的不确定性、概念认知的多样性、概念使用的随意性（甚至具有歧视性），

---

① [德]马克斯·韦伯：《学术与政治》，冯克利译，生活·读书·新知三联书店2005年版，第199页。

② 参见周光辉、李虎：《领土认同：国家认同的基础——构建一种更完备的国家认同理论》，《中国社会科学》2016年第7期。

③ 需要说明的是，"国家规模"的概念界定不是作一项日常语义分析，而是在政治学意义上理解为国家的范围或大小。国家的规模尽管在客观世界中由"边界"将独立实体区分开来，具有相对的稳定性，但是国家规模又暗含着某种空间关系，从而是一个来自社会和政治论证的意义范畴。按照德莱尼和莱特纳的观点，规模"不只是一种等着被发现的外部事实，而是一种构成有关现实的概念的方式"。参见Delaney,D. and Leitner,H.(1997)"The political construction of scale," Political Geography,16(2)：93-97。

学术界尚未形成具有广泛共识的国家规模概念。

综观现有的研究文献，受到国际语境、理论视角和界定主体差异等因素的影响，学术界关于国家规模的界定大体上形成了物理概念取向、能力概念取向和认知概念取向三种流派。

第一种是"物理概念"取向。根据一个国家的物理属性或者自然特征，如人口规模、领土规模、资源规模等单一或复合总量指标来衡量国家规模。人口规模、领土规模、人均 GDP 是学者或国际机构进行国家规模界定时常用的指标。例如，姚斌和刘正才等学者将领土面积作为衡量国家规模大小的依据。[①] 西蒙·库兹涅茨在《各国的经济增长》一书中，将人口规模作为衡量国家规模的标准，1000 万人口视为区分"大国"和"小国"的"分水岭"。在某些特定的研究中，按照人均 GDP 来划分低收入、中等收入和高收入国家，或者依据某个方面的资源规模总量指标划分出"石油大国""钢铁大国"等。需要指出的是，经济大国并不意味着大国经济。[②] 例如，2018 年日本的 GDP 位居世界第三，但是狭小的国土面积、匮乏的资源状况导致其严重依赖于世界市场。鉴于单一总量统计指标难以清晰地揭示综合性大国和小国的根本性不同，有的学者主张通过复合指标来对国家规模进行界定。[③] 德玛斯和米兰·贾兹贝、张李节等均采用人口规模和领土规模的复合总量指

[①] 参见姚斌：《国家规模、对外开放度与汇率制度的选择——基于福利的数量分析》，《数量经济技术经济研究》2006 年第 6 期；刘正才：《不同国家规模下住房保障制度特征的比较研究》，《经济学动态》2015 年第 4 期。

[②] 童有好：《大国经济浅论》，中共中央党校硕士学位论文，2000 年。

[③] 更多关于采用何种复合指标作为衡量国家规模的指标的讨论，参见涂红：《贸易开放、制度变迁与经济增长——基于不同国家规模和发展水平的比较分析》，《南开学报（哲学社会科学版）》2006 年第 3 期；汪立鑫：《制度参数、国家规模与后国"蛙跳"》，《财经研究》2008 年第 3 期；欧阳峣、罗会华：《大国的概念：涵义、层次及类型》，《经济学动态》2010 年第 8 期；郭熙保、马媛媛：《国家规模对经济增长是否有影响？》，《国外社会科学》2010 年第 4 期；杜焱、柳思维：《国家规模、经济增长阶段与需求动力机制结构演变》，《经济与管理研究》2012 年第 6 期。

标来衡量国家规模。[①]童有好指出，国家规模的界定不仅和地域面积、资源状况、人口规模等静态总量指标相关，还和其总体的经济规模、对世界经济的影响力等动态总量指标相关。[②]张李节采用了领土规模和人口规模的双重指标，将国土面积超过 100 万平方公里、人口超过 1 个亿的国家称为大国。[③]欧阳峣则将"大国"定义为"世界范围内具有幅员广阔、人口众多、国内市场巨大、资源总量丰富等条件，或具有其中比较突出的条件以至于能够成为国际市场上某些产品价格制定者的享有主权利益的国家"[④]。

第二种是"能力概念"取向。根据一个国家的经济能力、军事能力、政治能力来定义国家规模。[⑤]在一些基于组织社会学的研究中，侧重于通过国家能力、国家治理水准以及一国对国际体系的影响力来描述国家的规模。弗朗兹·冯·丹尼肯认为国家规模与物理属性无关，重要的是"是否拥有在一个相互依存的世界中处理外交关系的能力"[⑥]。安德斯·维维尔同罗伯特·斯坦梅兹将这种能力描述为"权力的占有"[⑦]，即一个国家所占有

[①] W. G. Demas, The Economics of Development in Small Countries with Special Reference to the Caribbean. Montreal: McGill University Press, 1965; Milan Jazbec, The Diplomacies of New Small States: the Case of Slovenia with Some Comparison from the Baltica, England: Ashgate Publishing Limited, 2002, P.42; 张李节:《大国优势与我国经济增长的潜力》，《现代经济》2007 年第 6 期。

[②] 童有好:《大国经济初探》，《桂海论丛》2001 年第 2 期。

[③] 张李节:《大国优势与我国经济增长的潜力》，《现代经济》2007 年第 6 期。

[④] 欧阳峣、罗会华:《大国的概念：涵义、层次及类型》，《经济学动态》2010 年第 8 期。

[⑤] Otmar Holl, ed., Small States in Europe and Dependence, Wilhelm Braumuller 1983, p.56.

[⑥] Laurent Goetschel, Small States Inside and Outside the European Union: Interests and Policies, Springer US, 1998, PP. 43-48.

[⑦] Anders Wivel, Robert Steinmetz, Small states in Europe and opportunities, Ashgate 2010, p.5. 权力已被描述为政治学中最基本的概念之一，政治过程实质上是权力的形成、分配和行使。汉斯·摩根索强调了权力在国际关系中的重要性。从积极的意义上讲，权力可以定义为"一个人或一群人以他所希望的方式改变其他人或组织的行为的能力"；从消极的意义上而言，权力则是"防止他人干涉自己行为的能力"。参见 Harold D. Lasswell and Abraham Kaplan (1950)： Power and Society. A Framework for Political Inquiry, New Haven （Yale University Press）, p. 75； Marshall R. Singer (1972): Weak States in a World of Powers. The Dynamics of International Relationships, New York （The Free Press）, p. 54.

的，绝对或相对的人口规模、经济规模、军事规模等权力资源。汉斯·摩根索认为，一个国家在上述各个领域中所形成的综合实力决定了其在国际体系中的地位。[①]中国有的学者持有相似观点。如郑捷以一个国家是否具备成为国际市场中"价格"制定者的能力作为衡量大国与小国的标准。[②]杨子轩和梁波将国家规模理解为"政府资源运作的能力、风险规模的方式、产业治理的组织体系以及产业政策构建的政治能力"等在内的结构体系。[③]

第三种是"认知概念"取向。根据一个国家的自我认同和外部认同来界定国家规模。这种取向更关注一个国家的国际影响和国际行为特点。物理概念取向和能力概念取向的界定存在的困难使得学者们"从更客观的标准到更主观的要素转向"[④]。穆里岑和沃维尔将国家规模定义为一种主观上认知的"不对称关系中的状态"[⑤]。一个状态在一种关系中可能是小的或弱的，在另一种关系中可能是大的或强的。例如，罗马尼亚在与摩尔多瓦的关系中是一个大国，但在与俄罗斯的关系中是一个小国；瑞典在欧洲联盟中是一个小国，但对波罗的海国家而言是一个大国。小国可以定义为不对称关系中相对薄弱的一方，大国则是不对称关系中居于优势地位的一方。如此定义国家规模，不难发现它与特定的时代环境相关联。一般意义上，这种认知取向的界定是关系性的：通过国家与其外部环境之间的关系来界定不同国家的规模。[⑥]在这个意义上讲，认知取向的界定由"权力的拥有

---

① [美] 汉斯·摩根索：《国家间政治：权力斗争与和平》，徐昕、郝望、李保平译，北京大学出版社 2006 年版。

② 郑捷：《如何定义"大国"》，《统计研究》2007 年第 10 期。

③ 杨子轩、梁波：《大国与小国之间：国家规模如何影响产业政策——基于卡岑斯坦〈权力与财富之间〉和〈世界市场中的小国家——欧洲的产业政策〉的述评》，《社会发展研究》2017 年第 3 期。

④ Luxembourg Institute for European and International Studies,Executive Summary,Conference on Small States Inside and outside the European Union,Kochhaus,Schengen,16 and 17 May 2008.

⑤ Hans Mouritzen,Anders Wivel. The Geopolitics of Euro-Atlantic Integration. Europe and the Nation State,Vol.9, London:Routledge. 2005.p.4.

⑥ Anders Wivel,Robert Steinmetz, Small states in Europe and opportunities,Ashgate 2010, p.7.

向权力的行使"发生了转移。[1]

尽管国家规模概念的界定颇具困难,三种概念界定流派也各有优势,但是,基于物理概念取向的国家规模概念界定更具有吸引力。一方面,物理概念取向的国家规模概念具有可观察的、可量化的评估标准,排除了人们评估的主观性;另一方面,这种概念界定方式符合国家大小一律平等的道德原则,排除了成功与失败、强与弱等具有歧视性的评价标准。在若干相互关联的总量指标中,人口数量和领土面积构成了判断一个国家是不是"大国"的核心指标,也是体现一个国家综合规模的重要维度。

根据此标准,可以给国家规模下个明确的定义:所谓国家规模,是指基于国家基本构成要素,人口数量和领土面积的复合总量指标,所确定的国家的范围或大小。在本书中,笔者将人口规模超过1亿同时领土规模超过200万平方公里的国家称为"超大规模国家",包括中国、美国、印度、巴西、俄罗斯等5个国家;人口规模在6000万至1亿之间同时领土规模在100万至200万平方公里,以及单一指标超越"间隔点"或者"分界线",但复合指标未达到"超大规模"的国家称为"大规模国家",包括埃塞俄比亚(人口超过1亿)、印度尼西亚(人口超过1亿)、墨西哥(人口超过1亿)、埃及(人口超过1亿)、伊朗等5个国家;人口规模在2000万到6000万同时领土规模在10万至100万平方公里,以及单一指标超越"间隔点"或者"分界线",而复合指标未达到"超大规模"或"大规模"的国家称为"中等规模国家",包括巴基斯坦(人口超过1亿)、尼日利亚(人口超过1亿)、孟加拉国(人口超过1亿)、日本(人口超过1亿)、菲律宾(人口超过1亿)、加拿大(领土规模超过200万平方公里)、澳大利亚(领土规模超过200万平方公里)、

---

[1] Hans Mouritzen,Anders Wivel. "The Geopolitics of Euro-Atlantic Integration," Europe and the Nation State,Vol.9, London:Routledge. 2005. p.3-4.

越南、刚果（金）、土耳其、德国、泰国、英国、法国、意大利、坦桑尼亚、南非、缅甸、肯尼亚、韩国、哥伦比亚、西班牙、乌干达、阿根廷、阿尔及利亚、苏丹、乌克兰、伊拉克等28个国家。世界其他国家均为人口不足2000万和领土规模不足10万平方公里的"小规模国家"甚至是"微型国家"。

需要指出的是，仅以人口规模或者领土规模为一种指标的，可以称为单一性规模国家。例如，人口规模在1亿以上的巴基斯坦、尼日利亚、孟加拉国、日本，按照复合指标属于"中等规模国家"，但可以称为"人口大国"；领土规模在200万平方公里以上的加拿大、澳大利亚、阿根廷、哈萨克斯坦、阿尔及利亚、苏丹、刚果（金）、沙特阿拉伯，按照复合指标属于"中等规模国家"，但可以称为"地域大国"。

二

国家规模的观念

何种规模的政治共同体最为合适？长期以来，哲学家、历史学家、经济学家和政治学家对这一迷思进行了孜孜不倦的理论探索。[1]在政治学的视野中，国家规模同领土息息相关，而领土与国家关系的转变被认为是"传统国家向现代国家转变的关键因素"[2]。历史上的东西方世界在这一转变中，存在着"国家规模观"的演变。所谓"国家规模观"，是人们在国家演进过程中形成的对国家规模的认知、理解和阐释。西方世界在由城邦国家、帝国向民族国家的历史演进过程中，形成了"小而美""大而强"和"均衡论"

---

[1] 哲学家考虑"国家规模"对"善的公共生活"的影响，历史学家热衷于关注"国家规模"的演变，经济学家则常常将"国家规模"视为"给定的"常态。基于不同的理论视角，学界形成了丰富的、具有鲜明时代特征的解释和结论。

[2] 周光辉、李虎：《领土认同：国家认同的基础——构建一种更完备的国家认同理论》，《中国社会科学》2016年第7期。

三种国家规模观。而中国作为东方世界轴心文明的典型国家，在从天下国家到主权国家的历史演进过程中，形成了"大一统"和"多元一体"的国家规模观。国家规模观为历史上的大国兴衰和疆域的变迁提供了一种解释路径。在一定意义上讲，19世纪中叶开始的东西方文化的碰撞与冲突也是一种国家规模观的冲突。

西方世界的国家规模观将领土视为自然空间向政治空间演变的结果，更加强调领土在国家规模演变中的关键性作用。从生物学演进的视角看，领地行为被视为人类在演化进程中继承下来的生物稳定进化的本能和基因遗产。一方面，领地是为生物提供稳定的食物资源、繁衍和育幼的重要场所；另一方面，固定的领地是加强内部协作分工，抵御外部冲击的重要策略。从社会演进的视角看，人类共同体以及国家的出现是人们获取、利用、改造空间资源延续血脉、种源的高级组织形式。从历史演进的视角看，西方世界从古希腊罗马的城邦国家到古代帝国的出现以至现代民族国家的发展，领土对国家的意义也在发生着改变。传统国家有边陲而无边界，现代国家却以领土界限和国家主权为基础。这意味着领土的内涵超越了原本的物理空间含义，成为一种实现政治统治的政治空间，甚至塑造了一种"领土意识形态"。①

第一，"小而美"。②持有这种观点的学者认为国家规模不宜过大，超出其限度的国家被认为很难实现政治空间的维系。在西方古典政治思想中，关于理想国家规模的论述通常限定在城邦国家中。为避免国家规模扩张导

---

① [西]胡安·诺格：《民族主义与领土》，徐鹤林、朱伦译，中央民族大学出版社2009年版，第7页。

② "小而美"的观点最早出自当代西方史学研究中产生的"微观史学"。如，卡罗·金斯堡在《奶酪和蠕虫：一个16世纪磨坊工的宇宙》中指出，只有通过对日常生活的"微观"研究，才能使人们对更为复杂的社会历史现象有更为深刻的认识。后在国家研究中，学者们常常使用"small is beautiful"或者"small but smart"来表达对小规模政体的推崇。参见Laurent Goetschel,Small States Inside and Outside the European Union: Interests and Policies,Springer US,1998, p.47-48.

致的国家崩溃和贫富差距的分化,柏拉图在《理想国》一书中对国家规模作出了两点限制:其一是允许扩张——但以仍能维持统一为限度,"国家大到还能保持统一——我认为这就是最佳限度,不能超过它";[①]其二是规模维持在一个"既不要太小,也不要仅仅是看上去很大"[②]的程度。尽管柏拉图给国家留出足够多的扩张"余地",但其实质上仍未脱离"小而美"的范畴。亚里士多德也认为城邦的规模不宜过大,"应当以足使它的居民能够过闲暇的生活为度,使一切供应虽然宽裕但仍须节制"[③]。卢梭同样对大规模国家持悲观态度,"一个躯体过大的共同体就会在它自身的重压下遭到削弱和毁灭"[④]。希腊的城邦国家规模较小,大多数市民甚至能够"亲身探索它",因而他们对其所效忠的国家更能保持"深深的依恋"。一国可见的边界,例如一座山丘或者一段河流,使得"国家"不再是一个政治理想,而是一个具体的地方。时至社会唯实论兴起,赫伯特·斯宾塞将国家喻为"一个超有机体",人们则是这个超有机体的"组成细胞"。这个说法隐含的意味是,国家规模应当保持在某种限度以内——不至于因为过大的体量而走向崩溃。到了 20 世纪 80 年代,一些经济学家开始使用颇为简洁的断言"小就是美"来解释小型政治共同体在经济全球化中的成功。[⑤]无须竞逐于领土扩张,贸易自由化的迅速发展促使许多规模很小的国家依然能够实现繁荣。如此种种,对于理想状态国家规模的认知、理解或阐释所展现出的就是"小而美"的国家规模观。

第二,"大而强"。随着疆域的扩大、人口的增多,庞大的帝国取代了

① 柏拉图:《理想国》,郭斌和、张竹明译,商务印书馆 2017 年版,第 139 页。
② 柏拉图:《理想国》,郭斌和、张竹明译,商务印书馆 2017 年版,第 139 页。
③ 亚里士多德:《政治学》,吴寿彭译,商务印书馆 2010 年版,第 412 页。
④ 卢梭:《社会契约论》,李平沤译,商务印书馆 2018 年版,第 52—53 页。
⑤ [法] 奥尔法·阿卢伊尼:《国家规模、增长和货币联盟》,汤凌霄、陈彬、欧阳峣、欧阳曜亚译,格致出版社、上海人民出版社 2020 年版,第 2 页。

狭小的城邦。爱德华·萨义德在《东方学》一书的"编后记"中提出，"帝国主义是一种地理暴力行动，通过这一行动，世界上几乎每一个空间都被开发，被图绘，并最终被控制"[①]。帝国表现出了强烈的"地理渴望"或者"领土渴望"。蒂利的著名论断"国家制造了战争，并且战争又制造了国家"适用于西方"领土国家"形成的历史。[②] 军事竞争推动有效动员，有效动员推动大领土国家的形成，大领土国家以更大的疆域规模形成在国际战争中的优势力量。[③] 对更大规模空间的竞逐和崇拜不仅成为个体、群体乃至国家的生存智慧，同时也构成了世界范围内威望与强权的象征。"大"即"强"的国家规模观应运而生。拥有更多的领土，意味着国家拥有更多的生存空间、避险空间、调整空间，以及更强的能力。[④] 因此，几乎所有富有"进取心"的统治者们都会将开疆拓土、向弱小邻国索取空间视为强化权威、维护统治的重要途径。具体而言，"大"之"强"主要通过以下五个方面得以体现：其一，扩大税收。从经济学角度而言，领土对国家的价值，往往是通过控制领土增加税收而实现的。[⑤] 米尔顿·弗里德曼通过比较三种不同的税收政策（土地税、贸易税和劳动税）与国家规模之间的关系，发现国家规

---

① 参见 [美] 爱德华·W. 萨义德：《东方学》，王宇根译，生活·读书·新知三联书店 2007 年版。转引自 [澳] 简·M. 雅各布斯：《帝国的边缘：后殖民主义与城市》，何文郁译，江苏凤凰教育出版社 2016 年版，第 26 页。

② [瑞士] 安德烈亚斯·威默：《国家建构——聚合与崩溃》，叶江译，格致出版社、上海人民出版社 2019 年版，第 18 页。

③ 参见 Tilly,Charles. "Major forms of collective action in Western Europe 1500-1975." Theory and society 3.3（1976）：365-375；Tilly,Charles. "States and nationalism in Europe 1492-1992."Theory and society （1994）：131-146。

④ 参见 Bas,Muhammet A, McLean,Elena V. "Natural Disasters and the Size of Nations," International Interactions. Nov-Dec2016, Vol. 42 Issue 5, pp.677-702。

⑤ 参见 Alesina A,Spolaore E,1997. On the number and size of nations. Q. J. Econ. 112 （4）, pp.1027–1056；Desmet K., Le Breton M,Ortuno-Ortín,I., Weber S., 2011. "The stability and breakup of nations: a quantitative analysis," . J. Econ. Growth 16 （3）, pp.183–213；David Friedman. "A Theory of the Size and Shape of Nations," Journal of Political Economy,1977.85（1）.p.60。

模越大,税收收入越多。其二,降低成本。大国各区域之间可以用较低的交易成本获得较丰富的商品选择。规模越大的国家,具有非排他性和非竞争性特征的公共物品(例如国防、公共道路、公共卫生、货币和金融体系、图书馆、公园等)的人均成本越低。[①]这种类型的公共物品的成本并不会因为人口规模变大而成比例上升,反而会因为更多的纳税人"买单"而导致边际成本递减。其三,提供"保险"。一个体量巨大的国家可以将潜在的风险分散到内部"消化",为其他区域提供"保险"。一场突如其来的自然灾害或者经济衰退对于小国的打击可能是毁灭性的,但是大规模的国家可以做到"一方有难,八方支援"[②],以疆域优势加以抗衡。其四,提供安全。封建王朝时期的军事技术允许相对较小规模的国家保持一定程度的安全。但是16世纪以后,军事冲突的加剧以及军事技术的发展,使得绝对主义的封建政权需要更大的疆域"规模"来确保国家的安全抑或对外战争的优势。[③]其五,发展经济。在一定程度上,国家规模影响了规模经济的发展和创新。如罗默所描述的,国家规模越大,意味着资源禀赋越大,规模效应驱动经济增长。[④]例如,民用航空产业的初始投入非常大。规模小的国家往往意味着"狭小"的国内市场,在如此规模的国家发展民用航空产业的生产成本是昂贵的。

第三,均衡论。近代以后,帝国意识达到了"量的扩张"的极限,不再

---

① 目前被广泛接受的是美国经济学家萨缪尔森在《公共支出的纯理论》中所给出关于公共物品的定义,即纯粹的公共物品是每个人消费这种公共物品不会导致别人对该物品消费的减少。参见 PA. Samuelson. "The Pure theory of Public expenditure," Review of Economics and Statistics. 36(November 1954), pp.387–390。

② Julian di Giovanni,Andrei A. Levchenko, "Country Size,International Trade,and Aggregate Fluctuations in Granular Economies," Journal of Political Economy. Vol. 120, No.6, 2012.

③Alberto Alesina. "The Size of Countries:Does It Matter?," Journal of the European Economic Association.2003.1(2).p.310.

④ [法] 奥尔法・阿卢伊尼:《国家规模、增长和货币联盟》,汤凌霄、陈彬、欧阳峣、欧阳曜亚译,格致出版社、上海人民出版社 2020 年版,第 5 页。

依赖于领土的扩张使自己强大，"质的提高"（提高运动效率）成为全球竞争的手段。[①] 到了 19 世纪末，随着基于主流经济学的边际分析逐渐发展成为社会科学研究中的一个重要范式，一种建立在边际分析基础上的均衡论国家规模观得以发展。所谓均衡论国家规模观是指领土空间内的"异质性"[②] 人口偏好的成本同领土规模的边际收益（如分担公共产品的成本）的"均衡"。[③] 均衡论的国家规模观要求国家既不能因为太小而缺乏必要的"力量"，也不应大而无序——超越国家治理能力的规模蕴含着引起社会动荡的风险。

从历史长周期来看，中国与欧洲国家形成了不同历史走向：欧洲国家是古罗马帝国解体后分化的结果，但"中国作为一个统一的国家而进入现代"[④]。中国作为东方世界轴心文明的典型国家，从天下国家到主权国家的动态变化，映射出的是"大一统"和"多元一体"的国家规模观。尽管其间历经数番"统一与分裂"的历史周期变化，但统一是历史的总体趋势，并最终以政治统一体的形态进入现代。多元一体的中国得以维系和发展，"大一统"国家规模观是重要支撑。而到近代，"多元一体"国家规模观是近现代中国国家观念转变的深刻展现。

第一，"大一统"国家规模观。欧洲近代国家的形成主要来自政治竞争和经济竞争，而"大一统"观念，注重"统"优先于"大"。"大一统"一词始见于《公羊传·隐公元年》："何言乎王正月？大一统也。"《汉书·王吉传》："《春秋》所以大一统者，六合同风，九州共贯也。""大"，为

---

① 冯雷：《理解空间：20 世纪空间观念的激变》，中央编译出版社 2017 年版，第 175 页。

② "异质性"，多用来描述一国领土内"偏好的多样性、文化、语言以及民众的'身份'"。参见 Alberto Alesina. "The Size of Countries:Does It Matter?，" Journal of the European Economic Association.2003.1（2）.p.304.

③Alberto Alesina. "The Size of Countries:Does It Matter?" Journal of the European Economic Association..2003.1（2）. pp.304−305.

④ [美]孔飞力：《中国现代国家的起源》，陈兼、陈之宏译，生活·读书·新知三联书店 2013 年版，第 121 页。

"重视""尊重"之意。"一统",即"元始",意指政治社会自下而上地归依于一个形而上的本体。大一统观念对中国早期国家的形成及以后国家的不断重建产生了深远的影响,大一统国家也成为中国古代国家的基本特征。正如历史学家姜义华指出的,"隋、唐、宋、元、明、清,毫无疑问是大一统的国家;三国、南北朝、五代十国、辽金西夏,虽呈分裂态势,但只是追求大一统而未达目的的结果,分治的每一方都希望以自己为中心实现大一统"[①]。《汉书·董仲舒传》记载:"春秋大一统者,天地之常经,古今之通谊也。"大一统并非只要求地域的统一,亦延展至政治与文化上的高度统一。这意味着作为"天下国家"的中国为理想状态的国家规模赋予了新的内涵,所占领土空间的多寡不再成为统治者的核心关切,实现政令统一,以及政治和文化上的高度一致更能体现出上至帝王将相下至黎民百姓的精神执着。这一观念在"海内为郡县,法令由一统"的秦朝转变成了现实,并奠定了古代中国大一统治国模式的基础。当改朝换代时,统治者需要为皇权体制提供正当性;当异族入主中原,需要以夏变夷,或革命攘夷;当国家分裂,追逐国家一统成为根本任务。疆域空间的统一仍是中国历史上各统治集团孜孜探求的政治目标。这也是中国大一统国家虽无法跳出治乱循环的怪圈,却能文明延续至今,维持并演绎着古代中国"超稳定"的状态的原因。

第二,"多元一体"国家规模观。从晚清到民初,中国经历了从"天下国家"向"主权国家"的转变。中华文明在内外的冲击与挑战下,"大一统"国家规模观向"多元一体"国家规模观转向。所谓的"多元"是指"多元的历史文化民族群体","一体"是指"中华民族共同体"。一体维系着多元,

---

[①] 姜义华:《中华文明的经脉》,商务印书馆2019年版,第6页。

多元充实着一体。"中华民族多元一体格局始终处于动态发展之中，我国多民族国家的建设和巩固为这一格局的最终形成提供了现实基础。"① 近代以来的民族独立和人民解放从三个方面，推动了"多元一体"国家规模观的形成和丰富。其一，从疆域观向领土观转变。天下国家时期模糊的"宗主权"逐渐向现代国家明确的"主权"转变，笼统的"疆域"逐渐被确认为有边界的"领土"。这一转变意味着，中国作为主权国家对于主权统一和领土完整的问题意识逐渐凸显。"永不称霸、永不扩张、永不谋求势力范围"② 体现了当代中国承续中国注重"和合"的文化传统与现代领土观念相融合的时代特征。走和平发展道路不仅是宪法和党章的制度规定，也是中华文明优秀文化传统的内在要求。从疆域观到领土观的转向，表明了中国的新型现代国家的自我认知。其二，从臣民观向国民观转变。在天下中国时期，君、臣、民是不同的等级代称。所谓"四方之众，其义莫不愿为臣妾"（《盐铁论·备胡》）。"君权至上"是一项基本政治价值准则，臣民只有忠君义务之观念，而无法定权利之自觉。近代西方宪法思想的传播促使中国的仁人志士接受了外来词汇"国民"，重新反思了人与人之间的政治关系。在"多元一体"国家规模观中，"国民"观念是其作为"人口"因素的重要环节。从臣民到国民的转向过程，也是人们脱离了由"血缘"主导的家国同构状态，从自然意义上的个体转变为社会意义的个体的过程。学者周平将此转向过程描述为"人口国民化"过程，中华人民共和国的成立塑造了具有人民内涵的现代国民。③ 这意味着，中华民族作为一个同时兼具民族聚合体和国民共合体双重特征的政治共同体屹立于世界民族之林。其三，从差异性统治

---

① 高永久、王子曦：《中华民族多元一体格局形成的历史条件》，《广西民族研究》2020 年第 10 期。
② 《新时代的中国国防》白皮书。
③ 周平：《中华现代国家构建中的人口国民化》，《江汉论坛》2020 年第 12 期。

向统一性治理转变。在从传统农业国家向现代工商业国家以及后现代信息国家转型的过程中，中国国家治理模式发生了由差异性统治向统一性治理的转变。学者曹锦清提出，针对"中原农耕乡土社会"和"边疆游牧流动社会"形成了以"郡县制度"为主导和以"盟旗制度"为补充的"二元国家治理体系"，实际上就是差异性统治模式。[1]共时地看，历朝历代均有与郡县制并存的王国、都护、土司、羁縻州县、宣慰、万户、卫所、盟旗、将军、伯克以及地区性的政教合一等制度。[2]在交通、通信都极其落后的封建时代，区域和族群差异显著，差异性统治将传统所谓的"藩属""羁縻""土司"之地逐渐被纳入国家统一化行政体系当中。近代以来，经过中国共产党长期艰苦卓绝的斗争，中国共产党成为中华民族一致认同的领导力量。中国共产党领导下的民族解放为实现现代主权国家的统一性[3]治理奠定了基础。从差异性统治向统一性治理的转变，也是在一个地理空间内所有个体与国家直接联系的"现代"政治的转变。中华人民共和国的成立实现了真正意义上的多元一体的民族与国家的统一，各族人民成为休戚与共的命运共同体。

东西方世界不同的国家规模观映射出不同时期、不同地域的人类文化对于国家空间理想状态的理解与想象。居于不同规模国家的人们，又经历不同的历史实践，形成了迥然的历史记忆和各具特色的规模治理文化。

---

[1] 曹锦清、刘炳辉：《郡县国家：中国国家治理体系的传统及其当代挑战》，《东南学术》2016 年第 6 期。

[2] 范勇鹏：《中国政治学知识体系的核心概念——统一性》，《复旦政治学评论》第二十二辑，复旦大学出版社 2020 年版，第 69 页。

[3] 林尚立较早提出了"统一性"问题，见《大一统与共和：中国现代政治的缘起》，《复旦政治学评论》第十六辑，复旦大学出版社 2016 年版，第 4 页。范勇鹏提出"统一性是人类政治第一价值"，见范勇鹏：《中国政治学知识体系的核心概念——统一性》，《复旦政治学评论》第二十二辑，复旦大学出版社 2020 年版，第 69 页。

三 小国的脆弱性与大国的非均衡性

　　如果说国家规模观是一种不同历史阶段、不同地域，凝聚了诸多先贤政治智慧的国家想象和理解，那么国家规模的客观特性则是国家治理有效性的现实要求。一般而言，国家规模越大，建立稳固政体、实现国家有效治理就越困难。尽管规模所产生的比较优势和局限都相当突出（见表1-1），但是基于规模对国家治理产生的影响而言，小国的脆弱性和大国的非均衡性则更为凸显。正确地认识和理解国家规模的客观特性，对于制定适合本国国情的发展战略和对内对外政策具有重要意义。

表1-1　国家规模对国家治理的影响

影响 ＼ 规模	积极	消极
大	规模效应	非均衡性
小	同质性	脆弱性

（一）小国的脆弱性

"脆弱性"是一个相对的概念。任何规模的国家都存在某种程度的脆弱性。只是相对大规模国家而言,小国的脆弱性问题更加突出。[①]安德鲁·F.库珀和蒂莫西·M.肖从经济发展的角度分析了小规模国家的脆弱性,认为小国比大国的经济发展更为困难。早期关于小规模国家的研究成果十分清晰地揭示了小国的局限,即脆弱性。[②]例如,安东尼·佩恩指出,"小国在很大程度上受到了'强大的国家和机构'的影响……脆弱性而不是机遇……是小国在全球政治中最明显的表现"[③]。显然,小国的脆弱性是其政治边界产生的最显著的影响。根据前文对国家规模的概念界定,小国是指"人口规模在 2000 万以下、领土规模在 10 万平方公里以下"的国家。当我们将一个国家定义为"小国",通常也就意味着该国军事人力缺乏、战略纵深不足、国内市场狭小,常常会受到来自外部国家和国际体系的压力。因此,小国常被视为"波谲云诡的国际关系汪洋中脆弱的生物"[④]。

"先天"的脆弱性导致了小国"后天"的依赖性,而"外在"的依赖性又会进一步加剧小国"内在"的脆弱性。国家规模"小"产生的政治经济影响凸显为外在的"依赖性"。通过进入国际贸易体系,小国在某种程度上可以克服规模所导致的经济上的不利境遇,发展出相对较高的国民生产总值,

---

① "脆弱性"的概念源自 1985 年英联邦秘书处发表的一份名为《脆弱性：全球社会中的小国》的研究报告,在这份报告中,小国被界定为人口在一百万及以下的国家。此后,脆弱性的概念被广泛地用来描述小国面临的特殊政治经济问题。参见 Andrew F. Cooper and Timothy M. Shaw,The Diplomacies of Small States: Between Vulnerability and Resilience,Palgrave Macmillan,2009, P.281; Payne,Anthony（2004）. Small States in the Global Politics of Development,Round Table,p.625.

② Andrew F. Cooper and Timothy M. Shaw,The Diplomacies of Small States: Between Vulnerability and Resilience,Palgrave Macmillan,2009, p.43.

③ Payne,Anthony (2004), Small States in the Global Politics of Development,Round Table 93 (376).

④ Laurent Goetschel, Small States Inside and Outside the European Union: Interests and Policies,Springer US,1998, p.13.

甚至在一些福利计划和文化机遇上超越其他国家。但是国际体系是一个无政府状态的"丛林世界"，为了维系生存，小国更偏好于选择一些颇具依赖性的政治经济政策。政治上的依赖性使得小国相对于大国更容易丧失"自治"能力。尤其是从 20 世纪后半期开始，民族国家逐渐开始涵盖诸如联合国、欧盟、北大西洋公约组织等超国家政治共同体，并接受了对主权的某种限制（如核裁军）。罗伯特·达尔因此断言，如果这一过程持续下去，小国极易变成大国或超国家政治共同体的一个"地方政府"。经济上的依赖性则意味着小国相对于大国更容易受到外部金融风险的冲击。为了维持和发展一个相对较高水平的生活质量，小国必须在其狭小的领土边界之外寻求市场、原料、劳动力等。

"脆弱性"是小国国土安全与经济发展的主要挑战。具体而言，这种挑战集中体现在安全脆弱性和经济脆弱性两个方面。

首先，小国的国土安全比大国更为脆弱。从国际视角来看，国家规模与"生存"和"稳定"问题密切相关。[①] 对于小国而言，既面临其领土被大国侵占的生存问题，也面临保持国家的独立性、防止大国干涉影响国家的稳定问题。例如，东帝汶危机以及斐济的族裔紧张局势甚至政变，是小国安全脆弱性的不二佐证。世界历史表明，国家规模同国土安全系数成正比关系。较大规模的国家意味着更大的军事战略纵深和更多的军事人力资源，前者给予国家足够的战争承受力和恢复力，后者保证国家拥有一定程度的战争潜力。

其次，小国的经济发展比大国更为脆弱。一些早期的小国脆弱性研究认为"小国面临的经济劣势是如此之大，以至于它们无法像独立国家一样

[①] Peter R. Baehr, "Small States: A Tool for Analysis?" World Politics, Vol. 27, No. 3, April 1975, p.458.

生存"①。安德鲁·F.库珀和蒂莫西·M.肖指出,规模之"小"对经济发展的影响包括但不限于:①偏远和隔离(以运输成本来衡量);②应对自然灾害的脆弱性(以自然灾害的数量来衡量);③有限的资源基础(以初级生产的优势来衡量)。②国家的规模及其自然资源基础是经济增长的重要决定因素,即使考虑到规模小的潜在优势(例如规模引起的贸易开放性和内部社会凝聚力),小国相对大国也面临着更多的经济发展困难;④国内市场狭小,造成的"规模不经济";⑤国内产出,出口市场和出口市场结构狭小、单一。③在库兹涅茨和罗宾逊主编的论文集《国家规模的经济影响》中,罗宾逊和库兹涅茨均强调了小型经济体在经济全球化过程中的脆弱性以及如何利用这种脆弱性。库兹涅茨更是直接指出"以人口数量衡量的国家规模和这个国家的国民生产总值中对外贸易的份额是反比关系"④。库兹涅茨认为小国的脆弱性同经济效率之间存在正相关关系。小国的国家规模不允许它们依赖狭小的国内市场,这迫使小规模国家更加关注效率,不断适应国际竞争,如此才有可能获益。

尽管小国脆弱,但是仍能够通过设计巧妙的策略来应对其固有的脆弱性。美国著名政治学家罗伯特·达尔和爱德华·塔夫特在《规模与民主》一书中指出,小国可以通过两个方法抵消脆弱性带来的不利地位:一是小国通过高水平的经济、社会和组织发展,全面或部分地弥补人口规模较小

---

① T.N.Srinivasan,Trade,growth and poverty reduction: least-developed countries,landlocked developing countries and small states in the global economic system,Commonwealth Secretariat,2009,P.80.

② Andrew F. Cooper and Timothy M. Shaw,The Diplomacies of Small States: Between Vulnerability and Resilience,Palgrave Macmillan,2009,P.47.

③ Andrew F. Cooper and Timothy M. Shaw,The Diplomacies of Small States: Between Vulnerability and Resilience,Palgrave Macmillan,2009,P.80-81.

④ 库兹涅茨、钱纳里、赛尔昆等学者认为人口规模会影响国家的经济结构。相关讨论参见德怀特·帕金斯、莫什赫·赛尔昆:《大国:规模的影响》,欧阳崤、盛小芳编译,《经济研究参考》2017年第40期。

的劣势；二是小国通过避免冲突、发展高水平军事力量、贸易与结盟、寻找潜在保护者等方式，提高大国反对小国目标的机会成本。[①] 无须竞逐于领土规模的扩张，以更加积极主动的姿态参与到全球经济中，小规模国家也可以通过类似的方法获得"恢复力"。[②]

（二）大国的非均衡性

所谓非均衡性，是对发展状态的一种客观描述，与均衡、失衡共同构成了事物发展的状态。在唯物辩证法看来，非均衡是与均衡相对应的不平衡状态。事物发展变化的整个过程是在均衡与非均衡的互相创生中展开的。在社会学领域中，马克思、恩格斯强调社会结构和社会过程具有二重性，它既是一个不断趋向于均衡的过程，又是一个在冲突中不断打破均衡、趋于非均衡的过程，社会在两种趋势中得以运行和延续。[③] 社会内部各功能部分之间的协调和均衡在冲突和斗争中不断地被破坏又不断地被恢复。在经济学领域中，非均衡是相对于瓦尔拉斯均衡[④]而言的，是"不存在完善的市场，不存在灵敏的价格体系的条件下所达到的均衡"[⑤]。政治学领域中的"非均衡"与哲学中所讲的"不平衡"意味相近，非均衡不等于矛盾与冲突，却是矛盾产生甚至演化成冲突的重要原因。如果将均衡的政治关系视为现代社会人们追求的美好的政治理想，那么与此相对应的，非均衡就是

---

① 罗伯特·A.达尔、爱德华·R.塔夫特：《规模与民主》，唐皇凤，刘晔译，上海人民出版社 2017 年版，第111—113 页。

② "恢复力"是指"应对或承受其固有脆弱性的能力"。Brigugli 认为"恢复力指数"应当包括四个指标：宏观经济稳定、微观经济市场稳定、善政和社会发展等。参见 Briguglio, L. and E.J. Kisanga, Economic Vulnerability and Resilience of Small States (Malta and London: Islands and Small States Institute of University of Malta/Commonwealth Secretariat), 2004, P.20.

③ 张敏：《非均衡：当代中国政治发展的动力与逻辑》，中国社会科学出版社 2016 年版，第 46 页。

④ 瓦尔拉斯均衡是指在供给和需求之间通过价格变化的调节达成均衡。

⑤ 厉以宁：《非均衡的中国经济》，中国大百科全书出版社 2019 年版，第 3 页。

一种实然"状态"。如，美国社会学家默顿认为非均衡是一种"结构紧张"[①]。学者徐勇则认为非均衡是"现代政治共同体中的多样性、差异性的存在状态"[②]，是一种对"非等同性、非一致性"[③]特点的描述。

从国家治理层面审视"非均衡性"，国家内生规模结构的现实影响就很难回避。事实上，规模结构与一个国家的资源分布、治理方式乃至国际关系之间都存在着密切的关联。一个国家内部资源总量的贫富状况关系到国家治理能力的强弱和治理手段的多寡。国家规模越大，在超大规模国土空间内进行生产、管理、交易、交通、信息交互等的成本越大，维护社会稳定，实现国家规模的有效治理就愈发困难。这种困难的主要表现就是非均衡性，即区域平衡发展与整体经济增长的国家治理目标之间并不是完全一致的，特别是在制定关系到资源与利益如何优先调配的公共政策时，二者之间甚至是矛盾的。

因为，"地域上的距离和感情上的距离是互为加强的，人口分布差异的影响与阶级和种族的影响互相交织，共同左右着社会组织的形成"[④]。距离是产生依赖的关键，邻近的空间更容易形成相同文化的族群。对于大国而言，广袤的领土和众多的人口意味着地域上和情感上的距离更容易拉远，诱发异质性偏好的多元化和复杂化。中心与边缘的概念本身就意味着边缘地区与社会主流在地理和社会上的疏远程度呈现正相关性的增长。美国社会学、人类学教授，可持续发展研究的先行者约瑟夫·泰恩特在《复

---

① "结构紧张"是指文化与社会结构之间的失衡状态。参见默顿：《社会理论和社会结构》，唐少杰、齐心译，译林出版社 2008 年版，第 193 页。

② 徐勇：《现代国家建构中的非均衡性和自主性分析》，《华中师范大学学报（人文社会科学版）》2003 年第 5 期。

③ 徐勇：《非均衡的中国政治——城市与乡村比较》，中国广播电视出版社 1992 年版，第 4 页。

④ [美]帕克等《城市社会学：芝加哥学派城市研究文集》，宋俊岭、吴建华、王登斌等译，华夏出版社 1987 年版，第 9 页。

杂社会的崩溃》一书中指出："复杂化一般是指一个社会的规模、其组成部分的数量和特点、其整合的特殊社会功能的多样性、其拥有的独特社会人格的数量及其多样性以及社会功能整体凝聚机制的多样性。这些方面任何尺度的增加都标志着社会复杂化的增强。"[1]"如果大量不同的人共同分享同样的公共品和政策，则他们会面临不断上升的异质性偏好成本，因为他们不得不相互认同并分享相同的政策。"[2]异质性程度以及管理异质性的能力成为大国持续时间、大国规模上限的主要决定因素。特别是，随着现代化的进展，交通、通信、信息等技术进一步加强了异质性偏好间的关联性，这无疑增加了"系统内部秩序"的复杂性，公共物品和公共政策的共享变得更加困难。大规模的人口流动，使得陌生人群治理成为政府日常治理必须解决的严峻问题。[3]注重发展，由地方满足异质性偏好有利于社会活力的增加却加大了地方失控风险；强化治理，由中央统一满足异质性偏好减少治理风险却又难以负荷高昂治理成本。中央和地方"钟摆式"的关系图谱，很大程度上根源于一个大规模国家不同区域间、整体与局部间不协调、不同步、不一致的状态。

因此，应当从地理和情感两个不同意义上的"距离"，对大国的非均衡性挑战进行审视。

大国的非均衡性挑战主要体现在两个方面：一是空间之大，二是人口规模之大。

首先，地理上的远近。现代民族国家的建立过程，既是将"边缘"区域纳入一体化的政治空间内的过程，同时，也是将国家机构的行政力量同业

---

① [美] 约瑟夫·泰恩特：《复杂社会的崩溃》，邵旭东译，海南出版社 2010 年版，第 38 页。

② [意大利] 阿尔伯托·阿莱西纳、恩里科·斯波劳雷：《国家的规模》，戴家武、欧阳崎译，格致出版社、上海人民出版社 2020 年版，第 18 页。

③ 泮伟江：《超大规模陌生人社会治理：中国社会法治化治理的基本语境》，《民主与科学》2018 年第 2 期。

已划定的领土边界保持一致的过程。一个国家有"中心"区域，也有"边缘"区域。"复杂社会聚集于一个中心，这个中心不一定坐落在地理位置上的中央，但它是社会框架的象征性基础。这个中心不仅是执法机构和政府部门的所在，而且是社会秩序的源泉、道德权威和社会统一的象征。"[1] 一般而言，国家的首都是政治经济中心。"中间"或者"中心"取决于人口的分布和地理因素。[2] 通常，国家形成时人口分布的"中间"地带更容易成为一个国家的政治经济文化中心。这也就意味着即使一个国家"中间"以及"边缘"区域发展情况相似，居民收入水平相同，"中间区域"依然能够凭借"得天独厚"的地理优势享受到更好的公共物品和政策。边缘地区常被认为"山高皇帝远"，地域的阻隔使得民众的偏好难以得到满足。"距离是产生依赖的关键。距离构造了区域经济。它影响并且能够对国家构造施加限制。中心与边缘之间相距越远，对后者控制的代价越大。同样，文化差距越大（语言或宗教），信息流转被扭曲和阻碍的可能性也就越大"[3]。同时，如韦伯所言，"政权领域的各个部分，离统治者官邸愈远，就愈脱离统治者的影响"[4]，权力的分布凸显了"中间区域"与"边缘区域"两种不同的政治状态。

其次，情感上的亲疏。通常，人口规模越大的国家民众的偏好异质性成本越大。使用同一语言、共享同一文化、信仰同一宗教的人群更容易形成相同的利益目标。例如，一个90%人口使用同一语言的国家，要比一个最多只有30%人口使用同一语言的国家更便于治理。庞大的人口基数使

---

① [美] 约瑟夫·泰恩特：《复杂社会的崩溃》，邵旭东译，海南出版社2010年版，第44页。

②Alberto Alesina. "The Size of Countries:Does It Matter?," Journal of the European Economic Association.2003.1(2).p.307.

③ [英] 戴维·米勒、韦农·波格丹诺主编：《布莱克维尔政治学百科全书》（修订版），邓正来译，中国政法大学出版社2001年版，第106页。

④ [德] 马克斯·韦伯：《经济与社会（下卷）》，林荣远译，商务印书馆1997年版，第375页。

得满足多元化和复杂化偏好需要更多的政治经济成本。随着轮船、铁路、飞机、手机、互联网的快速发展，一个国家内部不同地区和个人能够借此形成更为紧密的情感关联。这在某种程度上产生了"规模红利"，公共物品和公共政策的提供更容易被民众广泛接受。各种新型大众传播媒介的涌现促使人际交往突破了地域空间的阻隔。不容忽视的是，人与人之间的关系也会更为复杂、密切。我们甚至可以足不出户和千里之外的另一个人产生某种紧密的联系。时间和距离不再成为个体表达偏好的限制。大量异质性偏好的个体从各种传统共同体"脱嵌"的过程中"聚集"，社会的不确定性也就增加了。

总之，"非均衡性"主要受到人口规模和领土规模两个方面影响。在非均衡性和脆弱性的两端，大国比小国更具非均衡性，而小国比大国更凸显脆弱性。

中华人民共和国成立后，国家面临着如何实现规模治理与推进发展相互交织的难题。基于国家规模结构内生的非均衡性，不仅影响了资源的空间分布与配置，还直接制约了国家治理效率和治理目标的实现。破解由单一制体制同超大规模的国家空间耦合导致的大国非均衡性难题，成为推进当代中国现代化建设的重要任务。

一是自然资源在地理上的非均衡分布。中国是一个地域广袤的大国，东西横跨约 5200 公里，南北相距约 5500 公里。其中山地、高原和丘陵占陆地总面积的 67%，盆地和平原仅占 33%。在这个约 960 万平方千米的陆地面积内，形成的是一个包含了平原、草原、海洋、高原、荒漠等的多元共

① 本节对于非均衡性难题相关内容的讨论，选自作者发表于《南京社会科学》2023 年第 1 期的文章《对口支援：破解大国非均衡性难题的制度创新》，特此说明。

生体系。辽阔的疆域既为自然资源的蕴藏提供了空间基础，也决定了自然资源的分布会有大的差异。比如，11个省市拥有临海优势，部分地区甚至还拥有世界级的深水港，其他内陆省份的交通条件相对较差；有限的耕地资源集中在东部季风区的平原；铁主要分布在辽宁、冀东和川西；煤主要分布在山西、内蒙古和新疆等省区；90%的石油和80%的煤都分布在中国的北部，而68%的水力发电潜力都在西南部。根据地理学家胡焕庸在1935年提出的一条从黑龙江省黑河到云南省腾冲的人口地理分界线，此线以东面积约占全国面积的36%，而人口约占全国总人口的96%；此线以西面积约占全国面积的64%，人口却仅占全国的4%。[1]人口的不均衡分布进一步凸显了人均自然资源的非均衡性。一些地区享受着得天独厚的发展便利（如肥沃的土壤、优良的海港、便利的交通等），另一些地区却深陷"资源陷阱"。自然资源的区际分布差异，直接影响了各区域的经济活动和产业选择。

二是经济资源在空间中非均衡的集中与扩散。这是一种基于经济发展规律形成的被动的不协调、不均衡状态。中国经济体制转型的过程也是区际经济非均衡增长的过程。特别是改革开放以来，产业和劳动力不断向东部沿海地区集聚，产品的生产、消费同资源的富集区有着明显的空间错位。[2]地区经济增长的日益分化除了与自然资源、人口等地理空间中的不均衡分布相关，也和规模效应不无关系。经济和人口的空间集聚形成比较优势（如信息和运输成本的节约），吸引经济资源的因果循环聚集。通常，优先发展的地区资本回报率和劳动回报率更高，更吸引生产要素的流入，进而锁定

---

① 胡焕庸：《中国人口的分布、区划和展望》，《地理学报》1990年第2期。

② 《〈全国国土规划纲要（2016—2030年）〉系列专访之一》，中华人民共和国自然资源部，https://www.mnr.gov.cn/zt/hd/tdr/27tdr/td/201807/t20180709_2051934.html.

和强化其初始优势。在我国，产业、人口、技术、信息等集聚形成规模效应，强化东部沿海地区的发展优势。即使国家在欠发达地区加大一些经济投资政策，表面上地区间发展差距"收敛"，但这也是以损失经济增长效率为代价的。[①]

具体而言，经济资源在地理上的非均衡性体现为两个方面。一是"东西二元"，即东西部地区的经济发展存在显著的水平差距。"十一五"规划中，中国政府在"东部沿海地带""中部地区""西部地带"的"三分法"的基础上新增了"东北地区"，建立了四大区域划分方法。[②]黑龙江、吉林和辽宁3个省份从一体化程度和经济联系上划分成一个相对完整的经济区域。[③]经济区域的划分显著地体现了经济资源在区域中的差异，并以此作为国家经济开发和生产力布局的优先性次序的重要依据。如表1-2所示，东部地区仅占全国39.93%的人口和全国9.5%的土地面积，约占全国51.93%的地区生产总值。西部地区虽然土地面积占全国的71.6%，但是地区生产总值仅占全国的21.07%。人口分布同经济活动在地理空间中的集散之间存在的不协调，成为中国区域经济发展不平衡的重要原因。[④]二是"城乡二元"，即城乡居民收入水平、消费结构以及公共服务水平存在巨大的差异。有的学者甚至用"一个国家两种制度"来强调城乡之间存在的经

---

① 陆铭、刘雅丽：《区域平衡发展：中国道路的"空间政治经济学"思考》，《广西财经学院学报》2019年第4期。

② 东部地区是指北京、天津、河北、山东、上海、江苏、浙江、福建、广东和海南等10省（市）；东北地区是指黑龙江、吉林、辽宁等3个省；中部地区包括山西、安徽、江西、河南、湖北和湖南等6省；西部地区是指内蒙古、广西、重庆、四川、贵州、云南、西藏、陕西、甘肃、青海、宁夏和新疆等12省（区、市）。

③ 在"三分法"的区域划分中，通常将辽宁归属于东部地区，吉林和黑龙江二省归属于中部地区。自2007年8月国务院正式批复《东北地区振兴规划》后，将辽宁省、吉林省、黑龙江省和内蒙古自治区呼伦贝尔市、兴安盟、通辽市、赤峰市和锡林郭勒盟（蒙东地区）规划为东北地区。

④ 魏后凯：《改革开放30年中国区域经济的变迁——从不平衡发展到相对均衡发展》，《经济学动态》2008年第5期。

济社会结构差异性。[1]改革开放以来，城市优先的发展策略迅速改变了中国农村地区的地理和人类景观。在居住、就业、土地利用和自然环境方面，农村越来越边缘化。根据 2022 年国家统计局公布的统计公报，2021 年城镇居民人均可支配收入 47412 元，农村居民人均可支配收入 18931 元，城乡居民人均可支配收入比值为 2.50，比上年缩小 0.06；城镇居民人均消费支出 30307 元，农村居民人均消费支出 15916 元。[2]在绝对利益增加的情况下，城乡居民收入消费的相对差距仍然巨大。从长远来看，城乡间、区域间的非均衡发展给国家的规模治理带来了巨大的挑战，为维持这一超大规模共同体的稳定预置了难题。

表 1-2　2020 年中国四大区域主要指标

指标	东部地区	东北地区	中部地区	西部地区
土地面积占全国比例（％）	9.5	8.2	10.7	71.6
人口占全国比例（％）	39.93	6.98	25.83	27.12
人均 GDP（万元）	9.4	4.7	5.9	5.4
地区生产总值（亿元）	525752	51125	222246	213292
地区生产总值占全国比例（％）	51.93	5.05	21.95	21.07

注 1. 数据未包括我国香港、澳门特别行政区和台湾地区。
　　2. 数据统计截至 2020 年 11 月 1 日。

三是治理资源的不均衡分配。这是一种基于国家宏观调控形成的非均衡状态。国家宏观调控的一个重要方面则是运用公共权力合理有效地分配社会性资源，推进经济和社会发展。[3]因为社会资源总量与社会调控形式

① 参见胡鞍钢、王绍光、周建明主编：《第二次转型：国家制度建设》，北京：清华大学出版社，2003 年，第 31—58 页。
② 《中华人民共和国 2021 年国民经济和社会发展统计公报》，国家统计局，http://www.stats.gov.cn/tjsj/zxfb/202202/t20220227_1827960.html。
③ 王沪宁：《社会资源总量与社会调控：中国意义》，《复旦学报（社会科学版）》1990 年第 4 期。

之间存在着密切的关联，[①] 社会资源总量的贫富决定了公共权力能否有效地运作。学者唐皇凤将中国超大规模国家治理的特殊性聚焦在有限的社会资源总量与对治理资源的大规模需求之间的矛盾上。[②] 一般而言，治理资源可以理解为满足社会发展需求的非物质性资源（主要是制度供给和制度安排）。从多维视角来分析，大国治理的非均衡性难题是自然地理、经济活动和治理资源等多种因素共同作用的结果。统计资料显示，1979—1996 年，东部地区的年均经济增长率比中部地区高 1.73 个百分点，比西部地区高 1.95 个百分点。[③] 不难发现，国家整体经济水平上升，但是经济增长率的区际差异逐渐凸显。国家所实行的以提高效率为目的的区域非均衡发展战略，即可视为制度转型过程中治理资源的区际差异。治理资源的非均衡分布，既是推动总体经济增长的动力，又是区际经济增长差异扩大的因素。

　　除自然地理原因外，在推进发展过程中非均衡性问题又有着必然性。因此，应该历史地、辩证地认识非均衡性问题。首先，有效的资源积累是大国治理的前提。只有推动社会资源总量的提升，才能够为满足更多的社会需求提供物质基础。其次，非均衡是不可避免的、必要的大国治理的手段。由于资源和经济活动在地理上的非均衡性分布，完全均衡的发展模式既不可能，也不适宜。国家层面的治理资源的配置必然有着"厚此薄彼"和"轻重缓急"。刻意地追求均匀分布意义上的平衡发展，就会牺牲国家层面的市场统一，以及有效率的资源配置和经济发展。[④] 要形成有效的发展激励，就必须鼓励适度的差距。邓小平指出："在经济政策上，我

---

① 王沪宁：《当代中国村落家族文化——对中国社会现代化的一项探索》，上海人民出版社 1991 年版，第235—237 页。
② 唐皇凤：《大国治理：中国国家治理的现实基础与主要困境》，《中共浙江省委党校学报》2005 年第 6 期。
③ 陈家海：《中国经济增长中的地区结构：1978—1996》，《上海经济研究》1998 年第 8 期。
④ 陆铭：《大国治理：发展与平衡的空间政治经济学》，上海人民出版社 2021 年版，第 12 页。

认为要允许一部分地区、一部分企业、一部分工人农民，由于辛勤努力成绩大而收入先多一些，生活先好起来。一部分人生活先好起来，就必然产生极大的示范力量……使整个国民经济不断地波浪式地向前发展。"[1] 在社会主义初级阶段，鼓励多劳多得，鼓励一部分地区先富起来，有重点的非均衡发展是对基本国情、区情的正视，也是重要的、有效的激励手段。国家的整体性发展需要由优势地区来推动，有限的资源需要配置在生产效率最高的区域。无论是"三步走"的发展战略，还是根据地方禀赋确定的各种"功能区"的空间布局，中央政府从中国国情出发，制定的非均衡发展政策都推动了改革开放后的经济腾飞。再次，"在均衡中发展"是大国治理的目标。效率和公平并不是不可调和的矛盾，集聚和平衡也不是必然的冲突。寻求均衡发展，不是要消除一切发展差距，而是要解决由资源、经济活动和治理资源的非均衡性叠加导致的发展失衡问题。当国家整体经济形成强大的自我积累后，仍保持"非均衡"发展只会导致贫富悬殊、地区差距过大，政治经济空间失衡和结构性矛盾的升级，也有悖于"共同富裕"的中国式现代化的内在目标。这就要求，中央政府充分发挥协调作用，落实第二个"大局"——"沿海地区拿出更多的力量来帮助内地发展"，不仅欠发达地区能够分享到经济增长的成果，而且国家整体能够实现长期的、全局的最优资源配置。[2]

---

① 《邓小平文选》第2卷，人民出版社1994年版，第152页。
② 陆铭：《大国治理：发展与平衡的空间政治经济学》，上海人民出版社2021年版，第24页。

作为规模治理工具的对口支援

中国是"大国"，更是一个疆域广阔、人口众多、民族多样、文化多元的"超大规模国家"，同时也是世界上"持续存在时间最长的政体"。历史学家费正清称18世纪发生的两个变化"决定了中国此后历史命运的变化"，其一是中华帝国的领土扩大了一倍，其二是中国汉人人口增加了一倍。①中国领土和人口规模的扩大，构成了中国向现代化转变的基础，也决定了当代中国的现代化面临着社会稳定和经济发展的"双重难题"。

一方面，单一制体制同超大规模的国家空间耦合导致"规模压力"，抑或形成"治理负荷"，中央政府的治理能力面临严峻的挑战。中央政府承载着维护社会稳定、寻求地区平衡、促进经济发展的多重使命。因为疆域广

---

① [美] 费正清：《剑桥中国晚清史（上卷）》，中国社会科学院历史研究所编译室译，中国社会科学出版社1985年版，第41页。

衰、地域差异显著、民族成分复杂，导致国家治理负荷也相应巨大。在推进现代化的进程中，治理规模以及由此产生的规模治理负荷，就构成了中国现代化建设需要直面的现实问题。

另一方面，中华人民共和国成立时积贫积弱，亟须实现从农业国家向工业化国家的转变。然而，这种转变深刻地受到"非均衡性"的现实制约。不仅中国经济活动的地理集中与扩散趋势呈现出"东西二元"特征，而且城乡差异较大，表现出"城乡二元"特点。城乡间、区域间的非均衡发展给国家的规模治理带来了巨大的挑战。无论是学者唐皇凤提出的"非匀质性"社会，还是学者吴稼祥所描绘的超大规模的"异质聚合体"，都是对中国国家治理中非均衡性特征的高度概括。由于中国人口规模巨大，又是以社会主义制度为政治基础的现代化，寻求均衡发展是中国式现代化实现共同富裕的内在要求。因此，有限的资源总量、多元复杂的族群和均衡的空间治理需求共同构成了中国大国治理的基础。这就需要自觉主动地合理利用、协调配置资源，调节地区差距、城乡差距、收入分配差距，既要促进社会财富的总量增加，又要通过合理、公正的分配使收入趋于公平。在此意义上，中国式现代化既是"在发展中寻求均衡"，也要寻求"在均衡中发展"。

超大规模国家内生的规模结构的保守性和非均衡性，两种张力因素相互交织构成了现代化进程的中国情境和中国问题。强化治理可以减少统治风险，但可能会抑制活力；释放活力就必须减少束缚，又可能失去控制。如何有效避免"一统就死，一放就乱"的治理怪圈，在普遍性的国家利益与分散化的地方利益之间寻找平衡，建立既有秩序又有活力的现代化治理体系尤为关键。中国式现代化需要找到既能破解规模治理负荷，又能解决发展非均衡性问题的中国方案。对口支援的实践探索和制度创新就是解释中国经济高速增长与社会持续稳定能够并驾齐驱这一奥秘的"钥匙"。

第一，从对口支援实现规模治理的运作机制来看，四重机制的有机组合保证了对口支援的有效运行。一是基于文化传统长期积淀形成的思想动员机制；二是基于纵向"行政发包制"与横向"竞争锦标赛"激励政策形成的动力机制；三是基于精细化治理要求形成的制度演化机制；四是基于集中统一的中央领导体制形成的组织协调机制。对口支援运行系统中的各组成部分、各个环节以及各种要素按照其内在规律，在运动中彼此相互联系、分工合作、有机组合，保证了中央与地方两个积极性形成合力。

第二，从对口支援实现规模治理的制度功能来看，在中央统一部署下，对口支援具有分散风险、分摊成本、有效汇集资源、形成合力、协调发展、增进团结等六项主要功能。对口支援，是实现地理空间向治理空间转化的重要方式，是促进均衡发展的重要制度创新。当国家的"中间区域"凭借"得天独厚"的地理优势享受到更好的公共物品和政策时，实现边缘地区共享"发展红利"是党和政府倡导的五大发展理念之一。经过长期的探索和实践，目前我国已形成以对口援疆、对口援藏为主线，以三峡库区移民对口支援、灾后恢复重建对口支援为特色的对口支援体系，促进了区域间的均衡发展。在区域治理中，对口支援能够发挥其他行政手段和措施所不能替代的作用。

第三，从对口支援实现规模治理的深远意义来看，对口支援制度能够有效地将规模治理负荷转化为规模治理效应。这种转化进一步强化了国家认同，尤其是援受双方对国家、对社会主义制度的认同和信心，培育了不同区域间的族群休戚与共、守望相助的"命运共同体"意识；重塑了府际关系，既加强了中央政府的主导作用和层级节制，又强化了不同层级以及隶属关系的地方政府间的彼此互动合作，培育出一种中央主导下的共同解决全国性问题的伙伴关系；促进了空间均衡，既解决了区域发展非均衡性难题，又有利于培育统一市场，推动地区间的优势互补。

总体而言，经过四十多年对口支援的实践探索和相关政策的逐步完善与发展，作为大国规模治理的重要政策工具，对口支援呈现出了卓越的治理绩效，已经成为当代中国富有特色的成功治理经验。通过研究这一新中国成立以来，前所未有的大规模、全方位、高强度的制度创新，从中总结出可推广、可复制、规范化的体制机制要素，无疑能够为中国社会主义现代化建设的诸多现实情境提供有价值的经验。同时，对口支援作为一种有中国特色的解决边疆治理、地区发展不平衡、实现空间正义的有效做法（不仅是横向转移支付的方式），可以为其他发展中的大国提供有益的借鉴。当然，如何认识这样一种解决空间不平衡的方式还有很大的学理拓展空间。通过聚焦对口支援制度破解规模治理难题的内在机理，我们或能透视、理解并叙述中国作为一个发展中大国的现代化道路的实践探索及其未来走向。

第二章

对口支援制度的
历史沿革与类型分析

四海之内，皆兄弟也。

——《论语·颜渊》

导　言

　　当代中国对口支援发轫于 20 世纪 50 年代，在一些地区之间，具有对口支援性质的小规模的、特定区域的、非常态化的支援、帮助、帮扶的实践探索已经开始出现。1979 年在全国边防工作会议上，对口支援以国家政策的形式被正式确定下来。从此，对口支援的经验得以在全国范围内推广，对口支援的规模逐渐扩大化、形式多样化、实施也日趋常态化。20 世纪 90 年代后，在一些地区对口支援实践创新的基础上，国家加大了对口支援的制度建设，一个多层次、宽领域、多形式、全方位的对口支援格局逐渐形成。对口支援从早期局部地区的实践探索到全国范围对口支援格局的确立，经历了长期的发展过程。这期间，对口支援既有地方层面的实践探索和创新，也有中央层面的体制机制变革。根据不同历史时期对口支援内容、重点及表现形式上的差别，可以将当代中国对口支援制度的形成与变革历程划分为三个阶段：一是中华人民共和国成立以来对口支援制度的孕育和初创阶段；二是改革开放以来对口支援制度的确立和拓展阶段；三是 20 世纪 90 年代以来对口支援制度的巩固和完善阶段。

一

孕育和初创阶段

当代中国"对口支援"制度起源于党和国家的"工农结合、城乡结合、厂社结合"的政策。其间，对口支援主要表现为全国范围内行业之间、部门之间、城乡之间、区域之间的援助。从中华人民共和国成立到20世纪70年代，在城市和农村之间、沿海和内地之间以及不同地区之间已经出现了不同程度、不同规模、不同形式的支援、帮扶、援助行为，只是彼时尚无"对口支援"的明确提法。我们把这一时期称为对口支援制度的孕育和初创阶段。参天之木，必有其根；怀山之水，必有其源。当代中国对口支援作为一种大国治理的制度安排，其孕育、初创和蓬勃发展并不是凭空产生的，它深深植根于中华农耕文明和古代大一统国家的传统，对口支援制度的文化内核更深受中国"天下一家"优秀传统文化精髓的滋养。

（一）对口支援制度的历史之根

中国是建立在农耕文明基础上形成的大一统国家，在长期的历史演化过程中，形成了荒政和援助边疆的两大治理传统。

在古代中国，"国家针对各种自然灾害的预防、应对和处理的方式、政策与制度安排，被统称为荒政"[①]。古代中国灾害饥荒频繁且严重，这不仅导致了民众的生活困难，还常常引发社会动荡，甚至灾民起义危及王朝的统治。因此，王朝体系下的赈济、蠲免、遣使等"荒政"措施具有双重功效：一是体现统治集团仁政的形象。正如汉学家魏丕信所指出的，"备荒和救灾的确是中国官僚制度的头等任务之一，这是中国传统家长式权力统治的一部分，它体现了儒家的教义：养民才能更好地教民"[②]。二是通过实行荒政防止灾民变成流民甚至是流寇引发社会动荡，维系封建王朝的统治。[③]正如恩格斯曾深刻指出的："政治统治到处都是以执行某种社会职能为基础，而且政治统治只有在它执行了它的这种社会职能时才能持续下去。"[④]据《唐会要》卷八八《仓及常平仓》记载："'应诸州府所置常平、义仓'……逐年添置义仓……纵逢水旱之灾，永绝流亡之虑。"到了南宋，基于官府和民间协作运行的社仓得到了当政者推动和发展，连同常平仓、义仓等构建起了较为完备的备荒、救荒体系。[⑤]除官方统一组织的救济外，民间的宗族互助和他助救济在救饥赈灾中也发挥了重要作用，成为官方救

---

① 周光辉、赵德昊：《荒政与大一统国家：国家韧性形成的内在机制》，《学海》2021 年第 1 期。

② [法]魏丕信：《18 世纪中国的官僚制度与荒政》，徐建青译，江苏人民出版社 2003 年版，第 4 页。

③ 相关代表性研究成果有——李向军：《清代荒政研究》，中国农业出版社 1995 年版；孙绍骋：《中国救灾制度研究》，商务印书馆 2004 年版；阎守诚：《危机与应对：自然灾害与唐代社会》，人民出版社 2008 年版；邓云特：《中国救荒史》，商务印书馆 2011 年版；么振华：《唐代民间的自助与互助救荒》，《兰州学刊》2008 年第 11 期。

④ 《马克思恩格斯文集》第 9 卷，人民出版社 2009 年版，第 187 页。

⑤ 陈支平：《朱熹的社仓设计及其流变》，《中国经济史研究》2016 年第 6 期。

济的重要补充。如，魏晋南北朝和隋唐时期每逢灾荒，常有乡里义举和宗族互助。唐玄宗将"分灾恤患""损余济阙"的社会成员的互助形式视为一种美德，并大加称颂。①

　　古代中国作为一个大一统国家，为了维系国家的统一，在历史上就形成了重视边疆、援助边疆的治理传统。没有四方，何为中国。明翰林院编修、著名文士杨慎在为明嘉靖三十四年（1555）《贵州通志》所作的序中，用"裔"和"羡"来比喻边疆对于国家的重要性："衣之裔曰边，器之羡曰边。而器破必自羡始，衣坏必自裔始。边徼之说何以异此？边可轻乎哉？"②乾隆年间，清政府明文规定要求新疆每年的财政收入全部留归本地使用，无须上缴中央，地方财政的收支差额由全国各地"协饷"解决。从1760年始，清政府每年都会从全国22个省级行政区包括几个海关"协饷"共计200万至300万两白银来支援新疆地区。《剑桥中国晚清史》一书中写道："七年之中总数逾五千二百三十万两协饷的支援，是支持左宗棠在新疆取得胜利的唯一决定性因素。"③1876年2月1日，清廷发出上谕："国家经费有常，此次筹措巨款，系天下合力，办西陲军事，竭十余年之力，办今日军事。似此办法。实属一而不可再。左宗棠当仰体朝廷筹饷之艰。"④这套制度将新疆地区完全纳入了全国的协饷体系之中，成为常年受协的边陲地区。⑤饷银主要用于官吏和军队饷俸、日常行政开支、水利和道路工程建设等。因此，有学者将清朝的协饷制度称为"当时是全国规模最大的发达地区对

①［后晋］刘昫：《旧唐书》，中华书局1975年版，第2829页。
②［明］杨慎：《贵州通志序》，［明］谢东山删正，［明］张道编集，张祥光等点校：《［嘉靖］贵州通志》，贵州人民出版社2019年版，第2页。
③［美］费正清：《剑桥中国晚清史（下卷）》，中国社会科学院历史研究所编译室译，中国社会科学出版社1985年版，第279页。
④《大清德宗景皇帝实录》卷二十五。
⑤廖文辉：《清代嘉庆时期的新疆协饷运作及政策讨论》，《中国边疆史地研究》2021年第2期。

边疆的支援制度"[1]。类似的还有西藏。不过，清朝从内地派驻西藏的官员和军队仅有数千人，财政支援的规模亦无法和新疆的协饷制度相比。

古代中国荒政和援助边疆的治理实践，不仅是国家履行社会职能的重要体现，也是维系大一统国家的重要治理工具，更是获得不同族群认同的重要手段。这两种治理传统也对当代中国对口支援制度的孕育、创立和发展进程产生了久远的影响。

（二）中华人民共和国成立前中共组织的具有对口支援特点的早期实践

中华人民共和国成立之前，中国共产党领导中国人民进行了艰苦卓绝的革命斗争。严峻的战争和阶级斗争形势，不仅需要人民群众态度上的支持与响应，而且也需要各行各业送钱送物的实际行动。于是，在中华人民共和国成立前的中央苏区和革命根据地就开始了具有对口支援特点的早期实践。

1929 年到 1930 年间，闽西革命根据地和苏区的主要创建者邓子恢制定了《中共闽西一大土地法》，明确提出了"抽多补少、抽肥补瘦"的分配土地方法。[2] 这种新型的理论后来也影响到中央苏区劳动合作社或者经济合作组织的发展。在根据地土地分配后，大多数农民面临着耕牛、农具等主要生产资料匮乏的问题，苏维埃政府积极组织了粮食调剂局、合作经济组织调节劳动力，实行互助互利。中央苏区时期在闽西创办的各类经济合作组织所开展的各项互助合作运动，被认为打破了国民党反动派强制性的

---

① 一鸣:《清朝时全国也曾"对口支援新疆"》,《政府法制》2010 年第 17 期。
② 《中央苏区互助合作运动的先驱——邓子恢》,《中国合作经济》2021 年第 S1 期。

经济封锁，[①] 为发展苏区的工农业生产、支援革命战争发挥了积极作用。

中华人民共和国成立前土地革命时期的支援行为具有对口支援的某些典型特征。土地革命时期，国民党实行对内的恐怖统治。中央苏区受到国民党不断的"围剿"和经济封锁。[②] 边界工农兵政府为了突破国民党对食物、生产资料的封锁，从白区运进根据地缺乏的必需品（如食盐、西药等），实现对根据地的经济支援。[③] 抗日战争胜利后，各解放区利用各种形式在生产自救的同时，进行了以"合作运动"为主的互助和物资交换活动。据统计，边区全农业劳动者都有组织地加入了消费合作社、运输合作社、生产合作社以及信用合作社。十三万七千名以上的妇女也都有组织地加入了纺织合作社。[④] 而边区合作运动，则是在1943年以来减租减息的基础上及生产度荒中发展起来的。最初有两种组织，即农业生产的互助组和副业手工业的合作社或生产小组。由于减租减息以及后来的反奸清算运动深入、土地关系变化，发展生产的要求亦随之提高。其特点是统一组织领导，统一使用劳动力及资金，统一计工折工及工资工票，统一分红。[⑤] 颇具规模的一次物资交换发生于1949年8月，为了开展解放区之间物资交流，支援大上海，粉碎帝国主义和国内反动派的封锁，东北输出公司运往上海大米2万吨、大豆1万吨和木材3万立方米，以供应上海市食粮和木材的需要；上海军事管制委员会经济接管委员会把一部分东北所需的工业品等物

---

① 《中央苏区经济中心闽西的互助合作运动》，《中国合作经济》2021年第S1期。

② [韩] 金志勋：《国民党经济封锁对中央苏区对外贸易的实际影响》，中华民国史研究三十年（1972—2020）（中卷）。

③ 闫家泰：《土地革命时期中央根据地的赤白贸易和赤白贸易交通线》，《军事经济研究》1988年第3期。

④ [美] 福尔曼：《中国解放区见闻》，学术社1946年版，第24—25页。

⑤ 晋冀鲁豫边区政府合作厅编：《农村合作互助运动中三大结合的研究》，晋冀鲁豫边区政府，1948年，第3页。

作为交换。[①] 老解放区对新解放区的援助活动，以更频繁的方式出现在全国各个地区。例如，1946 年 8 月 6 日，经八九年革命洗礼具有互助习惯的老解放区人民，发扬"劳动人民是一家"的互助精神，到新区支援生产。[②]

"腹地支援边地""老区支援新区""上游支援下游""解放区支援统治区"等定向支援、指定帮扶的实践活动均出现于这个时期。支援农业建设、赶赴农村锻炼、抗旱抢收抢种是该阶段主要的支援内容。[③] 从历史连续性的角度看，中华人民共和国成立前中共组织的具有对口支援特点的早期实践，为中华人民共和国成立后建立对口支援制度积累了成功的经验。

（三）对口支援制度的孕育和初创

中华人民共和国成立后，军队与地方之间、城市与农村之间、工业与农业之间互助支援的传统得到了延续。这一阶段正是国家发展基础薄弱、发展任务艰巨、发展经验缺乏的起步阶段。为了集中人力、物力、财力进行大规模的社会主义建设，将各种社会经济活动纳入计划中，这一阶段的对口支援，是政府通过行政命令直接对社会经济生活进行管理的工具，主要表现在"工农结合、城乡结合、厂社结合""沿海支援内地"和"非灾区支援灾区"三个方面。

---

① 《协同粉碎敌封锁 东北支援大上海 商妥两地交换物资首批业已启运》，1949 年 8 月 10 日《人民日报》第 1 版。

② 《武陟老区人民支援新区锄苗》，1946 年 8 月 6 日《人民日报》第 2 版。

③ 参见《武乡老区群众牵驴荷犁 赶赴新区支援生产 和顺再度救济马坊春荒》，1946 年 5 月 22 日《人民日报》第 2 版；《太岳区三百万人民全力支援下游河民》，1947 年 2 月 12 日《人民日报》第 1 版；《太行行署指示腹地群众 大力支援边地春耕》，1947 年 2 月 24 日《人民日报》第 2 版；《老区支援新区保麦分田 元获游击战胜利展开》，1947 年 6 月 24 日《人民日报》第 1 版；《腹地支援边地 焦作抢收抢种》，1947 年 10 月 25 日《人民日报》第 2 版；《华北解放区工人纷纷献工 援助国民党统治区工人兄弟》，1949 年 3 月 5 日《人民日报》第 2 版。

第一，"工农结合、城乡结合、厂社结合"。中华人民共和国成立初期，由于长期战争的破坏，百废待兴，特别是农业生产急于恢复和发展，党和国家提出的"工农结合、城乡结合、厂社结合"政策，可以看作是对口支援实践的雏形。在人民公社时期，在"全国一盘棋"战略思想指导下，由国家对全国资源实行统一的调配。农业是国民经济的基础，只有农业恢复和发展起来，国民经济才有可能发展起来，因此，当时国家倡导"各行各业都来支援农业"。"工农结合、城乡结合、厂社结合"成了20世纪50年代末城市与农村之间应用较为广泛的支援形式。

1951年4月17日，山西省委向中央、华北局提交了题为《把老区互助组织提高一步》的报告。虽然在提法上，只说是老区互助组织要不要提高一步的问题，但实质上是涉及当时老区农村或土改后的农村要不要开始起步向社会主义过渡的问题。[1] 在此背景下，20世纪50年代，在一些地区开始有组织或者自发地涌现"城乡挂钩、厂社挂钩"的互助形式。1960年3月20日，《山西日报》发表了一篇题为《厂厂包社　对口支援——论工业支援农业技术改造的新形势》的社论，高度赞扬了这种"相互制定规划、签订支援合同"的探索实践。这也是首次在公开发表的报刊中使用"对口支援"的概念。

1960年3月23日，《人民日报》在转引《山西日报》这一社论时提出"厂社对口协作"是有生命力的新生事物，强调"如何看到它的主流，扶植它健康地发展、壮大，是我们的一项政治任务"[2]。20世纪60年代初期，厂社对口协作的主要特点是"厂县挂钩，厂社挂钩，技术下乡"。通常是由有实力的大厂采取厂县挂钩、厂社挂钩的形式对口协作两个县，大型的工厂一

---

① 薄一波：《若干重大决策与事件的回顾》（上卷），中共党史出版社2008年版，第130—149页。
② 《工农协作加速农业技术改造》，1960年3月23日《人民日报》第2版。

厂对两个县,中型的工厂一厂对一个县,小型的厂矿两个或三个对一个县,使每个县都有一个中型机械厂或机械修理力量较大的工厂进行支援。大中型工厂和县对口之后,它们又通过县和两个或者三个人民公社直接联系,进行重点支援,协助公社发展工业、发展多种经济等。平均下来,每个公社都能有两个工厂进行对口支援。[①]

在早期的厂社协作中,由于资源的稀缺,通常由一个实力较强的大型的工厂支援两个县,实力较弱的两个厂支援一个县。尽管平均下来每个公社都能有两个工厂进行对口支援,但是仍然出现了大厂疲于支援的情况。为了应对支援力量稀缺、受援需求紧张的局面,厂社协作支援网的综合支援模式逐步替代了传统的厂社挂钩,成为部分地区工业支援农业的新型对口支援形式。例如,1960 年 4 月下旬,山西省陵川县工业支援农业,在厂社挂钩的基础上,又实行了多行组合,以片建网,以网包片,综合支援,使工业支援农业向前大大地推进了一步。[②]同时期的江苏省从厂县、厂社挂钩发展到条条对口、车间与社办工厂、机台与机台、老师傅与老师傅、同类型产品的单项技术协作挂钩等形式。[③]

这个方法在许多地方又有了新的发展,如城市公社和县挂钩、城市的区和县挂钩、各行各业和农村公社挂钩等。[④]例如,1960 年上半年,江苏省各个市镇,工厂、财贸、文教等单位分别与公社、大队挂钩协作,全面地、经常地、主动地支援农业,仅常州市一地就有"四百零六个工厂、九十个商业企业、二十三所学校、十二个医院、七个科学研究所、五个建筑工区、两

---

① 《大力支援农业技术改造 焦国鼐代表谈山西工业支援农业》,1960 年 4 月 14 日《人民日报》第 9 版。

② 《厂社挂钩的新发展 支援农业的好办法》,1960 年 8 月 1 日《人民日报》。

③《厂社挂钩 条条对口 固定协作 技术下乡 江苏全面动员支援农业 抢在农时前面,突击赶制大批农具、农械、农药,做到农时未到农具先行》,1960 年 4 月 1 日《人民日报》第 4 版。

④ 《继续发展"厂社挂钩"》,1960 年 7 月 26 日《人民日报》第 1 版。

个剧团、三个事业单位、二十个居民委员会，分别与邻近的公社和生产大队挂钩协作，尽力支援"[①]。1960 年 4 月，北京市包括清华大学、北京大学等十所高等院校，采取了"定点挂钩，长期协作"等措施，同北京郊区永丰、海淀、四季青等八个农村人民公社建立了固定的协作关系。各校都派出负责干部和工作组帮助开展农业技术改造工作。[②] 可以说，人民公社时期"工农结合、城乡结合、厂社结合"的实践，是对口支援实践形式的早期探索。"把工业支援农业、城市支援农村，发展成为一个全民性的群众运动，采取分别挂钩的形式，建立固定的协作联系，这不论在当前或长远来说，都是有着十分重要的意义的。城市工业、交通、财政、金融、贸易、科学、教育、文化、卫生等各个部门分出一定的力量面向农村，分别与县社挂钩，是加速农业技术改造和农村社会主义建设的有力措施，也是加强工农联盟的新形式"[③]。这也为后来"沿海支援内地"以及省际大范围的支援和协作积累了丰富的经验。

第二，"沿海支援内地"。中华人民共和国成立后，除有计划地通过工农结合、厂社协作的方式实现工业对农业的支援外，沿海和内地之间，甚至是省际大范围的支援和协作也逐渐开展起来。这主要体现在上海、天津等沿海经济发达、工业成熟地区对陕西、新疆、内蒙古等经济欠发达、工业薄弱地区的其他省份的援助。

1949 年 7 月召开的全国财经工作会议，明确提出了"全国支援上海，上海支援全国"的方针。通过全国重要资源的统一调度稳定上海经济，进而稳定全国经济，这是全国解放后新生人民政权在经济发展问题上为应对

---

① 《江苏全民全面支援农业》，1960 年 4 月 13 日《人民日报》第 1 版。
② 《北京各高等学校支援农业　定点挂钩　长期协作》，1960 年 4 月 25 日《人民日报》第 4 版。
③ 《各行各业都来支援农业》，1960 年 4 月 13 日《人民日报》第 1 版。

困难局面作出的旨在兼顾局部与整体的战略举措。中央提出既要着眼当时的困难局面之解决，又要着眼全国经济后续之发展，从而号召加强上海与全国其他省份的经济互助与协作。在暂时困难得到克服后，上海也充分发挥了工业基地的作用，支援全国建设和市场需要。仅仅在20世纪50年代中期到60年代初，上海就派出了数万名技术人员去支援陕西建设。

1957年，中共中央上海局召开五省一市经济协作会议，会议决定由上海在设备和技术上支援江苏、浙江、安徽、福建、江西五省，上述各省则在副食品和工业原料上支援上海。此次会议，还首次成立了研究和处理有关对口支援经济协作问题的专门机构——华东经济协作委员会。[①] 特别的是1960年在上海市内，还创设性地采取了"区县挂钩，厂社挂钩，一竿子插到底"的方式，12个区分别同郊区11个县建立了"一对一"的对口挂钩支援关系。每组支援关系中都成立了支援农业技术改造的领导小组或办公室。有的区还同对口的县成立联合领导小组，建立起固定的、长期的支援关系。[②] 同年，东北、华北、西北、华东地区的轻工业系统展开了地区之间、厂与厂之间的原料和设备等物资的互相调剂、互相支援工作。

20世纪50年代末到60年代初实行沿海对内地的支援，有着政治、经济、军事和社会等多方面的原因。[③]

在政治层面。首先，建设一个社会主义现代化国家，需要"把国内外一切积极因素调动起来"。内地尤其是少数民族地区有着丰富的自然资源，沿海地区有着丰富的技术资源和资金支持。毛泽东指出，"我们国民经济

---

① 《密切配合　互相支援　发展华东地区的经济　上海局召开五省一市经济协作会议》，1957年7月31日《人民日报》第5版。

② 《上海生产更多产品支援全国农村排灌、化肥生产和动力设备以及各种农业机械等都比去年显著增长　采取"区县挂钩、厂社挂钩"支援郊区，技术工人下乡创造了出色成绩》，1960年7月26日《人民日报》第1版。

③ 袁武振、梁月兰、高喜平、柴云：《1950年代上海对陕西建设的支援》，《西安邮电学院学报》2008年第4期。

没有少数民族的经济是不行的"[1]，沿海对内地的支援能够将这些因素调动起来，发挥其积极的作用。同时，毛泽东进一步从"共同富裕是社会主义的价值目标之一"的角度强调沿海对内地支援的现实意义。"我们的目标是要使我国比现在大为发展，大为富、大为强……现在我们实行这么一种制度，这么一种计划……是共同的富，这个强，是共同的强，大家都有份。"[2] 其次，沿海对内地的支援，是汲取了苏联在建设社会主义过程中的一些经验和教训。特别是苏联在各加盟共和国境内坚持的高度中央集权体制下的"区域分工"政策，使得一些地区无法建立完整的国民经济体系。[3] 沿海支援内地是党中央领导集体汲取苏联建设社会主义过程中的缺点和错误所作出的重要决策。再次，毛泽东、周恩来等老一辈无产阶级革命家对民族地区的民生问题保持一贯的重视。刘少奇在党的八大政治报告中指出，"我们必须用更大的努力来帮助各少数民族在经济和文化上的进步，使各少数民族在我国社会主义建设事业中充分地发挥积极作用"。周恩来在 1957 年 8 月全国民族工作座谈会上作了《关于我国民族政策的几个问题》的重要讲话，特别强调中国的现代化是各民族共同发展、共同繁荣。"我们不能设想，只有汉族地区工业高度发展，让西藏长期落后下去，让维吾尔自治区长期落后下去，让内蒙牧区长期落后下去，这样就不是社会主义国家了。"[4] 值得注意的是，"帮助少数民族发展经济建设和文化建设"不是"恩赐"，不是简单的你帮我、我帮你那种支援，而是在党的统一领导下，根据社会主义经济高速度、按比例发展的客观规律，从全局出发，从全国一盘棋的观念出发，分清主次，分清轻重缓急。局部支援整体，

---

[1]《毛泽东文集》第六卷，人民出版社 1999 年版，第 405 页。

[2]《毛泽东文集》第六卷，人民出版社 1999 年版，第 495 页。

[3] 卢继元：《民生问题摧垮了苏联》，2012 年 1 月 30 日《中国社会科学报》。

[4]《周恩来选集》下卷，人民出版社 1984 年版，第 266 页。

非重点支援重点，缓的支援急的……也就是说，要集中优势力量，支援重点，支援第一线。

在经济层面。中华人民共和国成立初期，我国的工业化水平很低。从工业布局来看，"我国全部轻工业和重工业，都有约百分之七十在沿海，只有百分之三十在内地"[①]；从劳动力分布来看，上海、天津等沿海城市的劳动力过剩，而陕西等内陆地区建设新工厂，需要大批有专业技术的工人和干部，开发山区可以大量地解决城市和沿海地区多余人口的就业问题；[②] 从产业结构来看，"中国的工业和农业在国民经济中的比重，就全国范围来说，在抗日战争以前，大约是现代性的工业占百分之十左右，农业和手工业占百分之九十。……这也是在中国革命的时期内和在革命胜利以后一个相当长的时期内一切问题的基本出发点"[③]。无论从工业布局、劳动力分布还是从产业结构来看，都存在着"一种不合理的状况"。对此，中央认为这种不合理状况的改变需要通过全国性的资源调配来解决，需要在全国各地区间适当地布局工业生产，使工业接近原料、燃料的产区和消费地区，并使工业的分布适合于巩固国防的条件，以逐步提高落后地区的经济水平。[④] 毛泽东在《论十大关系》中强调"沿海的工业基地必须充分利用，但是，为了平衡工业发展的布局，内地工业必须大力发展"[⑤]。在这一思想的指导下，在中央政府统一调配下，天津、上海等沿海地区的一大批当时在全国处于一流水平的工业企业迁移到西部地区。特别是 20 世纪 60 年代中期的"三线建设"，被称为中国工业化的一次西进运动。[⑥]

---

① 《毛泽东文集》第七卷，人民出版社 1999 年版，第 25 页。

② 袁武振、梁月兰、高喜平、柴云：《1950 年代上海对陕西建设的支援》，《西安邮电学院学报》2008 年第 4 期。

③ 《毛泽东文集》第七卷，人民出版社 1999 年版，第 25 页。

④ 钟开斌：《对口支援：起源、形成及其演化》，《甘肃行政学院学报》2013 年第 4 期。

⑤ 《毛泽东著作选读》下册，人民出版社 1986 年版，第 723 页。

⑥ 瞿晓琳：《新中国成立以来中国共产党领导的民族地区民生建设研究》，人民出版社 2016 年版，第 94 页。

在军事层面。中华人民共和国成立之初的相当长一段时间内，东南沿海局势十分紧张。1955年1月召开的第二次全国计划会议指出，天津、上海等沿海地区尽管工业化水平较高，但是"城市过大，人口过多，平时难管理，如果有战争时更难维持"。故而，上海等东部沿海城市面临疏散庞大人口的任务，有必要组织重要的工厂、学校向内地转移做到"以防万一"。

在社会层面。中华人民共和国成立后，上海等东部沿海地区在发展中出现了部分劳动力过剩问题。通过向陕西、新疆、内蒙古等西部地区进行转移，有效地解决了东部沿海地区存在的这一问题。

第三，"非灾区支援灾区"。区域、行业和部门之间在面对灾害时同舟共济、互帮互助一直是党和国家的优良传统。除城市与农村之间的厂社协作、沿海支援内地外，中华人民共和国成立后到20世纪70年代，灾区与非灾区之间的结对支援也得到了较广泛的推广实践。在此期间，中央主要使用"结对援助""互相支持""支援"等词语来描述这种结对支援行为。

中华人民共和国成立之初，中央财政十分有限，同时又要减少大的自然灾害对灾区的破坏性影响，因此，中央政府需通过从全国各地区调动人力物力支援受灾地区。例如，1949年，全国水旱虫雹等自然灾害严重，受灾面积达一亿余亩，灾民四千万人，灾区遍及华东、华北、中南、东北等区及陕西等省。在此期间不同省份、地区采取不同的跨地域的援助措施。华北区各机关部队与京津两市，节约救灾粮食达八百万斤。河北、平原等地发起了"一碗饭"或"一把米"的救灾运动。同时，由于灾民大批逃散外地，党和国家要求各非灾区必须妥善安置灾民，这也是较早见诸报端的支援灾区的行动。1954年10月，湖北省武汉市遭受重大水灾，以北京为中心，南到广东，北到黑龙江，东到江苏、浙江和上海，西到四川和甘肃，都送去大量物资援助。①1960年,山东省遭受严重灾荒,为了支援山东灾区人民度荒,浙江、江苏、福建、江西、安徽和上海等五省一市调运了大量的粮食、蔬菜、药品以及鞋袜、棉花等物资支援灾区。其中江西、福建等省都以负责干部为首成立了支援山东省灾区生产救灾的专门机构;江苏和上海专门召开了援助会议,制定支援方案。②1960年《人民日报》发表了题为《同自然灾害斗争到底》的社论,高度赞扬了非灾区对灾区的结对援助行为,"在大规模的抗旱斗争中,充分显示出来了人民公社的威力,特别是显示出来了代表着人民公社时代精神的大协作的威力。一处有难,八方支援。各个公社内部的各单位互相支持,各地区、各部门之间也患难相助"③,非灾区与灾区间援助实践彰显了协作精神。

如表2-1所示,从中华人民共和国成立到20世纪70年代,城市和农村之间、沿海和内地之间以及不同地区之间出现了不同程度、不同规模、不同形式和内容的支援、帮扶、援助行为。在此期间,虽然没有明确提出"对口支援"的政策概念,但是有着对口支援实质内涵的实践已经颇具雏形。此外,在中华人民共和国成立到改革开放前,中国逐渐形成了高度集中的计划经济体制和政治、经济一体化的中央高度集权的一元化领导的管理体制。④与中央高度集权的管理体制相适应,我国区域经济的组织和运行以计划经济为主导,重大的建设项目都由中央统筹规划,所谓的区域合作以纵向联系为主,垂直关系高度强化,横向联系十分微弱。⑤但是,这些横向

---

① 《武汉人民战胜了历史上的最大洪水　全国人民支援武汉的防汛斗争》,1954年10月24日《人民日报》第2版。

② 《浙江　江苏　福建　江西　安徽　上海　大力增产节约支援山东灾区　大批食品药品棉衣调往灾区,并派出灾区慰问团》,1960年12月8日《人民日报》第5版。

③《人民日报社论选辑》第四辑,人民日报出版社1960年版,第16页。

④ 周光辉:《构建人民满意的政府:40年中国行政改革的方向》,《社会科学战线》2018年第6期。

⑤ 徐国弟:《我国地区经济协调发展研究》,改革出版社1996年版,第52页。

联系的援助形式突破了中华人民共和国成立前存在的"合作运动""劳动互助"等传统援助形式，"一对一"形式的结对支援以"点状"形式在全国范围内的不同地区都有局部实践存在。全国不同省份和地区的支援协作形成一定的规模，并在相当长时期内具有一定的延续性。这为国家正式提出"对口支援"的政策概念，以及对口支援制度的形成提供了实践依据和成功经验。

表 2-1　中华人民共和国成立到 20 世纪 70 年代对口支援实践情况

类别	时间	形式	主要内容
赈灾救灾支援	1949—1950 年	1. 中央人民政府统一调度 2. 非灾区对灾区的支援	华北区各机关部队与京津两市，节约救灾粮款近八百万斤；西北各地普遍采用剧团公演、义卖等方式募集粮款；全国若干省区以余粮支援上海及华东灾区，调运范围包括四川、江西、湖南、河南、东北、山东、皖北、皖南、苏北、苏南、浙江等十余省区；对逃荒者，各非灾区必须安置灾民
	1952 年 2 月	1. 党中央的亲切关怀 2. 各省级地方政府自主安排支援	北京、上海、天津、辽宁、山东、河南、福建、江苏、山西、湖北、新疆等省、自治区、直辖市和人民解放军各总部、各军兵种和有关部队也派出领导干部、抢险人员、医务人员并调运大批救灾物资前往灾区支援
	1954 年 8 月	全国支援湖北省水灾地区	1. 各地人民政府粮食部门调运大批晚秋作物种子，帮助湖北省水灾地区的农民补种晚秋作物 2. 邻近省份，浙江、湖南、江西各地调运了两千四百多万斤早稻种子；湖南省支援一百多头耕牛，河南省支援四千多头耕牛
	1956 年 9 月	1. 国务院统一组织各省支援河南、河北、山东三省水灾 2. 国务院组织了六个工作组分赴受灾各省协调救灾工作	1. 国务院共拨救济款两亿二千零五十万元。增拨灾区农贷一亿五千万元 2. 从各省调拨了七亿二千万斤粮食、四万多吨化学肥料、五千多吨农药支援灾区
	1966 年 3 月	地方自主支援	天津、上海支援邢台地震区，主要是向受灾地区支援急救药品、医疗器械和生活用品

续表

类别	时间	形式	主要内容
赈灾救灾支援	1976 年 8 月	1. 党中央的亲切关怀 2. 各级党组织的统一领导	北京、上海、天津、辽宁、山东、河南、福建、江苏、山西、湖北、新疆等省、自治区、直辖市和人民解放军各总部、各军兵种和有关部队派出领导干部、抢险人员、医务人员并调运大批救灾物资支援唐山地震区
工业支援农业	1951 年 6 月	工人、技术人员支援	选派上海一百多家钢铁厂、机器厂万余五金工人和华东军政委员会工业部技术室工作人员支援淮河水闸机件的制造和工程的设计工作
	1958—1960 年	厂社对口挂钩向厂社对口协作转变	1. 1958 年，山西省以六个城市为中心，建立了厂县、厂社的协作关系 2. 在支援内容上，既支援农业生产，又积极支援县、社工业；既从物质方面支援，又为县、社工业和农业培养技术力量 3. 全省 1700 多个县营以上厂矿，和 66 个县、900 多个人民公社挂了钩，平均每个公社都有两个工厂进行支援
	1960 年	江苏省城市支援农村、工业支援农业的群众运动	1. 从过去带突击性的支援逐步发展为全面、经常的支援 2. 从少数单位的行动，逐步发展为各行各业的全民性的群众运动 3. 从个别单位的挂钩，发展成包括各行各业各部门的庞大的固定协作网 4. 在支援内容上，从生产资料到生活资料 5. 从帮助发展县社工业，到输送技术力量和介绍技术经验管理经验
沿海支援内地	1949 年 7 月	全国财经工作会议	明确提出了"全国支援上海，上海支援全国"的方针
	1957 年	中共中央上海局召开五省一市经济协作会议	1. 上海在设备和技术上支援江苏、浙江、安徽、福建、江西五省，上述各省则在副食品和工业原料上支援上海 2. 首次成立了研究和处理有关经济协作问题的专门机构——华东经济协作委员会
	20 世纪 50 年代中期—60 年代	上海支援陕西	1. 以上海向陕西派出来自各行各业的干部、工人和知识分子为主要的支援方式 2. 首次出现明确的、长期的省级（直辖市）对口支援，12 个区分别同郊区 11 个县建立了"一对一"的对口挂钩支援关系

续表

类别	时间	形式	主要内容
支援边疆少数民族地区	1954 年	云南省人民政府组织抽调干部支援	从党政领导机关中选派支援干部、组建民族工作队，派遣医疗队和防疫队到边疆少数民族地区进行巡回医疗工作
工程支援	1952 年 7 月	全国支援成渝铁路修建工程	东北、华北、华东、中南各地以支援大小机车、客车、货车、桥梁、工具和钢坯等物料为主
	1952 年 11 月	全国支援鞍山钢铁公司的基本建设工程	全国有 48 个省、市以派遣干部、工人和技术人员为主要援助方式，76 个援助单位为鞍山钢铁公司提供大量的所需器材和设备
	1953 年 8 月	上海市组织支援第一汽车制造厂	上海地区选派一支 1 万多人的建筑队伍，支援东北我国第一汽车制造厂的建厂工程
	1954 年 3 月	中共河北省委抽调大批干部支援	中共河北省委员会抽调 160 个地委一级的干部，支援全国 141 项重点工程的建设
	1954 年 4 月	太原钢铁厂工程公司党支部和基层工会组织抽调工人、技术人员和干部支援	抽调了共计 1900 多名包括工程公司经理、科长、工区主任等各级管理干部、工程师、技师、技术员等技术人员和电焊工、铆工、砌炉工、起高工等 37 种工种的技术工人参与南调大冶的基本建设
	1956 年 4 月	农业生产合作社"互相支援"	农业生产合作社之间在技术和物资方面开展双向对等的支援
其他	中华人民共和国成立前后	地区自发援助	老区支援新区，保麦分田；腹地支援边地，抢收抢种

总体而言，这一阶段是对口支援孕育和初创阶段，具有支援范围较小、内容单一、互助支援、无偿支援的特点。首先，从支援范围来看，多局限于邻近地区或一省较小地域范围之内。如"工农结合、城乡结合、厂社结合"实践，从 1958 年到 1960 年也就只是从六个城市发展到全国主要城市。但是随着新中国的成立，国家各项社会主义现代化事业的逐步推进，除城市

支援农村、工业支援农业、沿海支援内地外，在边疆少数民族地区和重大工程建设上，也开始逐步推进了相关的对口支援实践工作。其次，从支援的内容来看，还基本上处于"受援方要什么，就给什么"的初级阶段。例如，1957年，山东省菏泽、临沂等水灾区农民亟须补种晚秋作物。北京、内蒙古、陕西和安徽等地，针对受灾区的需求调拨了1300多万斤荞麦、蔬菜籽等晚秋作物种子。除了"给物"，还增添了"给钱""给人""给技术"等多种内容。再次，从支援的形式来看，这段时期内虽然仍未有明确的"一对一"结对支援形式，但是不同形式的结对支援和相互帮扶在全国范围内都有出现。并且，由早期的"零星突击"式的自发支援发展为有组织、有计划的系统性支援。这些支援实践突破了中华人民共和国成立前的老区支援新区、保麦分田以及腹地支援边地、抢收抢种的传统模式。集中体现为：中央统一调配和地方自主支援"交织"；领导人关切和群众运动"并行"；从个别单位的挂钩到各行各业各部门固定协作的"升级"；从地方自主救灾赈灾到跨省支援抗灾救灾的"推广"。最后，从支援的性质来看，一方面，基本以"无偿"性质的支援为主。如1954年8月全国对湖北省水灾地区的支援，河南省无偿为受灾地区支援了近4000头耕牛。另一方面，也存在部分"互助互惠"性质的支援。如1960年四川省采取了大厂包大县、中厂包中等县、小厂包小县的厂县对口包干办法支援农业。其中，工厂需要调剂一部分多余原料、材料和边角废料支援县（社）工业，为所包县（社）修理、安装和制造一部分急需的农业机械等。所包县（社）需要协助建立农业机械、化肥、农药等工厂。

二

确立和拓展阶段

　　1979 年到 1990 年，是对口支援制度的正式确立与拓展阶段。改革开放后，中国政府的管理模式也经历了一场历史性转型。如何"突破政治、经济一体化的中央高度集权的体制束缚"[1] 是 20 世纪 70 年代末到 80 年代末中国行政改革的重点。中国行政管理体制发生的深刻改变，也为对口支援制度的确立和拓展带来了诸多机遇。这种管理模式的转变反映到对口支援实践中，就是在中央政府主导和地方政府配合下，一个地区对另一个地区的支援和帮助方式从政策层面被确定下来。地方政府成为解决政治问题、经济问题和社会问题的重要力量。同时，改革开放后，全社会的重心转移到了"以经济建设为中心"。对口支援制度在此阶段的确立，鲜

<hr>

① 周光辉：《从管制转向服务：中国政府的管理革命——中国行政管理改革 30 年》，《吉林大学社会科学学报》2008 年第 5 期。

明地体现了这个阶段中央政府的两项重要工作。一是消除部门和地区设置的阻碍各种资源流动的壁垒，以适应计划经济向市场经济的转轨；二是推动边疆和少数民族地区的发展，促进资源由发达省份向边疆和少数民族地区的流动。既有经验的积累和不断成熟的条件，为对口支援制度的正式建立奠定了良好的基础。在1979年4月召开的全国边防工作会议上，中央政府明确提出了东部经济发达的省份对口经济欠发达的少数民族地区的支援政策。这标志着对口支援以国家政策的形式被正式确定下来。从1979年到1991年间，国家为了推动垂直经济向横向经济转型，提出了东部经济发达地区对口支援少数民族地区，鼓励发达地区与少数民族地区开展经济技术协作。这一阶段，对口支援制度的确立始于对边疆和少数民族地区的支援，并且逐步拓展到包括经济技术协作、重点工程建设和灾后恢复重建等社会发展的各个领域，成为国家治理中不可或缺的政策工具和重大问题应对机制。在这个过程中，强化经济技术协作、加强边疆地区和少数民族地区的建设是对口支援的主要功能。全国对口支援西藏和对少数民族地区开展的经济技术协作等成为对口支援制度确立和拓展的关键节点，不仅进一步丰富了对口支援实践的内涵，而且拓展了对口支援在国家政策层面的应用领域。

（一）对口支援少数民族地区——对口支援制度的建立

自中华人民共和国成立以来，中央政府就没有停止过对西藏的经济支援。绝大多数年份，仅中央财政的转移支付就占西藏财政支出的百分之九十以上，中央政府的财政支持在西藏国民经济中居于举足轻重的地位。[1]

---

① 李曦辉：《援藏与西藏经济社会50年变迁》，《中央民族大学学报》2000年第5期。

为了弥补中央财政的不足并促进地区之间的横向经济协作,在改革开放的时代背景下,中央政府逐渐改变了对于少数民族地区的援助思路。

伴随着改革开放的全面推进,以邓小平同志为主要代表的中国共产党人把边疆建设放在极为重要的位置,采取了多项改善民生的新举措,不断满足民族地区群众日益增长的物质文化需求。1979 年 4 月 25 日至 5 月 11日,中共中央在北京召开了全国边防工作会议。时任中共中央政治局委员乌兰夫作了题为《全国人民团结起来,为建设繁荣的边疆巩固的边防而奋斗》的报告。乌兰夫在报告中指出:"根据党中央的指示,国家将加强边境地区和少数民族地区的建设……国家还要组织内地省、市对口支援边境地区和少数民族地区。"①1979 年 7 月 31 日,中共中央以中发〔1979〕52 号文件转发了乌兰夫的报告,进一步明确了"组织内地省市对口支援边境地区和少数民族地区",并且确定了由东部省市支援边疆少数民族地区,全国支援西藏的对口支援政策。即由北京支援内蒙古,河北支援贵州,江苏支援广西、新疆,山东支援青海,天津支援甘肃,上海支援云南、宁夏,全国支援西藏。这意味着对口支援作为一项国家政策正式确立下来,同时标志着对口支援制度的正式建立。

1980 年 3 月 14 日、15 日,时任中共中央总书记胡耀邦在北京召开了第一次西藏工作座谈会。同年 4 月 7 日,中共中央发出《关于转发〈西藏工作座谈会纪要〉的通知》。在转发的《通知》中指出,发展西藏建设,仍然应当主要依靠西藏党政军和各族人民,艰苦创业,共同努力。同时,中央各部门也要加强对西藏工作的正确指导,并且根据实际需要和可能条件,组织全国各地积极给予西藏支援和帮助。

---

① 国家民委政策研究室:《国家民委民族政策文件选编(1979—1984)》,中央民族出版社 1988 年版,第 242 页。

除中央政府"指定动作"外，一些支援方省份还创设性地开展了"自主动作"。例如，在江苏省对口支援广西壮族自治区的任务中，援受双方不仅将对口支援任务进一步细化分解到市、县一级地方政府，[①] 还协商和确定了具体的支援办法：分别由江苏的对口支援企业和单位派出技术人员，帮助广西培训技术工人、提供设备和技术情报资料等。两省技术支援的项目包括轻工、纺织、机械、电子、冶金、医药、煤炭、建筑、农业、财贸等。为此，江苏省政府除专门成立支边工作机构专门负责此次援助实践外，还成立了科技工作联合小组，加强同广西壮族自治区科技协作和学术交流。[②]

对口支援政策的确立，体现了中央对边疆工作的重视。1982年10月7日至14日，中央召开了经济发达省、市同少数民族地区对口支援和经济技术协作座谈会，确定由国家经委牵头，由国家经委、国家计委和国家民委归口领导对口支援工作。根据座谈会纪要，党中央国务院着重强调了为进一步调动经济发达地区对少数民族地区进行技术支援和技术协作的积极性，应当对现行经济管理体制的某些方面给予松动。例如，在取得有偿转让技术收入的分配上，可比照财政部、国家科委（81）财企字第300号《关于有偿转让技术财务处理问题的规定》适当予以放宽，即支援方每年收入在10万元以下，全部收入留给企业，超过部分，上缴财政50%，企业单位留用50%。[③] 此次会议提出了对口支援政策指导意见，包括经济发达省市对少数民族地区进行支援和协作时要适当放宽有偿转让技术收入的分配，适当照顾支援人员的工资待遇和生活补贴，表彰和适当物质奖励贡献较大的单位和个人等，还确立了定期召开对口支援会议的惯例。据不完全统计，

---

① 具体的对口支援关系为：南京支援南宁；无锡支援柳州、北海；常州支援南宁、梧州；苏州支援桂林、梧州；南通支援桂林；连云港支援北海。
②《根据中央关于加强边疆地区建设的指示 江苏与广西结成对口支援省区》，1980年7月24日《人民日报》。
③《财政部、国家科委关于放宽技术有偿转让收入留用问题的规定》，1983年3月17日。

从1979年到1982年的近三年时间随着对口支援和经济技术协作逐步开展，确定开展的对口支援和经济技术协作项目有1178项，其中已经完成的有381项，正在进行的有663项。[①]

1984年9月，中央在天津召开第二次全国经济技术协作和对口支援会议。这次会议新增了上海支援新疆、西藏，广东支援贵州，湖北省、辽宁省和武汉市、沈阳市支援青海等对口支援任务。时任国务院副总理万里在此次会议中指出，经济发达地区与少数民族地区的对口支援是社会主义制度优越性的体现，也是发达省市应尽的义务。万里发表的重要讲话，进一步明确了对边疆地区和少数民族地区的对口支援是社会主义制度优越性的体现，是发达地区的"历史使命"。同年，第六届全国人民代表大会第二次会议通过了《中华人民共和国民族区域自治法》，其中第六十一条规定"上级国家机关应当组织和支持经济发达地区与民族自治地方开展经济、技术协作，帮助和促进民族自治地方提高经营管理水平和生产技术水平"。这也是首次以国家基本法律的形式明确了上级国家机关组织和支持对口支援的法律原则。

1987年4月，中央转发了中央统战部、国家民委《关于我国民族工作几个重要问题的报告》，文件中要求"发达地区应继续做好对少数民族地区的对口支援。这是一项历史使命，应当坚持做好"。在少数民族地区对口支援的政策框架下，中央政府针对新疆和西藏两个情况更为特殊的少数民族地区，先后出台了更为具体的对口支援政策。这为中国特色对口支援制度的进一步发展奠定了坚实的基础。

---

① 《国务院批转关于经济发达省、市同少数民族地区对口支援和经济技术协作工作座谈会纪要的通知》，1983年1月11日。

（二）经济技术协作——对口支援制度的拓展

从改革开放开始到 20 世纪 90 年代初，国家为了推动经济体制改革，提出了要"打破封锁""打开门户"，鼓励经济较发达地区和经济较落后地区间的横向经济联合，开展经济技术协作。由此，对口支援逐渐功能聚焦，使对口支援逐渐同"经济技术协作"成为"合二为一"的政策工具。对口支援和经济技术协作是我国两种促进横向经济发展的重要政策工具，前者主要由经济发达地区对口支援经济欠发达地区，消除地区设置的资源横向流动壁垒；后者则指各地区、各部门消除合作壁垒和技术封锁，实现区域间的经济横向协调。

1982 年 10 月国家计委、民委在银川召开的"经济发达省市同少数民族地区对口支援和经济技术协作工作座谈会"，对于中国对口支援实践的拓展颇具里程碑意义。其中一个显著特征是国家召开的对口支援会议主题同经济技术协作联系起来，这表明了国家对消除地区间、部门间资源横向流动壁垒任务的偏向。会议纪要中提到，对口支援和经济技术协作的主要方式有：推动重点企业的改造、整顿；帮助解决技术难关；培训人才；帮助考察、研究资源，共同开发矿产资源；在物资上互通有无。从会议内容来看，对口支援和经济技术协作基本上视为一项密不可分的工作。此次会议还确定了定期召开对口支援会议的惯例。此后，国家多次在银川召开全国范围的对口支援和扶贫协作会议。

1983 年 1 月，国务院批转了国家计委和国家民委《关于组织经济发达省、市同少数民族地区对口支援和经济技术协作工作座谈会纪要》（国发〔1983〕7 号），明确提出"经济发达地区对少数民族地区进行对口支援，是国家赋予经济发达地区的重要任务，经济发达地区必须积极地承担"。

该文件正式确定了对口支援工作由国家经委、国家计委和国家民委三个部门共同负责，国家经委负责牵头，同时进一步明确对口支援工作的方向、任务和重点。

到了 1984 年 9 月，国家经委、国家计委召开的会议主题变更为"全国经济技术协作和对口支援会议"。时任国务院副总理万里在会议上进一步强调了对口支援的经济意义是："帮助少数民族发展经济，让他们尽快富起来，不仅有经济意义，而且有重大的政治意义，是我国的一个大政策。因此，先进地区有责任帮助边远地区、少数民族地区发展经济。……牺牲自己地区或者自己城市的一些利益，支援少数民族地区、落后地区，如同专业户支援贫困户差不多，能使我们国家各地区都逐步富裕起来，这有重大的经济意义和政治意义。"① 时任国务院副总理田纪云进一步指出经济技术协作和对口支援是应对"国家很大，发展很不平衡"这一特点的重要形式："我国幅员辽阔，交通、通信又很落后，一切经济活动都要由主管部门用行政办法来统一组织，其结果必然是许多事情办不了或办不好。即使办了，也是事倍功半。而经济技术协作和对口支援，正是由于按照客观经济发展的要求，把地区、部门、企业的积极性调动起来，发展了多方面、多层次的，各种各样的联合和协作，办了许多我们过去想办而办不了，办不好的事情。"② 在此期间，国家召开的相关会议主题的变更体现了国家对"对口支援和经济技术协作"双重任务的偏移。对"对口支援"的淡化表明，相对于"给支票"和"交钥匙"式的对口支援，支援方地方政府更倾向于开展有补偿性质的"经济技术协作"工作。

1987 年 4 月 17 日，中共中央、国务院转发了中央统战部、国家民族事

---

① 《新时期民族工作文献选编》，中央文献出版社 1990 年版，第 255 页。

② 田纪云：《田纪云同志在全国经济技术协作和对口支援会议上的讲话》，《经济工作通讯》1984 年第 14 期。

务委员会《关于民族工作几个重要问题的报告》。该《报告》指出："发达地区应当继续做好对少数民族地区的对口支援。这是一项历史使命，应当坚持做好。同时，在自愿结合、互利互惠的基础上，大力发展多方面、多层次、多渠道、多形式的横向联系。通过横向联系，互通有无，取长补短，促进资金、技术、人才的合理流动。"该《报告》明确提出了对少数民族地区的对口支援是一项历史使命，并将对口支援视为加强我国不同地区横向联系的重要办法。

1991年12月，国家民委在上海召开了全国部分省、自治区、直辖市对口支援工作座谈会。这次会议进一步明确了对口支援不同于一般性的经济技术协作和横向联合，强调对口支援是有领导、有组织、有计划的，不以营利为目的而以帮助少数民族地区加快发展作为己任的一项既有经济意义又有政治意义的工作。会议提出了对口支援应按照"支援为主，互补互济，积极合作，共同繁荣"的原则开展。此后，我国曾涌现出一次较大规模的地方政府间经济合作浪潮，地区间的合作发展成区域间的联合。这为中国特色对口支援制度的进一步巩固提供了指导原则。

总体而言，这一阶段在国家层面对口支援制度得到确立，政策实施程序建构起来，并且应用到了经济领域，对口支援实践的特征也发生了新变化：第一，对口支援实践目标将促进经济的横向增长、提升民族地区改善自身民生状况能力作为核心目的。对口支援实践围绕着搞活企业、调整结构、优化资源配置而开展，支援和协作的领域也基本集中在经济领域。第二，在对口支援实践过程中，中央政府发挥主导性作用。无论是对边疆地区的对口支援还是经济技术协作对口支援，均由中央政府发起，具有明确的政治指令取向。中央政府不仅规定了具体的援受关系，同时还明确了对口支援的任务分配、时间节点和完成要求。

三 巩固和完善阶段

进入 20 世纪 90 年代后，随着计划经济体制向社会主义市场经济体制转型，中国逐渐加大了以转变政府职能为重点的行政改革的力度。到了 21 世纪，强化公共服务、建设服务型政府成为新阶段的行政改革的重点。[①] 作为中央政府统筹协调下进行资源横向转移和政府间互助协作重要方式的对口支援制度在此阶段也随之发生了显著的变化。一是随着经济体制的转型，对口支援模式逐渐向符合市场运行规律、适应市场经济体制的转变，这主要表现为从无偿性质的单向"输血式"支援模式向双向互惠"造血式"支援模式转变。二是随着行政管理模式转变为以强化公共服务为重点，对口支援的援助领域由强调经济发展向强调社会发展转变，开始向工业、农

---

① 周光辉:《从管制转向服务:中国政府的管理革命——中国行政管理改革 30 年》,《吉林大学社会科学学报》2008 年第 5 期。

业、商贸、科技、文教、卫生、扶贫等各个领域辐射，并逐步形成相对固定的格局。三是随着行政体制和政府管理的现代转型，一个制度化、常态化、长效化的对口支援体系日趋成熟。对口支援的法律法规初成体系。对口支援从一项临时性的政策安排上升为国家层面的一项制度化规定。四是为了应对经济、社会变迁带来的各种挑战，对口支援逐渐走向对口合作。这些历史性的转变，拓展了对口支援实践中援受双方合作交流的广度和深度，强化了地方政府间的合作激励机制，是一种更有生命力的、更强调利益均衡分配的对口支援模式。概括来讲，这个阶段是对口支援制度巩固提高和蓬勃发展的阶段。

（一）横向延伸与纵向延伸

从 20 世纪 90 年代起，对口支援实践发生了一些新变化。这些变化集中体现为对口支援延展出了新的支援形式和类型。对口支援在新时期的巩固和发展的一个重要方面表现为其在两个方向的延伸。从横向来看，对口支援在社会发展的其他应用领域延展出了包括对口帮扶、对口合作和扶贫协作等在内的新形式；从纵向来看，对口支援的实践"地方化"，推广到省内或市内，以及省—县支援等。

对口帮扶和对口合作是对口支援在经济发展框架中延展出来的新形式，本质上仍是某一领域内的对口支援实践。

1979 年全国边防工作会议上提出，实施对口支援政策有四个意图：一是为了建设边疆，并以此巩固国防；二是为了落实民族政策，促进民族团结；三是为了实现区域优势互补，促进区域协调发展；四是为了保证国家的政治稳定。可以说，对口支援启动之初就被赋予了重要的政治使命。边疆民族地区的发展问题都被看作是政治问题。然而，随着社会主义市场经济体制的逐步完善，中央开始慢慢把政治问题与经济问题区分开来。政治问题通过对口援疆、对口援藏等对口支援实践常抓不懈，经济问题则主要依靠对口帮扶、帮扶协作、对口帮助等方式来解决。

1996 年 7 月 6 日，在国务院办公厅发布的《国务院办公厅转发国务院扶贫开发领导小组〈关于组织经济较发达地区与经济欠发达地区开展扶贫协作的报告〉》（国办发〔1996〕26 号），确定了由"北京市与内蒙古自治区，天津市与甘肃省，上海市与云南省，广东省与广西壮族自治区，江苏省与陕西省，浙江省与四川省，山东省与新疆维吾尔自治区，辽宁省与青海省，福建省与宁夏回族自治区，大连、青岛、深圳、宁波市与贵州省，开展扶贫协作"。开展扶贫协作的主要内容包括：①帮助贫困地区培训和引进人才，引进技术和资金，传递信息，沟通商品流通渠道，促进物资交流；②开展经济技术合作；③组织经济较发达地区的经济效益好的企业，带动和帮助贫困地区生产同类产品的经济效益较差的企业发展生产；④开展劳务合作；⑤发动社会力量，为贫困地区捐赠衣被、资金、药品、医疗器械、文化教育用品和其他生活用品的活动。《关于组织经济较发达地区与经济欠发达地区开展扶贫协作的报告》首次就扶贫协作的原则、内容和组织协调部门等作出了具体的规定，并且明确要求各地区人民政府负责组织，要将这种方式"形成制度，长期坚持下去"。

1996 年 10 月，中央召开了扶贫开发工作会议，通过了《关于尽快解决农村贫困人口温饱问题的决定》（中发〔1996〕12 号），将结对关系进一步明确为"对口帮扶"，要求北京、上海、广东和深圳等 9 个东部沿海省市和 4 个计划单列市对口帮扶西部的内蒙古、云南、广西和贵州等 10 个贫困省区。

1999 年 6 月 28 日，在《中共中央、国务院关于进一步加强扶贫开发工作的决定》(中发〔1999〕10号)中,同时使用了"对口帮扶"和"对口帮助",指出两者都是国家以对口支援的形式来作为一项扶贫政策,推广运用到省际、中央单位结对帮扶贫困地区发展和贫困人口脱贫致富的。

2001年6月13日,在《国务院关于印发中国农村扶贫开发纲要(2001—2010年)的通知》(国发〔2001〕23号)中,强调"继续做好沿海发达地区对口帮扶西部贫困地区的东西部扶贫协作工作",国家正式将扶贫协作工作称为"对口帮扶"。

2016年10月,中共中央办公厅、国务院办公厅印发了《脱贫攻坚责任制实施办法》,进一步明确了东西部扶贫协作和对口支援的对接机制和合作办法,要求对口支援关系中的双方各级党政主要负责人必须"亲力亲为",并强调东部地区应当根据财力增长情况"逐步增加帮扶投入"。省际对口支援①由过去的"鼓励""支持"的"模糊动作"转向为"责任清晰、各负其责、合力攻坚"的"清晰动作"。省级党委和政府主要负责人不仅要向中央签署脱贫责任书,还要每年向中央报告扶贫脱贫进展情况。

根据2017年北京市委、市政府出台的《北京市对口帮扶河北省相关贫困地区工作实施方案》,对口帮扶成为"在中央政府的主导下,借助于馈赠的方式实现各类资源由经济发达地区向经济相对不发达地区流动的援助"②,这种表述主要是为了凸显对口帮扶在贫困治理中的作用。2018年6月,《中共中央国务院关于打赢脱贫攻坚战三年行动的指导意见》(中发〔2018〕16号)正式对外发布,要求"实施好'十三五'对口支援新疆、

---

① 对口支援政策可以分为省际对口支援和省内对口支援。前者主要依赖中央政府发挥主导作用,涉及中央政府、受援方政府、支援方政府、企业、高校、医院等多个主体。后者主要关涉省内政府主导下的发达区域对欠发达区域的支援。

② 李瑞昌:《界定"中国特点的对口支援":一种政治性馈赠解释》,《经济社会体制比较》2015年第4期。

西藏和四省藏区 ① 经济社会发展规划，严格落实中央确定的80%以上资金用于保障和改善民生、用于县及县以下基层的要求"②。中国特色的"扶贫攻坚制度"与"对口支援制度"在此过程中相互增益、相互补充，以"帮扶"为核心的人才支持、市场对接、劳务协作、资金支持等成为此阶段对口支援制度建设中的重要内容。

随着对口支援工作的不断深化，尤其是随着社会主义市场经济体制的建立，不同省份之间的对口援助关系逐渐摆脱单向无偿"输血式"援助模式，转变为双向互惠互利合作模式。

对口合作在正式的表述中主要包括两种对口支援实践：其一是地方政府在长期的对口支援实践中，支援方和受援方地方政府希望加深两方合作程度、合作力度、合作广度，自发形成对口合作关系。以吉林省为例，最初吉林省只是遵从中央的组织安排，完成中央在新疆的工作部署，提供项目援建和智力帮扶。在长期的对口援疆过程中，一些项目的援建走向了更为紧密的合作方式。2018年4月份，吉林省援疆前方指挥部、阿勒泰地区（中共阿勒泰地区委员会、阿勒泰地区行政公署）、中建兴业集团正式确立战略合作关系，三方就联合共建阿勒泰基层党建理论试验区达成合作协议。在对口支援过程中，民间的企业和机构也能主动参与到对口支援工作中，吉林省亦可借助本省的资源禀赋共享获得对口支援成果，实现优势互补，共赢互利。其二是由中央直接引导发达省市对欠发达省市、地区的跨区域合作关系。例如，2017年国务院办公厅印发了《东北地区与东部地区部分省市对口合作工作方案》（国办发〔2017〕22号），要求吉林省和浙江省构

---

① 四省藏区是指青海、四川、云南和甘肃省内的藏族地区。

② 中共中央、国务院：《关于打赢脱贫攻坚战三年行动的指导意见》，2018年6月15日，中华人民共和国中央人民政府门户网站，http://www.gov.cn/zhengce/2018-08/19/content_5314959.html,2019年12月13日。

建政府、企业、研究机构和其他社会力量广泛参与的多层次、宽范围、广领域的合作体系。[①] 这个时间段的对口支援的主要功能是,实现资源的优化配置,"发挥社会组织和企业在对口支援合作中的主体作用"。

对口支援向对口合作的深化发展,既是地方自主发展的需要,也是促进对口支援实践长期可持续发展的必然结果。对口合作在中央的正式表述中主要体现在东北地区与东部地区的合作上,其政策目的主要在于优化资源配置,实现东北等老工业基地振兴。一些学者认为,对口合作将逐步成为对口支援演化的高级形态或趋势。

省内的对口支援以及省内的帮扶协作是对口支援的纵向延伸,其本质是"中央特定治理经验的地方化"[②],是地方政府主动对中央治理经验的学习。[③]

省内对口支援主要包括各省内的对口支援工程。通常是指,省内经济较发达的地区(市)对较落后地区的结对支援。湖北"616"对口支援工程是比较典型的省内对口支援工程。2007 年湖北省政府开始实施由 6 个省直单位参加,对口支援省内 1 个民族县(市),每年至少办 6 件较大实事。截至 2017 年,"616"对口支援工程共为民族地区落实建设项目 3467 个,落实资金 185 亿元,极大推动了当地的经济社会发展。[④]

省内帮扶协作目前主要有福建、浙江的"山海协作",江苏省内实行的苏南苏北帮扶协作,广东省省内对口帮扶,杭州市实施的"区县"协作等。省内帮扶协作主要聚焦精准扶贫、精准脱贫,提高扶贫协作成效。以山东

---

① 安蓓、何晓源:《国家明确东北与东部部分省市对口合作具体方案》,2017 年 3 月 17 日,新华网,http://www.xinhuanet.com//politics/2017−03/17/c_1120649502.html.
② 任维德:《中国区域治理研究报告》,中国社会科学出版社 2018 年版,第 65 页。
③ 任维德:《中国区域治理研究报告》,中国社会科学出版社 2018 年版,第 65 页。
④ 江华富:《对口支援硕果丰——湖北省"616"对口支援工程实施 10 周年回眸》,《民族经济》2017 年第 6 期。

省内扶贫协作为例，2016 年确定济南市与临沂市、青岛市与菏泽市、淄博市与滨州市、烟台市与德州市、潍坊市与聊城市、威海市与枣庄市结成帮助与被帮助的扶贫协作关系。[①]

（二）对口支援法律法规初成体系

对口支援，尽管在 20 世纪中叶就萌芽于党和国家的"工农结合、城乡结合、厂社结合"政策，但是由于对口支援实践的发展过程十分缓慢，因此，关于对口支援的相关法律法规还不够健全。此时，对口支援制度也仅仅是通过中央第五十二号文件以国家政策的形式正式确定下来。关于对口支援制度内容的构建几乎接近于空白，如对口支援的基本原则、实施办法、工作要求、政策预期、工作计划等框架性内容也鲜有涉及。

对口支援与其他公共政策的差异性不仅体现在制度内容上，更体现在因支援而结成的特殊政策网络上，不仅包含了中央政府利用行政手段的高位推动，也包含着支援方和受援方根据现有的相关法律法规以及政策性文件等进行的基于不同行政层次的任务协调。这种制度的特殊性，不仅影响着对口支援实践根据不同时期、不同地区我国社会经济发展状况作出调整，同时也促进了对口支援法律法规体系的建设在实践过程中逐步地丰富和完善。

随着社会主义现代化建设的不断深入，援藏援疆、三峡工程移民、汶川地震灾后恢复重建等重大对口支援工程的开展，各级政府逐渐积累了一定的对口支援的实务工作经验和教训，对于对口支援实践的认知也在逐渐加深。在此基础上，中央先后出台了一系列相关的法律法规，如《长江三峡工程建设移民条例》《国务院关于实施西部大开发若干政策措施的通知》

---

① 《3 年全脱贫！济青等 6 市与临菏等 6 市结成'扶贫对子'》，人民网，http://sd.people.com.cn/n2/2016/0817/c166192-28846372.html. 2020 年 11 月 28 日。

《汶川地震灾后恢复重建对口支援方案》等。

1992年3月27日，国务院办公厅发布了《国务院办公厅关于开展对三峡工程库区移民工作对口支援的通知》（国办发〔1992〕14号），明确指出"做好三峡库区移民工作，不仅是湖北、四川两省的任务，也需要各地区、各部门的广泛支持"，由此开启了全国各地对口支援三峡库区移民工作的进程。这是三峡工程开始后，国家正式发布的第一份对口支援三峡库区移民工作的政策文件，此后在三峡工程的推进过程中通过系列政策文件、条例、规划的发布，逐步加强了对对口支援的规范和引导。

1993年8月19日，国务院颁布了《长江三峡工程建设移民条例》（中华人民共和国国务院令第126号），第三十三条明确提出"国家鼓励和支持国务院有关部门和各省、自治区、直辖市采取多种形式，从教育、科技、人才、管理、信息、资金、物资等方面，对口支援三峡库区移民安置"。

1994年4月7日，国务院办公厅专门发文《国务院办公厅转发国务院三峡工程建设委员会移民开发局关于深入开展对口支援三峡工程库区移民工作意见报告的通知》（国办发〔1994〕58号），从完善对口支援方式、明确对口支援的目标任务、建立健全检查制度等各个方面对这件"功在当代，利在千秋"的"大事"进行了进一步的组织动员和工作部署。

而从1996年始，中央已经着力将对口支援作为一项战略性、长期性的工程来进行部署。标志性事件是1996年3月17日第八届全国人民代表大会批准通过的《中华人民共和国国民经济和社会发展"九五"计划和2010年远景目标纲要》中的相关内容，"加大对贫困地区的支持力度，扶持民族地区经济发展。继续组织中央各部门、社会各界和东部沿海地区，以多种形式支援西藏等民族地区、三峡库区和贫困地区的工程建设"以及"加强东部沿海地区与中西部地区的经济联合与技术合作。鼓励东部沿海地区向中西部地区投资，组织好中西部地区对东部沿海地区的劳务输出。东部经济发达地区采取多种形式与中西部地区联合开发资源，利用中西部地区丰富的劳动力资源，发展劳动密集型产业。加强人才培训和交流"。《中华人民共和国国民经济和社会发展"九五"计划和 2010 年远景目标纲要》将以上内容作为"促进区域协调发展"的具体内容和长期规划，这表明中央已经将对口支援着力打造为一项常态化、机制化的制度，而非仅仅停留在个案之中。

2001 年 2 月，国务院重新修订了《长江三峡工程建设移民条例》，要求国务院有关部门，支援方省、自治区、直辖市实行"国家扶持、各方支援与自力更生相结合的原则，采取前期补偿、补助与后期生产扶持相结合的方针"，对口支援三峡库区移民。

2001 年 2 月修正后的《中华人民共和国区域自治法》第 64 条规定，"上级国家机关应当组织、支持和鼓励经济发达地区与民族自治地方开展经济、技术协作和多层次、多方面的对口支援，帮助和促进民族自治地方经济、教育、科学技术、文化、卫生、体育事业的发展"[①]。该项规定首次以基本法律的形式明确了对口支援的法律地位。

2008 年 3 月，国务院批复同意了三峡建设委员会编制的《全国对口支援三峡库区移民工作五年（2008—2012 年）规划纲要》并开始实施。随着对口支援三峡库区移民工作从援助移民搬迁安置转入移民安稳致富的新阶段，要想继续推动对口支援工作的深入持久开展，就需要根据新形势下的目标来进一步规范对口支援的范围、目标和支援重点。

2008 年汶川地震发生后，国务院先后下发了《关于地震灾区恢复生产的指导意见》《关于支持汶川地震灾后恢复重建政策措施的意见》《关于

---

① 《中华人民共和国民族区域自治法》（2001 年修正版）。

做好汶川地震灾后恢复重建工作的指导意见》，制定了财政投入、税费优惠、金融支持、用地保障、对口支援、社会募集、人员安置、就业援助、社会保险、倒房重建等方面的一系列政策措施，有力地推动了灾后恢复生产和恢复重建工作。2008 年 6 月 8 日，国务院颁布施行了《汶川地震灾后恢复重建条例》，将灾后恢复重建纳入法制化轨道，明确了灾后恢复重建的责任落实。参与对口支援实践的省、自治区、直辖市根据对口支援任务制定地方性法规、条例或规章等。《汶川地震灾后恢复重建条例》是我国首个地震灾后恢复重建专门条例，也是我国第一部因一场灾害而设立的法规，可谓"开我国立法史和救灾史上的先河"①。

2008 年 6 月 11 日，国务院办公厅发布了《国务院办公厅关于印发汶川地震灾后恢复重建对口支援方案的通知》（国办发〔2008〕53 号）。在中央制定的《汶川地震灾后恢复重建对口支援方案》中，明确规定了对口支援包括项目、资金、形式和方式在内的具体实施方案。②此《方案》形成了一套完备的、体系化的结构内容，具备了很强的指导意义和现实可操作性。例如在方案中，对对口支援的内容和方式作出了具体的部署：①提供规划编制、建筑设计、专家咨询、工程建设和监理等服务；②建设和修复城乡居民住房；③建设和修复学校、医院、广播电视、文化体育、社会福利等公共服务设施；④建设和修复城乡道路、供（排）水、供气、污水和垃圾处理等基础设施；⑤建设和修复农业、农村等基础设施；⑥提供机械设备、器材工

---

① 回良玉：《在汶川地震灾后恢复重建总结表彰大会上的讲话》，2011 年 10 月 29 日。

② 《汶川地震灾后恢复重建对口支援方案》规定："全国十九个省（市）对口支援四川省十八个重灾县（市）以及甘肃、陕西两省灾区。目前，对口支援和各方面援助行动全面展开。各对口支援省（市）领导和专家赴灾区现场指导，抓紧制定细化对口支援实施方案，并先行启动了灾区急需的部分重建项目。国内外通过各种形式支援灾区，捐赠款物总计达五百九十二亿七千四百万元。四千二百八十五万多名党员共交纳'特殊党费'九十亿四千一百万元。"参见温家宝：《努力做好汶川地震 灾后恢复重建工作（2008 年 9 月 2 日）》，选编自中共中央文献研究室编：《十七大以来重要文献选编（上）》，中央文献出版社 2009 年版，第 526 页。

具、建筑材料等支持。选派师资和医务人员，人才培训、异地入学入托、劳务输入输出、农业科技等服务；⑦按市场化运作方式，鼓励企业投资建厂、兴建商贸流通等市场服务设施，参与经营性基础设施建设；⑧对口支援双方协商的其他内容。同时要求"各支援省市每年对口支援实物工作量按不低于本省市上年地方财政收入的1%考虑"①。可以说，在汶川地震灾后恢复重建对口支援实践中，无论是中央政府出台的一系列对口支援法律法规，还是受灾省、市制定的一系列配套的地方性法规和政府规章，都促使灾后恢复重建纳入法制化轨道，明确了灾后恢复重建的责任落实。至此，对口支援法律体系初步形成。

值得注意的是，援疆干部、援藏干部以及各类对口支援实践中的支援方干部（人才）是对口支援工作的具体承担者，也是对口支援的中坚力量。中央和各地方省委对援助干部管理工作高度重视，中组部2011年先后印发了《对口支援西藏干部和人才管理办法》《对口支援新疆干部和人才管理办法》，对如何管理援助干部作出明确规范。在具体的实施过程中，各个支援方和受援方地方政府也进一步制定了具体的干部管理方案。除此之外，在对口支援实践的启动阶段，各层级地方政府会根据受援地当地的国民经济和社会发展情况，组织编制对口支援综合规划和专项规划。这些法律、法规、条例、办法、意见、实施细则等成为初步形成对口支援法律法规体系的重要"养料"。

经过近40年的实施与经验总结，以《民族区域自治法》《长江三峡工程建设移民条例》《汶川地震灾后恢复重建条例》等规范性文件为基本框架，以及参与对口支援实践的支援方和受援方地方政府根据实际工作情况

---

① 《国务院办公厅关于印发汶川地震灾后恢复重建对口支援方案的通知》（国办发〔2008〕53号），2008年6月11日。

制定的地方性法规、条例或规章等,初步构建起了对口支援法律法规体系。这为中央政府熟练指挥和布置这项复杂且繁荣的社会工程,地方政府积极响应中央政府的总体布署,依据法律、法规进行有效支援奠定了基石。

总体来看,对口支援从国家的正式提出到多场域应用与发展,主要分为三个阶段(见表2-2)。在国家发展的不同阶段中,对口支援同边疆治理问题、经济发展问题、区域平衡问题等交织在一起,但从对口支援实践的历史进程来看,对口支援实践在不同的时期和不同的情境是各有侧重点的。实践过程中对口支援内容与形式的变迁,不仅受到受援方地方发展情况的影响,也与中央政府的财力变化息息相关,更是其破解大规模国家面临的规模治理负荷难题时所承载的国家意图的不同体现。例如,1994年开展的扶贫工作会议就将对口帮扶与对口支援(狭义范畴)的工作内容区分开了。这是因为发展问题或者贫困问题可以单纯地依靠对口帮扶的方式进行解决,而类似于边疆少数民族地区治理,不仅要考虑到经济发展问题,还要考虑到政治认同和民族认同等问题,这就需要对口支援(广义范畴)这样多样化的政策工作来解决。

表2-2 对口支援制度的发展沿革

发展阶段	时间	核心功能	代表性实践
孕育和初创	中华人民共和国成立以后	边疆稳定	"工农结合、城乡结合、厂社结合"政策
确立和拓展	改革开放以后	经济发展	经济技术协作对口支援;全国对口支援西藏
巩固和发展	20世纪90年代以来	区域平衡	对口合作

资料来源:作者自制。

当面对一种复杂的社会现象时，社会科学的一个重要分析方法是对复杂的社会现象进行类型学分析。对事物进行分类既是认知的方式，也是选择、应用的基础。按照一定的原则对某种复杂现象进行分类有利于我们深入地把握事物。

学者李曦辉指出："对口支援是一系列具有某些特征工作的统称，并不是产生于一项工作实践，而是源于多项工作实践。"[①] 如其所言，对口支援是一系列拥有某些共性特征实践活动的统称。在前面关于对口支援制度的纵向发展历程系统梳理的基础上，应该从横向的角度对其进行类型学分析。对对口支援进行类型学分析的意义在于，通过对相似的现象进行联类

① 李曦辉：《对口支援的分类治理与核心目标》，《区域经济评论》2019 年第 2 期。

比照，在探寻对口支援制度演进规律的基础上，揭示出相似类型表象下深层次的差异，从而实现最佳治理。因此，对口支援实践按照一定的规则进行分类，是实务工作中正确地选择政策工具的前提。只有了解了对口支援"工具箱"中不同类型对口支援工具的特点才能快速且准确地"选对工具"。

由于对口支援涉及经济技术、教育资源、疫情防控、重大工程、灾后重建等不同内容，包括了中央政府、地方政府、企事业单位等不同层级与不同性质的参与主体，基于不同援助意图实施的、内容丰富的制度安排，因此，根据对口支援援助主体、援助动机、援助连续性以及援助内容的不同，可以对对口支援实践进行不同的分类。

第一，根据援助主体进行分类。根据对口支援参与主体的不同层级和组织特征，可以将对口支援划分为中央对口支援地方、地方对口支援地方以及社会对口支援地方三种类型。①中央对口支援地方。中央对口支援地方通常会有两种类型：第一种类型是中央有关部委及其直属机关直接开展的对地方的对口支援，典型的比如 2013 年由发展和改革委员会与组织部牵头 52 个中央国家机关及有关单位对口支援赣南等原中央苏区；第二种类型是直接以党中央和国务院名义针对某类事件开展的直接支援，比如 2020 年新冠肺炎疫情中央派往湖北武汉的对口支援医疗队。②地方对口支援地方。地方对口支援地方也包含有两种类型：第一种类型是跨行政区域的对口支援，例如东北振兴战略背景下的省际、市际的对口支援；第二种类型是行政区域内的对口支援，通常是一省区内经济较发达的地区对经济欠发达地区的对口支援，典型的比如鄂尔多斯对口支援兴安盟，推动了内蒙古自治区全区的平衡发展。③社会对口支援地方。社会对口支援地方是一种新兴的对口支援方式，多见于企业社会组织参与到对口支援实践中。由国家工商联、国务院扶贫办和中国光彩事业促进会牵头组织的"万企帮万村"精准扶贫行动①就属于此类。从中央对口支援地方、地方对口支援地方到社会对口支援地方，对口支援实践参与主体的丰富是一个随着时间推移、支援经验丰富、支援需求递增而次第出现的现象，这既表明了对口支援实践在逐步走向成熟，也彰显了对口支援实践由临时性政策上升为国家意志，政府引导全社会共同参与的制度化过程。

第二，根据援助动机进行分类。根据援助动机的不同，可以将对口支援划分为主动型对口支援和被动型对口支援。主动型对口支援通常由中央政府根据不同国家意图或战略目标制定出相应的支援规划，设定好对口支援实践目标和周期，并会对实践效益作出评估。类似于三峡库区移民对口支援、东北振兴战略背景下的对口合作、东西部扶贫协作对口支援都可以归为此类。被动型对口支援通常是由中央政府在突发性事件发生后为了快速反应而采取的临时性应对措施。类似于汶川地震灾后恢复重建对口支援、新冠肺炎疫情防控对口支援都可以归为此类。

第三，根据援助连续性进行分类。规模治理中的对口支援实践是一个持续的、变动的过程。根据其援助的持续状态可以分为常态对口支援和非常态对口支援两种类型。常态对口支援主要由中央政府根据确定性事件来启动，支援的针对性和稳定性十分突出。例如，从1979年开始实行的内地省、市对口支援边境和少数民族地区的制度，已经上升到国家层面，纳入了中央政府的职责范围，确保了常态化实施。而非常态对口支援的启动多是由于突发性事件（诸如自然灾害、事故灾难、公共卫生事件、社会安全事件等）的产生，需要通过紧急动员的方式在某一时间段内集中解决问题。

---

① 区域内组织间的对口帮扶和"万企帮万村"等精准扶贫行动可以归纳为以省级行政区为单位在本区域内开展的定点结对帮扶行动，主要是广泛动员社会组织、公民个人等积极参与脱贫攻坚，发挥各行各业专业优势，引导市场开发能力强的主体进入资源开发潜力大的地区，实现互惠互利、共同发展。

例如，2008 年四川汶川大地震发生后，中央政府启动灾后恢复重建对口支援机制，当受灾地区恢复自我发展能力，达成预期支援目标后，该机制即停止运行。2022 年 4 月，为应对突发疫情状况吉林省实施"包保对口支援"机制，在受援方城市实现"社会面"动态清零后，支援"使命"即"告一段落"。常态对口支援具有连续性和强可复制性特征，非常态对口支援具有中断性和弱可复制性特征。[①] 在一定条件下，常态对口支援和非常态对口支援相互间会发生转化。例如，后疫情时代的非常态对口支援具有快速反应、集中分散化治理资源、超常应对隔离转运等紧急性动员治理的综合优势，随着对新冠肺炎疫情的发展规律形成更为稳定的认知，非常态的疫情防控对口支援呈现出常态化趋势。

第四，根据援助内容进行分类。根据援助内容的不同，可以将对口支援划分为边疆地区治理类型、突发重大事件类型和促进经济社会发展与合作类型。不同的援助内容体现了不同的援助功能（见表 2-3 所示）。在对口支援工作中，边疆地区治理类型对口支援的核心功能是解决边疆稳定和民族团结问题；突发重大事件类型对口支援的核心功能是解决财力和事权相匹配的问题；促进经济社会发展与合作类型对口支援的核心功能是解决区域发展不平衡和消除贫困的问题。

表 2-3 对口支援的模式划分及其不同功能

对口支援事项	对口支援使命（核心功能）	
边疆地区治理	边疆稳定	民族团结
突发重大事件（工程建设、灾后恢复重建、突发重大公共卫生事件等）	央地关系平衡	公共服务均衡
促进经济社会发展与合作	培育市场经济	协调区域发展

[①] 高小平、张强：《再综合化：常态与应急态协同治理制度体系研究》，《行政论坛》2021 年第 1 期。

此外，还可以根据对口支援的形式划分为人力（包括干部、教师、医生等）支援、财政支援、技术支援等类型。当然，总体来看，对口支援实践往往属于包含了人力、物力和财力等内容的综合性援助。通过对对口支援的类型分析可以看出，多种类型的对口支援都可以纳入规模治理体系中，如何应对不同方面的规模治理负荷是其根本任务。而这些内容、形式和目标迥然不同的对口支援实践，如果采用统一的模式，不仅容易导致实务工作者的工作预期混乱，而且也很难理解不同阶段国家开展对口支援工作的意图，这就需要对对口支援工作进行科学合理分类，保证对口支援工作的顺利实施。同时，基于不同模式来分析对口支援的治理目标、治理机制以及治理效用等，有助于我们更好地认识对口支援的规模治理效用。

（一）边疆地区治理类型

中华文明是注重历史传承的文明。当代中国是继承了近代中国遗留下来的领土主权的统一的多民族国家。因此，重视边疆治理一直是中央政府治国安邦的重要议程之一。边疆地区治理类型的对口支援政策与党和国家推进少数民族边疆地区经济和社会发展的规划建设紧密相关。这种对口支援模式具有支援时间长、支援规模大、支援力度强、支援形式多、涵盖面广等显著特征。典型的案例包括全国对口支援西藏和四省藏区、全国对口支援新疆等（见表2-4、表2-5和表2-6）。这是其他类型对口支援所无法比拟的。例如，1979年全国边防工作会议正式确定了全国对口支援西藏，其后的对口援藏工作均可以看作是在此基础上的加强、调整或者补充。国家对于边疆民族地区对口支援实践不仅在法律原则层面得到明确，而且不同的支援方式（如经济支援、人才支援、智力支援等）同样受到法律的保护和鼓励。以边疆地区治理为主要内容的对口支援，也逐渐成为一种常规的、制度化的规模治理模式。

边疆地区治理类型对口支援基本是东部地区与民族地区结对组合的对口支援。截至 2022 年，对口支援边疆少数民族地区的实践行动已经有43 年了，是支援时间最长、支援力度最大、支援内容最丰富、支援行动最连续的对口支援类型。围绕着边疆地区治理类型对口支援，不同区域、不同民族在政治、经济和社会等各方面都取得了丰硕的成果。从中国少数民族地区的地理分布来看，其与西部地区具有很大程度的重合性，对少数民族地区的对口支援，基本上也是东部地区对西部地区的对口支援，其理论支点是邓小平同志提出的"两个大局"理论。1988 年 9 月，邓小平同志强调，"沿海地区要加快对外开放，使这个拥有两亿人口的广大地带较快地先发展起来，从而带动内地更好地发展，这是一个事关大局的问题。内地要顾全这个大局。反过来，发展到一定的时候，又要求沿海拿出更多力量帮助内地发展，这也是个大局。那时沿海也要服从这个大局"①。"两个大局"理论是邓小平同志的创造性总结，是在中国社会主义实践基础上得以升华的，特别是对少数民族地区的对口支援是"两个大局"理论的重要实践基础。中华人民共和国成立后，尽管少数民族的政治地位实现了与汉族的平等，但经济差距依然较大。因此，为了有效促进边疆地区经济社会发展，缩小其与东部地区的经济差距，国家于 20 世纪五六十年代提出了对口支援的设想，希望通过资源配置实现对少数民族地区的经济援助，这就是民族地区对口支援的初衷。这一时期的少数民族地区对口支援工作，最终目标是民族平等、民族团结。毛泽东同志也说过："要诚心诚意积极帮

---

① 《邓小平文选》第 3 卷，人民出版社 1993 年版，第 271 页。

助各少数民族发展经济和文化。"① 周恩来同志也曾经强调，中央人民政府一定要改善少数民族地区的经济，如果少数民族地区在经济上不发展，那就不是真正的平等。在中华人民共和国成立初期，少数民族地区的生产力水平极其低下，对口支援工作的中心就是促进其经济发展，提高其生产力水平。

边疆地区治理类型的对口支援涉及包括财政、物资、干部、教育、科技、医疗、卫生乃至文化在内的多个领域，由多个部门发起、主导和推动，除了台湾省以外的 33 个省、自治区、直辖市和行政特区都不同程度地参与到边疆地区治理中，形成了全面对口支援边疆少数民族地区的格局。它们连同西部大开发对口支援和省级区域内对口支援一同构成了我国当前的边疆地区治理类型对口支援制度体系。②

由于中国地理条件和人口分布状况，边疆地区和民族地区区域重合，边疆治理问题和民族问题很容易纠缠在一起，因此，边疆地区治理类型对口支援的核心使命包括了边疆稳定与民族团结双重任务（见表 2-3）。这两个方面也是边疆地区治理类型对口支援实践中政治宣传的侧重点。

首先，边疆地区治理类型对口支援是为了维护多民族国家统一和边疆地区的安全稳定。在我国边疆地区，尤其是新疆和西藏地区由于历史上长期存在着不稳定因素，特别是在 20 世纪 80 年代末 90 年代初，西方列强扶持下的分裂势力活动开始增多。西部边疆、民族地区成为我国抵御西方势力渗透的前沿阵地，如何在这些地区实现国家的政治稳定就是中央政府面临的极为现实的问题。维护边疆地区的稳定就不仅仅是当地的区域性事务，而且还是全党全国的根本利益所在。实践证明，边疆地区治理类型对口支

---

① 毛泽东：《论十大关系》，1976 年 12 月 26 日《人民日报》。
② 李瑞昌：《中国特点的对口支援制度研究——政府间网络视角》，复旦大学出版社 2016 年版，第 161 页。

援成为边疆地区与内地密切联系的直接纽带，增强了中华民族的凝聚力和向心力。位于中国版图"边缘区域"的边疆民族地区进入中央"视野"，获得更多的"资源倾斜"，从地理意义的"边缘"空间转化为政治意义的"中心"空间。某位援疆干部谈起对口支援新疆地区的经历时说道："我们（援疆干部）去那都是带着'使命'的，拉了多少项目，带去多少资金还不是首要的，主要是'维稳'。"① 无论是在援助干部的实际工作中，还是具体的组织动员过程中，边疆地区治理类型对口支援实践存在着显著的优先性考量。中央政府希冀通过对口支援工作增强边疆民族地区的"四个认同"②。通过对口支援实践强化边疆民族地区的国家认同，优先于通过对口支援实现该地区经济均衡发展的政策预期或价值考量。

其次，边疆地区治理类型对口支援是为了推动边疆少数民族地区发展，增强民族团结。受地理和经济条件的制约，边疆民族地区的经济发展无法有效地将当地的资源优势、人力优势和地理空间优势转化为经济发展优势，使得当地的经济发展状况远远落后于国家核心区域。如何"建立一个科技、生产、贸易整体大循环而且各部分（各地区）均衡发展的一个有机经济体"③就成了边疆地区治理的重要目标。目前，边疆民族地区的资源优势尚未很好转化为经济优势，全面参与并融入全国经济体系还面临着种种困难和障碍。而自实施对口支援政策后，中央政府加大了对边疆民族地区的财政投入，极大地改善了当地的基础设施建设，破解了制约边疆民族地区发展的"瓶颈"。1987年，中共中央、国务院同意并批转了《关于民族工作几个重要问题的报告》，提出要大力开展横向联系，并认为这是加快发展少数民

---

① 根据笔者2019年12月调研访谈记录。

② "四个认同"是指对伟大祖国的认同、对中华民族的认同、对中华民族文化的认同、对中国特色社会主义道路的认同。

③ 马戎：《边区开发论著》，北京大学出版社1993年版，第20页。

族地区经济、促进民族交往和进步的重要途径。对口支援的凝心聚力机制使得边疆民族地区的民族群众意识到，面对贫困他们并非"孤军奋斗"，来自全国尤其是发达省市的支援极大地增强了他们战胜贫困、实现富裕的信心和能力。

边疆少数民族地区对口支援，首先是要解决国家统一、民族团结问题；其次是国家发展战略的转型，通过对口支援缩小民族地区与其他地区的差距。党的十九大报告指出，"更加自觉地维护我国主权、安全、发展利益，坚决反对一切分裂祖国、破坏民族团结和社会和谐稳定的行为"，"深化民族团结进步教育，铸牢中华民族共同体意识，加强各民族交往交流交融，促进各民族像石榴籽一样紧紧抱在一起，共同团结奋斗、共同繁荣发展"。边疆稳定和民族团结，应该是今后一个时期对西藏、新疆及四省藏区全面性对口支援工作的主要奋斗目标，对口支援的各项工作都应围绕这个总目标来进行。当前，边疆地区治理类型对口支援实践援助关系参见表2-4、表2-5和表2-6。

表2-4　对口支援西藏结对关系表

支援方	受援方
北京、江苏	拉萨
上海、山东、黑龙江、吉林	日喀则
湖南、湖北、安徽	山南
广东	林芝
重庆、天津、福建	昌都
河北、陕西	阿里地区
浙江、辽宁	那曲地区

资料来源：作者自制。

表 2-5 对口支援新疆结对关系表

支援方	受援方
北京	和田地区的和田市、和田县、墨玉县、洛浦县及新疆生产建设兵团农十四师团场
广东	喀什地区疏附县、伽师县、兵团农三师图木舒克市
深圳	喀什市、塔什库尔干县
江苏	克孜勒苏柯尔克孜自治州的阿图什市、阿合奇县、乌恰县，伊犁哈萨克自治州10个县（市），以及新疆生产建设兵团农四师、农七师
上海	喀什地区巴楚县、莎车县、泽普县、叶城县
山东	喀什地区疏勒县、英吉沙县、麦盖提县、岳普湖县
浙江	阿克苏地区的1市8县和新疆生产建设兵团农一师的阿拉尔市
辽宁	塔城地区
河南	哈密地区、兵团农十三师
河北	巴音郭楞蒙古自治州、兵团农二师
山西	农六师五家渠市、昌吉回族自治州阜康市
福建	昌吉回族自治州的昌吉市、玛纳斯县、呼图壁县、奇台县、吉木萨尔县、木垒县六个县市
湖南	吐鲁番地区
湖北	博尔塔拉蒙古自治州博乐市、精河县、温泉县与兵团农五师
安徽	和田地区皮山县
天津	和田地区的民丰、策勒和于田三个县
黑龙江	阿勒泰地区福海县、富蕴县、青河县和新疆生产建设兵团十师
江西	克孜勒苏柯尔克孜自治州阿克陶县
吉林	阿勒泰地区阿勒泰市、哈巴河县、布尔津县和吉木乃县

资料来源：作者自制。

表2-6　对口支援四省藏区工作一览表

支援方	受援方
辽宁	青海省西宁市、海东地区
北京	青海省玉树州
天津	青海省黄南州、甘肃省甘南藏族自治州、天祝藏区自治县
上海	青海省果洛州、青海省海西州、云南省迪庆藏族自治州
浙江	四川省阿坝藏族羌族自治州、木里藏族自治县
山东	青海省海北州
江苏	青海省海南州
广东（包括深圳）	四川省甘孜藏族自治州

资料来源：作者自制。

（二）突发重大事件类型

突发重大事件类型对口支援，是一种主要针对某个国家建设的阶段性目标，或者为应对各类突发性事件而实施的临时性、紧急性政策支援模式。对口支援是在此类事件中党和国家实现利益分享和利益补偿的重要举措。前者是指国家重点工程建设中的对口支援，典型的案例如全国对口支援三峡库区（见表2-7）、对口支援丹江口库区（见表2-8）、南水北调对口支援等。后者是指突发性公共卫生事件或者灾害救援重建中的对口支援，典型的案例如汶川地震恢复重建对口支援和新冠肺炎疫情防控对口支援等。突发重大事件类型的对口支援模式从援助动机来看均属于被动应对型，实践的启动、结束并不是政府主动干预，而且其结束时间往往还要取决于对口支援任务的完成情况。这一类型的对口支援模式往往具有周期短、支援迅速高效的特点。

表 2-7　全国对口支援三峡库区结对关系表

支援方	受援方
黑龙江省、上海市、青岛市	夷陵区
江苏省、武汉市	秭归县
湖南省、大连市	兴山县
北京市	巴东县
广东省、广州市、深圳市、珠海市	巫山县
吉林省	巫溪县
辽宁省	奉节县
江苏省	云阳县
上海市、天津市、福建省、南京市、宁波市、厦门市	万州区
四川省	开县
山东省、沈阳市	忠县
云南省、江西省	石柱土家族自治县
河北省	丰都县
浙江省	涪陵区
江西省、云南省	武隆县
广西壮族自治区	长寿区
安徽省	渝北区
河南省	巴南区

注：1. 湖北省对口支援本省三峡库区各区县，重庆市对口支援本市三峡库区各区县。
　　2. 江津区属对口支援范围，未明确重点结对支援省区市。

表 2-8　对口支援丹江口库区结对关系表

支援方	受援方
北京	南阳市淅川县、西峡县、内乡县、邓州市，洛阳市栾川县，三门峡市卢氏县；十堰市 10 个县（区）、神农架林区
天津	商洛市 7 个县（区）、汉中市 11 个县（区）、安康市 10 个县（区）

资料来源：作者自制。

如何顺利完成重大工程建设，是大规模国家面临的规模治理难题之一。在经济建设中，一些重大工程建设对所在地的经济环境、社会环境和生态环境等造成重大影响。以全国对口支援三峡库区为例。三峡工程始于20世纪90年代，是党中央、国务院开发长江水利资源、推进国民经济发展的特大型水利枢纽工程。建设三峡工程是一项惠及千秋的事业，既能够根治长江水患，还可以发挥出其航运效益，生产电力。可以说，三峡工程的受益范围已经超出了工程所在的区域，但是三峡库区移民涉及重庆、湖北两地20多个县（区、市），上百万的移民安置任务，仅靠中央政府或者一省之力来完成，以及单独承担由此而来的各种衍生成本无疑是相当大的负担。国务院办公厅多次发文强调，三峡库区移民工作不能看作是湖北和四川两省的任务，必须依靠中央政府发挥社会主义国家"集中力量办大事"的制度优势，集合中央政府及全国其他兄弟省市的力量来完成三峡工程移民安置工作。这也是创造性地开发出的对口支援的新模式，即重大工程实施地区补偿性对口支援。为了三峡工程库区移民工作的顺利展开，1992年3月27日，国务院办公厅发布《关于开展对三峡工程库区移民工作对口支援的通知》明确指出，做好三峡库区移民工作，不仅是湖北、四川两省的任务，也需要各地区、各部门的广泛支持。1993年8月19日，《长江三峡工程建设移民条例》公布实施，明确规定："三峡工程移民安置工作实行中央统一领导、分省负责、县为基础的管理体制；国家鼓励和支持国务院有关部门和各省（市、区）采取多种形式，从教育、科技、人才、管理、信息、资金等方面，对口支援三峡库区移民安置。"1994年4月，国务院办公厅转发了《关于深入开展对口支援三峡工程库区移民工作意见报告的通知》，确定了由国家50多个部委，21个省、市、自治区，10个计划单列市对三峡库区提供广泛的支持。其中，作为受援方的湖北省和重庆市同时开展对本区域内各区县的对口支援。从 1999 年到 2004 年，仅上海市就分四批安置了来自三峡库区云阳县和重庆市万州区 1800 余户移民，共计 7519 人。1992 年，国务院办公厅确定了全国 50 多个部门和单位、20 个省（区、市）、10 个大城市对口支援三峡库区。支援方源源不断地将资金、项目、技术、人才输送到三峡库区，帮助受援方地方政府完成三峡库区移民安置工作。截至 2009 年底，三峡移民安置工作如期完成，但是对于三峡库区的对口支援实践并没有停止，对口支援的目标逐渐由库区移民安置转向三峡库区地区的经济社会发展。2014 年，国务院三峡办下发了《国务院三峡办关于 2014 年对口支援三峡库区移民工作安排意见的函》（国三峡办发经字〔2014〕29 号），进一步明确了 2014 年对口支援三峡库区移民工作的总体要求。针对这样一项规模浩大的工程，由全国重点实施补偿性的对口支援，不仅符合库区经济社会发展的客观需求，而且体现了社会主义"集中力量办大事"的优越性，将工程建设的成本分摊到各个支援方。重大工程建设对口支援中还存在另外一种支援形式，即工程建设的收益方同时是对口支援工程建设的实施方。这种情况的出现是因为，在工程建设所在地区，资源的开发和收益存在显著的非对称性，这也就意味着重大工程建设的实施方需要耗费巨大的人力、物力和财力来为其他地区"做嫁衣"。如果没有受益区投入，资源开发一方很难保持建设的积极性，因此，国家创设性地将对口支援实践运用到此类问题的解决中——由受益地对口支援工程实施地。典型的案例是对口支援丹江口库区，由南水北调的受益方京津两市对口支援南水北调的实施地丹江口（见表 2-8）。

突发重大事件类型对口支援的另外一种形式是应对各类突发性事件，尤其是灾后恢复重建和疫情防控。以新冠肺炎疫情对口支援为例，2020 年新冠肺炎疫情迅速由武汉市蔓延至湖北全省，在国家卫生健康委的统筹协调下，举全国之力，集优质资源，建立了省级对口支援湖北省除武汉以外地市新冠肺炎医疗救治工作机制，使得此次疫情在短时间内得到了有效控制。考虑到实际情况，实际的对口支援工作并非"一对一"，也包括两个省市共同支援一个湖北地市的情况，如山东省和湖南省对口支援黄冈市，以及一个省支援三个湖北省县级市的情况，如山西省对口支援仙桃市、天门市和潜江市（见表2-9）。

表2-9　19省（市）对口支援湖北除武汉外
16个地市新冠肺炎防治工作结对关系表

支援方	受援方
重庆、黑龙江	孝感
山东、湖南	黄冈
江西	随州
广东、海南	荆州
辽宁、宁夏	襄阳
江苏	黄石
福建	宜昌
内蒙古、浙江	荆门
山西	仙桃、天门、潜江
贵州	鄂州
云南	咸宁
广西	十堰
天津	恩施土家族苗族自治州
河北	神农架林区

资料来源：作者自制。

总体而言，突发重大事件类型的对口支援实践主要是中国财政转移支付均等化的功能不足，导致地方财力与事权不匹配。有的学者认为，成熟的国家财政均衡机制主要包括财政权利均衡、财政权力均衡、公共服务均衡等。[①] 现行突发重大事件类型对口支援成为实现财力与事权相匹配的现实路径，有利于财政均衡体系的进一步完善。同时，其具有国民经济和社会发展的平衡功能、调节功能、制衡功能。以三峡工程、丹江口库区工程实施地为代表的对口支援，其目的就是创造出一种具有中国特色、切实可行的地区间财政均衡方式。这种模式下的对口支援实践核心功能包括三个方面：首先，发挥了社会主义制度下"集中力量办大事"的优越性。对于中央政府而言，能够发挥强大的社会动员能力、强大的资源汲取和资源分配能力，在短时间内汇集起受援地所需要的物质资源和人力资源，快速应对突发的风险或者集中高效地解决局部地区的突出问题。对于支援方地方政府而言，要么是受援地所实施工程的受益一方，出于"公平"要求需要参与到支援实践中；要么是在突发性公共事件中较安全一方，出于"政治性互惠"转移给受援地急需的资源。对于受援方地方政府而言，本地区可兹利用的资源有限，管理经验缺乏，通过中央和支援地的援助，对口支援的政策期望能够在较短时间内取得突破性进展。这都反映了这种模式下对口支援制度"集中力量办大事"的优势。其次，增强了社会和政府的抗风险能力。在汶川地震灾后恢复重建中，多个受灾市县不仅需要迅速地恢复重建城乡住房安置受灾群众，还面临着包括基础设施、产业、生态和灾区群众精神状态等在内的繁重的恢复重建任务，这是一项极为庞大的系统性工程。根据《汶川地震灾后恢复重建总体规划》确定的重建目标，所需重建资金约为1万亿元，[②] 是四川省全年 GDP 的近 1.7 倍，全年财政总收入的 12 倍，[③] 仅

---

① 伍文中、张杨、刘晓萍：《从对口支援到横向财政转移支付：基于国家财政均衡体系的思考》，《财经论丛》2014 年第 1 期。

② 引自《汶川地震灾后恢复重建总体规划》（国务院国发〔2008〕31 号发布）。

③ 刘铁：《对口支援的运行机制及其法制化：基于汶川地震灾后恢复重建的实证分析》，法律出版社 2010 年版，第 21 页。

仅依靠已经受到灾难打击和破坏的本地力量无疑是不够的。此时，启动对口支援工作，可以在最短时间内开展和完成灾后恢复重建工作，填补恢复重建的资金缺口，使灾害的负面影响尽可能地降到最低。这实际上是一种"政府组织弹性的集中体现"[1]，是一个将某一区域面对重大外部事件的治理压力和治理负荷通过分散承担的方式在全国范围内逐步消化掉的过程。再次，弥补了财政收支的空间分布不均，平衡了区域间的基本公共服务供给。以三峡工程、丹江口库区工程为典型的对口支援实践在某种程度是一种促使受援地财权和事权相匹配的地区间财政均衡方式。

（三）促进经济社会发展与合作类型

中国作为一个超大规模国家，面临着严峻的"非均衡性"挑战，尤其是随着现代化的进展，交通、通信、信息等技术进一步加强了异质性偏好间的关联性，这无疑增加了"系统内部秩序"的复杂性，公共物品和公共政策的共享变得更为困难。从国家规模治理的现实状况来看，这种非均衡性集中表现为区域间、城乡间资源分布的不均衡状态，也构成了中国贫困的总体特点。关于贫困问题的后果，赵武与王姣玥认为，就不同的区域和不同的群体而言，不平衡不协调的问题依然非常突出，无论是收入水平引起的绝对贫困，还是收入差距过大导致的相对贫困，都会损害经济社会的可持续发展。[2]收入不平衡是反映地区内、地区间经济社会发展差异的重要指标，而地区发展差距会影响资源配置的规模与范围效益，进而导致国民经济发展面临较大问题。按照小艾尔弗雷德·钱德勒的解释，规模经济是当生产或经销单一产品的单一经营单位所增加的规模减少了生产或经销的

---

① 任维德：《中国区域治理研究报告》，中国社会科学出版社 2018 年版，第 34 页。

② 赵武、王姣玥：《新常态下"精准扶贫"的包容性创新机制研究》，《中国人口·资源与环境》2015 年第 11 期。

单位成本时导致的经济；联合生产或经销经济是利用单一经营单位内的生产或销售过程来生产或销售多于一种产品而产生的经济。[1] 只有消灭了贫困，区域间、群体间经济社会发展趋于平衡协调，才会产生规模与范围效益。由此看来，贫困地区发展性对口支援的直接目标是国内所有区域间、群体间实现协调可持续发展，最终目标是全体人民共享改革开放成果。

对口支援的本质是一种资源的定向流动。从这个角度来看，"支援"是资源（包括资金、物质、人才和技术等）汇集、输送、转移的"过程"，"对口"是资源输送的"方向"。对口支援制度具有汇集、吸纳各类资源的力量。促进经济社会发展与合作类型对口支援，是一种主要针对我国资源分布不均衡状态而采取的缩小地区间贫富差距、先富带动后富、推动区域协调发展的主动干预的政策模式。这种类型的对口支援是党和国家"两个大局"战略的具体践行，也是推动国民经济协调发展的重要举措。事实上，除了疫情防控和灾害救援中的对口支援实践以保障人民的生命财产安全为核心任务外，几乎所有场域中的对口支援实践都是将促进经济社会发展与合作作为重要的支援目标。从治理的时间跨度、范围覆盖和传导链条来看，这一类型的对口支援模式往往具有周期长、形式多、参与主体和层次丰富的特点，其核心功能是培育市场经济和引导区域经济协调发展。

促进经济社会发展与合作类型的对口支援，其典型包括"东西部对口扶贫协作"[2]"中央单位定点扶贫"和军队扶贫、[3] 东北地区与东部地区部

---

[1] [美] 小艾尔弗雷德·钱德勒:《规模与范围：工业资本主义的原动力》，华夏出版社 2006 年版。

[2] 东西部扶贫协作和对口支援主要是东部经济发达省份和西部贫困省份结对支援，推动省市县各层面帮扶，促进人才、资金、技术向贫困地区的流动，实现优势互补，缩小区域差距。"携手奔小康"是东西部扶贫协作层级下沉到县、乡甚至村级的结对支援。

[3] 中央单位定点扶贫主要是指中央和国家机关、民主党派和全国工商联、人民团体、参公事业单位、国有大型骨干企业、国有控股金融机构、国家重点科研院校、军队和武警部队等，根据中央统一部署和国家扶贫开发重点县开展结对帮扶，在资金、物资、技术、人才、项目等方面对结对帮扶给予倾斜和支持。

分省市对口合作以及区域内组织间的对口帮扶和"万企帮万村"精准扶贫行动等。在这些场域中，促进经济社会发展与合作类型的对口支援，表现出了区别于边疆地区治理类型和突发重大事件类型对口支援的新特点。

首先，促进经济社会发展与合作类型对口支援的参与主体和层次最为全面和丰富。以始于 1996 年的东西部对口扶贫协作为例，从 1996 年国务院批转扶贫领导小组组织经济发达地区对欠发达地区开展扶贫协作的报告，确定由东部 13 个省市与西部 10 个贫困省份建立对口支援关系（见表 2-10）① 开展扶贫协作，已经实行了 27 年。除了 2016 年东西部地区扶贫协作的对口支援关系发生过微调——新增了珠海和厦门对口支援重庆，已确定的结对关系表现出稳固且持久的特点。更为突出的是从参与主体的规模和层次来看，东西部扶贫协作参与的省份包括了东部地区的 9 省 13 市和中西部地区的 14 省 20 市，24 个省级行政单位建立起对口支援关系，包括各级党组织、政府、政协、各民主党派、中央单位与国有企业、民营企业、社会组织和个人等在内的广泛力量参与到东西部扶贫协作对口支援实践中。

表 2-10　东西部扶贫协作对口支援结对关系表

支援方	受援方
北京	内蒙古
天津	甘肃
上海	云南
广东	广西
江苏	陕西
浙江	四川

① 《国务院办公厅转发国务院扶贫开发领导小组关于组织经济较发达地区与经济欠发达地区开展扶贫协作报告的通知》（国办发〔1996〕26 号）。

续表

支援方	受援方
山东	新疆
辽宁	青海
福建	宁夏
大连、青岛、深圳、宁波	贵州

资料来源：作者自制。

其次，市场在资源配置中起决定性作用。资源分布的不平衡不协调，很容易引起地区间的发展差距，进而影响资源配置的规模效应。通过市场化运作促进资金、人才、技术等要素有序、科学转移，可以吸引更多的项目、投资在欠发达地区落地，从而实现受援地区和群体从接受外来"输血"式救济向自我"造血"式发展脱贫的蜕变，全体人民能够共享到改革开放成果。据统计，从 2015 年至 2020 年，东部 9 个省份共向扶贫协作地区投入财政援助资金和社会帮扶资金 1005 亿多元，互派干部和技术人员 13.1 万人次，超过 2.2 万家东部企业向扶贫协作地区累计投资 1.1 万亿元。

再次，政府只发挥引导带动作用，支援方和受援方地方政府双方的经济地位趋于平等。其中，财政支援比例在缩小，产业合作比重在增多。2010年，北京市和内蒙古自治区建立起京蒙两地对口合作关系，并将"友好协商、优势互补、互惠互利、共同发展"的合作原则写入《北京市—内蒙古自治区区域合作框架协议》，突出了双方地位的平等性。在对口合作的过程中，支援方和受援方的"援—受"身份概念在被淡化，实践的启动也不是由受援方地方政府向中央政府"求援"后中央政府再"指援"，而是基于双方的平等合作。从建立的对口合作关系来看，双方注重发挥对口合作省市的比较优势，实现双方联动、协同发展。

综上所述，按照一定的科学方法将对口支援实践进行分类，其意义在于：一是有助于定量化地精准分析不同类型的对口支援在破解国家规模治理负荷方面的贡献；二是针对不同类型的问题，为正确地选择对口支援政策工具提供有效的规范指导。面对繁多复杂的规模治理负荷问题，对口支援为何能够实现规模治理负荷向规模治理效应转化。这还需要打开对口支援运行机制的"黑箱"，从启动、实施到评估的制度全过程，来探究对口支援制度为何拥有破解规模治理负荷的"神奇力量"。

第三章

对口支援实现
规模治理的运作机制

青山一道同云雨，明月何曾是两乡。

——（唐）王昌龄《送柴侍御》

对口支援制度，是在探寻减轻国家治理负荷、破解国家规模治理难题的实践中逐步被确立起来的。

本章从过程研究的视角，回顾对口支援从政策启动、实施到效果评估实践的全过程，并进行追踪分析，发现对口支援制度通过四重机制的有机组合保证了有效运行。一是基于中国优秀文化传统长期沉淀形成的思想动员机制；二是基于纵向"行政发包制"与横向"竞争锦标赛"激励政策形成的动力机制；三是基于精细化治理要求形成的制度变迁机制；四是基于集中统一的中央领导体制形成的组织协调机制。对口支援运行系统的各组成部分、各个环节以及各种有形和无形的要素按照其内在规律，在运动中彼此相互联系、分工合作、协调耦合，推动了国家规模治理负荷向规模治理效应的转化。

对口支援具有发扬互助精神意蕴的要求。它由中央政府、支援方地方政府和受援方地方政府共同推进，并将支援地区的民众、企事业单位等包括在内。因此，在官方宣传中，对口支援通常被表述为"历史赋予的光荣任务"①。对口支援是支援方的政治责任和义务，也是落实中央战略部署需要完成的必要任务。作为主要资源供给者的支援方的动机和努力程度，影响着对口支援预期政策目标的实现。特别是，在一些类型对口支援实践中（如全国对口支援西藏），持续时间长、覆盖领域广、影响程度深。长期地、持续性地强调付出和奉献，政策效果难免会出现偏差。能否做好对口支援实践的思想动员，成为对口支援工作能否顺利启动以及持续推进的关键因素。

---

① 周晓丽、马晓东:《协作治理模式:从"对口支援"到协作发展》,《南京社会科学》2021 年第 9 期。

从宏观来看,对口支援主要由中央政府以自上而下的方式推动进行。地方政府缺乏直接推动对口支援实践的动机。可以说,地方政府从认识到力度都同中央政府之间存在差距。中央政府通过政治权威要求地方政府跨行政区域实施结对支援和援助。实践证明,这一政策实践和制度创新投资少、见效快、收益大,能有效弥补科层制和行政区划分割与隔断所造成的行政壁垒或空间障碍。这是符合中央政府,也即国家的整体利益的。但是,支援方地方政府作为对口支援实践中主要的参与者和核心的行动者,主动地参与到成本巨大却收益低微的结对支援和援助中,无疑是违背了经济效率原则的。学者李瑞昌用"政治学馈赠"来解释这种现象,认为是"馈赠双方自愿而非自主地将资源无偿赠送",这种解释具有一定的说服力。[1] 但是,为何中央政府的意愿能够获得全面有效的贯彻与实行呢? 仅仅用基于某种"慈善"意味的政治性馈赠来解释这种现象可能仍是不充分的。

从微观来看,中央国家机关、央属企业、各级地方政府、社会组织等多种组织系统力量处在同一组织场域中。参与对口支援实践中的行为主体同时负有多重责任,既要兼顾原属组织系统的责任,又要承担对援助地区的支援责任,履行多重代理职能。[2] 这就意味着,对口支援实践中的每个行为主体都会面临"多重组织目标"和"多重激励"的冲突。

这样一个不以对方同等回馈为前提,并且政府间存在复杂互动甚至摩擦的援助行为,其内部结构的演化脉络是什么? 为何与援助方经济效益目的并不一致的政治实践仍能长期维系并不断变迁发展呢? 在这一复杂性意义上,对口支援制度的思想动员机制是什么,就是我们首先需要回答的

---

[1] 李瑞昌:《中国特点的对口支援制度研究——政府间网络视角》,复旦大学出版社 2016 年版,第 79 页。
[2] 孙勇、杨杰、马伟茗:《对口支援西藏工作实践及组织结构与机制演化分析——基于组织社会学新制度主义的分析视角》,《西藏大学学报(社会科学版)》2019 年第 3 期。

问题。具体而言，对口支援能够顺利进行，得益于"大一统"的政治观念和"天下一家"①"一方有难，八方支援"的中华民族共同体意识具有凝心聚力的功能。"大一统"的政治观念与 "天下一家""一方有难，八方支援"的中华民族共同体意识内在相关，深刻影响着中华民族的政治生态和"文化心理结构"②。从比较史的视角研究现代化动力的美国学者布莱克曾指出："一个社会对自身及其问题的理解——它的认同感和目的——是一种主要的凝聚力量，它把社会成员整合起来并促使他们有效地共同行动以解决其面临的国内外问题。"③在这个意义上讲，基于中国优秀文化传统长期沉淀形成的思想动员机制为对口支援的启动提供了第一重动力源。

（一）"大一统"的政治观念

从世界历史发展的脉络来看，中华文明"是世界五大原生性的第一代文明中唯一一个没有中断、至今仍然具有旺盛生命力的文明"④。历史学家姜义华将"政治大一统"视为中华文明最为显著的特征。"大一统"具有政治思想、政治制度、政治实践等多维意涵。几千年来，"大一统"的政治观念构成了中华文明延绵至今的思想基础。

"大一统"一词最早出现在《公羊传·隐公元年》中："何言乎王正月？大一统也。""大"为"尊大"之意。"一统"，即"元始"，意指政治社会自下而上地归依于一个形而上的本体。"华夷一体"的大一统观念萌芽于夏、

---

① 《礼记·礼运》："故圣人耐以天下为一家，以中国为一人者，非意之也。"

② 严庆、平维彬：《"大一统"与中华民族共同体意识的形成》，《西南民族大学学报（人文社会科学版）》2018年第5期。

③ [美]C. E. 布莱克：《现代化的动力——一个比较史的研究》，景跃进、张静译，浙江人民出版社1989年版，第52页。

④ 姜义华：《中华文明的经脉》，商务印书馆2020年版，第3页。

商、周时期，[1]"裔不谋夏，夷不乱华"[2]"内其国而外诸夏，内诸夏而外夷狄"[3]的"华夷有别"思想随着秦汉统一多民族国家的建立，进一步补充了"不臣异俗，羁縻绥抚""招附殊俗"的有益观念，从而得以发展为"华夷一体"。《春秋公羊传》首篇即谓"王者大一统"。是时，大一统理念包括了以"尊王"为核心的政治一统、"内华夏"为核心的民族一统和"崇礼"为核心的文化一统。[4]

自秦朝以降，"大一统"的政治观念在统治阶层达成共识，制造分裂割据被视为重罪。[5]历代中央王朝的统治者都将国家版图的完整、统一甚至超越作为政治追求。董仲舒吸收兵、法、道等流派思想将儒家思想正统化，提出大一统思想并付诸制度大一统、学术大一统和宗教大一统。[6]经过两汉近四百年的统一，尤其是东汉以降的匈奴、鲜卑、羌等边疆民族大规模内迁以及魏晋南北朝时期的民族大融合，大一统的思想逐渐为各民族所接受，"华夷一体"的中华民族整体观念得到发展。[7]即使是少数民族建立的元、清两个朝代，为了获得政治认同，也选择了延续"大一统"的思想体

---

① "华"是指地处王朝中心地区的主体民族华夏族，"夷"是指地处王朝边疆地区的非主体民族为"四夷"。黄松筠指出，中华民族统一体的形成始于华夷之别观念的产生。参见黄松筠：《中华民族统一体说》，《社会科学战线》2015年第12期。这种观念也意味着将"华"与"夷"作为民族统一体的双方。参见黄松筠：《华夷理论演变与中华民族形成》，《社会科学战线》2019年第9期。按照"大一统"理论，"华""夷"是可变换的，区别"华"与"夷"的标准在于是否符合儒家思想为主体的汉文化。参见刘正寅：《论中华民族整体观念的形成与发展》，《民族研究》2000年第6期。

② 《十三经注疏》第56卷，中华书局1980年版，第2148页。

③ 《十三经注疏》第18卷，中华书局1980年版，第2297页。

④ 马卫东：《大一统源于西周封建说》，《文史哲》2013年第4期。

⑤ 历代中央王朝无论哪个民族建立中央政权都不约而同地选择了淡化"华夷之别"以强化"大一统"的巩固。学者陈理指出"大一统"不仅是一种观念或者学说，更是一套与这种观念相对应的政治制度，"尊重差异的文化体制，加上统一的思想制度，使得中央王朝在治理、调整各种关系，维护'大一统'的时候具有了灵活性"。参见陈理：《"大一统"理念中的政治与文化逻辑》，《中央民族大学学报（哲学社会科学版）》2008年第2期。

⑥ 李零：《茫茫禹迹——中国的两次大一统》，载《我们的中国》（第一编），生活·读书·新知三联书店2016年版，第62页。

⑦ 刘正寅：《试论中华民族整体观念的形成与发展》，《民族研究》2000年第6期。

制。向往统一、反对分裂、天下一家、同源共祖的历史认同观念是"贯穿整个民族历史的优良传统和凝聚全国人民团结的精神纽带"[1]。

大一统观念与大一统国家成为中国早期国家形成时的基本特征，并对以后国家不断重建产生了深远的影响。大一统并非单单只要求地域的统一，亦延展至政治与文化上的高度统一。这意味着作为"天下国家"的中国为理想状态的国家规模赋予了新的内涵，所占领土空间的多寡不再成为统治者的核心关切，实现政令统一，以及政治和文化上的高度一致更能体现出上至帝王将相下至黎民百姓的精神执着。这一观念在"海内为郡县，法令由一统"的秦朝转变成了现实，并奠定了中国大一统国家两千多年治国模式的基础。具体而言，"大一统"的政治观念通过以下两个方面得以体现：

一是天下中心观。"天圆地方"的宇宙想象、以"中"为正统的有机秩序、以"文"化世的文明机制构成了天下中国"天下—中心"空间观的主要内容，为中华民族的思维和实践活动提供了一个预设性的认知框架。[2] 所谓的天下中心观，"原本属于自然地理空间的'天下'因为一个贯通上下的中心的出现而被照亮，使之作为一个意义贯通的整体性世界从混沌中凸显出来"。古代中国的一个宇宙想象是"天圆地方"（这一想象甚至渗透在中国传统建筑、器物、装饰、货币等造物活动中，如将通用货币铸造成圆形方孔的形制）。"洛者，天之中也"。先民们对"中"的推崇，逐渐使得"尚中""执中"成为中华民族求索生存与发展的普遍观念。[3] 考古学家张光直通过对

---

[1] 罗炳良：《明清大一统政治与历史认同观念》，《史学史研究》2014年第1期。

[2] 李宪堂：《"天下观"的逻辑起点与历史生成》，《学术月刊》2012年第10期。

[3] 值得注意的是，"尚中""求中"并非"中原中心主义"。即认为中原文化是中华文明的起源，然后向四处扩展，其他地区文化比较落后，只是在其影响下得以发展。这种观点是片面的。在同一时期内，其他地区的古代文化也以各自的特点和途径发展着。"尚中""执中"是我国早期农耕社会的广泛意识，在中华民族长期的求索生存与发展过程中逐渐表现为中原文化对周边地区强大的影响力、号召力和向心力。参见苏秉琦、殷玮璋：《关于考古学文化的区系类型问题》，《文物》1981年第5期；袁玉立：《尚中、中道、中庸：自古就有的普遍观念》，《学术界》2014年第12期。

中国古代青铜器的研究发现"中国古代的文明是以中原地区为主，向北波及内蒙古、辽河流域，向南波及长江流域"[1]。早在东周时期，就将王都所在地视为大地的中心。殷人将自己的国家称为"中商"，如"受中商年"[2]。西周时期的分封制度建立了对地方的法理权威，围绕着统治"中心"将"普天之下莫非王土"从口号变成了现实。王都京畿之地为"中心"，周边地区为"四方"。越在中心，文明程度被认为越高。南蛮、北狄、东夷、西戎便成了作为文明中心的中原地区对"四方"的代称。[3]华夷体系下，"中国"一词多用来形容国家地位——位居中央的国家更尊贵。[4]如顾颉刚指出"周人从习惯上以所居之地为'中国'"。在以"我"为中心所想象的世界中，"中"被赋予了正统的内涵。这也就不难理解为何宋金对峙时代，失去中原偏安一隅的南宋仍被认为是唯一的"中国"。[5]元代和清代，整个国家即使处于蒙古人和满洲人实际统治中，中国也从未被"蛮夷化"。"王师北定中原日，家祭无忘告乃翁""千载休谈南渡错，当时自怕中原复"等诗句所体现的正是中国人对于"中"在地理空间层面意味"正统"这一观念的精神写照。这一认识和想象逐渐发展，不仅成为一种国家规模观，而且还形成了政治制度，即朝贡体系。[6]在此体系下，中国以维护在中心地区的正统地位为核心任务，并没有强烈的领土外扩欲望。由秦和汉王朝开始建立起

---

[1] 张光直：《青铜挥麈》，上海文艺出版社 2000 年版，第 367 页。

[2] 王胜利：《"天圆地方"观探源》，《江汉论坛》2003 年第 11 期。

[3] 华夏和蛮夷戎狄都是族名，既是他称，也是自称。华夏和蛮夷戎狄各族间的融合为早期中国的政治大一统和后来被称为秦人、汉人、汉族、汉民族、中华民族的形成创造了极为有利的条件。参见张传玺：《中国古代政治文明讲略》，北京出版社、北京出版集团公司 2019 年版，第 35—57 页。

[4] 对"中国"内涵和外延的讨论，参见于省吾：《释"中国"》，载《中华学术论文集》，中华书局 1981 年版。该文否定了"中央之国"的解释。

[5] 江湄：《正统论：中国文明的一个关键概念》，《开放时代》2021 年第 1 期。

[6] 一些学者常用"同心圆"来比喻中国作为天下国家的朝贡体制，以天子所居的京师王畿为中心，由内向外依次为州县地区、边疆民族地区、藩属国地区、贸易国地区。参见程妮娜：《羁縻与外交：中国古代王朝内外两种朝贡体系——以古代东北亚地区为中心》，《史学集刊》2014 年第 4 期。

来的中华帝国的天下体制形成了一个同心圆的模式，即处于中心的"汉人"地域、虽在"中国"领域内但位于周边地域的由异民族集团实行自治的"内属国"和位于"中国"之外的"外臣国"。① 尽管作为天下国家的中国没有具体的边界，但是周边对于中央王朝仍有着不同程度的归属。在所谓的"华夏空间"内，逐渐建立起实现南北互济、沟通国家的治理体系和调节机制，以维系庞大帝国的生存与发展。②

二是家国同构观。家庭与国家高度同构化，形成不可分割的家国共同体。③ 在中国的观念世界里，国是放大的家，家是缩小的国。家国观念，古已有之。孟子言："人有恒言，皆曰'天下国家'。"在此基础上孟子强调，"国之本在家，家之本在身"。秦汉以降，"血缘关系和政治生活相互渗透，保证了家国同构政治模式的合法化和合理化"④，以血缘为纽带的宗法关系构成了此后天下中国两千多年的统治基础。学者王锐认为在这个过程中，家庭中的个体同家庭、乡里、社会乃至更大范围的国家形成了紧密的联系，产生了"休戚相关、荣辱与共之感"⑤。人不再是孤立的存在，每一个人都是"非常复杂的社会联系网络中间的一个环节"⑥。如果说一个幅员广阔的统一国家是每一个人的"理想"，那么千差万别的民间社会、地域文化则是"现实"。家国同构的观念在"理想"和"现实"之间架起一座"桥梁"。由此，每个人自觉地对国家产生认同感，将自我存在价值与国家兴亡相联

---

① 刘锦：《中国文化多样性与民族国家——从费孝通〈中华民族的多元一体格局〉谈起》，《探求》2014 年第 7 期。

② 所谓"华夏空间"，是指东面、南面是浩瀚大洋，西面、北面是高原、荒漠，山海之间形成了一个相对封闭的区域。参见房宁：《中国为啥自古以来就是"大一统"？》，观察者网，https://www.guancha.cn/FangNing/2020_09_04_564001.shtml.

③ 姜义华：《中华文明的经脉》，商务印书馆 2019 年版，第 8 页。

④ 柳俊杰：《"家国一体"与中国古代伦理政治分析》，《内蒙古社会科学》2006 年第 6 期。

⑤ 王锐：《重建中国历史的大一统叙事是关乎国本的大事》，《东方学刊》2019 年第 4 期。

⑥ 姜义华：《大一统国家治理的历史与现实》，载《中华文明的经脉》，商务印书馆 2019 年版，第 172—173 页。

系。作为构建大一统国家重要基石的皇帝制度以及以"编户齐民"为核心的社会组织制度，在某种程度上，都可以认为是依托于家国同构的观念。所谓"君国子民"，居于传统中国官僚机构金字塔顶端的皇帝以天下为家，为臣民之父，具有天经地义的统治权。[1] "编户齐民"则在"家国中国"的建构中发挥了重要作用。以"分家立户"为主要形式的编户齐民制度，甚至直接改变了以宗法制组成的父权家长制集体大家庭为核心的社会基层组织方式，国家与个体家庭直接连接了起来。

综上，天下中心观和家国同构观共同塑造了合乎中国历史实际的"大一统"政治观念。"大一统"的政治精神已经沉淀为中国人稳定的政治心理，不但锻造了中国人政治稳定重要性远大于其他因素的认知心态，而且成为凝聚中国人进行社会动员最可信赖的政治文化资源。

（二）"天下一家""一方有难，八方支援"的中华民族共同体意识

从中华民族共同体的历史逻辑来看，中华民族是历史共同体、命运共同体和建设共同体。费孝通先生曾指出："中华民族作为一个自觉的民族实体，是近百年来中国和西方列强对抗中出现的，但作为一个自在的民族实体则是几千年的历史过程所形成的。"根据费孝通先生的阐释，"多元"是指"多元的历史文化民族群体"，"一体"是指"中华民族共同体"。[2] 一体维系着多元，多元充实着一体。习近平总书记形象地将中华民族各民族间的关系描述为"是一个大家庭里不同成员的关系"，彰显了铸牢中华民

---

① 黄敏兰：《从"家天下论"看中国皇帝天经地义的征赋役权——兼与西方赋税理论的比较》，《华东师范大学学报（哲学社会科学版）》2007年第1期。

② 费孝通主编：《中华民族多元一体格局（修订本）》，中央民族大学出版社1999年版，第13页。

族共同体意识的内在必然性。中华民族这个"大家庭"，有着"手足相亲"的历史基础和"守望相助"的现实纽带。具体来说，"天下一家""一方有难，八方支援"的中华民族共同体意识主要体现在三个方面。

首先，中华民族是一个历史共同体。中华民族并非西方建构主义语境中所谓的"想象的共同体"。一部中国史，就是一部各民族交融汇聚成多元一体中华民族的历史，就是各民族共同缔造、发展、巩固统一的国家的历史。从中华文明成长的具体环境来看，人与自然灾害的抗争贯穿于中华民族发展的过程中。"岂曰无衣，与子同裳""山川异域，风月同天"，在长期的历史发展中，中华民族这个"包含了历史、当下和未来的实体"形成了"天下一家""一方有难，八方支援"的社会成员互助传统。①《后汉书·梁商传》记载："每有饥馑，辄载租谷于城门，赈与贫馁。"②《旧唐书·列传》中记载："且分灾恤患，州党之常情；损馀济阙，亲邻之善贷……言念鳏茕，事资拯助……贫富相恤，耕耘以时。"③《资治通鉴》卷一百三十三记载："癸丑，魏诏守令劝课农事，同部之内，贫富相通，家有兼牛，通借无者；若不从诏，一门终身不仕。"北魏规定一个地区的富人有义务帮助穷人，能官可兼多地职务多给薪俸。古代政府也多采取政策劝奖社会助赈，互助互济性质的乡里义举和宗族散施成为官方救济的有力补充。比如，族田、义庄、会馆、会所通常会规定同乡或同行捐资或按一定比例"销货取厘"、抽取月捐等，以救济"年老失业，贫病难堪，倘遇病故，棺殓无着，或帮鳏寡无依，衣食难周"者。国家与民众、民众和民众在与自然灾害的抗争中形成了紧密的联系，培育了中华民族"一方有难，八方支援"的文化基因和家国共同

---

① 张伦阳、王伟：《铸牢中华民族共同体意识：理论逻辑、现实基础和实践路径》，《民族学刊》2021年第1期。
② 《后汉书·梁商传》。
③ 刘旭：《旧唐书·列传》，中华书局1975年版，第3229页。

体意识。①

其次，中华民族是一个命运共同体。在近现代救亡图存的共同斗争中，我国各民族产生了同属中华民族的强烈认同感。②在 1840 年鸦片战争之后的 100 多年时间里，面对亡国灭种的危机，中华民族各族儿女团结抗争、共赴国难，休戚相关的中华民族命运共同体特征更加凸显。中华民国"五族共和"的建国主张，促进了中华民族意识的发展。"九一八"事变尤其是"七七"事变以后，"中华民族到了最危险的时候"，各民族共同投身抗日救亡运动，东北抗日联军、大青山支队、回民支队等在中国共产党领导下奋战在抗日一线，后方各族人民募集抗日物资全力支援前线。经过抗日战争的洗礼，"中华民族"成为全国各族人民普遍认同的共同称谓。1939 年，毛泽东同志在《中国革命和中国共产党》一文中，开篇即以"中华民族"为题，从马克思主义民族平等的立场出发，阐明中国是一个多民族的国家，中华民族由中国各民族组成。而近代以来，中国共产党经过长期艰苦卓绝的斗争，成为中华民族一致认同的领导力量。中国共产党领导下的民族解放为实现现代主权国家的统一管理奠定了基础。中华人民共和国的成立实现了真正意义上的民族与国家的统一，这一共同体得到了空前的凝聚，各族人民成为同生死、共患难的命运共同体。

再次，中华民族是一个建设共同体。中华民族是富有爱国主义光荣传统的民族。中华人民共和国成立后，国家更是重视在全国范围内开展爱国主义教育，爱国主义已经成为动员和鼓舞全国人民团结奋斗的一面旗帜。实行改革开放政策后，国家为了把人民群众的爱国热情引导和凝聚到实现

---

① 周光辉、赵德昊：《荒政与大一统国家：国家韧性形成的内在机制》，《学海》2021 年第 1 期。
② 张谋：《铸牢中华民族共同体意识的历史逻辑、理论逻辑、实践逻辑》，2020 年 1 月 7 日《中国民族报》第 5 版。

民族复兴的伟大事业上来，于 1990 年颁布了《国旗法》，1994 年 8 月党中央印发了《爱国主义教育实施纲要》。随着爱国主义教育的广泛开展，"天下一家""一方有难，八方支援"的中华民族共同体意识得到了进一步强化。"中华民族"一词深入人心，成为指代全体中国人的固定使用词语。"铸牢中华民族共同体意识"成为中央高层的共识并在多个场合被反复强调，甚至被写入中国共产党章程和国家宪法中。[1] 尤其是党的十八大以来，习近平总书记立足于中国统一的多民族国家的基本国情和实现中华民族伟大复兴的中国梦的宏伟战略，在多个场合中反复强调"中华民族共同体意识"。2014 年 5 月 28 日，在中央第二次新疆工作座谈会上，他明确提出"要高举各民族大团结的旗帜，在各民族中牢固树立国家意识、公民意识、中华民族共同体意识"[2]。2014 年 9 月 28 日，他在中央民族工作会议暨国务院第六次全国民族团结进步表彰大会上，要求要"加强中华民族大团结，长远和根本的是增强文化认同，建设各民族共有精神家园，积极培养中华民族共同体意识"[3]。2019 年 9 月，他在全国民族团结进步表彰大会上，要求"以铸牢中华民族共同体意识为主线，把民族团结进步事业作为基础性事业抓紧抓好"[4]。2020 年 9 月，他在中央第七次西藏工作座谈会上发表重要讲话，"中华民族共同体意识是国家统一之基、民族团结之本、精神力量之魂"[5]。2021 年 3 月，他在参加内蒙古代表团审议时强调，"完

① 苏杰：《中国特色的对口支援民族地区政策研究》，西南民族大学博士学位论文，2020 年。

② 习近平：《要在各族群众中牢固树立正确的祖国观、民族观》，新华网，http://politics.people.com.cn/n/2014/0529/c1024-25083277.html.

③ 《中央民族工作会议暨国务院第六次全国民族团结进步表彰大会举行》，中央政府门户网站，http://www.gov.cn/xinwen/2014-09/29/content_2758816.htm.

④ 习近平：《在全国民族团结进步表彰大会上的讲话》，新华网，http://www.xinhuanet.com/politics/leaders/2019-09/27/c_1125049000.htm.

⑤ 人民日报评论员：《铸牢中华民族共同体意识——论学习贯彻习近平总书记在中央第七次西藏工作座谈会上重要讲话》，2020 年 9 月 1 日《人民日报》第 02 版。

整准确全面贯彻新发展理念，铸牢中华民族共同体意识”[①]。一系列的官方表述和领导人的讲话表明，"中华民族共同体意识"的概念已经逐渐进入国家力量主导的建设实践中。

2017年，党的十九大明确将"铸牢中华民族共同体意识"写入《中国共产党章程》。2018年，第十三届全国人民代表大会第一次会议通过的《宪法修正案》，将"中华民族"的概念写入宪法。这两个"动作"表明了党和国家对于"中华民族共同体意识"的认识在逐渐加深。"铸牢中华民族共同体意识"成为全党全国各族人民实现中国梦新征程上的共同意志和根本原则，这意味着在社会主义建设的新历史时期，赋予了中华民族全新的意义，中华民族共同体的纽带日益牢固。

铸牢中华民族共同体意识，是我国国家治理体系和治理能力现代化的重要内容和精神动力，为以对口支援为代表的治理实践提供着愈发深厚的思想基础。"对口"即中华民族共同体的构造方式。对口支援的援建文化体现着守望相助、荣辱与共的"命运共同体意识"。对援助者而言，援助是一种发自内心的自觉担当，"没有人是一座孤岛可以自全，每个人都是大陆的一片"成为普遍共识；对受援方来说，感恩是一次刻骨铭心的精神成长和品格再造，自我造血、团结奋进则是受援之后的内在追求和心理状态。[②]孕育于对口援建制度的独具中国特色的援建文化，是社会主义"制度红利"的有力体现，它被写入中华民族的心灵深处，将区域间的守望相助内化为一种自觉担当，把社群间的共同体意识升华为一种精神境界，是整合民族关系、增进区域和睦、塑造社会认同、涵养感恩文化的重要精神资源。

---

① 《习近平在参加内蒙古代表团审议时强调　完整准确全面贯彻新发展理念　铸牢中华民族共同体意识》，2021年3月6日《内蒙古日报》第1版。

② 李拯：《写入民族心灵的"援建文化"》，2012年7月5日《人民日报》第4版。

（三）思想动员的方式：会议、文件与媒体

当前我国"决胜全面建成小康社会取得决定性成就"[①]，对于我国这样的超大规模国家而言，如何应对错综复杂的国际形势、艰巨繁重的国内改革发展稳定任务，以及如何有效应对新冠肺炎疫情带来的冲击，是实现国家规模有效治理的关键。特别是，随着市场和经济全球化的发展，技术、金融、政策、国际环境等均可能成为大国治理的风险来源。党的十九大报告指出："文化自信是一个国家、一个民族发展中更基本、更深沉、更持久的力量。"[②]在面对"世界百年未有之大变局"的关键时刻，由古代"大一统"的政治观念转变形成的近代"多元一体"的国家观与"天下一家""一方有难，八方支援"的中华民族共同体意识，具有凝心聚力之效。

"社会动员的核心是思想动员"[③]，对口支援实践的本质是动员社会成员参与到跨边界的合作与交流中，其核心是形成与动员方向一致的精神动力，凝聚对口支援的社会共识。在对口支援实践中，党和国家通过会议动员机制、文件宣示机制和媒体传播机制等思想动员方式，凝聚了当代中国规模治理的互助共识，传递了中央启动对口支援的决策精神，形成群体精神动力。

第一，会议动员机制。党内会议具有凝聚共识、制定政策、维护团结、政治动员等功能。通过党内会议动员的方式，能够及时有效地作出规模治理的重大决策。省际的对口支援通常由中央政府以党内会议的方式进行讨论发起。对口支援实践中的会议形式主要包括全国性会议、相关部际联席会议、部门性会议、行业性会议。通过召开重大会议的方式，强调启动对口

---

① 《中共中央关于制定国民经济和社会发展第十四个五年规划和二〇三五年远景目标的建议》，2020 年 11 月 4 日《人民日报》第 1 版。

② 《习近平谈治国理政》第三卷，外文出版社 2020 年版，第 18 页。

③ 甘泉、骆郁廷：《社会动员的本质探析》，《学术探索》2011 年第 6 期。

支援的重大意义和神圣使命，确定总体援助方案和基本方向，"为决策的实施过程做好政治上、思想上、组织上、舆论上的准备"①，形成与动员方向一致的精神动力，将对口支援实践过程中的各个主体的行动统一于中央的决策部署中。例如，社会主义市场经济体制建立后，在对口支援各层级会议中，对口支援政策内涵的解释在强调政治动员的同时，更加注重弘扬"互利共赢发展"的理念。

对口支援实践会议动员的基本流程如图 3-1 所示：首先，由中央政府召开重大会议进行整体部署和政治动员，通常会要求各级党委和政府把本次对口支援工作作为"重大的政治任务"。其次，支援方地方政府和受援方地方政府分别组织召开动员大会，进一步部署各自的工作重点。再次，支援方地方政府和受援方地方政府就援助的具体事宜进行商洽，共同确定援助计划和实施方案。最后，援受双方按照计划和方案进行人事安排并贯彻落实。

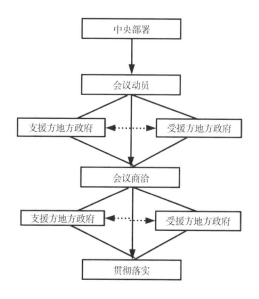

图 3-1　对口支援的会议动员过程

① 朱光磊：《当代中国政府过程》，天津人民出版社 2008 年版，第 99 页。

全国性会议主要是指在全国范围内召开的对口支援会议，如 1994 年、2001 年、2011 年、2015 年先后四次召开全国性的扶贫开发工作会议，为对口支援在内的工作进行部署和讲解。从 2010 年 1 月中共中央、国务院召开第五次西藏工作座谈会，到 2010 年 10 月湖北省率先启动新一轮对口援藏项目仅经过了 9 个月，其中会议的动员发挥了重要作用。专题会议除了政治动员外，还会就具体的对口支援政策内涵进行解释。比如社会主义市场经济体制建立后召开的相关专题会议，还会强调弘扬"互利共赢发展"的理念，以确保政策执行指令的明确、有效和可持续。表彰会议会进一步强调对口支援的重大意义，宣传贯彻对口支援的方针政策。例如，2011 年 5 月，时任国务院副总理回良玉在汶川地震灾后恢复重建总结表彰大会上指出："扩大对口支援效应，不仅使灾区群众生产生活在较短时间内得到恢复和提升，而且促进东中西部经济大合作、文化大交流、理念大融合、民族大团结。恢复重建的伟大实践充分表明，中华民族具有生死与共、守望相助的优良传统。"①

第二，文件宣示机制。中国有着鲜明的"文件政治"传统。文件的形成是决策制定过程的核心部分，在政治过程中文件政治呈现出"意志统一、规则统一、思想统一、目标统一、行动统一"②等政治功能，是政治输出和传递过程中的关键性环节。党和国家通过批转、发布各类对口支援建议、通知、决定、纪要，宣传和传递党的意志、党的主张，完成对口支援决策的制定过程。例如，2001 年 2 月《中华人民共和国区域自治法》法律修正后第 64 条规定："上级国家机关应当组织、支持和鼓励经济发达地区与民族

---

① 回良玉：《在汶川地震灾后恢复重建总结表彰大会上的讲话》，2011 年 10 月 29 日《四川日报》。

② 周光辉、隋丹宁：《从文书行政到文件政治：破解我国规模治理难题的内生机制》，《江海学刊》2021 年第 4 期。

自治地方开展经济、技术协作和多层次、多方面的对口支援”,首次以基本法律的形式明确了对口支援的法律地位。

第三,媒体传播机制。该机制是会议决策、文件宣示在行动主体间信息传递和思想动员的重要补充。媒体传播主要包括新闻报道、专题新闻发布会以及公开出版物等多种形式。党和国家借助媒体传播为典型示范、专题学习、舆论宣传营造浓厚的社会互助氛围。例如,2011年教育部办公厅为宣传推广对口支援工作的先进事迹和经验做法,对对口支援西部高校工作的39个典型经验集体和164名突出贡献个人予以表彰。2013年国家发展改革委办公厅组织了13个东部城市对口支持西部地区人才培训。通过各种类型的专题学习,强化针对对口支援工作参与者的教育。此外,各级党组织积极协调新闻媒体组织“对口合作”重点报道,努力营造舆论氛围。仅2017年长春市当地媒体刊发(播)“长春—天津对口合作”信息就有100多次。① 新闻发布会则是由政府针对具体对口支援政策的出台背景、政策尺度、执行要点或进展成效进行厘清、解读或宣示。如2020年国家卫生健康委员会举行专题新闻发布会,介绍了“十三五”期间组团支援与对口帮扶工作的进展成效。②

对口支援制度在中国的长期实施和有效运作,离不开基于特定文化所形成的文化场域。这一独特的文化场域,勾勒了地方政府基于道义原则和伦理考量参与对口支援的政府职责,以及社会力量参与对口支援工作的发展趋势和迫切需要。③ 孕育于对口支援制度的独具中国特色的援建文化,

---

① 国家发改委振兴司:《东北地区与东部地区对口合作成效及经验做法介绍之六:天津市与长春市》,2018年4月11日,长春市发展和改革委员会门户网站:http://drc.changchun.gov.cn/fzgg/dbzx/201804/t20180412_1287715.html.

② 参见中华人民共和国国务院新闻办公室门户网站:http://www.scio.gov.cn/xwfbh/gbwxwfbh/xwfbh/wsb/Document/1694680/1694680.htm.

③ 陈晓云、祁克萍、张永刚、李金良:《动员社会力量参与对口支援工作》,《党政论坛》2015年第9期。

是社会主义"制度红利"的有力体现。[①]"多元一体"的国家观以及"天下一家""一方有难，八方支援"的中华民族共同体意识为对口支援制度深入持久运行提供了精神内核与文化动力。"正确的价值观念""明确的发展目标"和"浓厚的群体情感"有效地动员了社会成员参与到对口支援实践中，并成为地方政府和中央政府形成一致行动的精神动力。[②] 无论是在应对重大自然灾害时所表现出的"恢复力"，还是在水利、扶贫、国防协作等方面显现出的"精神执着"，都表明党和国家通过思想动员强化了国家认同和民族凝聚力，形成了守望相助、荣辱与共的对口支援共识。[③④] 党和国家对于对口支援模式在全国范围内的推行符合不同民族、不同区域民众的政策期望，既是国家规模治理的必然要求，也是中央政府合法性的重要来源，更是一种命运共同体的构造方式。[⑤]

---

① 李拯：《写入民族心灵的"援建文化"》，2012 年 7 月 5 日《人民日报》。

② 骆郁廷：《精神动力论》，武汉大学出版社 2003 年版，第 199 页。

③ 苏珊·卡特认为恢复力是"应对灾害，恢复社会系统的能力"，参见 S.L.Cutter,L.Bames M.L.Berry," A Place-based model for understanding community resilience to natural disasters," Global Environmental Chang,Vol.18, No.4, 2008.P.598-606。转引自张曦：《汶川经验：对口支援与脆弱性／恢复力》，《云南民族大学学报（哲学社会科学版）》2018 年第 4 期。

④ 于阳：《中国政治时钟：三千年来国家治理的周期运动》，当代中国出版社 2016 年版，第 66 页。

⑤ 李瑞昌：《中国特点的对口支援制度研究——政府间网络视角》，复旦大学出版社 2016 年版，第 17 页。

二

组织管理机制

不同规模、不同体制的国家往往根据本国国情采取不同的规模治理策略。世界范围内许多国家都采取了相关的财政转移支付制度来实现大规模领土内的财政均衡。财政转移支付制度之所以重要，是因为"我们无法为每一级政府划分足够的税权，而同时地区间的均衡发展、区域性公共服务的提供、社会整体的公平正义这些事关国家生存发展的重大问题都需要它"[1]。从国际比较的视角来看，各国的财政均衡实践大体上包括四种模式：一是以纵向转移支付为主要特征的财政均衡模式，如加拿大和澳大利亚；二是以补助金为主要特征的财政均衡模式，如美国；三是以"纵横均衡"为主要特征的财政均衡模式，即以地区间横向转移支付为主，

---

① 徐阳光：《财政转移支付制度的法学解析》，北京大学出版社 2009 年版，第 1 页。

以联邦政府纵向转移支付为补充，如德国；四是以对口支援为主要特征的财政均衡模式，如中国。前两种模式事实上都是依赖于联邦政府的财政支持，不同层级地方政府间的财政能力的差异主要靠联邦政府来调节。这些国家中联邦和州分别拥有独立的立法、行政和司法权，这就使得联邦和州在各自的权力范围内享有最高权力，州际的财政关系协调全凭地方政府的"自愿"行为。联邦德国有着更为独特的横向财政均衡模式——以地区间的横向转移支付为主体，以联邦纵向转移支付为补充。在联邦德国，《联邦财政均衡法》和《联邦与各州之间的财政转移支付法》为政府间事权、财权和联邦政府进行财政均衡提供了宪法依据。[①] 通过建立"均等化基金"，联邦德国实现了财政资金由较为富裕的州向较为落后的州转移。一方面德国州政府和地方政府拥有主要的行政权，联邦政府拥有主要的立法权，州政府和地方政府是州际利益的实际"执行者"；另一方面州政府和地方政府通过权力核心"下院"成为涉及州利益的立法的实际"制定者"。[②] 这也是因为德国州政府和联邦政府拥有主要的行政权，联邦政府对州政府和地方政府很难直接施加影响。可以说，西方社会不同的财政均衡模式自有其政治逻辑。无论是基于机会平等的价值判断还是服务于国家统一的政治逻辑，大规模国家通过转移支付实现财政均衡的重要性毋庸多言。

中国特色的对口支援制度是由一个地区直接援助另一个地区。一些学者提出中国的对口支援就是一种横向财政转移支付制度，因为它关注到了对口支援在援助内容与横向财政转移支付的一致性。从援助的实质内容和领域来看，中国特色的对口支援制度是对横向财政转移支付的超越。对口

---

① 朱丘祥：《分税与宪政——中央与地方财政分权的价值与逻辑》，知识产权出版社 2008 年版，第 263 页。

② 祝小芳：《分权模式下的横向财政均衡——德国的经验与启示》，《财政研究》2005 年第 9 期。

支援，不仅包括了财政资金的转移，也包括了实物、人员、技术和产业等方面的转移。对口支援不仅是在单一制结构下探索出来的符合中国国情的财政均衡模式，也是以共同发展、均衡发展为目标的均衡治理模式，其效果和影响超越了传统的横向财政均衡。

对口支援作为中国特色社会主义政治实践的重要组成部分，不是传统中国规模治理经验的简单延续，不是西方现代化发展理论的简单复制，而是立足于党的领导和单一制体制下国家建设经验共同孕育的果实。从特征来看，它是党领导下的党政分工合作体制的集中展现，具有相对连续、稳定的行为模式。在经验层面，党领导下的党政分工合作体制是对口支援、扶贫协作等"中国之治"的政治基础和组织保障。党政之间的结构性嵌入与功能性耦合决定了对口支援实践的方式、过程与目的。

（一）单一制体制下的国家统筹

作为一项中国特有的资源配置机制，对口支援的实施需要中央的权威来提供政治保障。中央集中统一领导体制有利于统筹治理，在普遍的国家利益与多样化的地方利益之间寻求平衡。

2017 年 10 月，党的十九大将"坚定维护以习近平同志为核心的党中央权威和集中统一领导"写入党章，再一次从党内最高法规的意义上肯定了中央集中统一领导体制的优越性。在革命、建设和改革的各个时期，在边疆民族地区治理、灾后救援、应对突发重大事件、东西部扶贫协作、重大工程建设、医疗教育公共服务均等化等现代国家建设的各个方面，单一制体制下的国家统筹凸显了规模治理优势，为对口支援提供了制度保障。

有的学者在研究汶川地震灾后恢复重建对口支援时指出，"对口支援其实就是一种横向财政转移支付制度"①。在对口支援实践中，中央集中统一领导体制为中央政府的财政汲取和资源分配提供了组织协调保障。这种模式下中央政府既可以避免因为财政困难而独自承担财政转移支付的责任，又能强化自己在政治命令涵盖地区的地方政府的权威。20世纪80年代我国实行的是财政双轨制，该财税体制下允许地方政府通过增量扩展自由流动。一些经济发达地区的地方政府迅速积累了雄厚的地方财力。相对而言，中央政府的财力在处理越来越多的国家事务上愈显乏力。因此，中央政府通过"命令、指挥—服从、执行"的方式抽取地方政府的财政资源以强化中央政府的权威。有的学者提出对口支援同20世纪80年代以前的各类帮扶行动的区别就在于"对口"二字上，体现了中央强势抽取地方财政资源的决心。②到了1994年，我国开始实行分税制改革，分别划分了中央和地方的财政收支范围。一方面，在中央与地方关系上，中央财政的实力不断加强；③另一方面，处于同一体制结构中的各级地方政府事权一致，地方财政收入却相差甚远，中央与地方的财政不均衡现象使得财政的效用无法实现最优。④因此，中央政府在直接的财政转移支付外，通过行政命令的方式明确省级政府作为一个对口支援单位，根据各省的地方财政收入水平，明确支援方和受援方的财政均衡指标。

可以说，支援方地方政府在长期的对口支援中依然能够保持援助的积极性则是由于"政治忠诚度和政治可靠性"⑤。对于支援方地方政府而言，对口支援是落实中央部署，立足全局、推动区域协调发展需要不折不扣履

---

① 路春城：《我国横向财政转移支付法律制度的构建》，《地方财政研究》2009年第3期。

② 李瑞昌：《中国特点的对口支援制度研究——政府间网络视角》，复旦大学出版社2016年版，第86页。

③ 徐阳光：《财政转移支付制度的法学解析》，北京大学出版社2009年版，第98页。

④ 刘铁：《对口支援的运行机制及其法制化：基于汶川地震灾后恢复重建的实证分析》，法律出版社2010年版，第247页。

⑤ 谢伟民、贺东航、曹尤：《援藏制度：起源、演进和体系研究》，《民族研究》2014年第2期。

行的"重大政治责任"①。如，在丹江口库区及上游地区对口协作实践中，资源的开发和收益存在显著的非均衡性。面对国家统筹部署的对口支援工作，地方政府普遍以"政治任务"对待。地方政府积极反应、认真落实中央的决策部署，不仅体现出"政治忠诚度和政治可靠性"，而且常常同隐性的政治晋升或显性的荣誉奖励等政治激励相"挂钩"。正是在单一制体制下的国家统筹"赋能"作用，丹江口市的建设积极性和京津两市的援助积极性得以有效整合，长期的库区对口协作成为可能。

（二）党组织对社会力量的有序引领

中国共产党不仅是中国各项事业的核心力量，也是中国各种社会力量的整合机制。作为一个超大型政党，中国共产党在全国共有基层党组织493.6万个，基层党委27.8万个，总支部31.6万个，支部434.2万个，党员9671.2万名。② 鉴于国家规模治理中存在着权力分散、部门分化、管理分割等现象以及多元主体参与的状况，中国共产党所塑造的"高度集中、高度权威同时也是高效的权力结构"，成为整合资源，形成中央与地方"两个合力"的关键。

一方面，党的领导是对口支援有效实施的组织保障。对口支援的典型特征是中央政府依靠政治动员，通过行政指令的方式要求某一地方政府援助另一无行政隶属关系的地方政府。在缺少经济互利互惠激励的对口支援实践初期，党中央对对口支援的决策部署仍能上下贯通、执行有力。究其原因，党的领导发挥了重要的制度保障作用。中国共产党通过"干部人

---

① 习近平：《再接再厉坚持不懈做好对口支援》，2007 年 03 月 30 日，人民网，http://politics.people.com.cn/GB/14562/5563480.html，2019 年 12 月 13 日。

② 《一图速览：2021 年中国共产党党内统计公报》，共产党员网，https://www.12371.cn/2022/06/29/ARTI1656497888734984.shtml.

事管理"系统管理并实质上控制了绝大部分官员的任命、晋升、调动和罢免。[①]中国共产党在全国范围内建立的从中央到地方的各级党组织成为发挥党组织强大动员能力和领导能力的重要载体。"党管干部"的基本原则保证了中央政府的意愿能够在对口支援中"一竿子插到底"[②]。例如，在对口帮扶的政治系统中，党中央拥有最高决策权，不但领导、协调着国务院扶贫领导小组，而且领导、协调着省级党委政府、中央各个部委，各省级扶贫办直接领导协调所辖地市的扶贫办、市级领导小组，类似的领导与协调关系一直延伸到基层。通过"党管干部"的组织制度，从中央到省级、地市乃至县乡的各级党组织确保了对口支援实践中党中央的意志得到贯彻执行。

另一方面，党组织强大的动员和资源整合能力是对口支援稳健实施的关键保障。党组织对社会力量的有序引领体现在对口支援启动和实施的各个环节。当中央提出对口支援动议后，经由政策专家调研和综合评价形成几种不同的对口支援预案，最终由处于领导和决策地位的党中央抉择和确定。进而，中央通过召开各层级会议，进一步动员社会成员参与到跨边界的支援与合作中。如 2008 年 6 月，中共中央总书记在省区市和中央部门主要负责人会议上以讲话方式部署了汶川地震灾后恢复重建对口支援，目的是形成与动员方向一致的精神动力，凝聚对口支援的社会共识。从决策到具体实施，各类党政领导小组成为有机连接对口支援中各个主体的"枢纽"。例如，对口扶贫领域的重大决策都需要通过国务院扶贫领导小组上报党中央决策，由此形成党中央对对口支援各个环节的领导和指导。当需

---

① Hon S.Chan. Cadre Personnel Management in China:The Nomenklatura System,1990−1998.The China Quarterly,2004，PP.1990−1998.

② 钟开斌:《控制性多层竞争:对口支援运作机理的一个解释》,《甘肃行政学院学报》2018 年第 1 期。

要动员各方资源共同应对时，各级党组织能够引领社会力量广泛参与，从而迅速形成强大的集体力量。在 2022 年吉林省新一轮疫情暴发后，长春市建立了"包保对口支援"，在长春下辖的三个疫情严重区——宽城区、绿园区和经开区，由四平市、通化市与梅河口市三市市委书记率队支援和"直接指挥"。[①] 同时，企事业单位、非政府组织、志愿者和群众在各级党组织的领导协调下被迅速吸纳到对口支援实践中，不仅避免了政府部门因"政治任务"导向所出现的行政"死机"问题，而且形成了一支"不撤走"的支援队伍，缓解了支援方地方政府的援助压力。

地方政府对口支援任务的执行情况往往成为地方政府官员职位升迁的影响因素。各级党组织通过对评价考核的结果反馈进一步调动了支援方地方政府的积极性。其中既包括了隐性的政治晋升，也包括了显性的经济调控激励政策。例如，2020 年 7 月 3 日，中宣部以云发布的方式，授予闽宁对口扶贫协作援宁群体"时代楷模"称号，褒扬他们是"东西部扶贫协作对口支援的典范"。在对口支援工作中表现优秀的党政干部、专业技术干部和企业经营管理人员往往能够在"同等条件下优先考虑提拔使用"[②]，通过"先进个人"等表彰活动，对口支援中的政府官员有更大的积极性去贯彻落实援助计划。可以说，党的严密组织体系犹如蜘蛛网，在对口支援实践中是系统完整的组织管理机制。

---

① 《我省各地包保驰援长春——吹响"社会面清零"冲锋号》，2022 年 4 月 4 日《吉林日报》。
② 参见《关于印发〈对口支援新疆干部和人才管理办法〉的通知》（组通字〔2011〕6 号），《对口支援新疆干部和人才管理办法》第十四条。

变迁机制

经过近 40 年的实施，我国的对口支援制度已取得长足发展，一个多层次、宽领域、多形式、全方位的援助格局日趋成熟。回顾对口支援制度的发展历程，从一种应对地方重大问题或各种突发事件而采用的临时性政策措施，到一项常规的、正式的国家治理体系中的制度安排，对口支援制度在实践中不断地得到健全和完善。实践证明，持续的制度变迁是对口支援能够不断调整自身定位，实现规模治理政策预期的重要动力来源。

为什么要关注对口支援制度的动态变迁？中国所面临的规模治理难题不是一成不变的。在不同的时期，中国的规模治理面临不同的挑战。20世纪90年代以来，我国的对口支援制度进入了巩固和发展的新阶段。尤其是自1990年始，中国的改革开放进入了"全面的市场化以及分税制改革确立了市场与权力、中央与地方以及社会分配的新格局"①, 利益的多元化、价值取向的多样化、风险来源的复杂化, 使得对口支援制度的规模治理效应面临日益严峻的挑战。从形式上, 对口支援向对口合作变迁成为一种趋势; 从范围上, 对口支援制度的发展是一个由点到面的政策扩散过程; 从功能上, 对口支援的制度设计逐渐涵盖超大规模国家规模治理的方方面面。这就要求在对口支援实践过程中, 采用更加精确、灵活和规范的治理技术。探究制度变迁的内在规律、廓清制度变迁的方法路径、检视制度变迁的经验教训, 不仅是为了促进我国对口支援在实践层面的提升和优化, 也是为了在理论层面的提炼和概括。

对口支援是由中央政府主导的政策实验, 是一种独特的政策过程, 具备了不断推陈出新的"适应能力"②。长期性、经常性的对口支援工作, 要求实践中的行为主体建立专门的机构负责对口支援工作。这意味着, 对口支援逐渐实现了从公共政策向国家治理体制建设的推进。对口支援实现规模治理功能的关键在于国家有效地制定、实施及推动体制、机制和制度变革的能力。从时间发展的角度梳理, 对对口支援制度的适应性特征及原理进行分析, 总结对口支援制度变迁的特征和规律, 有助于理解对口支援制度实现规模治理的内在机理, 并对现有的对口支援到对口合作的演化变迁路径进行理性分析。"制度是一系列被制定出来的规则、守法程序和行为的道德伦理规范", "制度提供了人类相互影响的框架, 它们建立了构成

---

① 渠敬东、周飞舟、应星:《从总体支配到技术治理——基于中国 30 年改革经验的社会学分析》,《中国社会科学》2009 年第 6 期。

② "适应能力"是指面对环境变化等因素造成的种种不确定性时, 一个制度发现和纠正现有缺陷、接受新信息、学习新知识、尝试新方法、应对新挑战、改进制度运作的能力。参见 Carl Folke, Johan Colding and Fikret Berkes, Synthesis:Building Resilience and Adaptive Capacity in Social-ecological Systems, "in Fikret Berkes, Johan Colding and Carl Folke,eds., Navigating Social-ecological Systems: Building Resilience for Complexity and Change, Cambridge: Cambridge University Press, 2003, p.352-387.

一个社会，或更确切地说建立了一种经济秩序的合作与竞争关系"[1]。制度研究的传统主要涉及政治学、经济学和社会学三大学科领域。制度理论有新旧之分。通常认为，新制度主义吸收了旧制度主义的有益成分。[2]政治学学科领域内的新制度主义重要议题包含了制度的演化。制度的演化通常有新制度经济学和演化经济学两种分析范式。[3]随着西方制度变迁理论的引进，许多中国学者借鉴两种分析范式对我国某一具体制度的演化开展了一些深入的理论分析和概括。林毅夫认为制度的演化变迁可以分为"诱致性"和"强制性"两种，[4]前者主要由经济行为主体受到获利机会诱致，自下而上地产生制度需求，最终影响决策者的制度安排。诱致性制度变迁具有边际革命和增量调整性质，是一种渐进的、不断分摊改革成本的演进过程。强制性制度变迁主要由政府利用政治权威，自上而下地创立和实施新制度。刘刚认为，制度的形成和演进，即是共同知识和信念的形成和演化过程。[5]共同知识和信念对环境的解释力会导致"路径依赖"以及"路径锁定"。北京大学姚洋教授认为中国的体制改革具有两个核心特征，即"体制创新的分散性"和"中国共产党的泛利性"。前者保证了新体制的有效性，后者保证了新体制能够在全国范围得以推广。[6]王绍光通过集中剖析中国农村医疗融资体制，发现决策者和政策倡导者能够利用各种形式的实

---

① 道格拉斯·诺斯：《经济史上的结构与变革》，上海三联书店 1994 年版，第 225—226 页。

② 笔者认为，新制度主义至少具有两个方面的独特性：一是理论化的自觉；二是方法论的自觉。

③ 前者的代表人物是道格拉斯·诺斯，后者的代表人物是理查德·R. 纳尔逊和悉尼·G. 温特。制度演化机制的研究参见道格拉斯·诺斯、罗伯特·托马斯：《西方世界的兴起》（第二版），华夏出版社 1999 年版，第 195—196 页；道格拉斯·诺斯：《经济史上的结构与变革》，商务印书馆 1992 年版；道格拉斯·诺斯：《制度、制度变迁与经济绩效》，上海三联书店 1994 年版；Nelson R.and Winter S G.An Evolution Theory of Economic Change.Cambridge,MA:Harvard University Press,1982.

④ 林毅夫：《关于制度变迁的经济学理论：诱致性变迁与强制性变迁》，科斯等：《财产权利与制度变迁》，上海人民出版社 1994 年版。

⑤ 刘刚：《中国制度变迁和演化路径的多样性》，《南开学报（哲学社会科学版）》2007 年第 5 期。

⑥ 姚洋：《中国道路的世界意义》，北京大学出版社 2011 年版，第 54 页。

践和实验进行学习和获取必要的经验教训是调整政策工具和政策目标的根本方法。[①] 上述研究不但精彩地描述了制度演化的基本特征，而且还为我们研究对口支援的制度变迁提供了极大的启发和分析上的助益。制度本身不是目的，对口支援制度只是实现大国规模有效治理的一个手段。对口支援制度发挥其功能的关键在于有效地制定、实施及推动制度演化变迁的能力。[②] 作为一项制度安排的对口支援制度理应在制度环境的框架内进行，只有适应新环境、新情况、新变化，才能真正发挥对口支援破解规模治理难题的功效。对口支援制度的动态变迁可以从对口支援制度变迁的适应性角度加以阐释。"适应"本是生物学概念，体现的是生物体同周围环境依赖、顺应的关系。在对口支援制度的变迁过程中，"适应"反映的是对口支援同特定环境之间的关系。所谓"适应性"，从制度层面而言，是指对口支援制度根据特定环境（包括文化传统、政治、经济体制和社会结构等）的变化不断调试的过程。一是适应中国独特的文化传统，将对口支援的制度创新同"大一统"的政治观念与 "天下一家""一方有难，八方支援"的中华民族共同体意识等优秀的文化传统联系起来。这是对口支援始终不同于其他常规制度安排或政策实践的文化内核。正如文化人类学者格尔茨指出："有一件事情每一个人都知道，但没人认真考虑如何证明它，那就是一个国家的政治反映了它的文化设计。"[③] 二是适应中国大国治理的规模特征和规模治理的现实需求，将不同阶段规模治理的重点同对口支援的工作重心相统一。这是对口支援作为大国规模治理制度安排的客观要求。三是适应单

---

① 王绍光：《学习机制与适应能力：中国农村合作医疗体制变迁的启示》，《中国社会科学》2008 年第 6 期。
② 对国家制度能力的理解参见景维民、黄秋菊：《国家制度能力与经济结构调整——基于转型期的中俄比较研究》，《南开学报》2011 年第 1 期。
③ [美] 马克·利希巴赫、阿兰·朱克曼：《比较政治：理性、文化和结构》，储建国等译，中国人民大学出版社 2008 年版，第 284 页。

一制体制下的权力与资源分配的新形态，将对口支援的制度创新同时代的变迁联系在一起。

对口支援制度的变迁不是政府单方面主导下的制度变革，而是制度变革与特定环境双向互动的结果。一方面，对口支援的体制、机制需要根据变化发展了的特定环境，不断地作出调试（如对口支援的适应领域、治理目标、支援形式或演化路径等），提高规模治理的效率；另一方面，对口支援制度的持续调试与变迁推动了特定环境尤其是规模治理重心的转变。对口支援制度的"适应性"机制，呈现的是一个随着规模治理态势变化发展而变化发展的动态变迁过程。我们可以构建一个特定环境与对口支援制度变迁之间双向互动的适应性关系框架，以阐释对口支援制度演化的内在机理（见图 3-2）。对口支援制度的实践机制通常包括以下构成

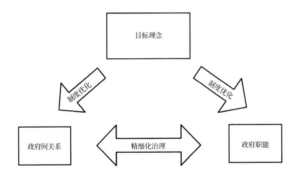

图 3-2　对口支援制度的"适应性"变迁逻辑

要素：作为实践目标的目标理念，作为组织核心的各级政府，作为实施基础的程序、资源和工具等。相对应地，适应性机制也在这三个层次上主导了对口支援制度的变迁。以目标理念的发展为逻辑起点，通过中央政府、支援方地方政府和受援方地方政府三者间（政府间关系的调整）职能结构的优化，以及政府职能转变和社会治理转型两个层次的统一合力实现精细化治理的转型提升。基于对口支援制度实践中要素的整合，达到制

度绩效优化的效果。通过适应性机制，促使对口支援不断"调试"、达成"适应"规模治理的需要，这在一定程度上解释了为何长期、持久的对口支援制度变迁成为可能。

（一）目标理念的发展

目标理念通常是指政策制定和实施期望达到的目的（期望值），或者是某一项政策期望达成的具体的、明确的、可衡量性结果之声明。[1]适应性机制要求对口支援实践根据治理目标的变化发展而不断地作出调试和转变。例如，旨在"维护社会稳定、保障改善民生、保护生态环境"的发达省（市）对口支援三省（四川、云南、甘肃省）藏区在政府的宣传动员中强调了对口支援的目标理念"有利于推动三省藏区科学发展、加快改变落后面貌、提高公共服务能力、持续改善民生，是加强民族间地区间交往交流交融、增强'四个认同'的有效途径"。精确的目标理念使得对口支援三省藏区的实践能够收获更多社会群体的支持。借鉴学者余翔对政策目标的分析范式，可以将对口支援制度的目标理念的转变按照主体、显现方式、政策内容等划分不同的维度。[2]

从主体维度而言，目标理念转变的第一个体现是实践主体治理思维"精准化"。根据1979年全国边防会议所提出的，对口支援在政策设计之初主要有四个意图：一是为了建设边疆，并以此巩固国防；二是为了落实民族政策，促进民族团结；三是为了实现区域优势互补，促进区域协调发展；四是为了保证国家的政治稳定。在对口支援启动之初，这四个目标互

---

[1] 吴定：《公共政策辞典》，五南图书出版公司2005年版。

[2] 余翔：《发展型社会政策视野下的省际对口支援研究——基于汶川地震灾后重建案例》，浙江大学出版社2014年版，第29页。

相促进、互为基础。其中，维护边疆地区的稳定与团结是启动之初的根本目标理念。这也是为何1979年中共中央部署对口支援时，将"上海支援新疆、全国支援西藏"视为重要的战略决策。从短期来看，这一目标理念对于边疆少数民族地区的稳定和发展发挥了重要作用；从长期来看，这一目标理念设定于对口支援建设的"拓荒"阶段，对于对口支援的制度地位仍处于构想和建构阶段。随着社会主义建设的不断深入，对口支援的目标理念也逐渐变得精准清晰。不同类型的对口支援，应由不同的目标理念来指导实践，这已逐渐成为共识。例如，在2013年开展的中央国家机关及有关单位对口支援赣南等原中央苏区有关县（市、区）实践中，实现赣南等原中央苏区经济的振兴发展是其根本目的。对口支援方案围绕这一目标理念制定实施。在国务院办公厅2013年发布的《国务院办公厅关于印发中央国家机关及有关单位对口支援赣南等原中央苏区实施方案的通知》中明确提出，"加大对受援地支持力度，合力破解制约受援地经济社会发展的重大难题"，将帮助受援方解决发展难题作为本次对口支援实践的重点任务。实践主体治理思维的"精准化"，是结合实践需要，根据国家长远发展目标，不断推陈出新制定新的资源配置方案，而非被一些所谓的"特殊问题""重大事件"牵着鼻子走。因此，能够更及时有效地把握社会关切，对社会需求及时捕捉，制定出行之有效的对口支援方案。

从显现方式维度而言，目标理念转变的第二个体现是根据不同的治理目标采取不同的支援方式。从我国实施对口支援的历史沿革来看，对口支援的目标理念随着历史、地区、单位、受援对象的变化均发生了一定的变化。中央政府在对口支援模式的扩散中表现出强烈的引导意愿。例如，新疆和西藏的稳定关系到党和国家的工作全局。新疆和西藏地区的对口支援实践具有不同于其他边疆少数民族地区的特殊性。2001年6月，江泽民在第四次西藏工作座谈会上强调："在关系党和国家工作全局的战略地区和战略部门，通过国家和各地的支持，引进、吸收和应用先进技术和适用技术，集中力量推动跨越式发展，是我们必须采取的一种发展战略。"[1] "对口援藏"和"对口援疆"成为新疆和西藏地区对口支援实践的专门术语。中央政府对于新疆、西藏地区的对口支援模式通常也以政治稳定为主要目标。在中央政府有意图的引导下，对口支援西藏的模式逐渐推广到其他西部省（区）。2016年，农业农村部对口支援湖北武陵山少数民族地区是非常典型的例子。武陵山少数民族地区位于湖北、湖南、贵州和重庆三省一市交界处。武陵山少数民族地区交通闭塞，在该区域形成了集中连片的贫困区。农业农村部借鉴全国援藏援疆的经验，围绕《武陵山片区区域发展与扶贫攻坚规划（2011—2020）》总体要求，通过分阶段的政策目标逐步推进民族地区经济社会发展。第一阶段目标在于帮助武陵少数民族地区的广大老百姓脱贫，解决吃饭难、就医难、上学难的问题，重点在于对口支援当地的示范基地建设、基础产业建设、基础设施建设、农技推广等；第二阶段目标在于帮助当地人民群众提高生活水平，重点在于对口支援当地实施产业升级、产品基地建设、商品市场模式建设等；第三阶段目标在于支持武陵少数民族地区实现跨越式发展，构建和谐社会，重点在于产业观念的转变、科技水平的提高。[2] 自2016年以来，农业农村部以武陵山片区为扶贫主战场，共计支持恩施发展项目110个，安排资金4亿余元，引导农业企业到恩施，意向投资总额超过100亿元。[3] 据统计，"十三五"期间，中央和省级财政

---

[1] 中共中央文献研究室、中共西藏自治区委员会：《西藏工作文献选编（一九四九—二〇〇五年）》，中央文献出版社2005年版，第547页。

[2] 胡茂成：《中国特色对口支援体制实践与探索》，人民出版社2014年版，第108页。

[3] 《汇聚你我他 众手拔穷根》，湖北省人民政府网，http://www.hubei.gov.cn/szgq/tp/202012/t20201228_3132959.shtml.

分阶段、分批次累计向武陵山片区投入扶贫资金 50.78 亿元。[1] 通过建立分阶段的政策目标，对口支援武陵少数民族地区逐步实现了由超常举措向常态帮扶的转变，从集中攻坚向构建长效机制的转变。

从政策内容维度来看，目标理念转变的第三个体现是逐渐吸纳发展型社会政策中的价值理念，注重发展的可持续性和"以人为本"的价值理念。例如，2008 年汶川发生地震后，国家发展改革委在当年 11 月即发出了《关于加快汶川地震恢复重建对口支援工作的通知》，提出通过对口支援在 3 年内完成灾后恢复重建任务。在地震发生后的紧急救援阶段，从中央到支援各省市对口支援的进行是不惜代价、不计成本的。但是，在恢复重建阶段倘若仍持续性地以这样的目标理念推行援助，不但会造成援助成本的提升，也会造成受援方对外在援助的依赖。基于此，中央在对口支援的政策基调中，援建效益的地位得到显著提升。[2] 其中北京市在同受援对象什邡市签订的《灾后恢复重建对口支援（2008—2010 年）总体框架协议》中明确提出了要坚持"以人为本"的援建原则。将提升群众生活、生产水平、确保群众安居乐业作为检验援建成果的首要标准，在确定援建方案、援建项目时，突出恢复改善什邡民生，让群众共享援建成果。如何在援助中注重发展的可持续性、突出"人"的主体性地位是对口支援目标理念转变的重要方向。

2011 年 5 月 10 日，国务院新闻办举行新闻发布会，国家发展改革委副主任穆虹在会上发表讲话："对口支援省市坚持规划先行、统筹安排灾区的各项建设任务；坚持民生先行、优先考虑灾后重建中的民生问题；坚

---

① 《全域旅游助"索道山村"过上好日子》，湖北省人民政府网，http://www.hubei.gov.cn/hbfb/xsqxw/202010/t20201028_2980609.shtml.

② 余翔：《发展型社会政策视野下的省际对口支援研究——基于汶川地震灾后重建案例》，浙江大学出版社 2014 年版，第 51 页。

持着眼长远、增强灾区发展能力和发展后劲,与灾区合作建设了一批产业恢复和产业集聚的园区;坚持高标准要求、严格控制建设的标准,严格资金、物资的管理,在灾区重建中创造了许多鲜活的经验,不仅带去了人力、财力、智力,他们还带去了东部地区的先进理念,与当地的群众结下了深厚的友情。"①

从上述讲话中,可以看出对口支援政策内容的目标理念在实践中发生了重大变化。在灾后重建中加强东中西部经济的合作、文化的交流、理念的融合,对于受援方而言,有机会吸取处于较高发展水平的东中部省市的资本、技术、发展理念,将"输血"和"造血"有机结合起来;对于支援方而言,有机会从受援方寻求互补,解决本省市经济发展中的结构性问题。

(二)工作机构的优化

对口支援的组织结构是在起初的制度设计框架内丰富拓展的,适应性机制作用下,各援助方既有不断创新对口支援方式方法的行为,又有模仿制度创新者采纳新制度的行为,从而客观上推动了对口支援工作机构的优化。例如,在对口援藏实践中,北京市率先建立的前方指挥部工作机构制度获得了中央的认可,从而产生了一种激励作用,越来越多的援助方地方政府模仿采用了建立前方指挥部工作机构的做法。② 类似的还有,四川省在灾后恢复重建过程中提出的"对口受援"工作体制;湖北省16年来对口援藏中由"华新模式"和"武汉立体跨越援藏经验"所转化的"湖北模式",最早由武汉创设性实现[武汉市首次采取"下沉式"结对帮扶方式,13个

①《对口支援是一种创举发挥了特殊重要的作用》,国务院新闻办公室网站,http://www.scio.gov.cn/xwfbh/xwbfbh/wqfbh/2011/0510/zy/Document/909549/909549.htm.
② 孙勇、杨杰、马伟著:《对口支援西藏工作实践及组织结构与机制演化分析——基于组织社会学新制度主义的分析视角》,《西藏大学学报(社会科学版)》2019年第3期。

街乡（场）结对帮扶乃东县 7 个乡（镇），实现了援藏工作的全覆盖]；[1]江苏省采取的定期轮换与压茬轮换相结合的轮换机制（每批援藏干部总指挥和副总指挥先于本批其他援藏干部一年进藏），有效地缩短了援藏干部轮换带来的磨合期和适应期。[2]其他组织系统力量出于应对不确定性、节省探索成本等因素的考量，选择了对制度创新实践的模仿。[3]我们发现，对口支援制度的创新与模仿，不是出于外在环境的强迫，更多的是因为能够提高组织效率，或者容易获得中央政府的认可，而选择自发地、主动地推动对口支援工作结构的完善。

对口支援工作机构的优化集中表现在中央、支援方和受援方三个层面。"后方—领导小组"与"前方—指挥部"制度的结合是对口支援工作机构优化的主要特征。通过领导小组制与指挥部制，确保了对口支援工作"有领导管事""有机构办事""有专人做事"。

第一，中央层面。事实上，在中央层面目前尚未建立起一个明确的、固定的对口支援机构或部门专项负责对口支援事务，对口支援的部门归属尚未最终确定。例如，西部大开发中的对口支援项目多数交由国务院扶贫开发领导办公室临时负责。中央层面对口支援领导小组下设办公室，负责承担对口支援领导小组的日常工作。在不同场域下的对口支援实践中，仍主要采取协调领导小组办公室这一工作机构，作为完成援助任务的主要载体（见表 3-1）。

---

① 贺廷虎、董文学：《湖北省新一轮对口援藏工作的现状与对策》，《援藏》2012 年第 1 期。

② 郁芬：《江苏省对口支援西藏拉萨市前方指挥部迎来新任总领队》，中国西藏网，http://www.tibet.cn/cn/index/aid_tibet/201809/t20180919_6270553.html.

③ 孙勇、杨杰、马伟茗：《对口支援西藏工作实践及组织结构与机制演化分析——基于组织社会学新制度主义的分析视角》，《西藏大学学报（社会科学版）》2019 年第 3 期。

表3-1 中央层面对口支援工作机构一览表

类型	工作机构	主要工作职能
对口援疆	中央新疆工作协调领导小组(办公室)	形势研判、政策研究、协调指导、督促检查
汶川震后抗震救灾及灾后恢复重建的对口支援	国务院汶川地震灾后恢复重建工作协调小组(办公室)	主要负责协调灾后恢复重建有关政策问题,指导重建规划落实;组织灾后重建规划实施的中期评估和规划实施结束时的全面总结工作;加强同灾区省灾后恢复重建工作领导小组的工作联系;及时向国务院报告有关重大事项
湖北新冠肺炎防治的对口支援	中央应对新冠肺炎疫情工作领导小组(办公室)	在中共中央政治局常务委员会领导下开展工作,加强对全国疫情防控的统一领导、统一指挥
东北振兴战略背景下吉林省与浙江省对口合作	国务院振兴东北地区等老工业基地领导小组(办公室)	1.研究提出老工业基地振兴战略、重大问题和重大政策的建议 2.指导和组织论证老工业基地振兴规划 3.研究提出老工业基地优势产业发展、资源枯竭城市转型以及重大项目布局的建议并协调实施 4.研究提出老工业基地深化改革、扩大开放和引进国内外资金、技术、人才的政策建议,推进重点基础设施建设、生态环境保护和建设、工业与其他相关产业的协调发展 5.承办领导小组交办的其他事项
东西部扶贫协作对口支援	国务院扶贫开发领导小组(办公室)	1.拟定扶贫开发的法律法规、方针政策和规划 2.审定中央扶贫资金分配计划 3.组织调查研究和工作考核 4.协调解决扶贫开发工作中的重要问题 5.调查、指导全国的扶贫开发工作 6.做好扶贫开发重大战略政策措施的顶层设计

中国的省际对口支援建立了分级负责的领导小组工作机构(见图3-3)。例如,在东西部扶贫协作对口支援实践中,相关省、自治区、直辖市和地(市)、县级政府也建立了相应的组织机构,负责本辖区的对口支援扶贫协作工作。中央的各项扶贫资金在每年年初一次下达到各省、自治区、直辖市,实行扶贫资金、权力、任务、责任"四个到省(自治区、直辖市)"。所有到省的扶贫资金一律由省级人民政府统一安排使用,并由各有关部门规划和实施项目。

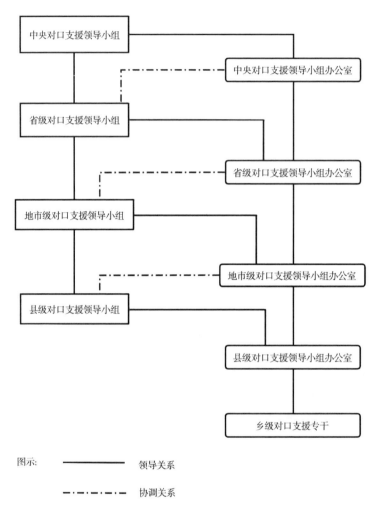

图示：——————— 领导关系

————·—·———— 协调关系

图 3-3 各级政府对口支援机构示意图

需要指出的是，在对口支援实践中，部分中央企业作为支援主体，逐渐被纳入对口支援体系中。例如，2001 年，中央政府安排了部分中央企业加入对口援藏体系中。央企加入对口支援实践中具有特殊性，这是由其作为"政府"和"企业"双重角色所决定的。央企作为实践主体的加入可以理解为对中央政府部分责任的"分担"。① 相关资料显示,第五次中央西藏工作座谈会之前,央企将对口援藏的重点主要放在受援县县城的基础设施和民生改善方面;此后,央企将对口援藏的重点转向培育当地产业发展。② 这表明,中央企业对口支援的重点在实践中不断发生调整,逐步由改善民生的物资、资金支援转向培育当地经济的产业支援和就业支援。③

第二,支援方地方政府。各支援方的对口支援领导或协调工作机构在长期的实践中,逐步建立了稳定的"前方"和"后方"两组工作机构。例如,在 2008 年汶川地震灾后恢复重建对口支援中,"前方""后方"工作机构为对口支援制度功能的发挥提供了重要的组织保障。所谓的"后方"工作机构,主要是各省市成立了对口支援领导小组,一般称为"工作领导小组",或者"后方指挥部"。由一名副省级领导亲自过问对口支援工作。领导小组下设办公室,领导小组办公室通常设在省发展改革委。例如,湖南省在省发展改革委下设"湖南省对口支援理县灾后重建工作领导小组"(参见湘办〔2008〕29 号文件),全面负责对口支援理县灾后重建工作。"前方"工作机构则主要指支援方各省市向受援县市派出的援建工作机构,一般称为"前方指挥部"或"工作组"。通常由省政府派出一名厅级干部任前方指挥长(总指挥)或工作组组长,并设若干副职。例如,湖南省的前方指挥部称为"湖南省对口支援理县灾后重建工作队",具体负责理县灾后重建对口支援的组织实施。对口支援的政策执行事宜均由对口支援工作领导小组及其派驻机构管理(见表 3-2)。

---

① 杨明洪:《政企关系与责任分担:市场化背景下中央企业对口援藏制度体系研究》,《西南民族大学学报(人文社会科学版)》2020 年第 7 期。

② 杨明洪:《市场化背景下的央企对口援藏制度研究》,《中国藏学》2015 年第 3 期。

③ 杨明洪:《市场化背景下的央企对口援藏制度研究》,《中国藏学》2015 年第 3 期。

表 3-2　汶川地震灾后恢复重建支援省市前后方工作机构一览表

支援方省市	后方工作机构	前方工作机构
广东	省对口支援地震灾区灾后恢复重建工作领导小组，省委副书记、省长任领导小组组长	省对口支援四川省汶川县恢复重建工作（承担对口支援汶川县乡镇的地级以上市相应成立恢复重建工作小组），省工作组组长由正厅级干部担任，同时挂任省政府副秘书长和四川省汶川县委副书记；副组长1人，由厅级干部担任，同时挂任四川省汶川县副县长
江苏	省对口支援四川省绵竹市地震灾后恢复重建领导小组（简称省援建领导小组）	江苏省对口支援四川省绵竹市地震灾后恢复重建指挥部（简称省援建指挥部）。成立中共江苏省对口支援四川省绵竹市地震灾后恢复重建指挥部党委（简称省援建指挥部党委）。省援建指挥部内设办公室、综合处、项目实施处、财务审计处四个处（室），省援建指挥部总指挥由省委选派正厅级干部担任
上海	上海市对口支援都江堰市灾后重建工作领导小组（简称领导小组），上海市市长任领导小组组长。领导小组下设办公室（同时为灾后恢复重建指挥部）	上海市对口支援都江堰灾后恢复重建指挥部，由上海市人民政府副秘书长任总指挥
山东	对口支援北川灾后恢复重建工作领导小组	北川工作指挥部
浙江	浙江省支援四川抗震救灾工作领导小组，下设省支援青川灾后恢复重建办公室	浙江省支援青川县灾后恢复重建指挥部，由省建设厅副厅长任总指挥
北京	北京市对口支援地震灾区指挥部	对口支援指挥部前线分指挥部，北京市人民政府副秘书长任总指挥
辽宁	省委省政府对口支援安县工作领导小组，下设省对口支援领导小组办公室	驻安县对口支援前线指挥部
河南	对口支援江油市恢复重建前线指挥部	河南省援建前线指挥部，省政府副秘书长任负责人
河北	河北省对口支援平武县灾后恢复重建办公室	对口支援平武县灾后恢复重建前线指挥部，省发改委副巡视员任负责人

续表

支援方省市	后方工作机构	前方工作机构
山西	山西省对口支援四川茂县灾后恢复重建工作领导组，下设恢复重建工作领导组办公室	前线指挥部，省发改委副主任任负责人
福建	福建省对口支援彭州市灾后恢复重建领导小组，下设恢复重建工作领导小组办公室	省对口支援彭州市灾后恢复重建前方指挥部，省政府副秘书长任前方指挥部指挥长
湖南	湖南省对口支援理县灾后重建工作领导小组，下设对口援建领导小组办公室	湖南省对口支援理县灾后重建工作队，省发展改革委副主任任工作队队长
湖北	省抗震救灾对口支援领导小组，下设省对口支援办公室	无省级指挥部，15个市对口支援指挥部直接进驻汉源，省政府副秘书长任指挥长
安徽	省对口支援松潘县恢复重建工作领导小组，下设对口支援领导小组办公室	安徽省驻松潘县援建办公室，省发展改革委副主任任负责人
天津	市对口支援震后恢复重建领导小组，下设恢复重建领导小组办公室	对口援建工作组，略阳工作组以津南区委常委、副区长为组长；宁强工作组以东丽区委常委、副区长为组长
黑龙江	省对口援建领导小组，下设对口援建领导小组办公室	对口援建四川剑阁县前线指挥部，省发展改革委副主任任指挥长
重庆	对口支援崇州市灾后恢复重建工作领导小组及其办公室	前方指挥部，驻四川办事处主任任负责人
江西	支援灾区共建家园领导小组办公室	对口支援现场指挥部
吉林	吉林省对口支援黑水县恢复重建工作领导小组办公室	前方指挥部

注1. 考虑到支援方的经济实力和受援方的灾情程度，兼顾安置受灾群众阶段已形成的对口支援格局，广东省和四川省汶川县以及甘肃省受灾严重地区建立了两组援助关系。

2. 天津市和陕西省受灾严重地区建立援助关系。

"后方工作机构"负责援建工作的规划、统筹和协调督办。省直有关单位的主要负责人通常会加入领导小组，协调省直有关单位参与到对口支援实践中。如省发展改革委负责协助编制援助规划；省财政厅负责援助资金的筹措和安排；省建设厅负责协助省直援助项目的施工组织等方面工作；省委组织部负责干部培训等方面工作；省委宣传部负责对口支援宣传报道工作；省劳动保障厅负责就业援助和劳动力培训等方面工作；省教育厅、省卫生厅、省农业厅分别负责师资、医护人员和农技人员的援助及培训等工作。"前方工作机构"常驻于对口支援受援方第一线，主抓诸如援建项目组织实施等内容的援助规划的具体落实。援助方省（市）通过"前后方"工作机构，前方和后方密切配合，形成了"前方有抓手、后方有支撑、前后方统筹联动"的工作机制。

第三，受援方地方政府。在对口支援实践过程中，中央政府、支援方地方政府和受援方地方政府共同组构一个层层对口交互的网络。"指挥部"和"领导小组"（对口支援组）作为受援方地方政府的统一指挥中枢，在中央（上级）、支援省市（同级）和受援县市（下级）之间发挥衔接、协调的工作。例如，四川省在"5·12"抗震救灾指挥部设立了灾后恢复重建对口支援组（简称对口支援组），由副省长任组长。对口支援组主要负责全省灾后恢复重建对口支援工作的统筹协调、工作指导和监督检查。同时，在四川省发展改革委设立对口支援办公室，在各受援市（县）成立对口支援工作机构，负责各个层级对口支援日常工作的衔接、协调和接待，了解工作进展情况，提出解决突出问题的对策建议，实施对口支援工作的监督检查。四川省要求各受援市（州）、县（市）也要成立以主要领导为负责人的工作机构，负责向支援省（市）提供当地受灾情况、震前经济社会发展情况、灾后恢复重建工作安排等，与支援省（市）共同制定灾后恢复重建对口支援方案，并精心组织实施。

总之，对口支援工作是一个综合性、长期性的过程。在对口支援的过程中,需要支援方与受援方共同协作来不断推进和完成。对口支援工作机构的优化,可以实现支援方与受援方高效率的合作和沟通。降低对口支援过程中出现的责任风险,优化人力资源分配,明确各级部门的权力与责任。"领导小组"和"指挥部"交互的对口支援工作结构在变迁中形成的重大意义在于,可以梳理清晰援助体系中的领导关系和协调关系,对于各层级发包任务进行针对性的考核,从而解决对口支援规模治理中的激励兼容问题。

(三)政府职能的转变

"审视中国 30 年行政管理改革的历史进程,就会发现在这一历史进程中,体现了一个方向和双重使命。一个方向就是要实现政府管理从管制到服务的现代转型,建立服务型政府;双重使命表现为,行政管理改革既是一场管理革命,又是政府与市场关系、政府与公民关系、国内治理与全球治理关系的深刻调整。"[①] 对口支援是一个系统性工程,大机制嵌套着小机制,旧机制伴生着新机制,从顶层设计到措施落地,对口支援的实践过程涵盖了多个层级:第一层级是国家层级,包括了中央、省、市、县、乡镇各级政府,以及垂直管理部门、中央政府组成部门等;第二层级是社会层级,包括了企业、基层自治组织和非政府组织等;第三层级是个体层级,包括参与对口支援的领导干部、专业技术人员、志愿者等。随着行政管理模式转变为以强化公共服务为重点,对口支援的援助领域由强调经济发展向强调社会发展转变,开始向工业、农业、商贸、科技、文教、卫生、扶贫等各个领域辐射,并逐步形成相对固定的格局。在适应性机制作用下,作为对

---

① 周光辉:《从管制转向服务:中国政府的管理革命——中国行政管理改革 30 年》,《吉林大学社会科学学报》2008 年第 3 期。

口支援实践核心组织者和主要参与者的各层级政府职能从管理者转向服务者。对口支援的制度变迁，不仅要与市场经济体制要求相融合，与人民日益增长的对美好生活的需要相匹配，而且还要与地区不平衡不充分发展的现实相适应。

一是宏观调控与市场机制的有机结合。对口支援的制度演进，既离不开政府的支持、规划和引导，同时也离不开市场在资源配置中的关键性作用。在早期的对口支援实践中，实施的主体大多是各级地方政府，几乎看不到企事业单位的参与，即便有企业的参与，也是被国家临时赋予的"政治任务"。这本质上是一种生产要素的单向流动，支援地区很难认真考虑投资效益和效率，无法调动长期援助的积极性，容易发生形式主义、"走过场"甚至是"圈内化"[①]现象。在适应性机制作用下，市场机制被引入对口支援的资源优化配置中。按照互惠互利、共同发展的原则，积极开展招商引资、项目合作、经贸往来、共同开拓市场等多种形式的合作与交流，实现互动发展和互利共赢。在汶川地震灾后恢复重建中，这种转变有着明确的体现。如《汶川地震灾后恢复重建条例》第五十三条规定："县级以上人民政府应当通过政府投入、对口支援、社会募集、市场运作等方式筹集地震灾后恢复重建资金。"在《汶川地震灾后恢复重建对口支援方案》中也明确提到，"按市场化运作方式，鼓励企业投资建厂、兴建商贸流通等市场服务设施，参与经营性基础设施建设"。通过支援方与受援方多方面的合作，可以发挥双方各自的优势，提高双方共同的竞争力，形成"1+1 > 2"的效果。这样的合作方式，双方都是乐观其成的。因此，将对口支援与市场紧密结合可以调动各方的积极性，在促进受援方地区经济社会发展的同时，

[①] 许欢、高小平、李和中：《"圈内化""类型化"：科层制弊端与腐败心理发生机制及对策》，《行政论坛》2016年第1期。

支援方地区在支援过程中不仅得到了应有的补偿，还能通过市场机制获得实实在在的经济效益。

二是经济建设与公共服务的有机结合。2006年10月，在党的十六届六中全会通过的《决定》中，对建设服务型政府的内涵、重点、基本内容作了详尽的阐述，并明确提出了要"逐步形成惠及全民的基本公共服务体系"[①]。这意味着政府职能结构的重心从经济职能为主转变到服务职能为主。当然，这不意味着中央政府不再重视受援地区的经济发展工作，而是说不能片面地追求受援地区的经济增长或者区域的地方利益，而是追求经济与社会的协调发展、整体与部分的均衡发展。在适应性机制作用下，对口支援工作逐渐将帮助受援地区建立起适应当地发展实际需要的公共服务体系作为重点，并把对口支援与基本公共服务均等化、区域间产业的合理布局结合起来。例如，2001年5月，教育部发布《对口支援西部地区高等学校计划的通知》，北京大学、清华大学等13所高校被指定为支援高校（见表3-3）。支援高校采取"一对一"的方式，实施对受援高校的支援和全方位合作。实施高等学校"对口支援计划"的目的是，"为整体提高西部地区高等教育办学水平和教育质量，加快西部高等教育改革和发展做出贡献"[②]。2016年以来，国家卫健委会同国务院扶贫办等部门印发《加强三级医院对口帮扶贫困县县级医院工作方案的通知》和《关于调整部分地方三级医院对口帮扶贫困县县级医院对口关系的通知》，确定963家三级医院与834个贫困县的1180家县级医院建立"一对一"帮扶关系。[③]近年来，

---

① 《中共中央关于构建社会主义和谐社会若干重大问题的决定》（2006年10月11日中国共产党第十六届中央委员会第六次全体会议通过）。

② 《教育部关于落实"对口支援西部地区高等学校计划"的通知》（教高〔2001〕2号）。

③ 《我国卫生健康对口支援工作综述》，中华人民共和国中央人民政府网站，http://www.gov.cn/xinwen/2019-02/15/content_5365860.htm.

教育、医疗等基本公共服务落后地区专项对口支援实践逐渐增多，表明了党和国家通过对口支援实现不同地区基本公共服务水平的均等化的战略意图。

表3-3　对口支援西部地区高等学校援助关系表

支援高校	主管部门	受援高校	主管部门
北京大学	教育部	石河子大学	新疆生产建设兵团
清华大学	教育部	青海大学	青海省
中国农业大学	教育部	内蒙古农业大学	内蒙古自治区
北京师范大学	教育部	西北师范大学	甘肃省
复旦大学	教育部	云南大学	云南省
上海交通大学	教育部	宁夏大学	宁夏回族自治区
南京大学	教育部	西北大学	陕西省
浙江大学	教育部	贵州大学	贵州省
中国科学技术大学	中国科学院	西南科技大学	四川省
华中科技大学	教育部	重庆医科大学	重庆市
华南理工大学	教育部	广西大学	广西壮族自治区
西南交通大学	教育部	西藏大学	西藏自治区
西安交通大学	教育部	新疆大学	新疆维吾尔自治区

资料来源：作者自制。

　　三是政府主导与社会参与的有机结合。在党的领导下，政府发挥规模治理的主导作用。政府主导对口支援，特别是中央政府主导对口支援，可以充分发挥政府迅速、有力地动员和组织各种资源的能力。然而，仅仅依靠政府通过转移支付的方式满足受援方的资源需求可能会加重中央政府的治理压力。因此，在适应性机制作用下，政府主导与社会参与逐步结合起来。党的十八届三中全会明确提出"创新社会治理……要改进社会治理方式，激发社会组织活力"。政府各个部门通力合作的同时，密切联系包括企事业单位、非政府组织、志愿者、公民等在内的各层级主体参与到社会治理中，可以在很大程度上弥补政府的缺位，在助力政府职能转化、形成社会合力等方面发挥独特的作用。比如，全国工商联在脱贫攻坚中开展"万企帮万村"活动，大量的民营企业对口支援一定的地区、乡镇或者村落，为中国反贫困事业作出了重要贡献。

总之，适应性机制构成了对口支援制度变迁的基础和内在动力。在不断调适和发展的基础上，实现我国对口支援制度由粗放式管理向精细化治理转变，适应了国家规模治理以及民众公共生活的现实需要。

国家规模的治理负荷，很大程度上是由特定国家治理模式的运作逻辑内生所致。单一制体制下，中央政府必须"承担起来自全国四面八方的问题压力和给出解决问题的答案"[1]。对口支援具有双重动力机制：纵向的"行政发包制"和横向的"竞争锦标赛"。在双重动力结构下，中央政府管理的规模、责任和压力由各个层次的地方政府（省市县）来承担，通过任务分解的方式分化到不同层次、不同领域和不同机构之中。通过纵向"行政发包制"与横向"竞争锦标赛"的双重结合，对口支援可以实现特定领域下规模治理负荷的转移和分化。

---

[1] 周雪光：《中国国家治理的制度逻辑：一个组织学研究》，生活·读书·新知三联书店 2017 年版，第 17 页。

（一）纵向的"行政发包制"

纵向的"行政发包制"为对口支援提供了自上而下环环传递、层层落实的第一重动力源。"行政发包制"最早由学者周黎安提出，一统体制下中央及各级政府将属地管理的事权通过逐级代理的方式交付给下级政府。[①]中国有着"行政逐级发包制"的历史传统，这在对口支援的实际运行中发挥了重要作用。[②]中央政府有意识地通过对口支援政策"逐级发包"的方式加强对于地方政府财权、事权的调控，维系了中央政府对地方政府的象征性权威；而事权、人事权的逐级下放、环环传递分散了中央政府的决策风险。[③]然而不同于周黎安将科层制与行政发包制作为两个对立的治理类型，对口支援的治理模式兼具"行政"和"发包"两种机制，或者"发包"仍然需要通过"行政"得以运行。学者张文礼观察到对口支援的"科层制机制"特征，指出这种制度的"动力源"来自"上级领导下级、下级必须服从上级"这种自上而下的权威。[④]支援方地方政府和受援方地方政府均处于基于权威的科层制控制链条内。尽管"发包"的方式，使得地方政府尤其是支援方地方政府在实际的运作过程中拥有相当程度的自由治理权力，但是单一制体制下，地方政府的治理"灵活度"不是一成不变的，自上而下的"行政"权威仍是纵向行政发包制的突出特征。支援方地方政府和受援方地方政府

[①] 周雪光：《中国国家治理的制度逻辑：一个组织学研究》，生活·读书·新知三联书店2017年版，第30页。

[②] 所谓的"行政发包制"是指"政府内部上下级之间的发包关系"。根据周黎安的洞见，行政发包制兼有行政权威和合约机制，能够更好地解释中国政府间关系以及治理模式的特征。参见周黎安：《行政发包制》，《社会》2014年第6期。

[③] 事实上，从历次对口支援的实践来看，对口支援实践的发起者并不唯一。例如对口支援新疆、西藏、汶川灾后重建由党中央、国务院发起；对口支援三峡库区移民由国务院三峡工程建设委员会提起，国务院办公厅发文发起；经济技术对口支援少数民族地区由国家计委、国家经委和国家民委三个部门发起等。但是发起者均为党中央、国务院或其组成部门和直属机构，因此，下文中将对口支援的发起者统称为"中央（政府）"。

[④] 张文礼、王达梅：《科层制市场机制：对口支援机制的反思》，《西北师大学报（社会科学版）》2017年第5期。

在对口支援政策的执行过程中仍服从于中央政府的权威。一方面，中央政府拥有对口支援决策的权力，通过"授权"的方式，对对口支援工作进行指引、督促和考核。另一方面，下级政府作为获得授权的一方，处于基于权威的科层制控制链条内，在中央决策框架下开展对口支援工作。

杭州市对口支援长春市为我们提供了凸显对口支援实践"科层制机制"鲜活的案例（见图3-4）。2018年，根据党中央、国务院实施新一轮东

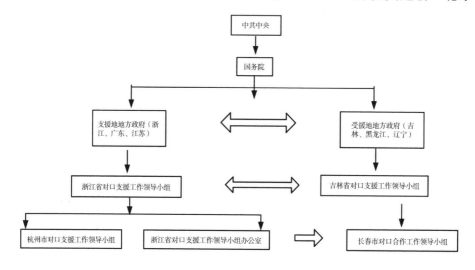

图 3-4 杭州市对口支援长春市"科层制机制"流程图

北地区等老工业基地振兴战略的决策部署，国家发展改革委确定了吉林省和浙江省开展对口合作，其中长春市同杭州市建立对口合作关系，根据《国家发展改革委关于印发吉林省与浙江省对口合作实施方案的通知》（发改振兴〔2018〕433号）文件精神，国务院振兴东北地区等老工业基地领导小组对两省的对口合作工作起统筹领导作用。吉林省和浙江省分别成立对口支援工作领导小组（均设立在各省发展改革委）作为中层环节的主要协调实施主体。根据《国务院办公厅关于印发东北地区与东部地区部分省市对口合作工作方案的通知》（国办发〔2017〕22号）的要求，两省进一步成立

了长春市对口合作工作领导小组和杭州市对口支援工作领导小组，市级领导小组对省级领导小组负责。各市级按照实际需要可以进一步明确和细化对口合作工作目标，成立区县级别的对口支援工作领导小组。杭州、长春对口支援的"科层制机制"构成了一个层层领导、协调推进的完整的政治系统，相互依存的决策主体、实施主体以及评估主体都存在于这一政治过程形成的政治系统中。通过层层的领导、协调和推进，长春市和杭州市建立的对口支援机制得以良序运行。因此，要理解对口支援的"科层制机制"所形成的动力机制，就需要将整个动态的政治系统呈现出来分析，进一步地理解对口支援实践工作为何能够长期、有效地应用在不同场域中。

学者周黎安指出，"行政发包制的一个突出特点是混合性质，即在科层制的形态下置入了外包的成分"[1]。对口支援制度在科层制的形态外，同样具有一定的发包制特征。[2] 对口支援的发包制机制有两种形式：一是斜向对口支援发包机制，主要是指中央将对口支援任务分解到省级政府为止，采取"一省（市）对口支援一州（县）"的方式（见图3-5）。斜向对口支援发包制机制下，既包括了支援方和受援方政治属性相同但是层级不同的援助方式，如江苏省对口帮扶青海省海东市，也包括了支援方和受援方政治属性不相同的援助方式，如中央单位结对帮扶地方以及企业、社会组织对口帮扶地方开展减贫实践等。在斜向的对口支援发包机制下，支援省市常常作为"主角"被推到对口支援受援县市的第一线，如此有助于减少协调成本，开展有序援助。如2014年党中央、国务院考虑东西扶贫协作基础、支援省（市）财力状况和四川、云南、甘肃三省藏区困难程度等因素安排了天津市、上海市、浙江省、广东省（含深圳市）对口支援三省藏

---

① 周黎安：《再论行政发包制：对评论人的回应》，《社会》2014年第6期。
② 张静：《行政包干的组织基础》，《社会》2014年第6期。

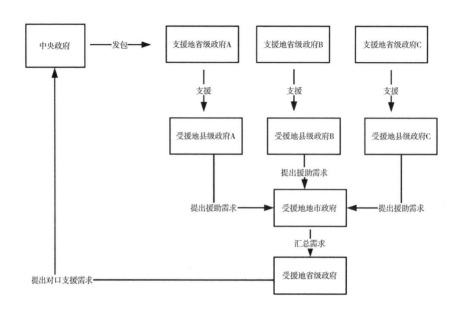

图 3-5　对口支援斜向"发包制机制"示意图

区 4 个藏族自治州和 2 个藏族自治县。[①]2008 年 5 月，汶川地震恢复重建对口支援也是典型的斜向对口支援发包机制，民政部率先制定了本系统内的对口支援制度安排，由 21 个省市分别对口支援四川省的一个重灾县。二是正向对口支援发包机制，主要是指中央政府通过会议决议、领导人讲话等方式将对口支援任务分解到省级地方政府后，由省级地方政府执行对口支援任务。省级地方政府按照中央政府决议和指示，细化对口支援任务，通过全省范围内的政治动员，进一步将对口支援任务分解到市级地方政府，市级地方政府进一步分解任务到下一级地方政府，乃至分解到县一级，直至每一个地市政府都有明确的支援对象和支援任务（见图 3-6）。

[①] 具体的结对关系为天津市对口支援甘南藏族自治州和天祝藏族自治县，上海市对口支援迪庆藏族自治州，浙江省对口支援阿坝藏族羌族自治州和木里藏族自治县，广东省（含深圳市）对口支援甘孜藏族自治州。参见《国务院办公厅关于印发发达省（市）对口支援四川云南甘肃省藏区经济社会发展工作方案的通知》（国办发〔2014〕41 号）。

在 2017 年党中央、国务院对吉林省与浙江省的对口支援工作部署中,吉林省和浙江省作为受援和支援的双方通过省级的对口支援工作小组协商、会谈的方式将中央部署的两省间的对口支援任务进一步分解,共计建立了 11 组地区间工作联系机制。①甚至某些支援方地市政府会将省级安排的对口支援任务进一步"分封包干"给区一级政府。如温州市在确定和吉林市建立对口支援关系后,将两市对口合作的 4 个方面共 18 项具体任务分解至区一级政府。其中温州市龙湾区在温州市政府的部署下同吉林市龙潭区签署了深入合作的框架协议。此外,比较典型正向的发包制机制还出现在对口合作、对口帮扶、教育对口支援、医疗对口支援等类型中,如北京市对口支援内蒙古自治区、江苏省对口帮扶陕西省、吉林大学对口支援新疆医科大学、常州市中医院对口帮扶安康市中医院等。值得注意的是,正向的发包制机制支援方和受援方地方政府处于同一层级,主体双方在政治属性、层级上,处于相对平等地位,而在经济和社会发展程度上处于相对不均衡的状态。

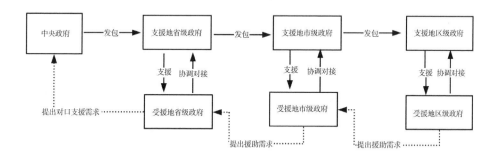

图 3-6 对口支援正向"发包制机制"示意图

---

① 具体的结对关系为长春市、长白山开发区管委会与杭州市,吉林市与温州市,四平市与金华市,辽源市与绍兴市,通化市与台州市,白山市与湖州市,松原市与舟山市,白城市与嘉兴市,延边朝鲜族自治州与宁波市,梅河口市与丽水市,公主岭市与衢州市。参见《国家发展改革委关于印发吉林省与浙江省对口合作实施方案的通知》(发改振兴〔2018〕43 号)。

总体来看，斜向的发包制机制多见于各受援方县级政府向受援方地市政府提出援助需求，受援方地市政府汇总需求后上报受援地省级政府，受援方省级政府向中央政府反映受援需求后，再由中央政府根据需求制定援助规划，将任务发包给各个支援方省级政府启动"一省（市）对口支援一州（县）"的援助实践；正向的发包制机制则常常源于中央的总体布局和战略部署，由中央政府根据总体布局以及受援方援助需求，将对口支援任务直接发包给支援方省级政府，支援方省级政府同受援方省级政府协调对接启动"一省（市）对口支援一省（市）"的援助实践，在市县区一级按照同样的方式启动对口支援实践。而无论是斜向的发包，还是正向的发包，其中"自上而下"的行政体制都是其良序运行的重要底色与核心动力。

（二）横向的"竞争锦标赛"

从横向来看，"竞争锦标赛"为对口支援提供了另一动力源。中央层面启动的对口支援实践的评估结果常常经由党中央、国务院审定后予以通报，并送中央组织部，作为地方政府官员绩效考核的重要参考指标。由于对口支援竞赛指标可量化，支援方地方政府尤其是同级的地方政府在面向中央发包的对口支援任务过程中就产生了"竞争锦标赛"的压力和激励。[1]由于对口支援任务常常由中央直接分配，地方政府将中央分配的任务视为"政治任务"，地方政府官员能否获得晋升很大程度上取决于他们"政治任务"的完成情况。上级政府根据对口支援任务发包情况制定"竞赛标准"，在晋升激励和惩罚压力下，下级政府的行政长官会将更多的注意力放到对口支援的效果上。例如，2018 年 10 月，浙江省对口支援工作领导小组召开

---

① 周黎安：《中国地方官员的晋升锦标赛模式研究》，《经济研究》2007 年第 7 期。

的完成东西部扶贫协作任务指标专题会议主要包含三个方面的内容：①同全国兄弟省市对口支援任务完成情况的比较，"前有标杆、后有追兵"；②各市完成的浙江省下达的各项任务情况；③明确责任领导、责任部门、责任人员，省里与各市签订的责任书就是"军令状"，指标任务的完成情况关乎各级地方政府官员的年终考核。

"竞争锦标赛"的压力主要包括两个方面：正向的晋升激励，负向的惩罚压力。正向的晋升激励主要是通过表彰先进、优先提拔的方式激发参与政策实施的主体的主观能动性和创造性。例如，2011—2019 年共有 13 名昆山援疆干部人才被评为"自治区援疆工作先进个人""自治区优秀援疆干部人才"和"自治区争先创优先进个人"。除了干部人才得到表彰外，昆山市对口支援新疆阿图什市前方工作组在 2011 年到 2019 年的 9 年间受到了中共新疆维吾尔自治区委、自治区政府，江苏省对口支援新疆克州前方指挥部和中共阿图什市委员会共计 12 次的表彰。[1]2020 年脱贫攻坚总结表彰大会上，对 1501 个先进集体和 1982 个先进个人进行了表彰。[2]此外，据统计，参与东西部扶贫协作的苏陕工作队成员约百分之五十得到提拔重用。负向的惩罚压力则主要是通过通报批评、处分的方式督促地方政府将注意力更多地放在对口支援的实际效果上。例如，济宁市对选派进疆的干部实行双重管理，以新疆地方党委管理为主。进疆干部的年度考核，由新疆自治区按照干部管理权限，同当地干部年度考核一并进行，考核结果每年抄送派出干部的省、市组织人事部门；援疆干部在疆工作期满后，由派出干部的省、市组织人事部门，会同新疆自治区组织人事部门共同考核，

---

① 《苏州对口支援新疆志》（内部资料）。

② 《关于全国脱贫攻坚先进个人先进集体拟表彰对象的公示》，2020 年 2 月 10 日《人民日报》第 7 版。

考核结果作为使用干部的重要依据。①

　　综上所述，从对口支援的实际运行过程来看，纵向的"行政发包制"与横向的"竞争锦标赛"统一构成了对口支援的政策激励动力机制，为对口支援的内在驱动提供了长期有效的保障力和支撑力。②回顾中华人民共和国成立以来的国家治理实践，在长期的政策设计、供给过程中，肇始于边疆民族地区治理的对口支援实践逐步拓展到灾后恢复重建、疫情防控、脱贫攻坚、公共服务均等化等现代国家建设的方方面面。中央先后制定了全国援藏、援疆战略和扶贫战略、西部大开发战略等一系列国家发展战略，这些国家战略的实施都在一定程度上借助了以"援助"为底色、以"对口"为特征的对口支援制度。在对口支援实践的过程中，特别是在调适中央与地方纵向关系及地方政府间横向关系的实践中，对口支援启动机制、组织管理机制、变迁机制和动力机制等四个方面能够在实践过程中整合中央政府与地方政府"两个积极性"，形成合力作用，使其具有将规模治理负荷向规模治理效应转化的特定功能。

---

① 济宁市地方史志办公室编：《济宁市对口支援新疆志（1999—2017）》，天津古籍出版社 2019 年版，第 21 页。
② 周光辉、王宏伟：《对口支援：破解规模治理负荷的有效制度安排》，《学术界》2020 年第 10 期。

第四章

対口支援制度
的基本功能

能用众力，则无敌于天下矣；能用众智，则无畏于圣人矣。

——《三国志》

对口支援制度能够破解规模治理负荷难题，促进规模治理负荷向规模治理效应转化，这是由它的基本功能决定的。一般而言，功能是指"事物的功用和效能"①。对口支援制度的基本功能是对口支援制度所产生的功用和效能，包括其已经发挥的和正在发挥的作用，其实质是对口支援将当代中国规模治理负荷转化为规模治理优势。这一章将重点阐释对口支援制度具有的分散风险、分摊成本、汇集资源、形成合力、协调发展、增进团结等基本功能，揭示和分析规模治理负荷向规模治理效应转化的内在机理。从实践过程和成效来看，对口支援制度是当代中国实现规模有效治理的制度创新，是国家治理体系和治理能力现代化的制度性成果，并在国家现代化实践中产生了显著的治理绩效，为大国治理积累了鲜活的中国经验。

① 李行健主编:《现代汉语规范词典》，外语教学与研究出版社 2004 年版，第 455 页。

为什么有的国家能够有效地应对风险,而有的国家却在风险的冲击下治理失败? 在国家收益增速固定的情况下,风险成本最终超过国家收益,会导致财政危机和国家更替;如果风险成本的增速小于国家收益的增速,那么,所有的国家都将长期存在,这显然不符合现实。[①] 对于大规模国家而言,规模治理的另一重困难就在于如何有效地应对诸如干旱、饥荒、洪涝、瘟疫、战乱等不同程度的风险。对于小规模国家而言,这种不同程度的天灾人祸"于一时一地而言或有或无"。然而,对于有着辽阔国土和众多人口的国家而言,"这些散见不同时点不同区域的天灾人祸聚而集之,则是无

---

① 钱国军、曹文舒:《沉默者数量、风险成本与国家生命周期——对大国、小国转型差异的研究》,《海南大学学报(人文社会科学版)》2021年第1期。

时不有无处不在"①。各类风险加剧了国家治理的复杂性,大规模国家规模治理的负荷更是急剧上升。20世纪90年代,德国社会学家乌尔里希·贝克教授(Ulrich Beck)和英国社会学家安东尼·吉登斯教授(Anthony Giddens)等人提出了有关"风险社会"的概念和理论。在"风险社会"中,不明的和无法预料的后果成为历史和社会的主宰力量。②未知风险的积聚充斥在人类社会的各个角落——生态失衡、环境污染、人口爆炸、战争动乱、恐怖主义、核安全、网络安全、粮食安全等"黑天鹅事件"(Black Swan Event)③和"灰犀牛事件"(The Gray Rhino)④从未止歇。乌尔里希·贝克在其经典名作《风险社会》中将当前的现代性诊断为"风险社会",并预测人类社会在工业社会后期将会进入风险社会阶段。⑤

根据经典的风险理论,风险是指"损失发生的不确定性"⑥。在社会发展的不同阶段,风险所造成损失的程度和发生的不确定性是不同的。⑦如此,我们可以将风险划分为三类。第一类是自然灾害风险。在传统社会,人口、财产等流动的程度有限,以自然风险为主,例如洪水、地震、飓风等。第二类是结构性风险。全球化推动了生产方式、交往方式、社会结构的变革,

---

① 周雪光:《中国国家治理的制度逻辑:一个组织学研究》,生活·读书·新知三联书店2017年版,第16—17页。

② [德]乌尔里希·贝克:《风险社会:新的现代性之路》,何博闻译,译林出版社2004年版,第20页。更多关于工业社会的风险与风险社会的风险的区分,参见Beck,Ulrich 1992, Risk Society: Towards a New Modernity. Cambridge,UK: Polity Press.

③ 纳西姆·尼古拉斯·塔勒布:《黑天鹅》,万丹译,中信出版社2008年版,第28页。

④ 如果以黑天鹅比喻小概率而又影响巨大的事件,可以用灰犀牛比喻大概率且影响巨大的潜在危机。例如,2008年美国房地产泡沫集中爆发以及在此之前的诸多泡沫破裂,飓风卡特里娜和桑迪以及其他自然灾害后的毁灭性余波等。参见米歇尔·渥克:《灰犀牛:如何应对大概率危机》,王丽云译,中信出版集团2017年版,第5页。

⑤ [德]乌尔里希·贝克:《风险社会:新的现代性之路》,何博闻译,译林出版社2004年版,第20页。

⑥ Crowe,Robert M., and R.C. Horn (1967). "The Meaning of Risk," Journal of risk and Insurance. 34.P.450−474.

⑦ 陈伟:《论公共风险管理理论体系的构建》,《国际经贸探索》2005年第4期。

异于传统农业社会所面临的自然灾害风险，结构性风险更多的是"由于人类理性而内生出来的人为风险"①，例如技术升级、政策变动、国际经济变化等外在环境造成的经济、政治、文化和生态等构成要素非均衡发展所带来的风险。第三类是制度性风险。这是指由于制度缺位或者制度失效带来的风险，表现为深层次的制度危机。人们不相信法律制度、政治制度、科学制度在解决风险冲突时的作用，也丧失对公共机构的信任，因此，往往在风险来临时表现出"有组织的不负责任"②。

现代社会风险的规模、范围和强度都远远超过了传统农业社会，风险的发生也不再局限于风险的发起地或者一国疆域之内，常常会迅速涉及或者蔓延到其他国家甚至是世界。③2020年新年伊始新型冠状病毒肺炎（COVID-19）肆虐全球，至少有188个不同国家（地区）卷入了新型冠状病毒肺炎的全球"大流行"。④新型冠状病毒肺炎对人类社会公共安全造成了严重危害，不仅考验着个体乃至群体生理和心理的承受能力，而且检验着世界各国、地区对于风险治理的能力。⑤根据国际货币基金组织（IMF）在2020年4月14日发布的《世界经济展望报告》中的预计，2020年受新冠肺炎疫情影响，全球经济将萎缩3%，为20世纪30年代大萧条以来最严重的经济衰退。⑥贝克指出，类似的全球风险开启了一个新的道德和政治的空间，在此空间内孕育着"一种超越国家边界和冲突的公民责任文

---

① 张义祯：《习近平关于防范化解重大风险重要论述探析》，《中共福建省委党校（福建行政学院）学报》2020年第6期。

② 肖祥：《风险社会治理责任范式：全球战"疫"与中国行动》，《学术界》2020年第9期。

③ 赵延东：《风险社会与风险治理》，《中国科技论坛》2004年第4期。

④ 数据源自霍普金斯大学：Coronavirus Resource Center,https://coronavirus.jhu.edu/map.html,2022年6月10日最后访问。

⑤ 肖祥：《风险社会治理责任范式：全球战"疫"与中国行动》，《学术界》2020年第9期。

⑥ 吴乐珺：《IMF预计今年全球经济将出现萎缩 呼吁合作抗击疫情》，人民网，2020年4月16日。

化"①。倘若新型冠状病毒肺炎对人们生理和心理造成的损害尚且只是一种自然灾害风险,医疗技术的不足、疫情防控制度的缺失、政府应对疫情决策的乏力和态度的消极则会产生诸多"人造风险"。据统计,为了抗击疫情,美国央行美联储在 2020 年 2 月 26 日到 4 月 1 日,35 天内印钞量超 3 万亿美元。"美国财政部给各类人士寄支票、发钱,动辄每人几百甚至上千美元的政府支持……通货膨胀率达8.5%",人类社会不仅面临自然风险,也面临着诸如失业风险、金融危机风险、通货膨胀风险、政策风险等"人造风险"。②

在全球疫情局势下,没有任何一个国家能够"独善其身","国家规模"的意义重新凸显。与传统社会相比,现代社会在拥有高度发达生产力和科学技术的同时,风险因素增多。超大的国家规模宛如一个"放大镜",将潜在的各类风险凸显出来。国家规模越大,不确定性越强,风险因子和诱发因素越多。这些风险因素一旦失去有效控制就有可能"形成相互交错的连带影响",从而转变为某种现实的有害因素,如经济危机、公共危机、社会矛盾纠纷等。③以习近平同志为核心的党中央高度重视防范化解重大风险。党的十九大报告指出,"要坚决打好防范化解重大风险、精准脱贫、污染防治的攻坚战",将"防范化解重大风险"放在"三大攻坚战"首位。风险具有不确定性。潜在的自然灾害、事故灾害、公共卫生事件和社会安全事件随时威胁人民的生命财产安全,甚至危及国家安全。政府是否有能力对风险实现有效治理,不仅取决于社会资源总量多少、公民素养高低,而且

---

① 贝克、邓正来、沈国麟:《风险社会与中国——与德国社会学家乌尔里希·贝克的对话》,《社会学研究》2010 年第 5 期。

② 《陈志武:人类社会如何与风险博弈推动中西方文明发展进程?》,中国新闻社,2022 年 4 月 30 日,https://mp.weixin.qq.com/s?__biz=MjM5NDI2MDc5NA==&mid=2659282671&idx=1&sn=57af57bd287c7dce916bc-3057c1f5948.

③ 吴忠民:《中国现代化建设的大国规模效应分析》,《马克思主义与现实》2018 年第 4 期。

取决于是否善于运用稳定的治理制度来消弭风险的"不确定性"。如何运用制度应对"百年未有之大变局"带来的重大风险挑战冲击，是大国风险治理的关键。

早期的中华文明发轫于农耕文明，因此，封建王朝时期的中国经常性地受到变化无常的气候和水文困扰，不仅导致了民众的生活困难，还常常引发社会动荡、国家治理困难。诚如邓云特所言："我国灾荒之多，世界罕有，就文献可考的记载来看，从公元前十八世纪，直到公元二十世纪的近日，将近四千年时间，几乎无年无灾，也几乎无年不荒。"[①] 中国历代王朝都很重视对于自然灾害的防范和应对，所谓"荒政"就是国家应对风险——尤其是自然灾害施以防灾救灾措施的统称。[②] 传统社会应对风险主要有两种方法：一是官府的救济，即由政府主导的各项赈济、蠲免、遣使等"朝赈""官赈"；二是民众的互助，即由民间义绅自发组织的"民赈"等措施。[③] 历代的封建统治者都非常重视赈灾，灾害的救援不仅是为了消灾弥盗，还会成为官员彰显政绩的一个重要评定。《明神宗实录》记载："各种灾伤地方，盗贼易起。"[④] 明成祖朱棣曾将隐瞒河南饥荒灾情的官员送入刑部追责，而对于赈灾过程中表现好的官员予以嘉奖。封建统治者赈灾是为了救助灾民，更是为了维护小农经济的稳定和封建王朝的统治。赈灾的钱粮主要来自仓储和富民捐助。《礼记》中的记载"国无九年之蓄，曰不足；无六年之蓄，曰急；无三年之蓄，曰国非其国也"，显示出仓储制度对于封建王朝统

[①] 邓云特：《中国救荒史》，商务印书馆 2011 年版，第 9 页。

[②] 周光辉、赵德昊：《荒政与大一统国家：国家韧性形成的内在机制》，《学海》2021 年第 1 期。

[③] 相关代表性研究成果有阎守诚：《危机与应对：自然灾害与唐代社会》，北京：人民出版社，2008 年；张龙：《唐代自然灾害应对研究》，北京大学博士学位论文，2012 年；毛阳光：《中古时期民间救灾综论》，《山西大学学报》2006 年第 2 期；么振华：《唐代民间的自助与互助救荒》，《兰州学刊》2008 年第 11 期等。

[④] 周致元：《明代的赈灾制度——以凤阳一府为例》，《安徽大学学报（哲学社会科学版）》2000 年第 24 卷第 4 期。

治的重要性。据《唐会要》卷八八《仓及常平仓》记载："'应诸州府所置常平、义仓'……逐年添置义仓……纵逢水旱之灾，永绝流亡之虑。"到了南宋，基于官府和民间协作运行的社仓得到了当政者推动和发展，连同常平仓、义仓等构建起较为完备的备荒、救荒体系。[①]除官方统一组织的救济外，民间的宗族互助和他助救济也在救饥赈灾中发挥了重要作用。当受灾地区钱粮告罄、官赈乏力时，它们就成了官方救济的重要补充。成书于战国时期的《周礼·地官·大司徒》在"荒政十二"和"保息六政"的官赈之外，还提到了政府救济之外民间互助的方法，即"令五家为比，使之相保。五比为闾，使之相受。四闾为族，使之相葬。五族为党，使之相救。五党为州，使之相赒。五州为乡，使之相宾"[②]。魏晋南北朝和隋唐时期每逢灾荒，也常见乡里义举和宗族互助。唐玄宗将"分灾恤患""损余济阙"的社会成员的互助形式视为一种美德，并大加称颂。[③]总体来看，古代中国应对风险的主要方式是以"官赈"为主，民众互助为辅。民众间的互助主要依赖于古代社会稳定的宗法制度下人们形成的根深蒂固的血缘认同思想。当遇到灾祸时，同宗同族之人有着相互扶持的义务。"救济"和"互助"相配合的灾害救援治理框架形成了对中国古代影响深远的公共危机治理体系。[④]

当代中国推行的对口支援制度是符合中国国情的巨灾保险模式和风险分散机制，既有救济也有互助。当一个国家能够拥有更为广阔的领土时，也意味着"能够拥有更多的税收和分散可能风险的能力"[⑤]。庞大的领土

---

① 陈支平：《朱熹的社仓设计及其流变》，《中国经济史研究》2016 年第 6 期。

② 《周礼·地官司徒第二》。

③ [后晋] 刘昫：《旧唐书》，中华书局 1975 年版，第 2829 页。

④ 周光辉、王宏伟：《对口支援：破解规模治理负荷的有效制度安排》，《学术界》2020 年第 10 期。

⑤ 参见 Bas,Muhammet A, McLean,Elena V, "Natural Disasters and the Size of Nations," International Interactions. Vol. 42 , Issue 5, 2016.

空间可以将潜在的风险分散到内部"消化"，为其他区域提供"保险"。[①]
这种保险机制的好处在自然灾害或者经济衰退时期尤为突出。一场突如其
来的自然灾害或者经济衰退对于小国的打击可能是毁灭性的，但是，大规
模的国家可以做到"一方有难，八方支援"[②]。以加泰罗尼亚为例，如果该
地正在遭遇一场经济衰退，它将获得来自西班牙其他地区的财政转移支付；
而若加泰罗尼亚宣布独立（一如其在 2017 年 10 月 27 日公投所宣布的），
它将独自面对经济衰退，这也意味着加泰罗尼亚经济复苏周期会更加漫长。
事实上，一项最新的实证研究也表明，拥有更大规模的国家的经济波动相
对较小。[③]2008 年，发生在缅甸的一场强热带风暴"纳尔吉斯"共计造成
约 735 万人受灾，这些受灾者囿于缅甸的"社会脆弱性"得不到救助从而
生活变得更为困难。而同年 5 月 12 日，发生在中国的"汶川 5·12 大地震"
却展现了"一方受难，八方支援"的大国的"恢复力"。[④]规模更大的国家
面对内外部风险时更具"恢复力"和"韧性"。这种大国的"韧性"不仅是
由于中国庞大的"体量"为其他地区提供了足够的"保险"[⑤]，更在于应对
自然灾害中所践行的"对口支援"的制度安排有效地将潜在的风险分散。

　　显然，对口支援制度分散风险的功能是突出的。对口支援制度能够将

① 参见 Alberto Alesina. "The Size of Countries: Does It Matter?" Journal of the European Economic Association.
2003. 1（2）. p.304.

② Julian di Giovanni,Andrei A. Levchenko, "Country Size,International Trade,and Aggregate Fluctuations in Granular
Economies," Journal of Political Economy. Vol. 120, No.6, 2012.

③Julian di Giovanni,Andrei A. Levchenko. "Country Size,International Trade,and Aggregate Fluctuations in Granular
Economies." Journal of Political Economy.2012.120（6）.pp.1083–1132.

④ "脆弱性"和"恢复力"的概念最早由加拿大约克大学的提莫曼教授于 1981 年提出，用于解释灾害对于社
会的影响。本文借用此概念来解释国家规模对于灾害的影响。参见 Peter.Timmerman. "Vulnerability,Resilience
and the Collapse of Society:A Review of Models and Possible Climatic Applications," Environmental
Monograph,No.1, 1981.

⑤Alberto Alesina, "The Size of Countries:Does It Matter?", Journal of the European Economic Association,Vol.1,
No.2/3, 2003.

范围不断扩大、强度持续升级、种类愈发复杂、不确定性日益增强的各类风险分散到援助体系下的各个地方，充分地发挥出大国的"恢复力"。倘若我们借用风险管理领域的常用概念作一个"类比"，常态化的对口支援制度可以理解为一种典型的"共保"与"分保"的分散风险机制。在共同保险的机制作用下，中央政府与支援方省市共同参与，成为抵御风险的重要力量，帮助受援地区有效地分散、转移、防范、化解各类风险。原本由受风险影响地区独立承担的风险责任发生转移和分散，能够有效地减轻了受风险影响地区独立承担风险的负荷与责任。当受援地区有抵御风险的需求时，对口支援体系内"对口"方按照对口支援双方建立的援助协议或规划，承接"受援"一方的部分风险和责任。

2008 年 5 月 12 日，四川省汶川县发生了里氏 8.0 级特大地震。中央政府迅速将对口支援这一特殊的公共政策用于抢险救灾和灾后恢复重建中，不同层级、不同地域的多方政府"卷入"其中，共同承担四川省受灾地区的风险和责任，各个省市抽调了大量的人力、物力、财力到受灾地区。根据中央制定的《汶川地震灾后恢复重建对口支援方案》，全国 19 个省（市）对口支援四川省 18 个重灾县（市）以及甘肃、陕西两省灾区。各对口支援省（市）领导和专家赴灾区现场指导，抓紧制定细化对口支援实施方案，并先行启动了灾区急需的部分重建项目。2008 年，财政部专门制定了《汶川地震灾后恢复重建资金（基金）预算管理办法》（财预〔2008〕389 号），据此《办法》，汶川地震灾后恢复重建资金由中央和地方财政共同建立。《办法》第四条明确规定："受灾地区和承担对口支援的地方政府财政部门应当采取措施，积极筹措地震灾后重建资金，保障灾后恢复重建工作需要。"截至 2010 年，各支援省市投入资金达 805 亿元，先后投入 12 万人到灾区参加援建。① 地震灾后恢复重建所需要的资金、物资由各支援方一并承担。汶川地震灾后重建的对口支援为应急性的风险治理提供了一个分散风险的范例。

在公共卫生安全领域，对口支援同样能够有效实现风险的转移和分散。2020 年初，突如其来的新型冠状病毒肺炎疫情在湖北省特别是武汉市持续迅速蔓延。党中央、国务院迅速启动对口支援机制，以"一省包一市"的方式对口支援省市。全国派出约 4 万人员的精锐医疗队伍，统筹安排了 19 个省份对口支援湖北省除武汉市外的 16 个市州及县级市。此援助结构主要包括四个部分：中央政府对 16 个市州及县级市地方政府的援助（Y1）；19 个省级地方政府对受援方地方政府的援助（Y2）；受援方地方政府向公民提供医疗救治等公共服务（Y3）；公民向受援方地方政府和中央政府缴纳税费（Y4）。这种援助结构的特殊性主要体现在，当受援方地方政府无力担负疫情防控、医疗救治等公共服务责任时，中央政府可以快速启动对口支援机制。不仅可以由 19 个支援省份共同分担一省的抗疫压力，而且能够有效遏制疫情扩散蔓延的势头，使得疫情的负面影响降到最低（见图 4—1）。世界卫生组织总干事谭德塞对此不无赞叹："中方行动速度之快、规模之大，世所罕见。这是中国制度的优势，有关经验值得其他国家借鉴。"② 贵州省卫健委主任说："通过东西部扶贫协作机制，贵州得到了东部兄弟省份倾情相助、倾力帮扶。今天，湖北有难，支援湖北，贵州人民责无旁贷！"③ 福建省援助医疗队前方指挥部副总指挥称："我们到宜昌就是为打仗而来。

---

① 余翔：《发展型社会政策视野下的省际对口支援研究——基于汶川地震灾后重建案例》，浙江大学出版社 2014 年版，第 3 页。

② 新华社：《凝聚起战胜疫情的强大合力——19 省份对口支援湖北纪实》，2020 年 2 月 17 日，中华人民共和国中央人民政府网，http://www.gov.cn/xinwen/2020-02/18/content_5480227.htm。

③ 《凝聚起战胜疫情的强大合力——19 省份对口支援湖北纪实》，新华网，http://www.xinhuanet.com/politics/2020-02/17/c_1125588620.htm。

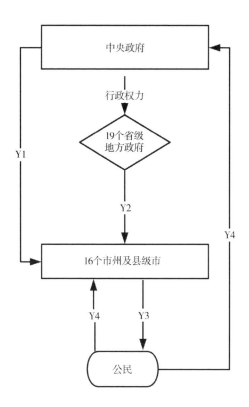

图 4-1　2020 年省际对口支援湖北省新冠肺炎医疗
救治工作援助结构示意图

下一步重点是救治危重病人,尽可能提高治愈率、降低病亡率。"① 各支援方划定"责任田",将资源充分调动起来,一时一地的风险在此过程中得以化解和分散。

而随着现代经济生活的高度相互依赖,技术、金融、政策、国际环境等都有可能成为风险的来源。对口支援制度将受险地区所遇风险分散到国家内部的其他地区进行"消化",这实际上是将外部事件对一个区域的压力分散到了其他区域,极大地提高了国家抵御来自内外部风险的能力。

① 《凝聚起战胜疫情的强大合力——19 省份对口支援湖北纪实》,新华网,http://www.xinhuanet.com/politics/2020-02/17/c_1125588620.htm.

分摊成本

国家治理本质上是一种"成本—收益"的考量。国家规模治理中的治理规模和治理成本决定了治理的效能。所谓治理规模，是指"国家统领、管理、整合其管辖领土及其生活于其上的民众的空间规模和实际内容"①。例如，中国的国土面积约为韩国的 97 倍，人口约为韩国的 27 倍，治理的难度和复杂性自然大相径庭。国家"规模"作为国家治理的一个关键变量，将国家治理的挑战凸显了出来。大国所面临的规模治理负荷，在一定程度上可以通过国家的治理成本来衡量。国家的治理成本，是国家治理过程中所消耗的各方面治理资源的综合，实际上国家治理的成本考量就是国家治

---

① 周雪光：《国家治理规模及其负荷成本的思考》，《吉林大学社会科学学报》2013 年第 1 期。

理的政治经济学分析。①

可以对国家的治理成本按照不同的标准进行分类。从国家的治理功效来看，国家的治理成本可以分为"维护成本"和"改革成本"两部分，前者涵盖税收负担、资源消耗、建立成本、交易成本和秩序成本五个方面，后者包括沉没成本、试错成本、转换成本、效率损失和风险成本五个方面。② 从国家的治理推进进程来看，国家的治理成本可以分为"设计成本""实施成本""摩擦成本""创新成本"和"运行成本"五类。③ 从成本的属性来看，国家的治理成本应当包括"经济成本""社会成本""生态成本"等。从成本的形式来看，国家的治理成本可以分为"显性成本"和"隐性成本"。

通常，国家的治理规模越大，国家的治理成本就越高。当然，国家的治理规模并不是决定国家治理成本的唯一变量。④ 组织结构的设计、治理的技术手段⑤、治理的制度设计⑥等，都是导致国家治理成本收缩或放大的重要因子。简单结构⑦的组织中，部门化程度低，控制跨度宽，权力集中在一个人手中，更能适应小型组织的管理。但是，当组织规模扩大后，如果继续沿用简单结构的组织形式，上层的信息负荷过重，组织决策就会日渐迟缓，

---

① 丁志刚、李天云：《制度优势转化为治理效能：深层逻辑与核心机制》，《中共福建省委党校（福建行政学院）学报》2021 年第 2 期。

② 学者江必新所建立的国家治理成本（NGCO）评价体系即采用如此分类。参见江必新、邵长茂：《论国家治理商数》，《中国社会科学》2015 年第 1 期。

③ 徐彬：《中国经济转型成本分摊的合理性探讨》，《改革》2003 年第 6 期。

④ 比如，尽管美国在以私营为基础的卫生保健制度方面投入很多，但是效果远不如在这方面花钱少很多的欧洲国家。参见 Joseph E. Stiglitz. " China's Reformers Can Triumph Again,If They Follow the Right Route," The Guardian,April 2, 2014.

⑤ 关于治理规模与技术手段之间差距的讨论，参见黄仁宇：《万历十五年》，生活·读书·新知三联书店 1997年版；黄仁宇：《十六世纪明代中国之财政税收》，生活·读书·新知三联书店 2001 年版。

⑥ 例如，"皇权不下县"的制度安排使得国家的治理内容止于县一级政府，国家整体的治理负荷也就不包含了县以下的治理内容。可以作比较的人民公社制度则是"政社合一"，无论是生产建设、财政、粮食、贸易还是其他的民生民事内容都由国家直接全面管理，对于国家而言，治理的负荷自然大相径庭。

⑦ 在组织行为学的研究中，常用的组织设计除简单结构外，还有官僚结构和矩阵结构。

甚至最终陷入停滞。①

正是由于治理规模和治理成本并不总是成正比关系，因此，以治理规模的大小和治理成本的高低为建构框架来重新审视国家的治理，大体可以得到四种治理类型（见图4-2）。Ⅰ型表现为大规模和高成本，现代国家尤其是超大规模国家大体上都表现为这种形态；Ⅱ型表现为小规模和高成本，是一种低效的国家治理形态；Ⅲ型表现为小规模和低成本，传统的"皇权不下县"制度可以粗略地视为这种典型的国家治理形态（倘若我们排除诸如大范围领土等要素对于国家治理成本的增长），非洲的博茨瓦纳亦可视为典型的Ⅲ型国家治理形态；② Ⅳ型表现为大规模和低成本，是理想的大规模国家治理形态。总体而言，从传统社会到现代社会的进路中，国家治理形态常常表现为由Ⅲ型到Ⅰ型，从Ⅱ型到Ⅳ型的转变。（见图4-2）

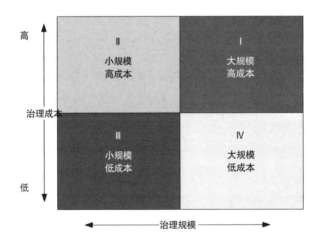

图4-2 "治理规模—治理成本"框架下国家治理形态示意图

① 斯蒂芬·P·罗宾斯、蒂莫西·A·贾奇：《组织行为学》（第14版），孙健敏、李原、黄小勇译，中国人民大学出版社2012年版，第424页。

② 一些研究已经指出，博茨瓦纳的治理规模并不高，无论是较少的人口还是相对较高的民族构成同质性，博茨瓦纳都避免了其他非洲国家经常出现的族群冲突问题。参见 Herbst, Jeffrey. States and power in Africa. Princeton,NJ: Princeton University Press,2000: 188–189.

　　治理规模一般表现出静态特征。也就是说，能够影响治理规模的因素，诸如一个国家的人口规模和领土规模等并不会在短期内表现出较大的变动，具有相对的稳定性。所以，国家治理成本在相当大的程度上决定了国家治理水平的高度。国家治理规模固然是衡量国家治理水平的圭臬，但是，倘若忽视了国家治理成本，就无法客观地认知一国治理水平的真正面貌。这也就意味着在国家治理负荷转化为规模治理效应、实现国家治理形态转变的过程中，不应当只关注国家治理规模的影响，还应当关注治理成本问题。

　　国家治理形态从低效到高效转化的过程中，在成本一定的前提下，通过"分摊成本"[①]的方式降低国家治理过程中所产生的治理成本是非常重要的。随着国家事务越来越多，社会公共事务越来越跨越行政区域界限，地方政府很难独立解决相关的经济问题、社会问题和政治问题。中央政府面临着"组织管理、信息不对称、激励配置、利益协调等一系列交易成本"[②]，单纯地依赖中央政府纵向的财政转移支付处理国家大事，不仅会影响地方政府参与国家事务的积极性，同时，又会使得中央政府承担来自全国的问题压力。因此，如何分摊成本，关系到能否有效地将管理的压力和负荷进行分化，从而实现国家治理形态由从Ⅱ型到Ⅳ型的转变。将我国制度优势更好地转化为国家治理效能，就是通过发挥治理的能动性来适应国家治理规模的扩增，并有效降低国家治理成本。

　　对口支援制度作为国家实现规模治理的重要工具，具有明显的"分摊

---

① 在西方会计学理论中，成本分摊主要是研究生产、服务过程中，所有付出的劳动如何分摊到单位产品的问题。在国家治理中，我们所说的治理成本主要是指为了实现国家的有效治理而发生或未发生的价值牺牲，它可以用货币单位等方式加以衡量。治理成本的分摊需要考虑在国家治理过程中，付出的价值牺牲如何分摊到各个治理主体中。
② 周雪光：《中国国家治理的制度逻辑：一个组织学研究》，生活·读书·新知三联书店 2017 年版，第 15 页。

成本"功能。对口支援之所以能够实现规模治理负荷向规模治理效应的转化，其中重要的一个功能在于适应了国家治理规模的扩增，并通过"分摊成本"的方式有效降低了国家治理成本。① 那么，对口支援是如何实现"分摊成本"的功能的呢？学者江必新关于国家治理成本的分类为此提供了一套便于理解的分析范式。从系统分析的角度而言，对口支援制度从"维护"和"改革"两个方面来展开成本分摊的工作，前者体现了对口支援制度的"效率性"特征，后者体现了对口支援制度的"公平性"特征。

（一）分摊维护成本

从对口支援实践的启动、实施以及评估的全过程，都可以清晰地发现分摊维护成本的功能。

1. 在对口支援实践的启动阶段

一项关于雾霾治理的实证研究指出，"与非合作相比，两限制联盟结构的合作能有效降低治理成本，但是相较于没有两限制联盟结构的合作的成本更高"②。对口支援制度是中央政府统筹协调下进行资源横向流动和政府间互助协作的重要方式。对口支援制度体制下的各级政府，把对口支援当作政治任务、政治责任和落实国家重大战略的政治使命。对口支援，通常以中央政府下达任务的垂直方式启动，并通过"任务分解、层层落实"的方式运行。因此，对口支援制度能够打破地区结构和层级结构所造成的阻碍，客观上达到更为优化的协同治理效果。这也是为何作为对口支援体制下其中一个实践主体——支援方地方政府，能够违背利益原则，主动参

---

① 丁志刚、李天云：《制度优势转化为治理效能：深层逻辑与核心机制》，《中共福建省委党校（福建行政学院）学报》2021年第2期。

② 周珍、崔笑颖、张美佳、林云：《雾霾治理限制性合作博弈与成本分摊研究》，《系统科学与数学》2019年第6期。

与到这种对支援方成本大却经济效益不显的活动中。

在对口支援实践启动之初，中央政府会通过召开多次会议进行组织动员，充分发挥中央政府政策倡导、政策动员、政策规划的作用。此外，中央政府会组建对口支援实践的归口指导机构。例如，在汶川地震发生的当日，国务院就迅速反应，根据突发事件和重大灾害应急预案成立了国务院抗震救灾总指挥部，下设抢险救灾、基础设施保障和灾后重建等9个工作组，确定了牵头单位、成员单位及工作职责。总指挥部采取类军事化管理的模式，调动人力物力，统领和直接指挥灾区政府和参与救援的支援方政府的行动。此外，支援方和受援方地方政府还会组建临时性的对接组织，如对口支援（受援）领导小组及办公室、前方指挥部等。设立对接组织的目的是整合政府各机构的权能及专长，减少多部门治理产生的摩擦，衔接来自上下各方面的政策。[1]当区域和层级壁垒被打破后，中央政府甚至可以动员更多非官方的资源参与到支援实践中。对口支援任务的启动成本被分摊到以支援方地方政府为主的各个实践主体中，减轻了中央政府的组织负荷。

2. 在对口支援任务的实施阶段

首先，资源消耗的分摊。如2008年四川省汶川地区发生特大地震，各受灾地区自身生产能力受到极大破坏，经济收入锐减，恢复重建又需要大量的资金及其他各方面的支持，这使得中央政府的财政支出压力过大，不可避免地会需要从多方面来拓展资金来源渠道，而此时的对口援助给予了中央财政及时的补充。中央政府在面对重大自然灾害时，所需要的资源消耗该如何分摊？ 2008年6月11日，国务院办公厅印发《汶川地震灾后恢复重建对口支援方案》（国办发〔2008〕53号），确定建立东部和中部19

---

[1] 余翔：《发展型社会政策视野下的省际对口支援研究——基于汶川地震灾后重建案例》，浙江大学出版社2014年版，第191页。

个省市对口支援四川省、甘肃省、陕西省的 24 个县（市、区），未纳入对口支援的受灾县（市、区）由所在省人民政府组织本省内的对口支援。期限按 3 年安排，援助省市每年对口支援实物工作量按不低于本省市上年地方财政收入的 1% 考虑。各地方政府的对口援助客观上缓解了中央财政转移支付的资金压力，为各受援地区维持本地方公共服务的基本供给能力提供了外力支援，并产生了一定的持续效应。[1]

其次，协调成本的分摊。协调成本是人们与他人交易产权或使自己的产权与他人的产权在一个组织内结合起来的成本。[2] 参与治理实践的各地方政府间同样会因为权责分配、利益平衡等问题进行反复的协商、博弈，在此过程中协调成本就产生了。对口支援本质上是一种分工支援，具有减少信息流动的功能，便于协调成本的分摊。一般而言，两个行政边界并不毗邻的地方政府很难形成长久、稳定的交往动力机制。中央政府通过对口支援的方式，为两个并不毗邻的地方政府主动塑造、设置了一道定向交往的机制。[3] 通过"对口"的强化迫使两地政府之间开展持续的、日常化的交往。这保证了各地方政府搭建起信任关系，从而在治理实践中选择合作，信息交流冗余得到抑制，决策时间缩短。实践表明，对口支援制度能够以更低的协调成本推动多方合作，建立起合作治理机制。例如，在第五次西藏工作座谈会上，明确提出援助资金由各个支援省市承担，各省市地方政府按照当年财政收入的 1‰ 安排援助资金，[4] 共计 51 亿元的支援资金由中央政府和各级支援方地方政府共同承担，减少了中央政府发展边疆经济、

① 花中东：《省际援助灾区的经济效应：对口支援政策实施的经济效应研究：以对口支援灾区为例》，北京理工大学出版社 2014 年版，第 31 页。

② 柯武刚、史漫飞：《制度经济学——社会秩序与公共政策》，商务印书馆 2001 年版，第 187—189 页。

③ 李瑞昌：《中国特点的对口支援制度研究——政府间网络视角》，复旦大学出版社 2016 年版，第 17 页。

④ 中共西藏自治区党委组织部、《紫光阁》杂志社编《援藏：第六批对口支援西藏纪实》，人民出版社 2013 年版，第 2 页。

巩固西藏边防的一系列交易成本。

最后,行动成本的分摊。政府行为必然会产生相应的行动成本。为保障府际合作协议正常实施或根据行动反馈调整府际合作协议所产生的成本就是政府间合作的行动成本。在对口支援实践中,行动成本的分摊具体体现在两个方面。一是为确保地方政府间的合作关系得以维持并落到实处,通常需要常态化的分工支援。分工支援主要包括以下四个方面:工程建设、教育资源、医疗资源以及重大自然灾害的恢复重建。由于我国幅员辽阔,地区间、城乡间存在巨大的发展差异,通过生产要素的自由流动实现公共服务的均衡化无疑是困难的,需要中央政府通过"纵向转移为主,横向转移为辅"的方式实现公共服务的均衡化。由于资金、人员、技术等方面的限制,一些地区无力独自承担高额的服务成本。以教育领域的对口支援为例,教育机会均等化既是财政均等化的重要方面,也是我国社会主义现代化建设中的重要目标。从1980年到1987年,内地70多所高等院校同新疆、内蒙、广西、云南等9个边远省区的高等院校建立了对口支援关系。2018年以后,促进教育资源区域平衡的对口支援范围不断扩大,分布在22个省市自治区的104所高校参与了支援计划;18个省市自治区的82所高校获得对口支援,实现了西部12个省市自治区全覆盖。西部受援方地区的教育资源公共服务供给成本由支援省市共同承担。而覆盖了诸如工程建设、教育资源、医疗资源、重大自然灾害的恢复重建等专门领域的常态化的对口支援机制,能够实现教育资源、经济资源和基本公共服务资源的均衡配置,降低了中央政府在处理国家大事中的行动成本。值得注意的是,一是在常态化的分工支援中,应多建立一些跨区域、跨层级的领导组织。如新冠肺炎疫情防控中各地成立的疫情防控指挥部,这些组织机构是从无到有产生的,其权力来自各地方政府的让渡,筹建这些组织的成本也来自各支援方地方政府的投入。二是公共危机事件具备极强的不确定性，预设性的府际合作协议往往无法适应危机事态剧烈变动，这就需要对原有行动方案进行修改。如在新冠肺炎疫情防控中，随着人们对科学的深入认知和现实情况的变动，《新冠肺炎诊疗方案》先后进行 7 次修订。"7 次修订"的背后是对口支援府际合作协议的变动，相关配套措施能够及时优化调整。为此，从行动成本的视角来审视和处理危机事态时，府际合作的关键就是要提高组织机构设置的合理性和应急预案的科学性。

3. 在对口支援的评估阶段

对口支援政策的评估和回顾往往发生在一轮政策实施结束之后，通过"对执行的实际结果进行客观的评价"[1]，评估结果再反馈到政策的启动和实施阶段，形成一个完整、闭环的政策循环。在对口支援实施的不同阶段，对口支援工作的评估就以不同的形式存在着。尽管对口支援制度的评估机制远远落后于对口支援制度的实施本身，尚未建立起固定、规范的评估体系。但是不管在什么阶段、什么地区、什么单位、什么方法，对口支援制度的评估体系都在发挥着不同程度的积极作用。没有对口支援制度的评价机制和监督、考核机制，就无法真正地反映出对口支援的实际效果。在对口支援实践评估阶段所产生的治理成本，主要通过三种形式实现成本的分摊：

第一，会议总结的形式。即以对口支援总结会议的形式进行对口支援的评估，以会议纪要作为评估结论。[2]会议总结是常见的对口支援评估方式，各级政府通过召开各种类型的工作会议对对口支援进行工作评估，比较典型的会议类型主要有四种：一是"对口支援经验交流座谈会"，通常

---

① 杨宏山：《公共政策学》，中国人民大学出版社 2020 年版，第 35 页。
② 胡茂成：《中国特色对口支援体制实践与探索》，人民出版社 2014 年版，第 98 页。

由中央或省级地方政府主持召开。参加会议的成员包括援助方和受援方
单位，以及对口支援协调小组各成员单位。会议的主要内容是以现场会议
的形式总结、宣传、推广某地对口支援实践过程中的先进经验和做法。比
如 2008 年 12 月 29 日，湖北省政府办公厅委托，省民宗委、省扶贫办组
织召开的"全省'616'工程对口支援工作省直牵头部门联络员经验交流
座谈会"，会议主要内容是总结 2008 年"616"工程对口支援工作情况及
对口支援实践过程中的优秀办法，并研究部署 2009 年对口支援工作。二
是"对口支援工作汇报会"。对口支援工作汇报会除突出报告对口支援的
进展和成就外，也会总结归纳对口支援的主要做法和蕴含在其中的一些
政策倾向，并反映出对口支援实践过程中遇到的困难和解决思路。参加会
议的成员通常包括援助方和受援方单位、对口支援协调小组各成员单位
以及各支援省市省级职能部门如发展改革、财政、建设、审计等。会议的
主要内容是汇报对口支援工作进展，并就新一轮援助工作计划进行对接。
例如，2009 年 1 月 11 日，恩施州委、州政府召开的"616"工程对口支援
工作汇报会，会议主要内容是汇报对口支援单位帮扶援助恩施州的项目、
资金落实情况。[①] 在更多的对口支援工作汇报会中，还常见就具体的问题
组织磋商、洽谈。例如，在 2008 年佛山市对口援建水磨镇工作中，对口支
援工作的汇报会是最为频繁的，佛山市工作组完善工程程序和加快工程
结算联席会议、佛山市工作项目进展情况汇报会、佛山市第一批援建项目
初步方案汇报会、佛山市工作组与西南设计院沟通协调会等均属此列。三
是"对口支援工作总结座谈会"。对口支援工作总结座谈会倾向于在宏观
上对对口支援工作进行指导，同时，支援方和受援方地方政府就对口支援

---

① 余文生：《省民宗委、省扶贫办召开全省"616"工程对口支援工作省直牵头部门联络员经验交流座谈会》，
《民族大家庭》2009 年第 1 期。

实践过程中出现的重点问题交换意见，表达各自的立场。既包括由中央政府主持召开的各类座谈会、交流会，也包括由各支援省市的对口支援前方指挥部与受援方地方政府对接机构召开的联席会议、专题会议、例会等。如 2018 年 12 月 11 日召开的"全国工会对口援疆援藏工作总结座谈会"，会议总结了 2015 年至 2018 年全国工会对口援疆援藏的工作情况，研究部署了新一轮工会对口援疆援藏工作的任务要求，并通过了《2015—2018 年全国工会对口援疆援藏工作总结报告》作为评估结论。① 四是"对口支援表彰大会"。表彰大会是会议总结的常见形式，这种方式有利于充分利用媒体资源宣传对口支援的典型，激励广大干部群众对标先进、争当先进，同时，也更容易获得社会的广泛认同。如 2016 年 6 月 18 日召开的"日喀则市优秀援藏干部人才表彰大会"，会上总结了四省市（上海市、山东省、黑龙江省、吉林省）、两企业（宝钢集团、中化集团）对口支援日喀则的丰硕成果，表彰了 170 名优秀援疆干部。② 2020 年脱贫攻坚总结表彰大会上，确定共计 1501 个先进集体和 1982 个先进个人（含追授 61 人）为拟表彰对象，其中许多拟表彰对象是对口支援先进集体和对口支援先进个人。③

会议通过新闻媒体的报道在社会上引起广泛关注。表 4-1 所列是 2008—2021 年广东省所召开的部分对口支援工作会议。

表 4-1　广东省 2008—2021 年相关对口支援会议

会议类型	会议名称
经验交流会	对口支援合作文旅交流座谈会，西藏自治区"组团式"医疗援藏工作推进会，经济技术协作和对口支援会议，"对口支援医疗扶贫"全国经验交流会

① 《全国工会对口援疆援藏工作总结座谈会在京召开》，中工网，http://acftu.workercn.cn/27/201812/12/181212065600333.shtml.

② 丹增郎杰：《在全市优秀援藏干部人才表彰大会上的讲话》，2016 年 6 月 18 日《日喀则报（汉）》。

③ 《关于全国脱贫攻坚先进个人先进集体拟表彰对象的公示》，2021 年 2 月 10 日《人民日报》第 7 版。

续表

会议类型	会议名称
汇报会	广东省对口支援新老工作组工作交接会议，广东省对口支援西藏新疆工作领导小组会议，对口支援西藏20周年电视电话会议，中央新疆工作座谈会，广东省对口支援新疆工作座谈会，广东省对口支援地震灾区灾后恢复重建工作会议，粤川对口支援和东西部扶贫协作联席会议，广东省对口合作工作领导小组会议，支援四川抗震救灾工作协调会，甘肃广东对口支援座谈会，广东共青团对口支援甘孜州工作座谈会，广东省对口支援三峡库区移民工作座谈会
总结会	广东省对口支援四川省汶川县2008年度总结会议，广东省援藏工作队对口支援林芝纪检监察工作总结会，广东省对口帮扶援建工作总结会，广东省对口支援第三师图木舒克市工作总结表彰暨第九批援疆骨干欢迎大会，广州市社会组织助力脱贫攻坚总结报告会，广东省东西部扶贫协作和对口支援工作总结会，东莞援疆工作队年度工作总结会议
表彰会	全国脱贫攻坚总结表彰大会，广东省脱贫攻坚表彰大会

注：根据广东省人民政府网政务公开信息制作。

根据表4-1我们可以清晰地发现，会议总结的评估方式主要是总结对口支援本阶段工作的开展情况以及下一阶段对口支援的工作计划。会议总结的主要目的是总结对口支援实践的成绩和教训，介绍对口支援工作模式，宣传对口支援工作的典型，推广对口支援的经验和做法。从全国范围来看，会议总结是各级政府评估对口支援效度的主要方式，并将会议形成的会议纪要作为主要的对口支援工作的评估结论。总体而言，颇为频繁的上下级和横向的会议总结构成了政策评估过程中重要的成本分摊方式。在此过程中，支援方和受援方地方政府就对口支援政策执行过程中产生的问题提出看法、方案，了解各方立场，进而表达其在对口支援执行过程中应采取的政策态度。[①]

第二，督查工作的形式。即以监督检查对口支援工作的形式进行对口

---

① 余翔：《发展型社会政策视野下的省际对口支援研究——基于汶川地震灾后重建案例》，浙江大学出版社2014年版，第57页。

支援的评估，以检查汇报材料作为评估结论。监督检查工作，是实现"三个确保"的重要手段：确保中央对口支援的各项决策部署的贯彻落实，确保对口支援资金物资真正用到受援方地区和受援方群众，确保对口支援取得最大效益和最好效果。这种评价方式，能够把某一专项工作中的不足找出来，发现"最短的一块板"，多为政府部门在实施对口支援阶段性评价时所采用。检查工作主要采取听取汇报、查阅资料和现场查看等形式，对各支援项目开展情况进行检查，检查内容包括组织领导、规章制度、协议签订、方案制定、人员考勤、支援人员信息上墙公示、补助待遇、请销假执行等。四川省对口支援办公室在评估海南省重点支援灾后重建项目工作情况的阶段性效果时，就是采用的这种方式。如："省对口支援办副调研员谢伟率省对援办、财政厅、财政厅评审中心组成的检查组到宝兴对海南省重点支援灾后重建项目工作情况进行检查。检查组一行实地看了宝兴县海南高级中学、宝兴县人民医院、中坝小学、灵关小学、大沟河口和舒家岩防洪堤及东拉山大峡谷景区旅游公路的建设情况。"①

2013年国家卫计委开展全国城乡医院对口支援专项督导检查工作。中国科学技术大学附属第一医院及其对口支援单位颍上县人民医院面对检查工作，就卫计委即将开展的检查项目及考核指标体系逐条进行梳理，并提出了具体整改意见以持续改进。支援方医院分管领导表示："这次国家卫计委开展的对口支援专项检查督导工作是一项政治任务，时间紧，任务重，双方医院要高度重视，全力以赴，精心准备，迎接检查。"②

2008年汶川地震发生不久，中央就确定建立了19个省市分别支援四

---

①《省对口援建办莅宝检查指导海南重点支援宝兴灾后重建工作情况》，雅安市人民政府网，http://www.yaan.gov.cn/xinwen/show/81F05D06-AB04-43A7-8BE1-A498805E0F62.html.

②《精心准备 持续改进 迎接卫计委对口支援专项检查》，中国科学技术大学第一附属医院门户网站，http://www.ahslyy.com.cn/cn/Department/info_229_itemid_61647.html.

川省、甘肃省、陕西省受灾严重地区的对口支援机制。对口支援资金物资"承载着支援省市的关切之情，数额巨大，来源广泛，是灾后恢复重建物质基础的重要部分"①。对口支援资金物资监督检查机制构成了对口支援机制重要组成部分。表 4-2 所列是 2008 年山东、广东、江苏、北京、四川五省市对口支援资金物资监督检查工作基本情况。

表 4-2 2008 年五省市对口支援资金物资监督检查工作情况一览表

省份	监督检查机构	监督检查基本情况	政策文件
山东	省和各市均建立了以纪委书记为组长的监督检查领导小组	1. 省委、省政府多次召开全省抗震救灾资金物资监管工作汇报会，对加强监督检查工作作具体部署 2. 领导小组各成员单位按照分工各负其责，形成合力 3. 严把募集管理关、严把采购运输关、严把拨付使用关 4. 派专项检查组开展检查，全程追踪 5. 完善制度，规范管理	《关于严肃纪律保证抗震救灾工作顺利进行的通知》《关于认真学习贯彻〈抗震救灾款物管理使用违法违纪行为处分规定〉的通知》《关于加强对抗震救灾资金物资监督检查工作的通知》《关于全省抗震救灾捐赠款物管理使用的指导意见》《救灾物资接收转交管理规范》《工程建设物资采购资金管理暂行规定》等 8 个文件
广东	各级纪检监察机关	1. 抓好"四个环节"：物资采购环节、物资转运环节、资金划拨环节、审计监督环节 2. 强化"四种意识"：政治意识、大局意识、责任意识、节俭意识 3. 落实"三项措施"：完善制度，加强救灾资金物资的管理；加强审计监督，确保救灾款物管理使用公开透明；组织实施专项检查，加强救灾款物监管工作	《省级灾后恢复重建专项资金管理办法》

---

① 《王伟在对口支援资金物资监督检查工作座谈会上强调 建立健全监督检查协调机制 确保对口支援款物监管"无缝"对接》，2008 年 9 月 19 日《中国纪检监察报》第 1 版。

续表

省份	监督检查机构	监督检查基本情况	政策文件
江苏	成立省抗震救灾资金物资监督检查领导小组，各级纪检监察机关协同民政、财政、审计等省直相关部门，各直辖市、有关县（市）建立相应领导机构和工作机制	1. 加强组织领导，健全监管体系 2. 注重制度建设，确保资金物资管理工作规范有序 3. 突出重点领域，切实加强监督检查 4. 坚持公开透明，确保廉洁救灾	《关于加强救灾捐赠管理工作的通知》
北京	市纪委监察局牵头组织协调全市监管工作，监察、审计部门履行监督职责并派出检查组	1. 把住源头，归口管理 2. 加强对重建规划的监督检查 3. 加强对口支援专项资金的监督检查 4. 加强对灾区前线工作的监督检查	《北京市抗震救灾对口支援资金（物资）管理暂行办法》《北京市抗震救灾对口支援政府专项资金筹集意见》《北京市援建地震灾区过渡安置房专项资金管理办法》《北京市对口支援地震灾区捐赠资金管理办法》
四川	省和重灾区市州及县乡均成立了抗震救灾资金物资监督检查领导小组（同时向省级重点部门和重灾区派出了17个监督工作组）	1. 加强组织领导，建立监管体系 2. 严明纪律规定，完善监管制度 3. 突出监督重点，增强监督实效 4. 强化公开公示，加大宣传力度 5. 严格案件查处，惩治违纪行为	《关于严肃纪律确保抗震救灾工作的紧急通知》《关于严肃纪律加强对抗震救灾资金物资监督检查的紧急通知》《关于在抗震救灾中严明纪律的紧急通知》

注：根据政府门户网站公开信息自行整理制作。

上述各支援省市制定的政策有一些共同点，例如，监督检查工作包含三个方面的内容：①加强了组织领导，建立健全监督检查的领导机构和工作机制，或成立监督检查小组（协调小组）；②完善了规章制度，根据中央印发的《抗震救灾款物管理使用违法违纪行为处分规定》，结合本省支援实情形成各省市的监督检查规章制度和一些配套规定,如四川省纪委监察厅起草了救灾捐助款物管理使用过错责任追究办法等;③突出监督重点,开展专项检查,民政、财政、审计等省直相关部门全程做好归口管理和跟踪监督。同时,由于对口支援的项目属于异地建设、异地管理、异地督查,所以既容易产生"督查真空",又有可能出现"多头监管""重复检查"的问题,这都会影响对口支援工作的正常进行,增加成本。因此,需要根据不同类型的对口支援项目,组织实施监督管理工作,可以分为三种:①"交钥匙项目",监督检查的责任主体是支援方,受援方要予以配合。支援方监督部门既要负责对工程项目设计、施工和监理单位选择的监督,还要对工程施工、物资采购等实施全程监督,同时,应向受援方移送有关的监督资料或通报情况。受援方要积极支持配合支援方监督部门的工作,主动参与监督。②"交支票项目",监督检查的责任主体是受援方,支援方要予以配合。受援方监督部门负责对工程建设项目进行全程监督,并向支援方移送有关监督资料或通报情况。支援方也要积极参与监督。③"合作共建项目",双方应根据物力、财力投入和项目建设分工情况,明确各自的工作范围,共同监督检查。[①]另外,从不同省市出台的政策文件名称和内容方面也可以看出,各个支援省市的监督检查工作的侧重点各有不同,显示出不同的监督检查风格。

第三,考察验收项目的形式。即以项目验收考察的形式进行对口支援的评估,以项目评估报告作为评估结论。项目评估报告是项目验收成果的重要载体,也是项目验收工作的重要"产品",以项目验收代替评估,只对对口支援的项目实施过程及效果进行评估,保证了权威性和严肃性。例如,

---

① 《对口支援资金物资监督检查工作座谈会在成都召开》,中华人民共和国中央人民政府网,http://www.gov.cn/govweb/jrzg/2008-09/19/content_1099339.htm,2008 年 9 月 19 日最后访问。

2017年11月28日，上海市徐汇区组织工作组以现地项目验收的方式，考察了对口帮扶江西省会昌县庄口镇学校、便民服务中心、军民文化广场及双拥文化广场等帮扶项目的进展和实施效果。2011年11月19日至22日，杭州市拱墅区对口帮扶重庆涪陵区清溪镇对口支援项目，四川西充县凤鸣镇、义兴镇对口扶贫项目亦采用此种评估方法。[①]2020年12月15日，陇川县沪滇办牵头，协同县财政局、发改局、农业农村局、交通运输局、水利局、住建局等部门组建验收组，对2020年上海对口支援帮扶陇川县项目开展县级验收工作。验收组查看了项目档案资料并进行实地查验，核查了帮扶项目的完成情况。经项目检查，上海对口支援的10个项目已完成建设9项，未完工1项。验收组的评价是"项目实施管理规范、实施成效明显、群众认可度较高、同意通过对此次验收的8个项目的验收"[②]。表4-3所列是2020年上海市对口帮扶陇川县项目和资金的安排情况。

表4-3　2020年上海市对口帮扶陇川县项目资金安排方案

项目类别	项目名称	项目内容	项目资金（万元）	实施单位
产业发展	王子树乡王子树村生态茶产业发展	生态茶产业发展项目	245	王子树乡
	王子树乡王子树村高山特色蔬菜示范基地建设	高山特色蔬菜示范基地项目	55	王子树乡
	清平乡清平村桑枝木耳加工厂建设	建设1座桑枝木耳菌包加工厂	355	清平乡

---

① 《拱墅区对口帮扶重庆、四川2010年项目验收及2011年项目考察情况》，杭州·拱墅门户网站，http://www.gongshu.gov.cn/art/2011/12/2/art_1228920_2541105.html,2011年12月2日最后访问。

② 刘维斌：《陇川县组织开展2020年上海对口支援帮扶项目县级验收工作》，德宏州陇川县人民政府网，http://www.dhlc.gov.cn/fpb/Web/_F0_0_04BNLKQJV44ETMGMQL2FBO38WE.htm,2020年12月15日最后访问。

续表

项目类别	项目名称	项目内容	项目资金（万元）	实施单位
产业发展	章凤镇迭撒村温室蔬菜大棚建设	建设纹格式智能温室蔬菜大棚 2500 平方米及其他附属设施	300	扶贫办
	章凤镇弄贯村发展种植产业	种植产业项目	758	章凤镇
	清平乡陆昆村等蚕桑产业基地建设	1710 亩蚕桑产业基地	432	扶贫办
	城子镇巴达村庭院经济发展	在城子镇巴达村曼崩坝村民小组，实施庭院经济项目	100	城子镇
农村建设	章凤镇弄贯村功能提升	在章凤镇弄贯村，实施贫困村功能提升项目	561	扶贫办
	户撒乡潘乐村人居环境提升	在户撒乡潘乐村贺勐小组，实施贫困村功能提升项目	207	扶贫办
	陇把镇龙安村、景罕镇曼软村人饮工程	在陇把镇龙安村、景罕镇曼软村，实施人饮工程项目	487	扶贫办

注：责任方为受援方（陇川县）和支援方（青浦区）。

2020 年上海市对口帮扶陇川县项目主要包括两类：产业发展和农村建设。我们可以发现，产业发展类型的项目实施单位多由项目所在地政府负责实施，农村建设类型的项目实施单位由扶贫办一并承担。受援方（陇川县）作为对口支援实践主要的受益方，会更为积极主动地发起对帮扶项目的验收工作。陇川县积极主动发起项目验收工作的根本目的是服务于对口支援总体工作的进展。而科学、客观地总结评价对口支援各项目的实施成效，能够确保项目按时按质完成，使得项目尽快发挥效益。

总体而言，对口支援制度有着丰富的政治、文化和社会内蕴，并在实践中不断发展出协同发展、公共服务、赈灾恢复、扶贫开发、预防贫困等多样化的功能。[①]在这项社会工程中，各参与主体完成的效果如何、是否让人民群众满意、工作是否经济效率、服务质量如何，在很大程度上取决于政府、专家和社会等多方的有效反馈和及时回应。通过会议总结、督查工作、考察验收项目三种方式构建的对口支援评估体系，能够充分发挥出成本分摊的制度优势。受援方和支援方在此评估体系内，从"政策效果的评估—评估结果产生—结果反馈"到"政策的启动和实施阶段—政策效果的下一阶段评估"形成一个完整、闭环的政策循环，所有可能产生的行政成本自然而然地分散在了这个闭环内的每个阶段以及每个参与主体中。

（二）分摊改革成本

从功能作用范围来看，改革成本包括试错成本、沉没成本、效率损失、转换成本、风险成本等。中央行政集权式的治理体制下，中央政府推进国家治理体系改革的成本会更加昂贵。经济上、财政上、行政上整齐划一的要求，常常意味着多样性、差异化的地方试验难以获得批准。[②]一旦中央政府立法或者政策出现错误，就会影响到全国。从实践来看，对口支援制度有着优异的制度机制，建立了相应的成本分摊模式。

第一，依托对口支援制度，在一定程度上降低了国家为实现规模治理设计出的一系列国家战略或制度安排（例如，西部大开发战略、东西部扶贫协作、振兴东北老工业基地战略等）的成本。对口支援制度能够充分发挥出"杠杆"和"润滑剂"的作用，可以最大限度地减少制度试错、摩擦所产生的设计成本和实施成本。将制度的改革成本分摊到对口支援实践的各个环节中，即便是出现政策错误，也能通过良好的政策弹性和政策纠错机

---

① 李瑞昌：《中国特点的对口支援制度研究——政府间网络视角》，复旦大学出版社2016年版，第164页。
② 王建勋：《单一制与联邦制究竟有何区别》，《学术界》2016年第8期。

制,消弭政策错误带来的不良影响。在过去几十年间的规模治理进程中,对口支援制度在贫困治理、边疆治理、灾害治理、区域治理等方面已经发挥重要作用,对口支援机制的成本分摊功能,减少了诸多国家战略或制度安排来自观念和行为造成的实践和物质耗费,[1]从而为国家规模治理提供了长期发展的驱动力。

第二,对口支援的制度设计遵循了"先分步摊销,后实施补偿"的原则,可以避免改革的负外部性。[2]国家治理体系改革在取得收益的同时,也必然付出一定的成本。按照学者张曙光的理解,变革成本应当包括规划设计、组织实施的费用,清除旧制度的费用,制度变革造成的损失,随机成本,等等。[3]在推进国家治理现代化的进程中,对口支援与这种实现改革成本分摊的方式能够相得益彰,密切配合。

一是分步摊销。分步摊销是一种分阶段、分层次、分步渐进式的成本分摊制度,表现出较强的成本承担能力。这种制度设计能够实现成本的分摊和后推,为支援方政府、社会公众预留出筹备时间、适应时间和调整时间。对口支援制度不是一蹴而就的"一锄头"支援计划,而是一场步步为营、持续推进的"攻坚战""歼灭战"和"持久战",比较典型的如中央会定期启动"新一轮对口援疆工作"的战略部署,实际就是将总成本通过定期的对口支援工作分散到援助规划的不同阶段。这种制度设计的合理性和科学性

---

[1] 樊纲:《两种改革成本与两种改革方式》,《经济研究》1993年第1期。

[2] "外部性"的概念源于英国经济学家马歇尔(Marshall)在其著作《经济学原理》中提出的"外部经济"这一概念。外部性通常是指一个经济主体的经济行为对其他主体受益(正外部性)或受损(负外部性),该行为主体却不会因此得到补偿或付出代价。参见马歇尔《经济学原理》,朱攀峰译,北京出版社2007年版,第72页。改革中的负外部性指的是成本外推,如将改革过程中产生的冗员问题推向社会。参见徐彬:《中国经济转型成本分摊的合理性探讨》,《改革》2003年第6期;徐彬、李琼:《中国经济转型成本分摊的现实演进与公正性检验》,《改革》2010年第5期。

[3] 张曙光:《论制度均衡和制度变革》,《经济研究》1993年第3期。

在于，中央政府通过对口支援推进多样性、差异化的地方试验，分步分期的支援方式使得地方几乎没有感受到改革的成本，随着对口支援的深入，分步分期的支援成效将改革的成本"摊薄"在改革的收益中，这对改革的积极推进无疑是十分有价值的。①

2010年3月，按照中央的战略部署，全国新一轮对口援疆工作启动。根据中央和江苏省委、省政府统一安排，苏州的张家港市对口支援新疆伊犁州巩留县，昆山市对口支援新疆克孜勒苏柯尔克孜自治州（简称"克州"）阿图什市，苏州工业园区负责对口援建霍尔果斯经济开发区。援疆规划是援疆工作的前提和基础。对口支援"总体规划＋分期规划＋特色规划"的"规划"机制分步摊销成本的作用在这个过程得到了充分显现（见表4-4）。从中央到参与对口支援实践的各级地方政府，始终把科学规划摆在重要位置，以分期建设为原则，兼顾建设时限和近期效果，坚持"规划先行""规划即法"的发展原则，推进了资源整合，保障了开发水平。

表4-4　2011—2019年苏州对口援疆援建规划表

支援方	总体规划	分期规划	特色规划
张家港市	《对口支援巩留县规划和巩留县援疆项目"十二五"（2011—2015年）规划》《对口支援巩留县规划和巩留县援疆项目"十三五"（2016—2020年）规划》	《2011—2013年援建规划》《2014—2016年援建规划》《2017—2018年援建规划》；2018年6月制定三年一轮的《新一轮对口支援三年规划》《援建巩留县工作实施方案》《2018年度脱贫攻坚援巩扶贫专项行动实施方案》《关于进一步深化"港城巩留一家亲、同奔小康心连心"援疆扶贫工作的实施意见》	《巩留县生态农业观光园项目规划书》《巩留县农业科技示范园发展规划》

① 徐彬：《中国经济转型成本分摊的合理性探讨》，《改革》2003年第6期。

续表

支援方	总体规划	分期规划	特色规划
昆山市	《新疆阿图什市城市总体规划（2013—2030）》《阿图什市城市规划》	近期规划（2013—2015年）；中期规划（2016—2030年）；远景规划（2030年以后）。规划范围包括三个层级：第一个层次的规划范围是整个阿图什市市域行政辖区；第二个层次的规划范围是阿图什市规划区；第三个层次的规划范围是中心城区	《阿图什市城市绿地系统专项规划》《阿图什市城市道路交通规划》《阿图什市供水工程专项规划》《阿图什市排水工程转向规划》等一系列专项规划；《海绵城市建设技术指南》《海绵城市专项规划编制暂行规定》
苏州工业园区	《苏州工业园区关于对口支持霍尔果斯经济开发区建设的若干意见》《援疆工作规划（2014—2016）》《2017年援疆工作计划》	《2011年度援疆项目计划》《2012年度援疆项目计划》《2013年度援疆项目计划》《2014年度援疆项目计划》《2015年度援疆项目计划》《2016年度援疆项目计划》《2017年度援疆项目计划》《2018年度援疆项目计划》《2019年度援疆项目计划》《2020年度援疆项目计划》	《霍尔果斯经济开发区总体发展规划（2011—2020年）》《中哈霍尔果斯国际边境合作中心产业发展规划》《霍尔果斯经济开发区"一区三园"总体规划（2012—2030）》《霍尔果斯经济开发区控制性详细规划》《霍尔果斯经济开发区口岸城市设计》等

二是实施补偿。如果说"维护成本"的分摊体现的是对口支援制度的"效率性"特征，无疑"改革成本"的分摊体现的是对口支援制度的"公平性"特征。那么，对口支援制度是如何实现改革成本的分摊以及体现公平性特征的呢？

以民族地区对口支援制度为例，1979年全国边防工作会议上，时任中共中央政治局委员、中央统战部部长乌兰夫在全国边防会议上作题为《全国人民团结起来，为建设繁荣的边疆巩固的边防而奋斗》的报告，总结了中华人民共和国成立以来民族工作的经验教训，提出认真落实中国共产党的民族政策，增强各族人民的大团结，加速发展民族地区经济文化建设。[1]

---

[1] 《国家民委民族政策文件选编（1979—1984）》，中央民族出版社1988年版，第242页。

同年 7 月，中共中央以（中发〔1979〕52 号）文件批转了乌兰夫在全国边防会议上的报告，正式拉开东部地区和民族地区结对互助的帷幕。截至 2021 年，民族地区对口支援制度已经实施 42 年，是实施时间最长、实施政策最连贯的对口支援行为。民族地区对口支援制度实施过程分摊改革成本主要体现在以下两个方面：

一方面，将笼统的、粗略的民族地区对口支援制度明确到某一个领域内的对口支援工作中，构建起全面的民族地区对口支援制度体系（见图 4-3）。也就是说，成本分摊具有领域分布的特征。在 1983 年 8 月 18 日发布的《关于经济发达省市对口支援边远少数民族地区卫生事业建设的实施方案》中，按照中央的部署，民族地区医疗卫生对口支援与经济技术方面的支援和协作同步进行。对口支援的地区分工为：卫生部在京直属单位支援西藏自治区卫生厅直属单位；湖北、湖南支援拉萨市；广东、河南支援山南地区；广东并继续支援自治区江曲医院；四川支援昌都地区；安徽、浙江支援日喀则地区；山西、陕西支援那曲地区；辽宁、吉林、黑龙江支援阿里

图 4-3　民族地区对口支援制度体系示意图

地区。经济发达省市对口支援边远少数民族地区的卫生事业建设,主要任务是技术支援和技术协作,要把帮助培养当地的卫生技术人员摆到首要地位,培养医疗、卫生、教学、科研以及医技、设备维修等各类专业技术人才,逐步壮大技术骨干队伍。

另一方面,对口支援制度在国家治理体系变革和社会转型中,增加了认同度与公正性。就内部治理体系而言,对口支援制度实际上是中央与地方关系制度的具体化,既是调整中央与地方关系的一个工具,又是密切地方与地方关系的一种伦理准则。就外部治理体系而言,对口支援制度是调节群体关系、增进行业关系、融合民族关系、发展城乡关系和平衡区域关系的黏合剂,是党和国家实现边疆稳定、民族和谐和国家安全的重要帮手。①

综上,对口支援制度作为国家实现规模治理的重要工具,具有明显的"分摊成本"功能。采用江必新关于国家治理成本的分类方法更为方便和易于理解。对口支援能够实现将规模治理负荷更好地转化为规模治理效应,其中一个重要的因素就在于对口支援作为一个稳定的制度安排,充分发挥了治理的能动性来适应国家治理规模的扩增,并通过"分摊成本"的方式有效降低了国家治理成本。

---

① 李瑞昌:《中国特点的对口支援制度研究——政府间网络视角》,复旦大学出版社 2016 年版,第 73 页。

大国的非均衡性治理是规模治理的重要内容。这种非均衡性在大国规模治理上表现为"经济向"资源、"政治向"资源和"社会向"资源的天然和后天分配的严重偏斜。按照联合国环境规划署的界定，资源是指在一定时间、地点条件下，能够产生经济价值、提高人类当前和将来福利的自然环境因素和条件。[①] 对口支援的本质是一种资源的定向流动，既是各区域、各行业以及各部门跨边界合作与交流的过程，也是各类资源定向流动的过程。从这个角度来看，"支援"是资源（包括资金、物质、人才和技术等）汇集、输送、转移的"过程"，"对口"是资源输送的"方向"。因此，资源流动是对口支援的逻辑起点，资源流动的机制与方向由资源配置的方式决定，资

---

① 李玲等：《国土资源管理概论》，中国人民大学出版社 1998 年版。

源流量是资源配置的结果。[①]

对口支援制度具有汇集、吸纳各类资源的力量。"经济向"的汇集资源功能表现为通过市场化合作促进要素合理流动、资源共享，增强市场意识和竞争意识，激发内生活力和动力，将庞大的市场规模转化为规模经济。"政治向"的汇集资源功能则凸显以"干部支援"为主要内容的对口支援实践，加强对边疆和少数民族地区的政治资源整合。"社会向"汇集资源功能主要表现为通过以教育、医疗、卫生等公共产品为主要内容的对口支援实践，促进边疆和少数民族地区的公共服务产品的提升。

"经济向""政治向"和"社会向"的汇集资源功能呈现出以下特征：

首先，资源汇集的非趋利性。从社会交换角度看，对口支援实践的初始目的是实现资源跨行政区、跨组织层级的流动。市场机制作用下的资源流动，具有趋利性特征，凸显交易双方平等的关系；对口支援机制作用下的资源流动，具有非趋利性特征，主体双方关系更为复杂（既展现了中央政府与地方政府的等级关系，也体现了支援方地方政府同受援方地方政府间的依附关系——这也是为何央地关系的调整或变革会影响到对口支援实践的力度和深度）。中央政府作为对口支援实践的主导者，以"政治任务"的方式决定了在何时以及何种范围发动援助活动。实践中的主体基于自愿而非自主开展政府间合作。这也就意味着由"政治任务"引发的"政治义务"至少包含了两部分内容：一是支援方地方政府对中央政府的服从义务；二是支援方地方政府对受援方地方政府的支援义务。在中央政府的主导下，各类资源无偿地由支援方向受援方流动。因此，有些学者将对口支援实践描述为一种政治性的"资源馈赠"。

[①] 李瑞昌：《中国特点的对口支援制度研究——政府间网络视角》，复旦大学出版社 2016 年版，第 77 页。

其次，资源汇集的指向性，即向指定的区域流动。这也是"对口支援"区别于中央所推行的其他类型资源配置政策方案的关键所在。中华人民共和国成立后，统收统支的再分配模式下，资源以纵向流动为主。1978年改革开放以后，为了尽快推动资源的横向流动、完成生产力布局、加快社会主义现代化进程，中央启动了以对口支援和经济技术协作[①]为主的政策方案。经济技术协作既可以是国家间的经济技术协作，也可以是一国内部不同地区、部门、企业之间的经济技术协作。[②]1984年，中共中央关于经济体制改革的决定进一步指出："国内各地区之间更要相互开放，经济比较发达地区和比较不发达地区，沿海、内地和边境，城市和乡村，以及各行业之间，都要打破封锁，打开门户，按照扬长避短，形式多样，互惠互利的原则大力促进横向经济联系。"中央所推动的经济技术协作，既有发达地区内部的协作，也有不发达地区内部的协作，还有发达地区和不发达地区之间的协作。[③]从资源流动的方向性来看，经济技术协作并不强调资源的定向流动，而对口支援是资源在特定的援受双方之间的资源汇集，"对口"强调了资源流动的指向性，尤其是侧重于支援方向受援方的资源汇集。各类资源不仅要在援受双方之间"流动"，更多的是充分发挥对口支援的资源再配置功能，实现资源的"汇集"。这就要求对口支援需要保障一定的投资规模和筹资方案。

---

① 协作，是指许多人在同一生产过程中，或在不同的生产过程中，有计划地一起协同劳动的劳动形式。参见《马克思恩格斯全集》第23卷，人民出版社1972年版，第362页。经济技术协作，是一种跨地域、跨行业、跨组织的横向经济活动形式。

② 乌家培：《经济技术协作的实质、原则和作用》，《数量经济技术经济研究》1986年第1期。

③ 东部发达地区的区域协作是全国生产力水平最高地区的协作，例如长江三角洲协作区、珠江三角洲协作区、环渤海经济协作区、大连经济协作区等。与之相对的，如西南的五省六方，西北的陕、甘、宁、青协作区被称为"穷哥儿们"的协作。参见夏广鸣：《跨越八十年代、面向九十年代的对口支援与经济技术协作》，《民族研究》1992年第1期。

（一）"经济向"的汇集资源功能

尽管经济学家们对于国家规模和经济发展之间的关系有不同的争论，[①] 但规模效应的观点更容易获得人们的认同，大多数学者对其给予肯定。如罗默（Romer）所描述的，国家规模越大，意味着资源禀赋越大，规模效应驱动经济增长。[②] 社会学家西伯里·C.吉尔菲兰（Seabury C.Gilfillan）也认为，"国家越大，将投入更多的资源到创新活动，因此应该增长越快"[③]。一般而言，更大的国家规模能够形成更大的市场规模[④]，进而有利于规模经济的发展和创新，因此，大国应该会更加富裕。在一些大国经济的研究中，已经展露出了更大市场规模的竞争促进作用——规模通过增加产品市场的竞争强度促进经济增长。[⑤] 在一定程度上，国家规模影响了规模经济的发展和创新。例如，民用航空产业的初始投入非常大。规模小的国家往往意味着"狭小"的国内市场，在如此规模的国家发展民用航空产业，生产成本是昂贵的。类似地，许多跨国公司将研发基地迁往中国，也是因为中国极其庞大的市场规模。[⑥] 淘宝、微信，甚至是共享单车在中国的迅猛发展同庞大的用户受众不无关系。市场规模的扩大为经济发展提供了契机，同时，

---

① 一种反对的观点认为，国家规模并非总是和经济规模呈现正相关关系，国家规模和市场规模之间的关系取决于贸易体制。

② [法]奥尔法·阿卢伊尼：《国家规模、增长和货币联盟》，汤凌霄、陈彬、欧阳峣、欧阳曜亚译，格致出版社、上海人民出版社 2020 年版，第 5 页。

③ 参见 Gilfillan,Seabury,Colum. Invention the ship. Chicago: Follett,1935. 转引自张强、卢荻：《技术外溢、规模效应和内生经济增长》，《南开经济研究》2011 年第 2 期。

④ 关于市场规模与规模经济的讨论，参见 Kevin M. Murphy,Andrei Shleifer,and Robert W. Vishny . "Industrialization and the Big Push," Journal of Political Economy, Vol.97, No.5, 1987; Romer, P. "Increasing Returns and Long Run Growth," Journal of Political Economics.1986. Vol.94. PP. 1002−1037；Lucas, R. "On the Mechanism of Economic Developments," Journal of monetary Economics.1988.Vol.22.PP.3−44.

⑤ 阿尔伯托·阿莱西纳、恩里科·斯波劳雷、罗曼·瓦克扎格：《贸易、增长与国家规模》，袁冬梅、欧阳峣编译，《商学研究》2019 年第 1 期。

⑥ 陆铭：《空间的力量：地理、政治与城市的发展》，格致出版社、上海人民出版社 2017 年版，第 11 页。

也带来了区域发展不平衡的风险与挑战。因此，改革开放以后中央政府的一项重要工作就是促进资源在庞大规模领土范围内的横向流动，实现资源的有效聚集。①

在独特的对口支援场域下，市场、政府和社会三种维持"资源秩序"的基础力量发挥同向合力作用。例如，1996年启动的扶贫协作对口支援实践中除干部支援外，多方募集筹措资金，创造培训机会、经济收入机会成为定点帮扶的重要内容。东西部扶贫协作对口支援鲜明地体现了有效汇集资源、促进规模经济发展、协调区域发展的经济性使命。据统计，自1992年以来，仅外交部就累计向麻栗坡县投入外援资金2.03亿元，先后实施教育、卫生、安全饮水、培训等项目多达1600项，探索出了一系列"外内结合"的资源汇集机制与改善民生精准扶贫的资源投放机制。

相似地，对口支援汇集资源的功能在三峡工程中得到了充分展现。三峡工程是党中央、国务院开发长江水利资源、推进国民经济发展的特大型水利枢纽工程。建设三峡工程是一项惠及千秋的事业，既能够根治长江水患，还可以发挥出其航运效益，生产电力。可以说，三峡工程的受益范围已经超出了工程所在的区域，但是，三峡库区移民涉及重庆、湖北两地20多个县（区、市）上百万的移民安置需求。因"规模太大、投资过多"以及"移民安置的顾虑"，三峡工程一度被苏联专家认为"不大现实"，② 仅靠国家补贴或者一省之力完成这项事务工程量，单独承担由此而来的各种延伸成本无疑是相当大的负担。国务院办公厅也多次发文强调，三峡库区移民工作不能只是看作湖北和四川两省的任务，而必须依靠中央政府发挥社会主

---

① 资源的有效聚集是指各类资源朝某一地区的有序流动能够促进该地区形成产业集群，进而有利于该地产业竞争力的提高。

② 欧阳淞、高永中编：《改革开放口述史》，中国人民大学出版社2018年版，第545—563页。

义国家集中力量办大事的制度优势，集合中央政府及全国其他兄弟省市的力量完成三峡工程移民安置工作。1992年，国务院办公厅确定了全国50多个部门和单位、20个省（区、市）、10个大城市对口支援三峡库区（见表4-5）。2008到2012年，全国对口支援三峡库区移民工作为三峡库区引进资金总额1049亿元，[①] 支援方源源不断地将资金、项目、技术、人才输送到三峡库区，为移民安置和库区建设提供了资源保障。这场特殊的"国家行动"历时16年，移民百万，不仅破解了三峡百万移民搬迁这项"世界级难题"，而且催生了"新重庆"。同时，三峡库区移民对口支援工作中涉及了生产、生活、就业、就学、医疗社会保障、语言的沟通及日常生活习惯的适应等后续工作。截至2009年底，尽管三峡移民安置工作如期完成，但是三峡库区对口支援实践并未停止，对口支援的目标逐渐由库区移民安置转向三峡库区地区的经济社会发展。2021年10月，第十三届全国对口支援三峡库区经贸洽谈会在重庆召开，三峡库区相关区县新签约102个对口支援投资项目，签约金额达1046.88亿元。[②] 通过全国对口支援三峡库区经贸洽谈会等平台，三峡库区汇集了大量的资源，一大批优质企业入驻，既帮助相关企业优化了市场布局，又提升了受援地区的经济发展活力。全国支援省市汇集的资源流量（包括物质产品与服务）定向流动到三峡库区，将庞大的市场规模转化为三峡库区的规模经济，实现了区域经济的协调发展。

表4-5　全国对口支援三峡库区结对关系表

支援方	受援方
黑龙江省、上海市、青岛市	夷陵区

---

① 新华社：《聚焦〈全国对口支援三峡库区合作规划（2014—2020年）〉》，2014年8月26日。中华人民共和国中央人民政府门户网站：http://www.gov.cn/xinwen/2014-08/26/content_2739980.htm.

② 新华社：《三峡库区新增逾1000亿元对口支援投资项目》，中华人民共和国中央人民政府门户网站：http://www.gov.cn/xinwen/2021-10/16/content_5643007.htm.

续表

支援方	受援方
江苏省、武汉市	秭归县
湖南省、大连市	兴山县
北京市	巴东县
广东省、广州市、深圳市、珠海市	巫山县
吉林省	巫溪县
辽宁省	奉节县
江苏省	云阳县
上海市、天津市、福建省、南京市、宁波市、厦门市	万州区
四川省	开县
山东省、沈阳市	忠县
云南省、江西省	石柱土家族自治县
河北省	丰都县
浙江省	涪陵区
江西省、云南省	武隆县
广西壮族自治区	长寿区
安徽省	渝北区
河南省	巴南区

资料来源：作者自制。

从一定意义上讲，对口支援实践的顺利推进，离不开中央政府的强势资源汇集。无论是中央通过纵向转移支付的方式支持受援方地方政府，还是运用权力，指令支援方直接向受援方转移资源，都是汇集资源的重要方式。从对口支援的实践模式来看，"经济向"的资源汇集有三种模式：一是中央政府直接调拨专项资金支持受援方地方政府，多表现为中央各部委、央企、其他国企等；二是支援方地方政府直接向受援方地方政府划拨地方财政资源；三是支援方地方政府直接向受援方地方政府转移人才、技术等资源（见图 4-4 所示）。

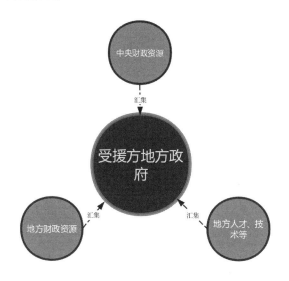

图 4-4　资源汇集的三种模式

（二）"政治向"的汇集资源功能

中国辽阔的疆土规模、众多的人口以及长期一统的体制使得政治资源的整合[①]成为任何时期的中国规模治理中最重视的方面。王朝时期实现政治整合的一种有效手段是"流官制"。在封建王朝时期的中国"流官"代表的是中央集权制度的边界。[②]明清时期的"改土归流"乃至中华人民共和国成立后人民政府委任流官大规模派驻边疆，一步步地将"土著精英"改造为"国家官员"，将"土司辖地"纳入国家的行政管理体系，将历史的边陲地区转变为民族国家的政治地方。在当代中国，以"干部支援"为主要内

[①]《政治学词典》将"政治整合"定义为"政治体系消除政治紧张和不安因素，增强政治凝聚力和向心力，加强中央政府的权威和统治，扩大政治共识的过程或状态"。参见王邦佐等：《政治学词典》，上海辞书出版社 2009 年版，第 12 页。

[②] 王娟：《流官进入边疆：清初以降川边康区的行政体制建设》，《中南民族大学学报（人文社会科学版）》2014 年第 1 期。

容的对口支援，主要是指从一个地区抽调干部到不相毗邻的另一个地区，保障该地区得到人才支持，并使得支援方的发展经验能够外溢到受援方地区，从而起到汇集资源的作用。如果说传统的转移支付是"以财为主"，那么，干部支援则可以称得上是"以人为主"的转移支付了。[1] 干部支援从组织整合、利益整合、价值整合三个方面成为党和国家加强对边疆少数民族地区政治资源整合的重要方式。

首先，干部支援能够实现组织的整合。干部支援同"流官制"具有组织结构上的相似性。国家政权是政治整合的核心力量。"流官制"意味着国家政权通过派遣官吏的方式对地方进行直接的管控。如同"流官制"，干部支援通过明确的选派办法、控制一定的派驻挂职轮换时间、统一的考核晋升任免标准，既体现了中央政府对地方政府的实质性管辖，同时，又使中央政府政策目标可以直接深入受援地区，满足对受援地区尤其是边疆少数民族地区的深度治理和管辖。援助干部由中央通过行政命令的方式派驻到受援地区，接受中央政府的统一管控。在这个过程中，政治现代化的目标所需要的政治整合不仅仅表现在机构建制上，也满足于对于边疆地区的深度治理和管辖上。如果说地方政府党政领导人之间的相互访问、学习彼此经验是一种"自选动作"，那么，通过对口支援进行的干部支援更像是一种"规定动作"。对于支援方地方政府而言，选派干部到对口支援和帮扶地区工作，也有建设一支能够担当重任、经得起风浪考验的高素质干部队伍和人才队伍的内在动力和实际需要，因此，也常常把对口支援当作培养干部的一条"捷径"。[2] 如在第六批援藏干部中有近 300 名援藏干部获得省部

---

① 吕冰洋：《国家能力与中国特色转移支付制度创新》，《经济社会体制比较》2021 年第 6 期。

② 中共上海市委党史研究室、上海市人民政府合作交流办公室、政协上海市委员会文史资料委员会编：《上海的责任——对口帮扶亲历者说》，上海人民出版社 2020 年版，第 1153 页。

级以上奖励,涌现出舒启明、周广智、张宇等一大批先进典型,受到了党中央和派出省市、西藏自治区党委、政府的表彰。[①]选派援助干部到边疆少数民族地区工作不仅能够改善当地各级领导班子结构,提高干部队伍整体素质,增添干部队伍的生机与活力,而且有利于密切地方政府同中央政府的联系,加深祖国内地和西藏的交流与合作。总体而言,派驻援助干部的过程是党中央、国务院发挥政治整合主体力量的过程。

其次,干部支援能够实现利益的整合。对干部的任命权是党中央权力的核心。对口支援通过政治权利在不同层次的主客体之间的配置和运行,支配着对口支援的子系统、主体和个人,调动资源实现援助。其中,援助干部发挥了利益整合链条中承上启下的关键一环。援助干部具有"双重身份",他们既是支援方地方政府的"出资人"代表,又是受援方地方政府的"业主"代表,同时,还是中央政府履行政治权力、实现国家意图的直接"践行者"代表,他们既承担着援助单位派出时赋予的援助使命,又在挂职单位有着"在其位谋其政"的政绩追求,因此,干部支援能够实现对各种利益关系的协调和整合。干部支援通常采取"双轨制",在组建驻对口支援管理机构的同时,另行安排干部进行挂职。挂职干部往往被安排在和自己本职工作关系紧密的岗位上。例如,在第六批对口援藏干部中,中纪委的援藏干部挂职于西藏自治区纪委纪检监察室,国家审计署的援藏干部于西藏自治区审计厅挂职……挂职干部因为对相关领域的援助动态和政策意图比较熟悉,能够成为中央制定的援助政策的传播者,利用自身的便利条件向受援方地方政府传播中央或者支援方的政策意图。而对于受援方而言,这种交流和联系并非被动和单向的。受援方干部也会到支援方省市进行交流

[①] 中共西藏自治区党委组织部、《紫光阁》杂志社编:《援藏:第六批对口支援西藏纪实》,人民出版社 2013 年版,第 9 页。

和任职。多重身份下的援助干部能够顺利、高效地将受援方甚至是支援方地区的利益诉求集中起来，通过对口支援的形式反馈给政治系统，从而影响相关的政治决策，并发挥出对口支援利益整合的功能。因此，政府一直鼓励和提倡地区之间的干部交流和联系。2006年8月，中共中央颁布的《党政领导干部交流工作》强调了干部交流的利益整合目的，"地区之间的干部交流，重点围绕国家经济社会发展战略和人才战略、地方经济社会发展布局和支柱产业及重大项目建设进行"。2018年11月，中共中央和国务院在《关于建立更加有效的区域协调发展新机制的意见》中明确指出，"进一步加强扶贫协作双方党政干部和专业技术人员交流，推动人才、资金、技术向贫困地区和边境地区流动，深化实施携手奔小康行动"。

最后，干部支援能够实现价值的整合。文化、偏好、语言甚至民众身份的差异使得规模治理的难度增加，这在一定程度上会造成社会的分裂。早期对边疆少数民族地区的对口支援实践主要是为了凸显党和政府对少数民族边疆地区的特殊情感关怀。随着对口支援内涵的拓展，干部支援成为我国回应大规模国家多样性问题的有力举措，不仅在情感关怀方面，而且在价值引领和凝聚方面具有重要功能。这主要表现为，对口支援通过派驻大量的援助干部增强了政治合法性，强化了国家认同。以援疆干部为例，全国各地的援疆干部到达当地工作后，确立稳定压倒一切的意识，将维护好社会的政治稳定视为工作重点，同时为当地募集资源，改善基础设施和公共服务，在对口支援的过程中赢得了广泛的民众信任，从而建立起最广泛和坚实的政治合法性基础，"从政治上巩固了党的执政基础"[1]。中央宣传部门和新闻媒体的援藏援疆干部充分发挥熟悉网络舆情管控工作的

---

[1] 中共中央党史和文献研究院：《习近平扶贫论述摘编》，中央文献出版社2018年版，第14页。

优势，制作刊发了一系列内容丰富、说服力强的电视专题片和新闻稿件，努力营造维护民族团结、社会和谐稳定的良好舆论环境；担任县委书记的援助干部，着力解决基层组织和基层政权建设的突出问题，夯实反分裂斗争的思想基础、组织基础和群众基础。时任新疆维吾尔自治区阿克苏地区地委副书记在接受访谈时曾动情地说："援疆干部在新疆和上海间架起了一座沟通的桥梁……援疆干部负责的每一个项目、每一个学校、每一条道路、每一所医院、每一所农民的安居房，都传递了一种友谊、一种关爱，这些都是花再多的钱也买不来的无价之宝。"因此，党和国家一直非常重视对口支援中援助干部和人才的管理。2011年，中央组织部、人力资源和社会保障部制定出台了《对口支援西藏干部和人才管理办法》，进一步明确了援藏干部管理权限、职务任免、考核培训等规定，为规范援藏干部的管理发挥了重要作用。西藏自治区党委、政府制定印发了《关于加强援藏干部和人才管理工作的意见》，要求区、地、县三级党委主要负责同志亲自联系援藏干部、重视援藏工作。在管理上，建立了援藏县委书记请销假制度，确保援藏县委书记始终处于组织的管理监督之下；建立了援藏工作季报和责任追究机制，全面掌握全区援藏资金、项目落实情况，进一步明确责任，指导援藏工作向纵深发展；完善规章制度，制定了《援藏干部考核办法》，首次组织了中期考核，对援藏干部中成绩突出、表现优秀的人，积极争取派出省市、单位的大力支持，结合援藏干部中期考核，强化考核结果运用，树立正确的用人导向；各援藏工作队也制定了严格的管理制度，如请销假制度、援藏项目资金管理制度、医疗保健制度等；中央和国家机关援藏干部组建了自我管理小组，加强自我管理。援藏县委书记请销假制度的建立，为援藏工作的顺利推进提供了保证。在服务上，西藏自治区党委组织部组织举办了"援藏干部领队、县委书记培训班"和"援藏干部研究生课程班"，组织援藏干部系统学习中央治藏方略和西藏历史文化，提高了援藏工作的本领。

（三）"社会向"的汇集资源功能

中国是一个超大规模国家，教育、医疗、卫生等公共产品和公共服务的水平和质量在各个地区之间存在着明显的差异。尤其是进入 21 世纪后，伴随着中国工业化、市场化、城市化进程而来的，是人员流动性的提高、社会风险增加以及公民主体意识、权利意识和参与意识的增强，从而公众对公共物品和公共服务的需求也在不断增长。[①]这意味着，超大规模国家整体的公共需求快速增长与公共物品和公共服务供给短缺的矛盾进一步凸显，同时，区域间的社会公共需求同国家整体公共物品和公共服务分布的不均衡状况进一步显现。在改革开放初期，为了推动经济快速增长，尽快摆脱中国经济落后的局面，国家注重经济建设，这符合特定的历史条件下经济发展的一般规律。但是过多地注重 GDP 的增长，忽视社会建设，尤其是忽视基本公共服务均等化[②]，在一定程度上造成了经济与社会的失调、效率与公平的失衡，甚至是环境资源的严重损害。

在经历 20 多年的改革开放后，随着计划经济体制向市场经济体制的转型、行政管理体制改革的深入开展，中国的经济经历了持续快速的增长的同时，也暴露了社会领域改革滞后所带来的公共服务供给不足、不同地区之间公共服务供给严重失衡的问题。因此，2003 年 10 月召开的中共十六届三中全会提出"完善政府社会管理和公共服务职能，为全面建设小

---

① 周光辉：《构建人民满意的政府：40 年中国行政改革的方向》，《社会科学战线》2018 年第 6 期。

② 基本公共服务，指建立在一定社会共识基础上，由政府主导提供的，与经济社会发展水平和阶段相适应，旨在保障全体公民生存和发展基本需求的公共服务。而基本公共服务均等化，则是强调全体公民都能公平可及地获得大致均等的基本公共服务。

康社会提供强有力的体制保障"，"社会管理"和"公共服务"成为政府不可或缺的重要职能。[①]2012 年 7 月 11 日，国务院印发了《国家基本公共服务体系"十二五"规划》，明确提出"建立健全基本公共服务体系，促进基本公共服务均等化，是深入贯彻落实科学发展观的重大举措，是构建社会主义和谐社会、维护社会公平正义的迫切需要，是全面建设服务型政府的内在要求"[②]，这份规划成为"十二五"时期政府履行公共服务职责的重要依据。2017 年 1 月 23 日，国务院印发了《"十三五"推进基本公共服务均等化规划》，重点突出了"强化资源保障"，为促进基本公共服务均等化提供支撑。[③]到了"十三五"时期，我国已初步构建起覆盖全民的国家基本公共服务制度体系。2021 年 12 月 28 日，国务院批复同意了《"十四五"公共服务规划》，明确"十四五"时期通过"开展发达地区和欠发达地区基本公共服务在线对接，支持发展东西部线上对口帮扶、优质资源'1 带 N'、人才对口支援等方式，扩大优质服务资源辐射覆盖范围，缩小地区差距"[④]。对口支援成为加快提升基本公共服务均等化水平，加大国家对欠发达地区的支持力度，加快革命老区、民族地区、边疆地区和贫困地区经济社会发展的重要方式。欠发达地区公共物品和公共服务（如公共卫生、基础教育、失业养老保障、住房保障、公共安全、环境保护等）的水平和质量在很大程度上是需要依靠发达地区的资源流入来保障的。时任上海援疆前方指挥部的副总指挥王从春曾在采访中如此评价上海对口支援喀什的

---

① 《中共中央关于完善社会主义市场经济体制若干问题的决定》（2003 年 10 月 14 日中国共产党第十六届中央委员会第三次全体会议通过）。

② 《国务院关于印发国家基本公共服务体系"十二五"规划的通知》（国发〔2012〕29 号），http://www.gov.cn/zwgk/2012—07/20/content_2187242.htm.

③ 《国务院关于印发"十三五"推进基本公共服务均等化规划的通知》（国发〔2017〕9 号），http://www.gov.cn/zhengce/content/2017—03/01/content_5172013.htm.

④ 《关于印发〈"十四五"公共服务规划〉的通知》（发改社会〔2021〕1946 号）。

责任与使命，"在教育领域，目前最主要的问题是师资队伍的问题。在卫生领域，公共卫生服务水平有待改善。在社会援疆领域，需要将各个层面的援疆项目和资源进行系统归集，发挥最大效用"①。这种导向性的资源流入显著地体现了对口支援"社会向"汇集资源的功能，而其运行逻辑是"政府主体 + 市场主体 + 公民主体"的共建共治共享。

一是通过中央和地方政府向边疆和民族地区提供基本公共服务和公共物品的资源供给。政府组织是公共物品和公共服务的主要供给者，但过分强调其主导作用，容易"错位"，甚至出现行政"死机"。对口支援的实际实施者基本以政府部门为主体，契合完成"政治任务"和"集中力量办大事"的要求，尽管强调中央政府的主导作用，但同时由于对口支援将受援地所需的政府转移支付和公共物品和公共服务集聚，形成区域基本公共服务建设与整体经济增长的良性互动，降低了中央政府公共物品和公共服务的供给成本，从而减少了"错位"现象。"地方政府控制着地方的土地、企业、能源和原材料等大量资源，地方基础设施建设的责任更多在地方政府身上"②，通过开启医疗卫生对口支援、教育对口支援、重大工程对口支援等专项对口支援，吸纳、汇集了发达地区地方政府所控制的资源，帮助欠发达地区提升公共物品和公共服务的水平和质量。以医疗卫生对口支援为例。医疗卫生对口支援，主要是指全国医疗卫生系统对西部民族经济欠发达或实力较弱的省区（如西藏、青海、新疆等省区）进行对口支援，以及城市卫生机构对口支援农村。2002 年 1 月发布的《中共中央、国务院关于进一步加强农村卫生工作的决定》（中发〔2002〕13 号），要求建立城市卫

① 中共上海市委党史研究室、上海市人民政府合作交流办公室、政协上海市委员会文史资料委员会编：《上海的责任——对口帮扶亲历者说》，上海人民出版社 2020 年版，第 1362 页。
② 蔡伟贤：《我国地方政府偏重基础设施投入的原因及其影响》，《中国经济问题》2009 年第 2 期。

生机构对口支援农村，"组织城市和军队的大中型医疗机构开展'一帮一'活动，采取援赠医疗设备、人员培训、技术指导、巡回医疗、双向转诊、学科建设、合作管理等方式，对口重点支援县级医疗卫生机构和乡（镇）卫生院建设"。除了城市医疗卫生资源向农村的流动、集聚，地区间的医疗卫生资源转移已经形成了颇为成熟的框架体系。2010年第五次西藏工作座谈会以来，国家卫生与计划委员会倾斜安排卫生计生机构建设项目，优先实施贫困地区儿童营养改善、新生儿疾病筛查等重大公共卫生项目，量身制定了《国家卫生计生委支持西藏及四省藏区进一步提升基层医疗卫生服务能力方案》，会同中国光彩事业促进会开展"光彩·西藏和四省藏区健康促进工程"，协调委预算管理医院组建国家医疗队，赴西藏和四省藏区开展巡回医疗、技术指导和人员培训，支持西藏及四省藏区卫生计生事业发展。各对口支援省（市）和单位，大力推进项目、技术、智力援藏，大力实施惠民项目，整合利用各类资金11.4亿元，组织实施179个援藏建设项目。[1]中央第六次西藏工作座谈会召开后，医疗人才"组团式"援藏成为党中央、国务院关心西藏人民健康福祉、关注西藏可持续发展的重要举措。"组团援藏工作，就是要集中优势力量，形成一个开放性的医疗技术团队，使知识和专业结构更合理，综合性和协同性更强，配合更默契，可以把支援医院的技术、制度、流程和作风毫无保留地带到西藏，打造卫生援藏升级版，为西藏人民群众提供安全、有效、方便、价廉的医疗卫生服务。"[2]除了把资源、经费、人员和重点项目向受援地区倾斜，还通过"手把手""一对一"带教，住院医师及师资等规范化培训，为受援地区培育出一支"不走的医

---

[1]《全国卫生计生系统对口支援西藏工作会议召开》，http://www.gov.cn/xinwen/2014-09/18/content_2752600.htm.

[2]《国家卫生计生委办公厅关于做好第二批医疗人才组团式援藏选派和交接工作的通知》（国卫办医函〔2016〕730号），http://www.gov.cn/xinwen/2016-07/22/content_5093992.htm.

疗人才队伍"。

二是发挥市场力量，形成"资源共享"以及"优势互补"。当一些不该市场化的公共领域（如教育、医疗等）市场化，容易造成市场"越位"，甚至加剧社会的不稳定程度。在这些公共领域，对口支援"社会向"汇集资源的功能既能够充分发挥市场机制的作用，提升公共服务和公共物品的资源供给效率，又能够有效避免市场机制的过度"侵蚀"，不会导致产品和服务的价格上涨或者社会效益降低。以对口支援三峡库区移民工作为例。自1992年中央决定全国20个省市和50个中央部委对口支援三峡库区以来，支援方通过接受安置外迁移民和劳务合作，促进了库区移民搬迁和就业；通过援建基础设施，改变了库区城乡面貌；通过开展产业合作，加快了库区经济发展。其中，上海市对口支援的是重庆市万州区。上海市先后引导上海烟草、白猫、汇丽、信谊等一批名牌企业落户库区。自1996年上海白猫集团与搬迁企业万州五一日化厂通过资产重组，组建白猫（重庆）有限公司以来，实现销售收入8.2亿元，上缴税收3481万元，安置移民1451人。[1]通过上海企业外迁的方式组织对口支援，是资源和产品之间的合作，既能够发挥受援地区丰富的土特产资源，又能丰富上海市场，既是"资源共享"，也是"优势互补"。

三是汇集社会资源，逐渐形成支援服务的社会风尚，社会组织成为向边疆和民族地区提供基本公共服务和公共物品资源供给的重要补充力量。社会组织因为"既没有政府那样的权威，又缺乏市场那样的力量"[2]，而常常"缺位"。如何使得社会组织兼具"权威"且有"力量"，对口支援提

---

[1] 中共上海市委党史研究室、上海市人民政府合作交流办公室、政协上海市委员会文史资料委员会编：《上海的责任——对口帮扶亲历者说》，上海人民出版社2020年版，第584页。

[2] 郑杭生：《改革开放三十年：社会发展理论和社会转型理论》，《中国社会科学》2009年第2期。

供了一种方案。一方面，通过吸纳各种社会资源，形成一个有别于国家体系和市场体系的社会体系。比如，2010 年 7 月，卫生部派出援藏干部贺青华担任了西藏自治区卫生厅副厅长，任职期间他积极发动联系社会捐助。2011 年 9 月，协调深圳三九医药贸易公司捐助 70 万元基本建设资金，在察隅县下察隅镇卫生所的基础上，重建华润三九爱心阳光诊所；2011 年 5 月，协调中华扶贫基金会帮助阿里地区藏医院和措勤县卫生服务中心解决救护车一辆；2011—2012 年，协调佛山大学医学院、中国疾病预防控制中心辐射安全所和北京科兴生物制品公司，为西藏解决了计算机等办公设备20 套。[①] 另一方面，动员广泛的支援参与，汇集了包括志愿者、法人和其他社会组织等力量，开展多种形式的社会服务。比如，进入 2022 年后，吉林省新一轮疫情暴发，吉林省委、省政府启动省内对口支援，建立了省、市、区一体化扁平化疫情防控指挥体系。据不完全统计，4 月 12 日，全省约有175634 名志愿者参与疫情防控志愿服务工作，截至 4 月 12 日，全省志愿者累计上岗 6210168 人次。[②] 对口支援汇集社会力量，培育和发展了社会应急管理中介组织（如各种基金会），志愿者、法人和其他社会组织能够为应对突发公共卫生事件提供支持，形成一种"不撤走"的支援队伍。

综上，从实践效果来看，"经济向"汇集资源功能的实现可以打破空间壁垒，推进两个不相邻空间的要素资源市场一体化，进而推动全国统一大市场的形成。总体而言，对口支援作为一项中国特色的转移支付（利益分享机制），逐渐地将市场机制和有为政府有机结合起来，促进了国内区域间的市场整合，为各类创新活动提供了更加广阔的市场空间。"政治向"

---

① 中共西藏自治区党委组织部、《紫光阁》杂志社编《援藏：第六批对口支援西藏纪实》，人民出版社2013年版，第 60—61 页。

② 《吉林人，我们都是自己的英雄》，中国吉林网，http://news.cnjiwang.com/jwyc/202204/3555794.html#20898.

汇集资源功能的实现巩固了民众对党和国家的信任，增强了国家认同感，具有价值引领和凝心聚力的重要功能。当代中国在中国共产党的集中统一领导下，对口支援中的干部支援能有效地回应大规模国家出现的诸如地方主义的治理风险问题。"社会向"汇集资源功能的实现可以有效解决基层政府公共服务保障投入的动力不足问题，引导市场主体和社会主体有效补充供给。"政治向""经济向"和"社会向"汇集资源功能既相互独立，又相互交叉、相互依存和相互促进。

治理形式是影响治理规模的重要因素。对口支援是一种区别于传统、基于行政等级秩序垂直管理模式的治理形式，它提倡政府、社会和市场多方力量的协同共治。对口支援的形式下，中央政府将各方力量凝聚起来，形成合力。超大规模国家的治理压力和责任由中央政府和各个层次的地方政府共同承担。中央政府与地方政府间、支援方与受援方地方政府间、政府组织与市场组织间凝聚合力，形成衔接统一的凝心聚力机制。

"合力"是一个物理学的概念，描述的是"物体上受多个力的作用的影响时，可以用一个力来表示，其效果与原力完全相同，这个力就是诸作用的合力"[①]。但是在无形的精神世界、观念领域，"合力"有着更为丰富的

[①] 现代汉语辞海编委会编:《现代汉语辞海》，山西教育出版社 2002 年版，第 446 页。

内涵。恩格斯认为，"合力"是各种相互配合、交错力量共同作用的结果，"这样就有无数互相交错的力量，有无数个力的平行四边形，由此就产生出一个合力，即历史结果"①。在中国的历史语境中，所谓"合力"即"协力"，"合"有整合、凝聚、统合之意，强调的是将具有差异性的各构成要素协调统一起来。功能是由结构决定的，不同要素唯有遵循一定的规则与秩序，才能真正"合"起来。"力"则包含了人力、物力、智力、财力等方面。《商君书·画策》中记载："天下胜，是故合力。"荀子言："和则一，一则多力，多力则强，强则胜物。"②当分散的力量汇聚起来时，就能形成更强大的力量。中国特有的国情孕育了对口支援"党委领导、政府负责、社会协同、公众参与"③的规模治理格局。

区别于以往基于行政层级的垂直管理模式，对口支援通过中央政府、援受双方地方政府和社会等多方力量共同作用，产生一种综合效果的力量。合力的综合效果受"目标共识的达成程度、多元利益的平衡状况、社会资本的实际存量、多方主体关系的沟通与协调以及多种资源和信息互享互通情况"等影响。具体而言，就是对口支援实践通过认识合力、主体合力和行动合力等构建起一个相互作用、相互促进的合力系统。这个系统并非静态的、孤立的，而是一个动态的，多种要素、资源、途径等共建共享共治的合力系统。这一过程的最终目标是帮助中央政府实现治理意图，这就需要坚持党的领导、政府主导以及社会、市场等多元主体的共同参与。

---

① 《马克思恩格斯选集（第 4 卷）》，人民出版社 1995 年版，第 697 页。

② 《荀子·王制》。

③ 吕朝辉：《合力治边：助推边疆治理现代化的重要方略》，《中南大学学报（社会科学版）》2019 年第 4 期。

（一）认识合力

认识合力的形成取决于对规模治理重要性的认同，对国家整体利益观、区域平衡发展观以及命运共同体观等规模治理观的共识。中国特点的对口支援制度其独特性在"对口"二字，"结对子"蕴含着中国式的伦理和文化。在几千年的历史长河中，我们逐渐形成了守望相助、团结进步的中华民族大家庭。"众志成城""风雨同舟""一方有难，八方支援""人心齐、泰山移""众人拾柴火焰高""单丝不成线，独木不成林"等文化基因内蕴于中华民族的精神血脉之中，成为支撑我们战胜一切艰难险阻和风险挑战的精神动力。对口支援体现着守望相助、荣辱与共的"命运共同体意识"。学者李瑞昌认为，"对口"体现了三种伦理关系。其一是行政体系中的上下级伦理，主要表现为中央凭借中央权威与地方达成实践的统一认知。其二是政策体系的友情伦理，主要表现为支援方和受援方地方政府对共同实现政策目标形成认识上的合力。其三是政治共同体伦理，主要表现为共同体伦理下整体与部分形成认识合力。[1]2021年6月，李克强总理在国务院地区开发领导小组会议上强调，要发挥好对口支援作用，调动社会力量积极性，汇聚西部大开发的更大合力。可以说，达成共识形成认识合力是深入推进对口支援工作的关键举措。对于支援方而言，援助是从"政治义务"通过三重伦理机制转化为"道德义务"的过程，成为对口支援双方地方政府必须完成任务的心理内在的约束的道德伦理，并通过政治和社会双重保险机制推动对口支援实践顺利进行。[2]对于受援方而言，感恩存在

---

[1] 李瑞昌：《中国特点的对口支援制度研究——政府间网络视角》，复旦大学出版社2016年版，第18页。
[2] 李瑞昌：《中国特点的对口支援制度研究——政府间网络视角》，复旦大学出版社2016年版，第19页。

于事件、个体和组织三个层面，[①] 在对口支援实践过程中，感恩在组织、制度和个体的互动过程中更容易形成一种援建互助、命运一体的民族文化心理和情感。比如在 2011 年初，山东遭受持续性特大干旱，作为汶川地震灾后恢复重建受援方的四川，紧急启动实施了支援山东应急抗旱找水打井工作，"各支援队伍怀着感恩的心……展现了四川人民对山东人民的深情厚谊"[②]。不断涌现出各省际间的自觉报恩行动，彰显着援建文化的渗透力和感召力。[③] 总体而言，形成认识合力是国家规模治理顺利推进的前提条件。这是一种具有整体观、大局观、长远观的规模治理取向，根本区别于以面子政绩工程、地方保护主义、狭隘民族主义等为主要表征的错误取向。[④] 对口支援实践，一般都会在对口支援的启动阶段强调对口支援的政策使命，以实现形成认识合力的目的。

（二）主体合力

对口支援实践是在党的集中统一领导下的资源协调和区域互助。这包括了党的领导、政府主导以及社会、市场等多元主体的共同参与。

第一，党的领导发挥统率力。中国共产党是对口支援实践的领导核心。40 年的对口支援实践，从"援疆援藏"到"'八七'扶贫攻坚计划"，从"三峡工程"到"青藏铁路"，从"汶川地震灾后恢复重建"到"新冠肺炎疫情防控"，这些都离不开我们党坚强有力的领导。正是在我们党的集中统一领导下，才有了强大的社会动员力、高效的行政决策力和务实的一线执行

---

① 郭一蓉、宋继文、郑晓明、陈黎梅：《组织管理中感恩研究述评：一个多层次的理论模型》，《管理评论》2021 年第 1 期。

② 《四川省人民政府办公厅关于表扬四川省支援山东应急抗旱找水打井工作先进集体和先进个人的通报》，四川省人民政府，https://www.sc.gov.cn/10462/10883/11066/2011/4/18/10158072.shtml.

③ 李拯：《写入民族心灵的"援建文化"》，2012 年 7 月 5 日《人民日报》第 4 版。

④ 吕朝辉：《合力治边：助推边疆治理现代化的重要方略》，《中南大学学报（社会科学版）》2019 年第 4 期。

力,[①]成为对口支援实践形成合力、破解规模治理难题的根本保障。

党中央的坚强领导,能够有力有效地动员、整合和协调各方面力量。在中央提出对口支援动议后,经由政策专家调研和综合评价形成几种不同的对口支援预案后,最终由处于领导和决策地位的党中央抉择和确定,从决策到具体实施,还会通过建立各级党政领导小组链接对口支援中的各个主体,保证中央决策意志和政策目标的顺利实施。如对口扶贫领域的重大决策都需要通过国务院扶贫领导小组上报党中央决策,由此形成了党中央对对口支援各个环节的绝对领导和支配。绩效评估环节,在对口支援实践中表现优异的党政干部往往能够"同等条件下优先考虑提拔使用"[②],各级党组织通过对评价考核的结果反馈进一步调动支援方地方政府的积极性。其中既包括隐性的政治晋升,也包括显性的经济调控激励政策。可以说,在对口支援实践的各个环节,从中央到省级、地市乃至县乡的各级党组织犹如蜘蛛网,确保了党中央的意志得到贯彻执行。[③]

第二,多层级政府作为主导对口支援实践的主要主体,是政策推行的轴心,围绕着同一援助目标、理念和思路,形成政府间合力。这既包括中央政府与地方政府间、支援方地方政府与受援方地方政府间,也包括政府组织与市场组织间的合力形成过程。主体合力的形成,离不开良好的政府间关系。首先,中央政府与地方政府间形成合力。中央政府的权威渗透在对口支援政策的制定、执行、评估和变迁的全过程。通过"命令、指挥——服从、执行"的方式,经济条件好的地方政府可以不折不扣地按照对口支援方案进行省际间的援助行动。在此过程中,充分发挥了中央和地方两个积极性。

---

① 王锁明:《中国战疫强大合力从何而来》,《人民论坛》2020年3月下。

② 参见《关于印发〈对口支援新疆干部和人才管理办法〉的通知》(组通字〔2011〕6号),《对口支援新疆干部和人才管理办法》第十四条。

③ 钟开斌:《控制性多层竞争:对口支援运作机理的一个解释》,《甘肃行政学院学报》2018年第1期。

这既缓解了中央政府的治理负荷，又能维护中央政府的政治权威。其次，支援方地方政府与受援方地方政府间形成合力。随着对口支援规模扩大化、实施常态化，对口支援双方从不对等关系转变为更为平衡的关系。支援方地方政府和受援方地方政府就援助项目、援助方式共同商议。平衡的政府间关系促使双方能够充分考虑各地实际，制订出双方满意的援助方案。最后，政府组织与市场组织间形成合力。"政府引导、市场运作"是对口支援实践的基本原则之一。市场机制的引入使得更多的参与者融入对口支援实践体制中。如浙江的"山海协作"工程中，金瑞泓科技公司、衢时代创新大厦等市场组织积极参与到了省内的对口支援实践中。政府组织与市场组织形成合力既充分发挥了党和政府的组织协调优势，又通过市场化运作促进了资金、项目、技术等资源的地理空间转移。在中央政府、援受双方地方政府和市场组织的实践主体间形成载体合力，打破了地方保护和部门利益壁垒的纵横，"双方能够通过合作发挥各自比较优势，获得任何单一方面都无法获得的资源"[1]。

第三，人民群众是对口支援实践的重要参与者和依靠者。对口支援是一项系统工程，不仅需要各级党委、政府和领导干部投入其中，也需要社会力量和市场机制等政府体系外多元主体的共同参与，形成协同共治的合力。党的十八大以来，以习近平同志为核心的党中央提出了"构建全民共建共享的社会治理格局"的战略任务，强调把群众路线贯彻到治国理政全部活动之中，打造人人有责、人人尽责、人人享有的社会治理共同体。[2] 共建共享反映到对口支援实践中，主要是通过广泛的群众组织动员，增强社

---

① Brinkerhoff. Jennifer. M. "Government-nonprofit partnership: A defining framework," Public Administration and Development,2002, 22（1）：19-30.

② 钟开斌、薛澜:《以理念现代化引领体系和能力现代化:对党的十八大以来中国应急管理事业发展的一个理论阐释》,《管理世界》2022 年第 8 期。

会协同应对突发事件的能力。例如，2022 年从 4 月 3 日开始，吉林省 7 个市州派出了超过 1.5 万人组成的疫情防控志愿者工作队对长春市进行援助。[①] 长春市此次的疫情防控阻击战，疫情防控工作及其责任分解落实到单位社区、居住小区、居民楼、每一户乃至每个人。人民群众既是对口支援实践的主力军，也是防范风险化解挑战的依靠者。群防群控、广泛参与是战疫胜利的重要法宝。

（三）行动合力

对口支援是由中央政府强力推动，多级政府鱼贯参与，带有国家运动色彩的公共政策过程。[②] 对口支援中不同类型的"载体"对于援助的内容、方式、程度等有着不同的期望。与其他常规制度安排或政策实践相比，对口支援的政策目标的分布和实现程度更为复杂，却能够统合成一个拥有共同目标、构建起既合理分工又有效协同的治理体系。

第一，在资源整合中形成主导合力。尽管对口支援有多个政策执行主体，甚至其中相当重要的一部分既是政策的制定者又是政策的执行者，为何对口支援政策还能够一以贯之地执行呢？很重要的一点就在于，在资源整合的过程中主导合力的形成。中央政府是对口支援政策的发起者，承担着对口支援"主心骨"的重任。

第二，在部门配合中形成统筹合力。例如，在 2008 年汶川大地震灾后恢复重建对口支援中，山东省对口支援四川省北川县。山东省委、省政府充分发挥主体合力，在省纪委、省监察厅、省民政厅、省财政厅、省审计厅

---

① 《吉林长春：社会面清零 驰援"大白"陆续返回》，搜狐网，https://3g.k.sohu.com/t/n597008525.
② 余翔：《发展型社会政策视野下的省际对口支援研究——基于汶川地震灾后重建案例》，浙江大学出版社 2014 年版，第 29 页。

等部门的各司其职和相互配合中形成了统筹合力的作用。[1]

第三，在机制衔接中形成协同合力。对口支援实践是一个包括自上而下和自下而上的双向的完整闭环。其一，由需要对口支援的受援方向中央政府提出对口支援的政治诉求（请援）；其二，中央政府认真研究后作出决策，指示地方政府开展或加强对口支援活动（指援）；其三，援受双方地方政府合作实施对口支援行动（支援与受援）（见图4-5）。对口支援不同于其他常规制度安排或政策实践，非常重要的一点在于"嵌入"了支援方地方政府这一实践主体，能够在对口支援政策的执行中发挥出"中层控制"的作用。支援方地方政府既承载了中央政府的政策期望，又有约束受援方地方政府各行其是的元素。它的介入，分散了中央这个唯一的政策制定方，使得政策制定多了一层具体化的计划。[2]在这一模式下，作为政策驱动者

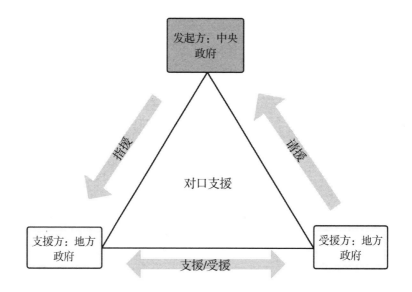

图4-5　对口支援实践模式示意图

和发起方的中央政府、政策主要执行者的支援方省市以及政策吁求者的受援方省市，都能够比较清晰地明确自身的职责，突破地方主义、部门本位的"藩篱"，比较高效顺畅地开展互动，在机制衔接中形成管理合力。

协调发展

中国是一个处于发展进程之中的超大规模国家,区域之间的自然资源、经济资源和治理资源差异非常大。尽管政府曾采取一系列均衡发展战略(如"一五"时期和"三线"建设时期经济布局向西部地区的推进和倾斜),对缩小地区发展差距起了一定作用,但是,这些政策在某种意义上是以严重的"空间错配"换取不可持续的"均匀发展"。不同于以人口和资源平均分布为目标的发展政策,对口支援是党和政府站在全局和战略的高度,以辩证思维审视非均衡与均衡发展的关系,所采取的破解大国治理非均衡难题的政策工具。作为打破空间壁垒限制,实现资源地理空间转移、重新配置以及跨界合作治理的创新实践,对口支援在协调发展方面表现出显著治理优势,保证了超大规模空间内经济协调发展。

2021 年热播电视剧《山海情》中,有一段动人的场景:

乡亲们，我是马得福。

1972 年，我出生在涌泉村，从小我就纳闷，一个村子的人，为啥有的姓李，有的姓马。为啥我是姓马，我不是姓李。前两天我爸跟我讲了，我爸说，往前数几代，这涌泉村，都是李姓。我们马家的老先人，是流亡到这儿，被李家的老先人给收留下的。这一收留，就是几代人。到了我这一代，我根本不觉得我是外乡人。我就是涌泉村人！在我心里，涌泉村就是我的根。但是现在这根扎得再深，也都吸不上水了！

乡亲们，我们搬出去，不是为了断根，我们是要把根，移到更肥沃的地方。是为了搭上易地扶贫这一班车，是为了得到教育的机会、医疗的机会，得到就业的机会。

那天，我要送老太爷去医院，哎呀，我坐在这拖拉机上，这心里特别难受。我想到我爷了，还有我太爷。当年是一家人轮换着抬，翻山越岭地往县医院送，这送到了，人也不行了。

因为我们离医院太远了！我们离学校太远了！我们离外面太远了！我们要么走不出去，要么就回不来。

乡亲们，现在闽宁镇啊，有学校，有医院，有田地，有工地，又漂亮，又实用。虽然现在还不是咱的家，但是住的时间长了，那就是家！也能生根！人嘛，毕竟不是树。人有两头根，一头在老先人手里，一头就在我们后人手里，我们后人到哪儿了，哪儿也就能再扎根！

电视剧《山海情》中，"山"，指宁夏。"海"，是对口帮扶宁夏的福建。"情"是相距 2000 多公里的情感羁绊，是历时 20 年的对口帮扶。这部剧讲述的是在福建对口支援的帮助下，宁夏西海固贫困地区异地移民和宁夏当地干部以及福建援宁干部团结一心、肝胆相照、患难与共，在贺兰山下的戈壁滩上艰苦创业、砥砺奋进的感人故事。[①]

这出双"省"记为何能够大获成功？《山海情》讲的不只是扶贫，也是"协调发展"。《山海情》描绘的既是国家和人民通过对口支援实践，协调发展脱贫攻坚的伟大成就具体而动人的缩影，也是"讲好中国故事"的优秀案例。剧中闽宁对口扶贫协作的援宁干部多有现实原型。吴月娟的原型是福建省扶贫办原主任林月婵；凌一农原型是福建农林大学国家菌草工程技术研究中心的首席科学家林占熺；马德福原型是闽宁镇闽宁村原村支书谢兴昌；陈金山原型是福建省第十批、第十一批援宁干部樊学双；郭闽航原型是厦门大学研究生支教团等援宁支教的青年志愿者们。从"吊庄移民"[②]到"坡改梯"，从"井窖建设"到"劳务输出"，从"菌草推广"到"招商引资"，从"联办医院"到"援建学校"，每一个项目都凝聚着援宁干部的心血。

正如这部剧在片头中所陈述的一样："这是一幅荡漾理想主义浪漫、蕴含现实主义真切的画作。从秃山困地走到绿色金滩；从一息尚存走到生机勃勃；从穷乡僻壤走到富饶美好。这不是理想，而是一个人、一群人的真实经历，更是时代大潮写给每个人的史诗。""从输血到造血，闽宁镇已然成为易地搬迁、东西协作、产业扶贫的典型"，[③]闽宁协作的故事充分彰显了对口支援促进协调发展的重要功能。

实现区域间均衡发展战略，需要实行强有力的转移支付制度。但是，实施转移支付有两大制约：一是中央政府要有充足的财力；二是转移支付"抽肥补瘦"的特点存在效率损失。改革开放后很长一段时间，在"两个大

[①] 《闽宁模式：中国特色开发扶贫的成功典范》，《共产党人》2019年第2期。

[②] 所谓"吊庄"是指一户人家走出一两个劳动力，到外地开荒种植，就地挖窑洞搭窝棚作为临时居所，这样一户人家"吊"居两处，故称之为"吊庄"。"吊庄移民"就是搬迁初期两头有家，待移民点得到开发，生产生活基本稳定后再完全搬迁的移民工程。

[③] 陶立峰：《〈山海情〉6大卫视热播，你可知道背后"闽宁镇"的故事？》，观察者网，https://user.guancha.cn/main/content?id=450323.

局"和"效率优先"思想的指导下,转移支付制度建设基本付诸阙如。1994年分税制改革后,中央政府财力大大增强,"两个大局"逐渐由"沿海优先发展"向"沿海拿出更多力量来帮助内地发展"转变,对口支援制度在平衡地区差距中起着重要作用。

(一)对口支援以基本公共服务均衡为政策目标

由于我国幅员辽阔,地区间、城乡间存在巨大的发展差异,人们无法通过生产要素的自由流动实现基本公共服务的均衡,需要中央政府通过"纵向转移为主,横向转移为辅"的转移支付方式实现基本公共服务的均衡化。中央的主导与协调解决了跨地区性公共物品的供给难题,并且有利于培育统一而开放的市场体系。[1] 基本公共服务的均衡不仅是指在发达地区和欠发达地区、东部地区和西部地区之间的块状系统均衡,还包括覆盖专门领域的基本公共服务的均衡。结合我国的具体情况,覆盖专门领域的对口支援使得受援地区的基础设施和教育条件得到较大程度的改善,受援地区的民众在本地即可享受到较高水平的基本公共服务,实现基本公共服务均衡化。2017 年中央经济工作会议上习近平总书记强调:"区域协调发展的基本要求是实现基本公共服务均等化,基础设施通达程度比较均衡。"[2] 对口支援不仅能够提供资金方面的有效支持,同时,可以根据受援地当地的具体情况针对性地提供物资、人员、技术、教育、医疗、就业等方面的援助,逐步实现基本公共服务的均等化。例如,在 2008 年汶川地震灾后恢复重建对口支援实践中,援助省市"每年对口支援实物工作量要求不低于本省市上年地方财政收入的 1%"。地方政府的援助行为客观上缓解了中央财政转移

---

[1] 张紧跟:《当代中国政府间关系导论》,社会科学文献出版社 2009 年版,第 156 页。
[2] 习近平:《推动形成优势互补高质量发展的区域经济布局》,《求是》2019 年第 24 期。

支付的资金压力，为各受援地区维持本地方基本公共服务的供给能力提供了外力支援，并产生了一定的持续效应。随着实践的逐步深入，对口支援不再简单地依赖于中央政府的主导与协调解决跨地区公共物品的供给困难，也不被动地等待支援方地方政府的无偿援助，而是根据新时期我国市场经济体制改革的要求，强调对于受援地区的"造血"能力的培育。通过市场化运作促进资金、人才、技术等要素有序、有效转移，可以吸引更多的项目、投资在欠发达地区落地，从而实现受援地区和群体由接受外来"输血"式救济到自我"造血"式发展脱贫的蜕变，全体人民能够共享到改革开放成果。具体而言，对口支援的基本公共服务均衡化主要体现在以下四个方面：工程建设、教育资源、医疗资源、重大自然灾害的恢复重建。

一是工程建设的对口支援。以 1992 年三峡工程移民对口支援为例。1992 年，国务院办公厅出台《关于开展三峡工程库区移民工作对口支援的通知》，提出"做好三峡库区移民工作，不仅是湖北、四川两省的任务，也需要各地区、各部门的广泛支持"。2011 年国务院常务会议讨论通过的《三峡后续工作规划》，提出三峡后续工作的首要任务是移民的安稳致富和库区基本公共服务的平衡。三峡办规划司负责人对《三峡后续工作规划》对口支援的任务作了解读："实现移民搬得出、稳得住和逐步能致富是三峡工程建设移民条例确定的目标，是新时期三峡工程惠民效益的必然要求，是衡量三峡工程建设成败的关键标志。后续规划据此制定了'两调、一保、三完善'的移民安稳致富综合措施，即调整库区产业结构，调整劳动力就业结构，实施移民安置社会保障，完善库区基础设施、社区公共服务设施以及自然与历史文化遗产保护。"[①]《三峡后续工作规划》提出，到 2020 年，

[①] 《三峡办规划司负责人解读〈三峡后续工作规划〉》，2011 年 5 月 29 日，http://www.gov.cn/jrzg/2011-05/29/content_1873050.htm.

移民生活水平和质量基本上达到湖北省、重庆市同期平均水平,覆盖城乡居民的社会保障体系建立,库区经济结构战略性调整取得重大进展,交通、水利及城镇等基础设施进一步完善,移民安置区社会公共服务均等化基本实现。[①] 根据《长江三峡工程竣工财务决算草案审计结果》,截至2012年底,全国对口支援共为三峡库区引进资金1321.57亿元,其中,经济建设类项目资金为1272.64亿元,社会公益类项目资金为48.93亿元;共安排移民劳务97507人次,培训48439人次,干部交流1058人次。对口支援三峡工程移民工作,极大地推进了三峡库区基本公共服务的平衡。

二是教育领域的对口支援。第四次全国民族教育工作会议确定了民族贫困地区教育对口支援政策。国家教委、民委召开了全国教育对口支援协作工作会议、内地高校与民族地区高校对口支援协作会议,下发了《关于认真贯彻中央扶贫工作会议精神,进一步加强对口支援民族和贫困地区工作会议精神,进一步加强对口支援民族和贫困地区发展教育事业的通知》。支援省市向受援地区提供物资、教学仪器设备、图书资料、资金,培训师资、教育管理干部、实用科技人员,改善受援地区的教学水平。仅以吉林省援疆为例,2018年11月,吉林省从8个地区选派了125名援疆教师,其中,高级职称教师22人,中级职称教师95人,中高级教师占比近94%,有的是教学骨干,有的在学校担任教务主任、副校长,代表着派出地区的教育教学水平。2018年后,促进教育资源区域平衡的对口支援范围不断扩大,分布在22个省市自治区的104所高校参与了支援计划;18个省市自治区的82所高校获得对口支援,实现了西部12个省市自治区全覆盖。2019年2月中共中央、国务院印发的《中国教育现代化2035》提出促进高等教育

[①] 国务院三峡办:《关于印发〈三峡后续工作规划实施管理暂行办法〉的函》(国三峡办函综字〔2011〕138号),2011年。

资源均衡发展，由"输血式"向"自我造血式"转变的对口支援成为推进教育现代化的重要方面。[①]

三是卫生领域的对口支援。实现基本公共卫生服务均等化，是构建社会主义和谐社会的基本要求。1980年5月，卫生部印发了《关于内地省市对口支援少数民族地区发展医学教育试行方案》，为加强内地省、市对口支援少数民族地区医学教育建设制定了八条具体措施。1983年8月，卫生部、国家民委、劳动人事部联合印发了《关于经济发达省市对口支援边远少数民族地区卫生事业建设的实施方案》，要求"卫生部门对边远少数民族地区的支援，应当按照中央的部署，与经济技术方面的支援和协作同步进行"[②]。在具体的对口支援实践中，对口援藏的19个省市、对口援疆的17个省市，在组织经济技术对口支援的同时，开展了医疗卫生对口支援新疆、西藏。时任卫生部部长陈竺发表题为《切实推进城乡医院对口支援工作》的署名文章，指出："我国有13亿人口，70%在农村，解决好农民群众的看病就医问题是卫生工作的重中之重。长期以来，我国医疗卫生资源配置不平衡，农村医疗卫生事业发展滞后，严重影响到农民群众公平享受经济社会发展的成果……几年来的实践证明，开展城乡医院对口支援，能够切实提升受援医院的管理水平，提高医疗服务水平，减轻群众费用负担，是统筹城乡医疗卫生事业发展、缓解农民群众'看病难、看病贵'问题的重要举措。"[③]2009年，我国部分地区手足口病和甲型H1N1流感疫情呈暴发趋势。为防止疫情扩散，加强疫区诊疗力量，卫生部启动了手足口病医

---

① 中华人民共和国教育部门户网站，http://www.moe.gov.cn/jyb_xwfb/s6052/moe_838/201902/t20190223_370857.html.

② 具体的对口关系为：北京支援内蒙，河北支援贵州，江苏支援广西、新疆，山东支援青海，天津支援甘肃，上海支援云南、宁夏，全国支援西藏。

③ 中华人民共和国教育部门户网站，http://www.gov.cn/gzdt/2009-08/18/content_1395070.htm.

疗救治省际对口联系制度和甲型 H1N1 流感医疗救治省际对口支援机制。2009 年，卫生部推动相对发达地区的 900 个三级医院与受援地 2000 个县级医院建立长期对口支援关系。卫生领域的对口支援使得受援地的卫生事业快速发展，基本医疗保障水平不断提高，基础医疗设施显著改善，基本公共卫生服务均等化有效落实。

四是重大自然灾害恢复重建的对口支援。对口支援被经常性地用于应对各种重大自然灾害，成为一种常态化的资源统筹措施。[①]2008 年 6 月 11 日，国务院印发了《汶川地震灾后恢复重建对口支援方案》。按照"一省帮一重灾县"的原则，确定四川省 18 个县市为重灾区，建立了对口支援机制。截至 2010 年底，四川省全面完成灾后重建任务，灾后投资近 8000 亿元，完成项目 27564 个，灾后基本生活条件和经济社会发展水平总体达到甚至超过灾前水平。 2010 年我国西南地区遭遇罕见特大干旱，国家防总组织了北京、天津等 10 个省市对云南、贵州、广西进行抗旱救灾对口帮扶。在对口支援实施过程中，国家发改委的有关负责人还强调了对口支援的社会性使命："对口支援是在中国特色社会主义制度的条件下作出的一种安排，也是一种创举。对口支援在灾后重建中充分体现了东、中、西部经济的合作、文化的交流、理念的融合，对口支援促进了全国各族人民的团结，为我们贯彻落实'两个大局'的战略思想，探索先富帮后富，逐步实现共同富裕探索了成功之路。"[②]

这一系列基本公共服务落后地区专项性对口支援，涉及工程建设、教育、卫生、重大自然灾害等社会领域的各个方面。通过对口支援较好地实现不同

---

① 王颖、董垒:《我国灾后地方政府对口支援模式初探》,《社会主义研究》2011 年第 2 期。

② 国务院新闻发布会:《对口支援是一种创举发挥了特殊重要的作用》, http://www.scio.gov.cn/xwfbh/xwbf-bh/wqfbh/2011/0510/zy/Document/909549/909549.htm。

地区基本公共服务的均等化是中央启动对口支援的出发点和落脚点。

（二）对口支援以实现共同富裕为价值追求

协调发展不是"杀富济贫"，不是"平均主义"，其根本的价值追求是"共同富裕"。邓小平亦曾指出："社会主义最大的优越性就是共同富裕，这是社会主义本质的一个东西。"① 党的十五大报告指出，社会主义初级阶段"是由地区经济文化很不平衡，我们通过有先有后的发展，逐步缩小差距的历史阶段"。对口支援是解决各经济空间发展不均衡，推动各地区共同繁荣、全体社会成员共同富裕的创新实践。尽管对口支援以其协调区域发展的经济性使命而在政府的宣传中被表述为"历史赋予的光荣任务"，要求支援方顾全大局，无私地给予受援方支援和帮助。但这不意味着，对口支援是违背市场经济原则的"拉郎配"行为。1992 年 3 月 20 日，李鹏总理在第七届全国人民代表大会第五次会议上作的《1992 年政府工作报告》提出，"国家和地方都要大力帮助中西部地区和经济不发达地区、贫困地区发展乡镇企业，以尽快改变落后面貌，改善农民生活……我们继续执行提倡和鼓励一部分地区、一部分人先富起来的政策，同时通过国家的宏观调控和发展地区间各种不同形式的互利支援"② 。1994 年 4 月 15 日，国务院颁布的《国家八七扶贫攻坚计划（1994—2000 年）》首次明确提出："北京、天津、上海等大城市，广东、江苏、浙江、山东、辽宁、福建等沿海较为发达的省，都要对口帮助西部的一两个贫困省、区发展经济。"③ 1996年 2 月 13 日，国务院发布了《国务院办公厅转发国务院扶贫开发领导小

---

① 邓小平：《邓小平文选（第 3 卷）》，人民出版社 1993 年版，第 364 页。

② 中华人民共和国中央人民政府门户网站，http://www.gov.cn/test/2006-02/16/content_200922.htm，2006 年 2 月 16 日．

③ 皮书数据库，https://www.pishu.cn/jzfpjyzj/jjwbjddfpzcn/zdzc/553630.shtml.

组关于组织经济较发达地区与经济欠发达地区开展扶贫协作报告的通知》（国办发〔1996〕26 号），确定了由北京市与内蒙古自治区，天津市与甘肃省，上海市与云南省，广东省与广西壮族自治区，江苏省与陕西省，浙江省与四川省，山东省与新疆维吾尔自治区，辽宁省与青海省，福建省与宁夏回族自治区，大连、青岛、深圳、宁波市与贵州省，开展扶贫协作。①2001 年 6 月 13 日，《国务院关于印发中国农村扶贫开发纲要（2001—2010 年）的通知》（国发〔2001〕23 号）指出，要"继续做好沿海发达地区对口帮扶西部贫困地区的东西部扶贫协作工作"，国家正式将扶贫协作工作称之为"对口帮扶"。作为对口支援横向延伸的对口帮扶被广泛应用于对贫困地区的扶贫开发以及贫困人口的脱贫致富。2011 年，中共中央、国务院印发了《中国农村扶贫开发纲要（2011—2020 年）》（中发〔2011〕10 号），提出"东西部扶贫协作双方要制定规划，在资金支持、产业发展、干部交流、人员培训以及劳动力转移就业等方面积极配合，发挥贫困地区自然资源和劳动力资源优势，做好对口帮扶工作。国家有关部门组织的行业对口帮扶，应与东西部扶贫协作结对关系相衔接。积极推进东中部地区支援西藏、新疆经济社会发展，继续完善对口帮扶的制度和措施。各省（自治区、直辖市）要根据实际情况，在当地组织开展区域性结对帮扶工作"②。这是我国扶贫开发历史上第三个纲领性文件，也是党和国家在《国家八七扶贫攻坚计划（1994—2000 年）》和《中国农村扶贫开发纲要（2001—2010 年）》扶贫开发事业取得巨大成就基础上，为进一步加快贫困地区发展，促进共同富裕，实现到 2020 年全面建成小康社会奋斗目标所制定的纲要。

---

① 《国务院办公厅转发国务院扶贫开发领导小组关于组织经济较发达地区与经济欠发达地区开展扶贫协作报告的通知》，http://www.people.com.cn/item/flfgk/gwyfg/1996/112901199602.html.
② 中华人民共和国中央人民政府门户网站，http://www.gov.cn/gongbao/content/2011/content_2020905.htm.

这些制度性文本鲜明地体现了对口支援的协调区域发展、推动共同富裕的经济性使命。①

对口支援是经济富裕地区对贫困地区开展"互利支援"的主要方式。特别是近年来，对口支援在向对口合作的发展过程中，逐渐体现出"互利性"特征：一是更加注重发挥市场的作用，把产业扶贫做成了有生命力的、可持续的高质量脱贫路径；二是更加注重动员社会各方力量参与对口支援，充分发挥出社会组织的专业性和灵活性，更好地和支援方地方政府形成合力作用；三是更加注重突出互惠互利、合作共赢。发挥支援方省（市）优势帮助受援地区发展是国家赋予的政治责任和义务，但是，对口支援并非绝对的单向受益，受援地区的相对优势也能转化成为促进支援方地区发展的有益支撑。"要根据各地区的条件，走合理分工、优化发展的路子，落实主体功能区战略，完善空间治理，形成优势互补、高质量发展的区域经济布局"②，习近平总书记的这一重要论述深刻揭示了对口支援向对口合作发展中的"互利性"特点。事实上，对口支援"互利性"的特征在历次重大的对口支援实践中也都得到了充分的体现。例如，2013年对口帮扶贵州遵义地区的工作确定下来后，采取了由上海的3个区具体承担对口帮扶遵义市位于武陵山、乌蒙山两个集中连片特殊困难地区的习水、正安、道真、务川等4个国家级贫困县的帮扶形式。除了派干部、给予援助资金，上海应当地所需和上海所能，在产业扶贫方面进行了许多有益的实践，特别注重符合市场经济规律，因地制宜，引导企业到遵义谋发展，同时，与贫困户脱贫任务相衔接，实现了企业发展和当地贫困户脱贫的双赢。

---

① 值得说明的是，协调区域发展往往需要高效率的政府间协调，其协调结果关乎不同区域公民享有的公共服务差异。因此，在针对经济落后地区的对口支援实践中，经济性使命和社会性使命常常是交织在一起的。

② 习近平：《推动形成优势互补高质量发展的区域经济布局》，《求是》2019年第24期。

增进团结

统一的多民族国家必然存在族群团结问题,特别是在经济全球化时代,在国家的开放的条件下,外部不同因素,特别是分化势力的渗透会极大地增加族群的冲突。加强地方合作是增进多民族地区内部团结的重要手段。正如菲利克斯·格罗斯所强调的,"邻里合作往往是生存的必要前提。在灾害时刻提供水源和互相援助,维持基本的安全和防御,灭火和防止火灾,任何社会共同体都不能不满足所有这些要求。在任何发达的、分化为不同阶层的社会里,地域联系也是最起码的生存条件。地域性团结是公民国家的基础,它是一种与血缘联系不同的团结,更为广泛,全面包容"[1]。单一制国家结构是多民族统一的政治框架,通过对口支援机制有助于促进不同

① [美] 菲利克斯·格罗斯:《公民与国家:民族、部族和族属身份》,新华出版社 2003 年版,第 207—216 页。

族群之间的相互交往、情感交流、文化融合、国家认同，形成休戚与共的共同体意识，从而把单一制体制的组织联结转化为不同族群之间的有机团结。而不同族群之间的有机团结对于提高社会运作的效率具有巨大的作用。经济均衡理论的代表人物、诺贝尔经济学奖得主肯尼斯·阿罗在《组织的极限》一书中指出："社会在其进化过程中形成了一些与善待他人有关的各种类型的暗含协定，它们对于社会的生存具有重要的意义，或者至少在增加社会运作的效率方面具有巨大的作用。"[①] 从这个角度讲，对口支援具有增进国家内部不同民族之间有机团结的功能。

（一）促进民族团结

中国的地理条件、资源分布和人口布局状况，使得区域发展与民族问题很容易纠缠在一起。因此，对口支援制度肩负着推进区域协调发展和促进民族团结的双重任务。[②] 学者任维德指出，对口支援政策下的企业行为，不仅有利于援助方企业扩大市场，更有利于受援地的经济发展和财政收入的提高。这对于促进民族团结有着积极影响。

西藏和新疆作为我国多民族聚居和多宗教并存的地区，受国际分裂主义势力影响，边疆地区的民族间的矛盾和冲突凸显出来。因此，新疆和西藏作为"特殊的民族地区"，中国共产党和中国政府在长期的边疆治理过程中一直推行平等、团结、互助、和谐的民族政策，确定了平等团结互助和谐的社会主义民族关系。1954 年，朱德在欢迎达赖喇嘛和班禅额尔德尼的宴会上讲到，"过去到内地来参观的一些西藏官员，都曾要求中央帮助西藏发展工商业和农牧业……我们相信，困难是能够逐步克服的，中央对西

---

① [美]肯尼斯·阿罗：《组织的极限》，万谦译，华夏出版社 2006 年版，第 19 页。
② 任维德：《中国区域治理研究报告》，中国社会科学出版社 2018 年版，第 35 页。

藏的帮助是会逐渐增多起来的"[1]。1987 年，邓小平在会见美国前总统卡特时指出，"西藏是人口很稀少的地区，地方大得很，单靠二百万藏族同胞去建设是不够的，汉人去帮助他们没有什么坏处。如果以西藏有多少汉人来判断中国的民族政策和西藏问题，不会得出正确的结论"[2]。

对口支援对促进民族团结的重要性备受重视。1979 年，中央提出"把搞好边疆、少数民族地区经济文化建设提到党委的重要议事日程上来，提到加强民族团结、反修防修、巩固国防、保卫祖国的高度来认识"，逐步形成了全国支援西藏的形势。2010 年 3 月，时任国务院副总理的李克强在全国对口支援新疆工作会议上强调："进一步加强和推进对口支援新疆工作，是中央新时期新疆工作总体部署的重要组成部分，是发挥社会主义制度优越性、巩固和发展各民族大团结的重要体现，是促进社会和谐稳定、实现新疆长治久安的必要保证。"

通过各省市的对口支援，民族地区的各族人民增强了战胜贫困的能力和信心。即使位处边疆或者是经济欠发达的"洼地"，仍然不是孤军奋战。经济发达地区与民族地区、经济欠发达地区结成的相对稳定的对口支援关系，有利于打破历史、地理环境造成的民族之间的隔阂，增进各民族成员间的交流与互动，这极大地巩固了我国平等、团结、互助、和谐的社会主义新型民族关系，巩固了民族团结的局面。

（二）培育府际伙伴关系

什么是政府间关系？ 1956 年 2 月 24 日，毛泽东在听取国务院第三办

---

[1] 朱德：《在欢迎赖喇嘛和班禅额尔德尼的宴会上的欢迎词》，1954 年 9 月 6 日《人民日报》。

[2] 邓小平：《立足民族平等，加快西藏发展》，选自邓小平：《邓小平文选》第 3 卷，人民出版社 1993 年版，第 246 页。

公室汇报工作时说："我去年出去了一趟，跟地方同志谈话。他们流露不满，总觉得中央束缚了他们，地方同中央有些矛盾，若干事件不放手让他们管。他们是块块，你们是条条，你们无数条条往下达，而且规格不一。他们若干要求，你们不批准，约束他们。"①在这段谈话中，"块块"就是指地方政府，"条条"就是指中央部委。后来就多用"条块关系"代指中央与地方政府间关系。

对口支援首先是一种横向政府间关系，本质上是一种"块块间的互动"。但是，由于中央掌握地方主要领导的考核和升迁，自然对口支援会作为中央考核领导干部的依据之一，成为中央"条条主导"下的纵向政府间关系。②所以，中央政府在构建政府间伙伴关系的过程中，依然发挥了不可替代的作用。政府间伙伴关系是一种多元、双向的社会关系，这有利于充分调动不同层级、不同区域政府的积极性。

第一，对口支援实践促进了新型府际伙伴关系的构建。首先，作为"横向"的平级政府间合作的正向对口支援逐渐向对口合作转变。这是一种多方参与且互利的转向，支援方地方政府和受援方地方政府利益的结合问题成为对口合作的重点。特别是在项目原则和项目具体功能设计等方面，逐步纳入对口支援实践启动之初的核心关切。对口支援在初始阶段实施的各种类型的支援行为都是支援省市单方主动实施的行为，受援县市除了根据支援省市履行支援义务的需要给予协助，更多的是被动地接受。实现由单方受益型对口支援向双向共赢型对口支援的转变，是对口支援政府间增进团结并持续合作的关键。1992年启动的三峡工程建设对口支援，2008年启

---

① 薄一波：《若干重大决策与事件的回顾（上）》，中共中央党校出版社1991年版，第483页。

② 赵永茂、朱光磊、江大树、徐斯勤等主编：《府际关系：新兴研究议题与治理策略》，社会科学出版社2012年版，第387页。

动的汶川地震灾后恢复重建对口支援,2010年启动的赣南等原中央苏区的对口支援实践,均是单纯的行政主导,都具有明显的"政治任务"色彩。但是,此后的对口支援实践中市场因素被纳入进来后,对口支援向对口合作转变,成为建立援受双方长效合作机制的重要路径。其次,即使是存在层级落差、政治经济地位悬殊的"斜向"对口支援,受援方地方政府也存在"讨价还价"的机会,而不完全是被动地接受。虽然一些学者担忧,斜向对口支援容易导致地方政府间的不对等——这种不对等在经济水平、政治实力、管理能力、文化影响力以及利益分配等方面都存在。[①] 但是,从长远看,对口支援在中央政府绩效考核压力以及市场机制的激励作用下,地理空间相隔甚远且不同层级的地方政府间能够相互协调和相互理解,共同促进区域性经济增长,培育出互惠互利的"兄弟关系"。

第二,对口支援实践推动了央地关系的维护。学者李瑞昌认为,对口支援实践有助于中央政府"培育与地方政府合作的伙伴关系"[②]。这种伙伴关系也是一种"财政分享型"的央地关系。李瑞昌进一步提出,对口支援实践是中央政府试图将自己的权威转化为资源并落到实处,这是一种从地方政府获得更多财政资源的重要途径。这在某种意义上,意味着中央和地方在更大范围内分享了财政资源。当然,需要说明的是,从分税制的制度设计来看,地方的财政收入并不具有对对口地区提供对口支援的功能。因此,在未来的对口支援制度完善中,需要进一步明确对口支援在税法层面的地位。此外,笔者认为,对口支援除具有将中央权威转化为"财政资源"的功效外,又反过来进一步强化了中央权威。这既是通过诸如"干部支援"等实现"地理空间"向"政治空间"转化,消弭了可能的地方分离主义影响,

---

① 李瑞昌、于永利:《地方不对等合作中的中央干预模式研究》,《公共行政与人力资源》2013年第1期。

② 李瑞昌:《中国特点的对口支援制度研究——政府间网络视角》,复旦大学出版社2016年版,第151页。

加强了中央对边缘"地方"的治理，也是通过这样一种方式强化了中央政府的权威。中央政府的权威仍然渗透在对口支援政策的制定、执行、评估和变迁的全过程之中。对口支援并不是中央政府权力的完全下放和转移，而是一种"分享治理"的新型互动模式，便于解决各项由国家规模治理负荷引致的跨区域性的棘手问题。因此，对口支援实践中的各方都会自觉维护中央权威和尊重中央的合理领导。中央政府也会自觉尊重支援地和受援地两个方面的具体利益，使其顺利进入可持续发展的轨道。

（三）激发民众的情感融合

"一方有难，八方支援"是中华民族的精神基因，也是中国能够在短时间内集中力量解决各类突出问题、增强政府抵御风险能力的重要精神力量。"感情并不是给定的，而是由社会生活的事实产生出来的"[①]，厚植于对口支援实践的社会生活激发了民众间团结一心、众志成城的情感共鸣。

2020 年，《人民日报》发布时评文章《对口支援，下好全国一盘棋》，对口支援机制的建立，为受援地区解了燃眉之急、点燃了希望之光。对于援助省份来说，在把本地区疫情防控工作做好、做扎实的同时，必须以更大力度、投入更多人力物力财力支援湖北抗疫。在那时的形势下，这对任何一个省份来说都不是一件轻松的事情。各地区努力派出医疗队、捐赠物资，体现了"一方有难，八方支援"的守望相助精神。把这种精神进一步转化为落实对口支援要求的行动，不讲价钱、全力以赴，迅速出台援助方案、迅速动员力量、迅速投入防疫战场，检验着各地区各部门的政治站位和大

---

① 郭景萍：《情感社会学：理论·历史·现实》，三联书店 2008 年版，第 239 页。

局意识。①

河北省对口支援平武县灾后恢复重建后，在平武大街上，"平武因为有你 我们心存感激""滔滔涪江水 绵绵河北情"等标语随处可见；校园里，冀恩楼、思源楼等不时映入眼帘。②

前文提到的"山海情"故事，事实上，由于对口帮扶的关系，如今闽宁镇辖区内的许多街道、村巷也都烙上了闽宁协作的印记。浦西路，福建莆田帮扶西吉县，故而得名；福宁路，取自福建与宁夏名称的首字。福建省有闽江、宁夏有贺兰山，于是便有了闽贺村、兰江村；福建省有武夷山、宁夏有黄河，就有了武河村、黄夷村；福建省有木兰溪、西吉有月亮山，于是就有了木兰村、月亮村……

这样的例子不胜枚举。2011年初春，当山东部分地区出现大旱，四川迅速驰援山东兄弟打出"感恩井"。四川江油市建立"江油市感恩河南慈善基金"，资助对口援建单位河南省的因灾致贫群众。这种自觉的报恩行动，彰显着援建文化的渗透力和感召力，使区域间互帮互助、协调发展内化为一种自觉意识，深入人心，持久绵长。③

2020年，按照党中央的部署决定，全国19个省份在做好本地防控的同时，加大对湖北省武汉市以外其他地区的对口支援。对口支援机制公布之后，网友在社交媒体上纷纷留下暖心话语，为制度优势点赞，为疫情防控加油。疫情发生以来，广大党员、干部、群众积极响应党中央号召，坚定信心、顾全大局、自觉行动、顽强斗争，以行动践行了"人心齐，泰山移"的哲理。

---

① 《对口支援，下好全国一盘棋》，2020年2月14日《人民日报》第5版。

② 《河北：用心援建平武》，2020年9月28日《光明日报》第5版。

③ 李拯：《写入民族心灵的"援建文化"》，2012年7月5日《人民日报》第4版。

"鄂州别怕，广东来了！""感谢四川，等疫情过去一定多去吃火锅"……对口支援机制公布之后，社交媒体上不少类似这样的暖心留言，见证了疫情面前全国人民的心手相连，也让我们更加懂得"我们是个命运共同体"[①]。

总之，"团结合作才是人间正道"[②]，对口支援实践促进了民族团结，培育了府际伙伴关系，激发了民众的情感融合，让我们形成了休戚与共的共同体意识。内部的有机团结已经成为超大规模的中国抵御内外部风险、促进国家发展繁荣的精神力量。

---

① 《对口支援，下好全国一盘棋》，2020年2月14日《人民日报》第5版。
② 习近平：《在全国抗击新冠肺炎疫情表彰大会上的讲话》，《求是》2020年第20期。

第五章

对口支援的
典型案例分析

志合者，不以山海为远。

——（晋）葛洪《抱朴子·博喻》

　　对口支援制度是党和政府根据我国国情探索出的一种减轻国家治理负荷、定向配置资源的长效机制。对口支援制度在维护边疆地区稳定和增进民族团结、灾后恢复重建、应对突发重大事件、促进区域协调发展、贫困治理等大国治理场景中展现出了"集中力量办大事""一方有难，八方支援"的制度优势。根据对口支援的基本类型，本章选定了五个不同类型的对口支援典型案例，包括维护边疆稳定和民族团结的对口支援（对口援藏）；灾后重建的对口支援（上海对口支援都江堰）；应对突发重大事件的对口支援（湖北新型冠状病毒肺炎防治）；控制和缩小地区发展差距实现区域协调发展的对口合作（长津对口合作）；消除贫困推动西部少数民族经济和社会较快发展的对口帮扶（昆山市对口帮扶阿图什市）。旨在通过详细和深入的典型案例分析，进一步理解不同类型对口支援破解规模治理难题的内在机理。

对口援藏

西藏，自古以来就受到历代中央政府的高度重视。[①] 元代起，西藏正式纳入中国版图，接受统一的中央政府的行政管辖。元、明、清，包括中华民国，历代中央政府都对西藏实施了有效治理。由于历史、地理和人文因素的影响，我国藏区的发展水平较为低下。中华人民共和国成立以来，中央政府不仅帮助西藏人民实现了和平解放，而且根据西藏实际，制定了一系列特殊政策，开展长期的对口支援，促进了西藏地区的发展。

对口支援西藏发展是新生的中华人民共和国同历代封建王朝在西藏政策上的根本区别。西藏和平解放之后，中央政府长期对西藏实行无偿援助。即使在国家财政极度困难的情况下，仅 1952—1958 年的 6 年间，中央

---

① 西藏自治区人民政府办公厅、西藏自治区党委党史研究室：《全国支援西藏》，西藏人民出版社 2002 年版，第 1—2 页。

政府无偿拨付财政经费达 35717 万元,占西藏全部财政收入的 91%。[①] 为了加快边疆少数民族地区的发展,1979 年召开的全国边防工作会议决定全国人民支援西藏。这一决策是中华人民共和国成立以来对藏政策的延续和发展。经过 1980 年、1984 年、1994 年三次西藏工作座谈会后,进一步明确了新时期西藏工作的指导方针,形成了中央各部门和 15 个省市“分片负责、对口支援、定期轮换”的对口援藏机制。2001 年,第四次西藏工作座谈会将西藏全部县市区纳入对口支援范围。2010 年,第五次西藏工作座谈会对推进西藏跨越式发展和长治久安作出了全面部署。2015 年,第六次西藏工作座谈会明确了当前和今后一个时期西藏工作的指导思想、目标要求、重大举措,是党的西藏工作新的里程碑。2020 年,第七次西藏工作座谈会提出要全面贯彻新时代党的治藏方略,建设团结富裕文明和谐美丽的社会主义现代化新西藏。从 1980 年 3 月到 2020 年 8 月,中共中央先后召开了七次西藏工作座谈会。回顾历年来的对口支援边疆少数民族实践,唯有对口支援西藏和新疆地区才有如此高规格的座谈会,连续七年召开座谈会的,更是只有西藏。座谈会开会时间选择都是在每个重要和关键的历史节点。召开座谈会已经成为“中央专门研究和谋划西藏工作的一种有效形式”。历次的西藏工作座谈会均将维护西藏地区的稳定、促进西藏地区的发展作为援藏工作的重点。

与国内其他地区相比,西藏等边疆少数民族地区“地势险阻,道路不修,民智闭塞,农产鲜少,兼与中央相距过远,政令不能下达,民意亦未上达”[②],地理上的特殊环境兼之与内地迥然的文化习俗,边疆地区相较于

---

① 《西藏自治区概况》编写组:《西藏自治区概况》,民族出版社 2009 年版,第 324 页。

② 四川省档案馆、四川民族研究所:《近代康区档案资料选编》,四川大学出版社 1990 年版,第 71 页,转引自郭飞平、段金生:《制衡与牵制:南京国民政府治理边疆的政治策略——以边疆行政区域的新规划为中心》,《云南行政学院学报》2011 年第 1 期。

黄河、长江中下游等中国经济社会发展的"中心"地带，与全国的社会、经济融合程度相对较低。地理版图的"边远区域"在某种程度上与国家认同的"边缘地带"相重合。如何打破地理因素造成的相对封闭状态，防范帝国主义"次级势力"①的存在，实现西藏与内地的有效整合，成为现代民族国家构建面临的挑战，同时，也是国家规模治理、维护超大规模国家统一性的挑战之一。对口援藏，就是党和国家为了应对挑战，在制度设计和政策制定上作出的特别安排。

（一）对口援藏工作的特殊性

自西藏和平解放，援藏工作已持续至今。一方面，全国人民的大力支援反映了中央对西藏地区的特别关心；另一方面，也体现了援藏工作在当代中国各项边疆少数民族地区工作中的特殊性②。相较于其他的边疆少数民族地区（如新疆、内蒙古、广西、云南等），为何中央对西藏更"情有独钟"，并且提出"那是一个很特殊的地方，要用特殊的办法解决"③西藏的治理问题？西藏是祖国神圣领土不可分割的一部分，是政治、经济、文化和自然条件都具有特殊重要性的民族自治区。西藏特殊的地理环境、历史文化背景、政治经济形势，以及在国家战略全局中的地位，是中央特别支持西藏、动员全国力量持续支援西藏的重要原因。

---

① [美] 拉铁摩尔：《中国的亚洲内陆边疆》，唐晓峰译，江苏人民出版社 2008 年版。

② 需要强调的是，认识到援藏工作的特殊性，并不意味着否定西藏同全国其他各地的共同性，更不能错误地认为西藏可以"独立"。需要认识到，我国的辽阔疆域是长期历史形成的，我国的悠久历史和灿烂文化是各民族共同创造的。只有正确地认识西藏、理解援藏工作的特殊性才能制定一些更加符合实际的方针政策，把西藏工作推向前进。

③ 中共西藏自治区委员会党史研究室编著：《中国共产党西藏历史大事记（1949—2004）》第一卷，中共党史出版社 2005 年版，第 87 页。

第一,西藏地处祖国西南边陲,是我国重要的"两屏四地"①。西藏与尼、印等 5 个国家接壤,边境线近 4000 公里。这一世界屋脊海拔高、地形复杂、气候恶劣。中部是一片高原,一部分是山,一部分是原地或起伏地。由于四周群山的阻隔,中部起伏地周围的河流(多为东部和东南部)流入四周,形成了难得的、可供农耕的地区。五分之四左右的垦殖地区散布成一个弧形,从拉萨西部雅鲁藏布江河谷到东部,再绕到东北部的甘肃边境。②复杂的地理特征造就了该地区交通困难的状况,并很容易造成与外界隔绝的状态。美国著名汉学家拉铁摩尔(Owen Lattimore)认为,西藏"难以逾越""无法侵入"的地理环境特征是塑造其独特历史的支配性因素,进而将位于中国西南部的西藏称为"第三种边疆地区"。③

第二,西藏有着独特的历史文化背景。史籍记载及至今还存在的大量遗址和实物充分证明了这一点。在进行民主改革前,西藏基本上是自给自足的自然经济。在人口较密集的平原和河谷地区,农牧业由三大领主(官员、贵族和寺庙)控制,实行的是农奴制。"过去长期处于封建农奴制社会。政教合一的僧侣、贵族统治达数百年之久。在跃进到社会主义以后,历史上遗留下的痕迹仍然很深;基本上是单一民族——藏族聚居的地区;基本上全体藏民都信仰喇嘛教,宗教在群众中有长期的、深刻的影响。"④此外,

---

① 在第五次西藏工作会议上,中央首次将西藏定位为"两屏四地",即重要的国家安全屏障、重要的生态安全屏障、重要的战略资源储备基地、重要的高原特色农产品基地、重要的中华民族特色文化保护地和世界旅游目的地,以突出西藏的重要地位。

② 参见 Grenard,Fernand. Haute Asie.Geographie universelle,Vol.V Ⅷ .Paris.P.364. 转引自 [美] 拉铁摩尔:《中国的亚洲内陆边疆》,唐晓峰译,凤凰出版传媒集团、江苏人民出版社 2010 年版,第 143 页。

③ [美] 拉铁摩尔:《中国的亚洲内陆边疆》,唐晓峰译,凤凰出版传媒集团、江苏人民出版社 2010 年版,第141 页。

④《中共中央关于印发〈西藏工作座谈会纪要〉的通知》(一九八四年四月一日),载中共中央文献研究室、中共西藏自治区委员会编:《西藏工作文献选编(一九四九—二〇〇五年)》,中央文献出版社 2005 年版,第361 页。

藏汉人民和睦相处的历史很久远，但因历代统治阶级的错误政策，也发生过不少隔阂。所以对西藏自治区各项问题的处理，必须十分重视和慎重。①

第三，西藏自然条件差，发展起步晚，发展状况却关乎中国全局的政治经济形势。地理环境对人类的制约作用因生产力而异，对统一国家的形成同样如此。②"治国必治边、治边先稳藏"，西藏的稳定关乎边防巩固和边境安全，对于国家安全和长治久安影响深远。2001 年 6 月 27 日，时任中央政治局常委的李瑞环同志在第四次西藏工作座谈会上指出，"我们之所以要在各方面任务十分繁重、财力十分紧张的情况下坚持全国支援西藏……西藏是我们与国际反华势力斗争的一个焦点……只有加快把西藏建设好，才能有效巩固西南边防，把祖先留下的这块土地守住"③。

第四，援藏在国家战略全局中处于重要地位。做好西藏工作，是深入贯彻落实科学发展观、全面建设小康社会的迫切需要，是构建国家生态安全屏障、实现可持续发展的迫切需要，是维护民族团结、社会稳定、国家安全的迫切需要，是抵御国际敌对势力西化、分化战略和营造良好国际环境的迫切需要。西藏的发展、稳定和安全，关乎"五位一体"总体布局以及"四个全面"战略布局的推进。

援藏工作自西藏和平解放至今从未间断。如此长时期地动员全国力量对国内一个地区的援助，不仅在对口支援实践发展史上独一无二，在中华人民共和国的历史上也绝无仅有。20 世纪 50 年代，在中央发出"支援边疆建设"的方针指引下，一些内地干部、复员军人、知识分子、专业技术人员、

---

① 《中共中央关于转发〈西藏工作座谈会纪要〉的通知》（一九八〇年四月七日），《三中全会以来重要文献选编（上）》，人民出版社 1982 年版，第 478 页。
② 葛剑雄：《统一与分裂：中国历史的启示》，商务印书馆 2013 年版，第 102 页。
③ 李瑞环：《集中精力发展，改善生活》（二〇〇一年六月二十七日），中共中央文献研究室、中共西藏自治区委员会编：《西藏工作文献选编（一九四九—二〇〇五年）》，中央文献出版社 2005 年版，第 572—573 页。

大学毕业生等，纷纷"上山下乡"，奔赴新疆、内蒙古、黑龙江、云南、西藏等边疆少数民族地区，主要以自身的技术和知识支援边疆建设。其中，对于西藏的援助力度是其他省份不可比拟的。1955 年 11 月 28 日，毛泽东在致刘少奇、周恩来、邓小平等人的信中指出，对于西藏，"目前行得通的办法，就是经济上长期补贴的办法"①。根据靳薇的研究，"从 1951 年西藏和平解放至 2005 年的 54 年中，中央政府对西藏地方政府的财政补贴，在 21 年中是'补大部分'，在 33 年中是'补超额'，即中央财政补贴占西藏财政支出的 100% 以上"②。这意味着，西藏对于国家财政的依赖程度非常大。因此，相较于其他边疆少数民族地区，对于西藏的援助除智力、干部支援外，还多了物资、资金、设备等。

（二）对口援藏工作的新变化

在 1979 年中央召开的"全国边防工作会议"上，随着"对口支援"政策的提出，西藏成为全国重点支援对象。援藏，也随之成为一个热门话题。对口援藏，主要以财政资源横向转移为途径，以干部、专业技术人才支援为载体展开。除财政转移支付的支持外，党中央也一直表达出对西藏发展的重视。2021 年 7 月 25 日，习近平同志作为中共中央总书记、国家主席、中央军委主席到西藏庆祝西藏和平解放，这在党和国家历史上还是第一次。习近平总书记强调："就是要表达党中央对西藏工作的支持，对西藏各族干部群众的关怀。"③ 对口援藏通常以 10 年为一期，根据对口援藏任务完

---

① 中共西藏自治区委员会党史研究室编著：《中国共产党西藏历史大事记（1949—2004）》第一卷，中共党史出版社 2005 年版，第 87 页。

② 靳薇：《西藏：援助与发展》，人民出版社 2011 年版，第 93 页。

③《这在党和国家历史上是第一次——记习近平作为中共中央总书记、国家主席、中央军委主席到西藏庆祝西藏和平解放 70 周年并进行考察调研》，新华网，http://m.xinhuanet.com/2021-07/25/c_1127691591.htm.

成的实际情况决定是否延长当期时间。例如，在 2001 年 6 月 25—27 日的第四次西藏工作座谈会上，将原定 10 年的援藏计划延长了 10 年。从实践过程来看，中央在支援过程中发挥着关键作用。事实上，西藏也是唯一一个中央先后三次召开全国西藏工作座谈会动员全国予以支援的地区。经过近 70 年的援藏经验的积累以及中央政策的调整，逐步形成了"全方位"的对口援藏援助格局，对口援藏无论是援助主体、援助形式、援助领域还是援助模式都发生了显著变化。

首先，援助主体多元化。在第四次、第五次西藏工作座谈会上增加了大型国有企业的对口支援，在第七次西藏工作座谈会上更是将四川、云南、甘肃、青海四省涉藏工作纳入援助范围，要求其承担起主体责任，加强同西藏自治区的协调配合。根据中央的安排，早期参与援藏的主体主要有三类：经济条件相对较好的省市、实力雄厚的国有企业，以及有关部委（见表 5-1）。截至 2010 年 7 月第五批援藏工作结束，各对口援藏省（市）、中央企业及中央国家机关先后派出 5 批共 3747 名（中组部、人力资源社会保障部下达的计划数）干部到西藏工作，累计投入援藏资金 129 亿元，完成重大建设项目 6147 个。[①]根据 2015 年 4 月 15 日国务院新闻办公室发布的《西藏发展道路的历史选择》白皮书所公布的数据，自 1994 年中央第三次西藏工作座谈会作出对口支援西藏的重大决策以来，全国共有 18 个省（市）、60 多个中央国家机关、17 家中央企业承担了对口支援任务，西藏全区 73 个县（市、区）和双湖特别区以及自治区和地（市）主要直属部门都在受援范围之内。[②]

---

① 中共西藏自治区党委组织部、中共西藏杂志社编《援藏：第五批对口支援西藏纪实》，华文出版社 2010 年版，第 221 页。

② 中华人民共和国国务院新闻办公室：《西藏发展道路的历史选择》（白皮书），2015 年 4 月 15 日。

表5-1 早期对口援藏主体分类

省市	国企	国家部委
北京、江苏、上海、山东、黑龙江、吉林、湖南、湖北、安徽、广东、福建、天津、重庆、四川、浙江、辽宁、河北、陕西等18个省市	中国中化集团公司、上海宝钢集团有限公司、中国电信集团公司、中国第一汽车集团、东风汽车公司、武汉钢铁（集团）公司、中国铝业公司、中国远洋运输（集团）总公司、中国石油天然气集团公司、中国石油化工集团公司、中国海洋石油总公司、神华集团有限公司、中国中信集团公司、国家电网公司、中国联合通信有限公司、中国移动通信集团公司等17家国企	中纪委、中央办公厅、国务院办公厅、财政部、中编办、国家审计署、国家工信部、中央直属机关工委、教育部、卫生部、中央政法委、公安部、最高人民法院、国家司法部、国务院法制办、人力资源和社会保障部、国家发改委、水利部、农业部、国家林业局、国土资源部、交通运输部、住房和城乡建设部、宣传部、文化部、国家新闻出版总署、人民日报社、国家广电总局、中国文联、中国作协、国家体育总局、全国人大常委会办公厅、全国政协、中央统战部、中央党校、中国社科院、全国妇联、全国总工会、中国残联、全国工商联、国家人口和计划生育委员会、国家工商总局、国家质检总局、科技部、中国科协、中国气象局、国家安监总局、国资委、团中央、国家民委、环保部、商务部、外交部、国家统计局等60个国家部委（包括历次国务院机构改革中调整变动的部门）

资料来源：根据资料整理自制。

　　除中央统一部署的省市、中央企业和部委，以及地方层面的地方政府外，还有一些事业单位也逐渐参与了对口援藏。这类事业单位多为地方高等院校，支援类型为教育援藏，由教育部启动高校团队对口支援西藏大学。自2001年以来，共计30多所直属高校对口支援西藏大学和西藏大学农牧学院，北京大学、武汉大学等援藏高校充分发挥学科优势、平台优势，从干部教师选派、教师培训、学术研究、仪器设备配置、学科建设等方面提供支持，加快了西藏高校综合办学能力的提高。在中央第六次西藏工作座谈会后，教育部等四部委联合制定下发《"组团式"教育人才援藏工作实施方案》，"组团式"教育援藏得以在西藏推广。除高等院校外，职业学校、中小学均成为教育援藏的主体。如2017年8月，北京市拓展了"组团式"教育援藏的规模，由单一援助拉萨北京实验中学，拓展为同时援助拉萨北京中学、拉萨市第一小学、拉萨第一中等职业技术学校等4所学校，涵盖小学、初中、高中和职业教育各学段。①

随着对口援藏实践的逐步深入，援藏主体多元化的趋势愈发显著。越来越多的社会组织、企业和社会人士加入对口援藏实践。这主要是由于支援方地方政府能够用于援藏的资金相对于庞杂繁复的援助任务"捉襟见肘"，为了能够更好地实现援助目标或者分担支援省市援助负担的考量，充分发挥能动性，便广泛地调动社会各界力量参与到对口援藏实践中。例如，武汉市在对口支援西藏山南地区乃东县的过程中，探索出了"政府援藏为主、社会援藏为辅、企业参与开发"的"武汉援藏立体式跨越模式"。武汉市发动社会各界力量积极参与对口援藏的经验，得到了各级领导的认可，并在西藏其他地市得以推广。② 各支援省市逐渐开始探索多元化的援藏工作渠道。例如，江苏省对口支援拉萨的过程中，根据"十二五"援藏规划安排了7070万元资金，专项用于扶持产业项目，实现两地优势互补、共同发展，提高拉萨的造血能力。围绕太阳能、藏毯、藏药、牦牛、青稞等特色优势资源，通过产业推介、项目对接等形式，积极引进扬子江药业、尚德、雨润等大型企业集团到拉萨投资兴业，促进拉萨的特色产业发展。③ 社会组织也是近年来援藏的主体力量。2021年5月28日，民政部社会组织管理局、慈善事业促进和社会工作司召开了"社会组织参与援藏援疆工作推进会"，共计27家包括中华慈善总会、中国慈善联合会、中国扶贫基金会、

① 袁泉：《教育援藏：让优质教育资源在雪域高原生根》，中国西藏网，http://www.tibet.cn/cn/edu/201806/t20180625_5989027.html.

② 《新常态下的"武汉援藏模式"创新》，中国西藏网，http://pic02.tibet.cn/aid-tibet/news/1460940316841.shtml.

③ 中共西藏自治区党委组织部、《紫光阁》杂志社编：《援藏：第六批对口支援西藏纪实》（下册），人民出版社2013年版，第34页。

国家能源集团公益基金会、中国光彩事业促进会在内的全国性社会组织代表参会，其他 2000 余家全国性社会组织通过视频方式参加会议，专门对社会组织参与援藏援疆工作进行部署。① 除了有组织的援藏活动，还有民间自发的援藏队伍。一项少数民族现状与发展的调查发现，在西藏堆龙德庆县的汉族菜农主要来自四川，其次是来自湖北宜昌、陕西潼南和山东枣庄。② 这也是恰恰符合国家领导人的期望的。就像 1987 年 6 月 29 日，邓小平在会见时任美国总统卡特时所指出的：“西藏是人口很稀少的地区，地方大得很，单靠二百万藏族同胞去建设是不够的，汉人去帮助他们没有什么坏处。如果以西藏有多少汉人来判断中国的民族政策和向问题，不会得出正确的结论……我们的政策是着眼于把这些地区发展起来。”③

其次，援助形式多样化。在对口支援的框架下，支援省市在项目援藏、资金援藏、产业援藏、社会援藏、人才援藏等方面做了大量卓有成效的工作，援助的形式也越来越多样化。一方面，干部支援从“自选动作”选派援藏干部把先进的管理理念、技术引入西藏，到“固定动作”组织西藏的干部、学生、技术人员等到内地参加培训。20 世纪 50 年代，在中央“支援边疆建设”的方针指引下，一些内地干部、复员军人、知识分子、专业技术人员、大学毕业生等纷纷“上山下乡”，奔赴新疆、内蒙古、黑龙江、云南、西藏等边疆少数民族地区，主要以自身的技术和知识支援边疆建设。国家领导人非常重视发挥援藏干部在西藏发展中的作用。1955 年 3 月 8 日，毛泽东与十四世达赖喇嘛谈话时强调了援藏干部关乎援藏水平和成效，“我们曾对派去

---

① 《社会组织参与援藏援疆工作推进会召开》，公益时报网，http://www.gongyishibao.com/html/shehuizu-zhi/2021/06/17660.html.

② 张江华：《中国少数民族现状与发展调查——堆龙德庆县》，民族出版社 2003 年版。

③ 邓小平《立足民族平等，加快西藏发展》(1987 年 6 月 29 日)，《邓小平文选》第 3 卷，人民出版社 1993 年版，第 246—247 页。

西藏工作的汉族干部强调说，要全心全意地去帮忙，为了帮忙，性命也可以放弃，要把忙帮好，不准帮坏"①。"把忙帮好"就是对援藏干部的要求。"自选动作"也在逐渐向"固定动作"发展。比如，吉林省检察院依托国家检查官学院吉林分院平台，每年都要为西藏、新疆受援检察院预留出培训指标，使得受援地检察人员教育培训逐渐常态化。2019 年 8 月 28 日，湖州市对口工作领导小组办公室制定印发的《湖州市东西部扶贫协作、对口支援和对口合作 2019 年度工作任务书》中，进一步对东西部扶贫协作专业技术人才轮换工作作了明确要求，"根据对方需求，妥善安排对口帮扶地区和对口合作地区干部人才来湖挂职学习工作"以及"根据对方需求，适时安排白山市干部人才来湖培训"②。

再次，援助领域扩展化。早期的对口援藏主要表现为项目援藏、干部支援以及财政补贴。60 多年来，中央财政不断加大对西藏的财政转移支付力度。1952—2013 年，中央政府对西藏的各项财政补助达 5446 亿元，占西藏地方公共财政支出的 95%。从 1980 年至今，中央已先后七次召开西藏工作座谈会，不断根据形势的变化，赋予西藏各种特殊的优惠政策和财政支持。例如，在第五次西藏工作座谈会规定"对口支援省市年度援藏投资实物工作量，在现行体制下按本省市上年度地方财政一般性预算收入的千分之一安排"，确保了年度援藏资金的稳定。随着西藏基础设施的日臻完善以及中央政策导向的变化，援助领域逐渐向纵深发展，表现为就业援藏、医疗援藏、教育援藏、人才援藏、民生援藏、开发援藏、旅游援藏等，一个全方位、多层次、宽领域的对口援藏格局日益形成。截至第五次西藏工

---

① 《同达赖喇嘛的谈话》（一九五五年三月八日），中共中央文献研究室、中共西藏自治区委员会、中国藏学研究中心编《毛泽东西藏工作文选》，中央文献出版社、中国藏学出版社 2008 年版，第 118—119 页。
② 《湖州市对口工作领导小组办公室关于印发〈湖州市东西部扶贫协作、对口支援和对口合作 2019 年度工作任务书〉的通知》，2019 年 8 月 28 日。

作座谈会,对口援藏已经几乎涵盖了西藏的所有辖区和行业。[①] 比如,仅在"十二五"期间,江苏省安排援藏资金18.36亿元,其中,2011年实施15个项目,安排资金3.13亿元;2012年实施26个项目,安排资金3.38亿元;2013年实施21个项目,安排资金3.65亿元。在项目资金安排上,县及县以下技能项目占援藏资金的55%;农牧区基础设施、社会事业、城乡居民住房等民生项目投资10.2亿元,占援藏资金的55.6%;产业建设、生态建设、人力智力援藏等占援藏资金的21.2%。[②] 内地各支援省市通过结合支援方优势领域和受援方特色,拓展援助领域,为科学援藏明确了目标,指明了方向。

最后,援助模式互惠化。对口援藏的援助模式由无偿援助向平等互惠转变。这里所谓的无偿援助是指资源的无偿赠送,支援方对受援方的一切援助都是不求回报的。也就是说受援方并不承担回赠义务,由对口支援的发起者中央政府或者省级政府承担回赠义务。[③] 无偿赠送的资源主要包括人、财、物等。就对口援藏而言,干部援藏是常态。所以援藏模式可以分为无偿援助资金模式以及无偿援助物资模式。前者主要通过直接的地方政府间的财政转移支付以及受援方组织人员实施所有支援项目后,支援方按照工程量给予资金补助来实现,被称作"交支票"模式;后者则包括直接赠送设备,以及由支援方全程负责支援项目的施工管理,直至项目完工把产品完整交付给当地(如建筑物等),被称为"交钥匙"模式。无偿援助模式主

① 在第四次西藏工作座谈会将尚未纳入对口支援范围的西藏29县以不同方式纳入了对口援藏范围。参见《中共中央、国务院关于做好新世纪初西藏发展稳定工作的意见》(二○○一年七月十三日),中共中央文献研究室、中共西藏自治区委员会编:《西藏工作文献选编(一九四九—二○○五年)》,中央文献出版社2005年版,第589页。
② 中共西藏自治区党委组织部、《紫光阁》杂志社:《援藏:第六批对口支援西藏纪实》(下册),人民出版社2013年版,第27页。
③ 李瑞昌:《中国特点的对口支援制度研究——政府间网络视角》,复旦大学出版社2016年版,第78页。

要在中央的统一安排下开展：①中央召开重大会议进行整体部署，确定援助西藏的总体方案和基本方向，出台相关援助标准和援助政策；②在认真学习中央会议精神的基础上，西藏和支援方分别组织召开动员大会，部署各自的工作重点；③支援方和受援方就援助事宜进行接洽和商谈，共同确定援藏计划和实施方案；④由支援方派出援藏干部，贯彻落实援藏计划。①在对口援藏中，虽然平等互惠模式还不是主流，但是代表了对口援藏的发展方向。

从无偿援助模式到平等互惠模式的转变，是大势所趋。学者靳薇在《西藏：援助与发展》一书中指出，中央推行无偿援藏政策的一个后果，是西藏自治区在财政上对中央补贴的高度依赖。学者马戎对此不无担忧，"这些项目和资金对西藏的社会发展无疑发挥了重要作用，彻底改变了西藏基础设施的根本面貌，对这些成绩没人会否认。问题在于投入和产出之间的比例是怎样的，有多少投资客观上是无效的或者浪费……作为受援助方的西藏自治区政府和下属各地区政府……很难设想出把这几十亿、几百亿援藏资金最有效使用的方案。而且恐怕也难免有这样的心态：反正是无偿援助，不要白不要，建了总能发挥出点效益。在这样的心态下他们也很难去认真考虑这些项目的投入与产出之间的关系"②平等互惠模式或能很好地回应马戎教授的担忧。对于支援方而言，既可以摆脱受援方的"援助依赖"，削弱无偿援助给地方财政带来的负担，又能超越"政治任务"的压力，在互惠动机影响下主动寻求与受援方的合作。对于受援方而言，这种模式真正地改变了传统的支援框架，不再局限于中央的外部硬性规定，走出了被动

---

① 柳建文、杨龙：《从无偿援助到平等互惠——西藏与内地的地方合作与长治久安研究》，社会科学文献出版社 2014 年版，第 95—96 页。

② 马戎：《重思援藏项目的经济和社会效益——为靳薇〈援助政策与西藏经济发展〉序》，《青海民族研究》2011 年第 4 期。

配合的状态,地方政府可以更为灵活主动地开展谈判协商,尤其是西藏各级政府可以就社会经济发展的需要同支援方地方政府自主开展跨行政区域的合作,同时,因为援受双方基于对等的权利义务关系合作,不必在对口支援实践过程中处于心理"劣势"。

以广东省对口支援波密县为例。广东省在波密县投入援藏资金1400万元规划建设了藏东南首个县级产业园区——高原生态型产业园区。园区建设是援藏工作从"输血"向"造血"转变的重要一步。广东省支援方地方政府在援藏的同时,还能通过合作获得一些经济性收益。从目前来看,西藏特殊的自然地理条件和经济社会特点决定了无偿援助的对口援藏模式仍是当前主要的援助范式,并且在相当长的一段时间内仍将发挥出重要的作用。从长远来看,以合作促发展符合社会发展规律,基于平等互惠的对口援藏模式是一种更高水平的援助范式,从"输血式"援藏向"造血式"援藏的转变代表了对口援藏的发展方向。

(三)对口援藏实现规模治理的机制分析

如何克服地理障碍,打破空间"藩篱",实现边疆与内地的一体化,实现大范围领土内的人员、资源和信息的交互维系,是边疆少数民族地区面临的主要的规模治理难题。中国在王朝时期,屯垦戍边、封贡、和亲、互市、教化、以夷制夷等方法和策略均是重要的边疆治理方略。[①] 历史上特别是元、明、清三朝,中央政府通过赏赐、贡市、赈济、布施以及财政补贴等多种手段对西藏经济进行资助,加速了西藏与祖国内地的经济交流、扩大了

---

① 所谓边疆治理方略,是指历代王朝经过长期的实践与渐次总结,在治边方面形成的较稳定的谋略与传统,核心部分是地缘政治方略、文化软实力方略、博弈谋胜方略。参见方铁:《论中原王朝治边的理念、方略与制度安排》,《烟台大学学报(哲学社会科学版)》2018年第1期。

相互间的经济联系。[①]中华人民共和国成立后，在汲取历史有益经验的基础上，逐渐形成了以对口支援为重要框架的特色边疆治理方略。实践表明，对口援藏是一种有效的规模治理机制，是边疆和少数民族地区由"边缘地理空间"向"中心政治空间"转向的重要工具，是国家意志在领土空间内部延伸和强化的体现，是创造一个更为连续的国家空间的重要载体。对口支援强化了多民族国家的政治整合，维护了边疆的稳定和民族的团结，实现了国家规模的有效治理。我们可以从两个方面透视对口援藏是如何实现规模治理的。

其一，促进西藏的开放和与内地的紧密连接。自党的十八大以来，西藏的交通、能源、水利、通信等基础设施得到极大改善，为经济社会发展注入了强劲动力。

交通是经济命脉，也是民生之门。历史上，交通系统的完备程度决定国家的领土规模、防御能力和行政效能，交通系统是统一国家维持生存的首要条件。[②]由于西藏自然环境和历史条件诸多不利因素的影响，西藏公路交通基础差、起步晚。1930年出版的《西藏始末纪要》中对于西藏交通状况的形容是："乱石纵横，人马路绝，艰险万状，不可明态。"所以在对口援藏工作中，对西藏交通基础设施建设的投入是重中之重。通过对西藏的对口支援，西藏逐步建立起涵盖公路、铁路、航空、管道等多种运输方式的综合立体交通网络。统计数据显示，近5年来，西藏农牧区基础设施建设投入547亿元，农村公路通车总里程增长三成多、达到8.9万公里，654个乡镇和4094个建制村通硬化路，乡镇、建制村通达率分别达到100%和

---

① 潘久艳：《全国援藏的经济学分析》，四川大学出版社2009年版，第67—73页。
② 王子今：《中国古代交通文化论丛》，中国社会科学出版社2015年版。

99.96%，农村饮水安全问题全面解决，主电网覆盖所有县城和主要乡镇。^①

对口援藏以来，也是西藏公路通车里程快速发展的时期（见图 5-1）。2006 年 7 月 1 日，作为西部大开发标志性工程，总投资 330 亿元的青藏铁路全

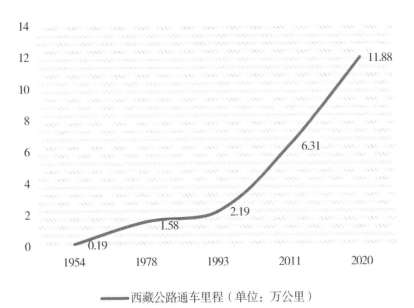

图 5-1　1954 年以来西藏公路通车里程变化

线建成通车，成为西藏连接内地的重要交通途径。青藏公路、川藏公路、新藏公路、墨脱公路等工程相继开工建设与建成，通县油路和农村公路建设等相继完成。公路、铁路、航空为一体的立体交通体系，推动了边疆和民族地区与内陆的交通联系，促进了人员、商品、信息和资本在全国范围内的交流和交换，同时，拉近了西藏与内地之间的地理和心理距离。正是由于边疆和少数民族地区的交通建设始终具有"政治优先"的特征，所以"在重

① 《547 亿元！西藏农牧区基础设施建设阔步向前》，新华网，http://www.xinhuanet.com/politics/2021−05/28/c_1127504799.htm.

塑民族地区的时空秩序方面能够发挥关键作用"[1]。对口援藏实践中以"交通建设"为核心的援藏项目始终是"重中之重"。

区内区外、城市乡村的"数字鸿沟"也在不断缩小。截至 2017 年 6 月底，西藏铁塔拥有全量站址约 1.3 万座。[2] 目前，全区建成通信光缆线路总长度 24.08 万公里，互联网宽带接入端口 216.5 万个，通信发展水平与内地省份基本持平。[3] 信息通信网络构成了密切西藏同内地联系的第二条"纽带"。信息通信网络的逐渐完备不仅催生了新的边疆形态，还为国家的规模治理带来了新的"技术治理手段"。首先，随着信息通信技术的发展，一种"数字边疆"（Digital Frontier）的概念应运而生，[4] 这是一种不同于传统意义上拥有独立且清晰主权边界的边疆形态，但是，同样承载着具体而现实的国家利益。其次，新的信息技术的迅猛发展推动了数据资源整合和开放共享，"全方位提升国家的边疆治理能力和补齐边疆治理的'治理短板'"[5]。除了交通和网络，对口援藏在社会经济发展的其他领域也促进了西藏的开放和与内地的紧密连接，这在一定意义上有助于减轻边疆治理规模的压力。

其二，促进西藏的经济发展和社会进步。如何应对新时期边疆民族地区复杂的治理局面和不断提升的基本公共服务需求及社会治理需求是中

---

[1] 王浩宇、汤庆园：《民族地区高铁建设研究评述——兼论边疆交通建设的"政治优先"》，《北京交通大学学报（社会科学版）》2021 年第 3 期。

[2] 刘洪明、熊丰：《西藏基础设施：赶超驶入"快车道"》，人民政协网，https://www.rmzxb.com.cn/c/2017-10-16/1837058.shtml.

[3] 新华社：《覆盖！西藏 99% 行政村用上 4G 网络和宽带》，新华网，http://tibet.news.cn/2020-12/29/c_139627070.htm.

[4] 所谓数字边疆，是指在计算机网络和信息技术的推动下，国家基于大数据资源的不断积累而形成的虚拟数字边疆空间。参见白利友：《大数据时代的数字边疆及其治理思考》，《云南师范大学学报》（哲学社会科学版）2018 年第 5 期。

[5] 周平：《强化边疆治理 补齐战略短板》，2015 年 6 月 10 日《光明日报》。

央政府边疆治理中主要的负荷压力。对口支援作为一项具有横向转移支付特点的社会政策，在东部较发达地区的工业、现代服务业与西藏丰富的人力、物力资源之间建立起一个输送协同的桥梁，有效地提升了西藏地区提供基本公共服务和公共物品的能力。

"只有在彼此依存的前提下，各民族之间才能有内在的有机联系，经济互利就是各民族之间有机联系的物质形式。"[1]对口援藏建立了援受双方经济互利模式，形成了一种民族地区与支援方地区之间良性互动的经济关系。对口援藏在形式上类似于经济一体化区域合作关系，但是，对口援藏覆盖的领域要超越经济一体化的范畴。对口援藏中从无偿援助演变而来的经济互利模式成了保持长期援助关系的重要驱动力。比如，湖北省对口支援西藏山南地区实践中，"互惠互利、合作共赢"是其第六批援藏开展产业援藏的重要理念。湖北大冶有色金属控股集团有限公司、湖北华新水泥集团公司、湖北稻花香集团都落户山南投资兴业，签署协议资金近20亿元。[2]其中，"华新模式"创造了全国援藏工作由"输血型"向"造血型"转变的成功典范。华新水泥（西藏）有限公司不仅成为西藏山南地区的利税大户，同时，也成为山南地区和湖北省建立经济互利关系的重要成果。类似的经济互利在各个援助省（市）几乎都有体现。对口援藏及在此基础上的经济互利关系构成了新时期中央治藏方略中加强援受双方关系的重要方式。

经济发展与改善民生相互促进、相得益彰。提高西藏地区的基本公共服务的供给能力和水平是经济社会发展的出发点和落脚点。对口支援着

---

① 王建娥：《民族分离主义的解读与治理——多民族国家化解民族矛盾、解决分离困窘的一个思路》，《民族研究》2010年第2期。

② 中共西藏自治区党委组织部、《紫光阁》杂志社编：《援藏：第六批对口支援西藏纪实》（下册），人民出版社2013年版，第191页。

力于发挥"造血"功能以及落实民生工程。例如，根据《北京援藏十二五规划》，"十二五"期间，北京市安排援藏资金 12.1 亿元，援建 73 个项目，主要援助方向为农牧业、基础设施建设、社会及城市管理、产业及智力支持四大类。[①] 甚至可以说，民生项目在各个支援省市中不仅是"必选项"，而且还是"重点项"。这些民生项目保证了受援地区能够提供基本的公共服务，这成为西藏地区少数民族确切感知到"国家在场"的日常必需与实现途径。

"促进西藏的开发和与内地的紧密连接"与"促进西藏的经济发展和社会进步"是中央政府致力于对口援藏克服地理空间障碍，实现大范围领土内的人员、资源和信息的交互维系的重要意图。前者将西藏地区的资源需求和治理负荷分摊于内地省市，减轻了中央政府的规模治理压力；后者则致力于提升西藏地区自身的经济发展和基本公共服务供给能力。两者由外而内、由表及里、由浅入深地共同建构了一种强化国家认同的政治、文化和社会纽带。

---

① 中共西藏自治区党委组织部、《紫光阁》杂志社：《援藏：第六批对口支援西藏纪实》（下册），人民出版社 2013 年版，第 2 页。

二 上海对口支援都江堰灾后重建

2008年5月12日，四川汶川发生里氏8.0级特大地震。2008年9月4日，民政部等国家五部委校核，四川、甘肃、陕西三省直接经济损失8451.36亿元，严重受灾的51个县（市、区）直接经济损失总共高达6503.4亿元；其中四川6080.69亿元。[①]都江堰市的灾情极为严重，被国家列为10个极重灾县之一。据2008年7月11日民政部等五部委评估报告，大灾中遇难与失踪3388人，农工商旅各业破坏严重，倒塌房屋655265间，直接经济损失536.7亿元，被媒体称作"站立的废墟"。面对空前惨烈的灾难，中共中央迅速研究部署对口支援工作，展开了中国历史上救援速度最快、动员范围最广、投入力量最大的气壮山河的抗震救灾斗争。抗震救灾及灾后重建

---

① 上海市对口支援都江堰灾后重建指挥部、上海市地方志办公室、都江堰市人民政府编纂：《汶川特大地震：上海市对口支援都江堰市灾后重建志》，方志出版社2012年版，第2页。

主要由东部和中部的 19 个省市对口支援四川受灾地区，其中，上海市对口支援都江堰市。从实践效果来看，对口支援的救灾重建工作迅速、有效地解决了灾区亟待解决的短期需要，也在很大程度上为受灾地区的长期建设和发展奠定了现实基础。在各支援省市倾情援建下，昔日满目疮痍、举国情牵的地震灾区，如今万象更新、生机勃勃，稳步前行在跨越式发展的道路上。

我国历来是自然灾害频发的国家，随着我国经济的快速发展，人口密度增大，一旦发生如汶川大地震这样的"巨灾"，就会给人民群众带来巨大的生命财产威胁。对于大规模国家而言，如何有效应对各类自然灾害带来的风险，既是构建社会主义和谐社会过程中必须关注的问题，同时，也是减轻规模治理负荷、提高国家规模治理能力必须思考的命题。对口支援，就是中国这个超大规模国家的"巨灾保险机制"和应急管理机制。一旦某个地区发生重大自然灾害，受灾地区不必独立承担灾害风险。"一方有难、八方支援"，各支援省市能够依据中央指示和各地的实际灾情，快速反应开展灾害救援以及灾后恢复重建等各项工作。自 2008 年汶川大地震发生以来，"对口支援"机制成为政府创新灾害管理模式的重要举措。

（一）上海市对口支援都江堰市的政策分析

汶川地震灾后恢复重建对口支援，属于突发重大事件类型的对口支援。对于突发重大事件类型的对口支援，通常既包括中央级层面启动的对口支援计划，也包括省市级层面的政策落实办法。

从中央层面而言，国家政府有关部门迅速采取行动，制定了灾后重建的工作方案。民政部根据国务院抗震救灾总指挥部关于开展对口支援工作的总体部署，于 2008 年 5 月 22 日下发了《关于对口支援四川汶川特大地震灾区的紧急通知》(以下简称《通知》),对灾区群众生活安排和恢复重建工作作出了统一部署。[①]2008年6月,国务院印发了《汶川地震灾后恢复重建对口支援方案》(以下简称《方案》),建立对口支援机制。[②]在具体安排时,《方案》与《通知》除对已形成的对口支援关系大体上予以衔接外,还作了一些调整。比如,原由河北省对口支援崇州市,改由河北省对口支援平武县、重庆市对口支援崇州市;原由福建省对口支援理县,改由福建省对口支援彭州市、湖南省对口支援理县;原由山西省对口支援郫县,改由山西省对口支援茂县;原由吉林省对口支援平武县,改由吉林省对口支援黑水县;原由黑龙江对口支援温江区,改由黑龙江省对口支援剑阁县;新增重庆市对口支援崇州市。此外,《方案》还明确提出了两项具体要求:一是对口支援期限按3年安排;二是各支援省市每年对口支援实物工作量按不低于本省市上年地方财政收入的1%考虑。

从省市级层面而言,支援方地方政府按照中央部署,根据市委、市政府确定的对口支援工作体制,出台了一系列对口支援工作办法和规定。2008年7月16日,上海市对口支援都江堰市灾后重建工作领导小组印发了《上海市对口支援都江堰市灾后重建工作有关规定》的通知,要求坚持"三项原则、一条主线"开展对口支援工作,建立了前台指挥、后台支撑、分工协作的工作体系,现场指挥部、领导小组办公室分别以上海市在都江堰(前方)、上海(后方)对口支援都江堰灾后重建相关事项为主开展工作,并加强相互衔接,强化整体推进。2008年8月5日,上海市财政局根据《国务院办公厅关于汶川地震抗震救灾捐赠资金使用指导意见》以及《上海市

---

① 确定由北京等21个省市分别对口支援四川省的一个重灾县。在确定北京、天津对口支援四川有关重灾县的同时,北京对口支援陇南市,天津对口支援甘南市。未承担对口支援任务的贵州、西藏、青海、宁夏、新疆和新疆生产建设兵团等六省(区、兵团)接收的捐赠款物重点用于支持陕西灾区灾民生活安排和恢复重建。

② 在对口支援过程中,理县由福建省改由湖南省对口援建;茂县由天津市改由山西省对口援建。

财政应急保障预案》（沪财预〔2006〕42 号），制定了《上海市市级抗震救灾援助财政专项资金管理办法》。此管理办法从"资金来源""资金用途""资金申请""资金拨付""资金管理""监督检查"六个方面规范了抗震救灾援助财政专项资金的筹集、拨付、使用和管理，提高抗震救灾援助财政专项资金使用效率和效益。2008 年 10 月 14 日，上海市纪律检查委员会、上海市监察局、成都市纪律检查委员会、成都市监察局、都江堰市纪律检查委员会、都江堰市监察局、上海市对口支援都江堰市灾后重建指挥部、成都市恢复重建都江堰市工作委员会制定了《关于对口支援灾后重建监督检查工作办法》，以确保援建项目质量和资金合理有效使用，推进援建工作和廉政建设。2008 年 10 月 23 日，上海市审计局印发了《关于上海对口支援都江堰市灾后重建项目审计工作方案》，上海市审计局全过程对上海对口支援都江堰市灾后重建项目及项目资金（包括财政性资金、社会捐赠资金等灾后重建专项资金）进行审计，确保援建项目的工程质量和资金使用的真实、合规和效益。2008 年 12 月 30 日，制定了《上海市对口支援都江堰灾后重建资金使用管理办法》，建立分工协作机制，明确资金使用范围，规范拨付管理流程，强化全过程监督检查。按照中央明确的八个方面任务，以项目为主线，按照"合理必须、统筹兼顾、专户存储、专款专用，确保资金有效使用"的原则，与四川省有关方面充分调研、协商论证，广泛听取了各界意见和建议，已安排三批八大类共 89 个与灾区群众生活生产密切相关的援建项目，共计划安排项目资金 61.98 亿元。①2008 年 12 月，为进一步提高灾后重建项目专项资金的使用效率和效益，上海市对口支援都江堰市灾后重建指挥部制定了《上海市对口支援都江堰灾后重建项目专项资

---

① 《上海对口支援都江堰市灾后重建资金计划安排及项目实施情况公告》，上海市人民政府网，https://www.shanghai.gov.cn/nw12344/20200814/0001-12344_19804.html.

金使用管理细则》。2009年3月，上海市对口支援都江堰市灾后重建指挥部制定了《上海市对口支援都江堰市灾后重建项目资产移交管理办法（试行）》，以保证灾后重建各项目的资产建设管理及移交工作。2009年6月，上海市对口支援都江堰市灾后重建指挥部围绕市委、市政府提出的上海援建工作要努力走在全国前列的目标，根据"科学援建、优质援建、务实援建"的要求，决定对援建项目全面实行招标，先后印发了《关于进一步加强上海援建工程项目招投标管理的通知》以及《上海市对口支援都江堰市灾后重建项目接受捐赠管理办法实施细则》。2010年8月15日，上海市对口支援都江堰市灾后重建指挥部、上海市人民政府合作交流办公室、都江堰市人民政府为了进一步巩固援建成果、深化交流合作，签订了《关于构建上海市对口支援都江堰市工作长效机制的框架》。2011年8月9日，上海市人民政府《关于印发上海市对口支援与合作交流"十二五"规划的通知》（沪府发〔2011〕49号），确定"十二五"时期上海市对口支援都江堰市的主要任务是"建立对口合作长效机制，协助当地加强援建项目后续运行管理，提高利用效益，重点推进两地农业、工业、商贸、科技、旅游、人力资源开发、社区管理等方面的交流合作"。

（二）上海市对口支援都江堰市实现规模治理的机制分析

上海市对口支援都江堰市的例子，为我国应对自然灾害、实现规模有效治理，提供了一整套行之有效的上海经验和上海样本。[1]

1. 领导高度重视，建立对口支援组织体系

上海市委、市政府高度重视对口支援工作。领导重视、机构落实是对

---

[1] 黄金平：《上海对口支援的历程考察与经验启示》，《上海党史与党建》2020年第8期。

口支援工作顺利开展的首要前提。2008 年 6 月 11 日，国务院办公厅《关于印发汶川地震灾后恢复重建对口支援方案的通知》，明确上海市对口支援都江堰灾后恢复重建。之后，上海市成立对口支援都江堰市灾后重建工作领导小组，负责上海市对口支援都江堰市灾后重建的全面工作。领导小组下设办公室和指挥部。办公室依托市合作交流办公室的工作平台，负责组织指挥部的后勤保障。指挥部设于都江堰，靠前指挥，在市委、市政府和领导小组的领导下承担全市对口支援都江堰市灾后重建的总体统筹、指导协调、具体推进等职责，承办领导小组明确的相关工作。指挥部下设联络协调组、综合计划组、经济发展组、工程建设组、社会工作组和后勤保障组 6个小组，小组成员由市委组织部从全市选派，自 2008 年 7 月 2 日整体进驻都江堰至 2010 年 9 月 21 日撤离，先后共选派 36 人（另有后方兼职副总指挥 2 人），完成了上海市对口支援都江堰市灾后重建 117 个项目建设与软件援建的前方领导组织协调工作（见图 5-2）。通过领导小组办公室和现场

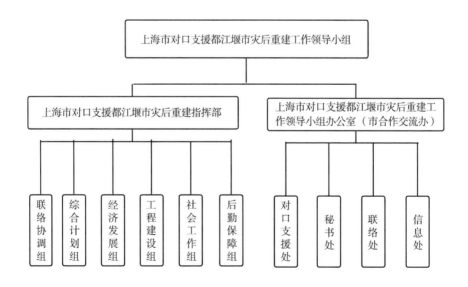

图 5-2　上海市对口支援都江堰市灾后重建工作领导小组机构隶属示意图

指挥部的机构落实,建立起前台指挥、后台支撑、分工协作的工作体系,确保对口支援工作有力、有序、有效地推进和落实。

为了不折不扣地贯彻中央的部署,在两年援助都江堰市灾后重建期间成立了上海市对口支援工作领导小组以及指挥靠前的上海援建指挥部。援建开始后市领导多次深入都江堰灾区援建一线,进行考察调研、慰问援建队伍,与四川省、成都市、都江堰市负责人会见会商以及签约5批项目期间,就上海援建工作针对性地给予指示,提出重要意见和要求。根据上海援建指挥部《上海市副市级以上现职领导视察援建都江堰工作一览表》,自2008年6月7日起至2010年9月15日援建任务全面完成,上海赴都江堰市考察指导援建工作共61人次,其中,副市级以上现职领导34位。

2. 创新机制,完善对口支援项目体系

项目支援是上海市对口支援都江堰市灾后重建工作的核心。上海市对口支援都江堰市灾后重建的117个项目涉及医疗卫生、房屋重建、教育配套、市政公用、为农项目等民生领域,其中,"交钥匙项目"70个,"联建共建"项目40个,"交支票"项目7个。2008年6月23日到2010年3月20日共5批项目签约动工。[1] 根据2008年7月16日上海市对口支援都江堰市灾后重建工作领导小组印发的《上海市对口支援都江堰市灾后重建工作有

---

[1] 5批项目签约情况为:2008年6月23日,上海市对口支援都江堰市灾后恢复重建首批启动项目意见书签订仪式在都江堰市举行,包括23个项目(协议书中签订23个,但建设中个别项目有调整,调整后首批项目共有24个);2008年9月11日,上海市对口支援都江堰市灾后恢复重建第二批项目签约仪式在上海市举行,包括58个项目;2008年12月1日,上海市对口支援都江堰市灾后恢复重建第三批项目意见书在上海市签订,包括6个项目(协议书中签订6个,但建设中个别项目有调整,调整后第三批项目共有19个);2009年7月24日,上海市对口支援都江堰市灾后恢复重建第四批项目签字仪式在成都市举行,包括11个项目;2010年3月20日,上海市对口支援都江堰市灾后恢复重建第五批项目签约仪式在上海市举行,包括5个项目。

关规定》，要求坚持"三项原则、一条主线"开展对口支援工作。^①上海市对口支援都江堰市在援建项目的体系规划方面，形成了独具特色的以人为本、民生优先、立足当前、着眼长远的"5·2·1"项目体系。2009年5月18日下午，成都市人民政府新闻办公室举办的"成都暨都江堰灾后援建工作新闻通气会"在上海举行。时任上海市政府副秘书长、上海市援建指挥部总指挥在回答上海援建如何处理"输血"与"造血"关系时，对上海援建项目的体系和目的进行了较全面的阐述。

3. 硬件援建与软件援建相结合

硬件援建与软件援建相结合是对口支援工作广泛开展的有效形式。都江堰重建不是拷贝和重复昨天，灾后重建要使都江堰获得跨越式发展，规划尤为重要。上海对口援建开始，首先强调坚持用科学规划引领，站在促进当地经济社会科学发展的战略高度，帮助编制都江堰市域城镇体系规划、聚源片区控制性详细规划、现代农业集聚区规划、历史城区城市修建规划和都江堰市综合交通体系规划五项规划。两年间，上海先后组织8批1118名医疗卫生人员、两批210名公安干警开展支医、支教、支警援助，接收都江堰479名教师在沪研修学习；组织上海5所三级甲等医院和部分市级专业卫生机构与都江堰市级医疗卫生单位结对共建，上海19个区县卫生局与都江堰所有乡镇卫生院结对共建；组织60所中小学与都江堰中小学结对成为姐妹学校；开展两地水厂、污水处理厂结对帮扶，让都江堰共享上海相关行业的优质资源。截至2010年底，共帮助都江堰市培训卫生、教育、农业、科技、商务、旅游各类专业技术和管理人员2553名。上海浦东、徐汇、

---

① 坚持三项原则，一是全面贯彻党中央、国务院关于开展灾后恢复重建、对口支援的一系列方针政策和市委、市政府的部署要求，科学合理安排援建项目；二是一切从灾区实际出发，解决当地群众最需要、最紧迫的民生需求；三是在当地党委和政府的领导下，紧紧依托当地搞好对口支援。坚持一条主线，以项目为主线，认真落实国务院《汶川地震灾后恢复重建对口支援方案》规定的八个方面对口支援的内容和方式。

黄浦、卢湾、静安、长宁、普陀、闸北、虹口、杨浦、闵行、宝山、松江、嘉定、青浦、金山、奉贤、南汇、崇明等19个区县则围绕小型项目、软件项目、民生项目、特色项目，对都江堰的乡镇开展对口援助。

4. 区县对口支援

随着上海市对口支援都江堰市灾后重建工作的进行，上海市19个区县也积极参与。2008年6月26日，上海市对口支援都江堰市灾后重建工作领导小组第二次专题会议上，确定了举全市之力、各区县全面参与对口支援灾后重建工作机制。各支援区县通过上海市对口支援都江堰市灾后重建工作领导小组设在都江堰的指挥部这个工作平台统筹协调，开展结对支援。2008年10月9日，上海市召开区县结对都江堰市乡镇灾后重建工作座谈会，这标志着上海市19区县对口支援都江堰市乡镇工作全面启动（见表5-2）。2009年2月25日，召开了深化区县对口支援都江堰市乡镇灾后恢复重建工作会议。这次会议明确了区县对口支援都江堰市乡镇灾后恢复重建的具体任务和工作要求。在区县对口支援工作中，充分发挥指挥部的统筹作用、市政府合作交流办公室的牵头作用和各区县的主体作用，坚持输血与造血同步、软件与硬件配套、当前需要与长远发展并举，把完成指挥部"规定动作"与区县"自选动作"有机结合起来。"规定动作"主要包括四个方面：一是教育项目，继续选派当地需要、年富力强的骨干教师到灾区开展支教活动，同时做好当地师资培训工作；二是卫生项目，继续按照要求选派当地急需的中青年骨干卫生人员到灾区支持当地卫生事业发展；三是民政项目，深入推进"社区守望相助"计划；四是社区项目，帮助完善老年活动中心、党员活动中心等公共服务设施配套。"自选动作"，主要围绕"小""软""民""特"项目展开。例如，按需帮助编制场镇规划、开展爱心助学活动、重建精神家园、扶持当地特色产业发展、畅通农特产品销售渠道、引导上海市民到都江堰旅游、引导企业到当地发展等。

表5-2 上海市区县与都江堰市乡镇结对支援情况表

上海市		都江堰市				
区县名称	2007年财政收入（亿元）	对口乡镇	特点	2007年财政收入（万元）	受灾人口（人）	倒塌房屋（平方米）
浦东新区	260.8	幸福镇	主城区	7190	102691	25723
		都江堰市经济开发区	地点在幸福镇	13000	18995	1576
闵行区	85.66	蒲阳镇	工业集中发展区	1590	43110	66557
徐汇区	64.02	灌口镇	主城区	6424	82097	24588
松江区	54.00	龙池镇	山地灾害突出	577	2802	8136
宝山区	52.15	向峨乡	人口集聚地毁灭性受灾	418	14348	29920
嘉定区	50.52	中兴镇	古镇	814	26950	10131
长宁区	46.09	崇义镇	钢门窗之乡	537	44255	2013
黄浦区	45.96	聚源镇	规划新城区	571	34618	30286
南汇区	41.44	安龙镇	花木基地	1673	24707	5381
静安区	40.68	石羊镇	古镇	814	44338	688
青浦区	39.73	青城山镇	旅游景区	3521	28669	4312
普陀区	36.98	玉堂镇	猕猴桃产区	853	27484	29150
虹口区	35.35	虹口乡	山地灾害突出	224	6279	13454
杨浦区	35.34	胥家镇	城市扩展区	929	33629	35284
卢湾区	35.50	天马镇	小城镇建设试点	387	33220	3844
闸北区	30.10	大观镇	青城外山	2624	17398	12022

续表

上海市		都江堰市				
区县名称	2007年财政收入（亿元）	对口乡镇	特点	2007年财政收入（万元）	受灾人口（人）	倒塌房屋（平方米）
奉贤区	25.94	柳街镇	农业特色	452	10266	788
金山区	22.82	紫坪铺镇	水电站	635	11330	25095
崇明区	18.52	翠月湖镇	生态区	303	14914	4218
上海合计	1019.60			43536	622100	333166

资料来源：上海市政府合作交流办公室《上海区县与都江堰乡镇结对支援表》。

总体来看，上海市对口支援都江堰市灾后重建的特点：一是整体上形成了立足当前考虑长远的科学援建体系，包括教育支撑骨干、医疗卫生服务、城乡安居房基础、城乡用水治污框架、支农惠农保障五大"体系"；公共服务设施、产业发展提升两个"支撑"；另外是开展一系列软件援助和智力支持。二是坚持健全制度与严格标准相结合，确保工程项目优质。区县对口支援则突出以下三个方面：一是以软件项目援建为主；二是以办实事为主，解决灾区群众最关心、最直接的急、难、愁问题；三是开展经济合作，帮助当地发展经济，增强可持续发展能力。

5. 整合资源，形成立体覆盖、协同监督组织体系

中央举全国之力抗震救灾。纳入国家重建规划的项目29692个，总投资8613亿元；全省接收社会各界捐赠资金201亿元，接收中央分配"特殊党费"80.3亿元。平均每个重灾县所使用的救灾和重建资金相当于过去年度财政支出的数十倍，绝大多数部门单位都承担着重建任务。[①] 对口援建涉及支援方、受援方、项目业主、施工方、监理方等各个方面，对援建项目

---

① 四川省反腐倡廉建设课题组：《四川抗震救灾和灾后重建中应急监督的实践创新》，载李秋芳编：《反腐倡廉蓝皮书：中国反腐倡廉建设报告（No.2）》（2012版），社会科学文献出版社2012年版。

的监督，其工作依据、基本原则并未脱离常态监督的范畴，但主体责任和运行方式又突破了原有体制格局和工作管理。上海市和都江堰市根据"交支票""交钥匙"和"合作共建"三种不同的援助形式，建立起既立足于常态监督框架，又具有较强创新性的跨区域、多层级合作监督模式。在不同的援助形式中，支援方和受援方地方政府分别承担相应的监管主体责任、配合监督责任和服务保障责任（见表5-3）。

表5-3　对口支援资金物资监督检查职责分工

项目类型	项目资金来源及项目实施	监督责任
"交钥匙"项目	支援方提供项目资金并实施建设，建成后交受援方使用	支援方承担监督主体责任，受援方做好服务保障
"交支票"项目	支援方提供项目资金，受援方实施项目建设	受援方承担监督主体责任，支援方积极参与
"合作共建"项目	支援方和受援方共同投入资金，项目互有合作	支援方和受援方共同承担监督责任，按双方投入的物力、财力和项目建设分工情况进行监督

资料来源：根据资料整理自制。

（三）上海对口支援都江堰灾后重建的教训与经验

汶川地震之后国家主导开展的对口支援工作，堪称一种灾害救助的制度创新，对于尽快恢复灾区群众的正常生产生活具有重大意义。2008年5月底至2010年1月底，省际对口援建工作取得了突出成绩，四川省39个重灾县区市总体经济发展水平已达到或超过灾前水平。2009年这39个重灾县区市生产总值增长16.2%，全社会固定资产投资增长175%，社会消费品零售总额增长25.4%，地方财政一般预算收入增长37.5%。[①]

---

① 《四川灾后重建项目完工逾七成，完工项目2.19万个》，中国日报网，http://www.chinadaily.com.cn/dfpd/sc/2010-03/05/content_9543647.htm.

尽管对口支援工作取得了显著成绩，但还存在一些应该引起关注的问题，特别是从边远贫困少数民族村落传统文化保护的角度看，这些问题集中体现为外来意志的"生疏性"现象，即因援建方不了解被援助地社会文化传统，而使重建工作对当地文化产生了潜在破坏，具体可以归纳为以下几点。

首先，援建方集中精力于道路、桥梁、水电等基础设施建设，社会建设工作往往被冷落甚至被忽视。比如，在所调查的村落里，当地群众大多仅仅对基础设施重建有所感知，而对社会组织、亲属网络、文化设施等建设事宜并无感触。他们往往这样回答："政府没有考虑那么多，即使想到了也没有去做，我们这里没那方面的措施。"当地政府官员与援建方最关心的是灾区群众的基本生活保障问题，比如饮食饮水、交通通信、住房保暖等，这些问题的紧迫性和中央政府的硬性任务，必然促使援建者为完成政治任务而专注于核心的工作，而往往难以协调其他方面的工作。但是，这种疏忽恰恰可能给当地群众今后的生产生活带来不便甚至重大影响，从长远看，在一定程度上就是一种工作失误。

不过，随着时间的推移和社会科学各领域专家学者的持续关注，灾区特别是少数民族地区的社会文化重建也引起了政府的重视。政府陆续出台了相应的政策措施来推进该项工作的开展。在国家高层领导与中央政府的重视和关注下，省际对口援建工作的内容也进行了局部调整，一大批文化重建项目得以启动，对口援建政策执行初期出现的偏差问题在很大程度上也得到了修正。

其次，援建方难以深刻体会本土社会的传统文化和社会习俗，往往无意识地忽视了对当地本土文化的保护工作。比如，在羌族的很多地区，碉楼和释比塔是本民族重要的文化因素。这些物质文化在地震中破损严重，群众希望政府能帮助他们进行修复，且当地政府的文化部门也向援建方政府提出了重建申请，但几个月过去了仍不见回应。当地文化部门领导认为，这主要是因为援建方不懂得这些文化设施对于当地群众生活的重要性。从政府行为常识的角度看，这是一种不难解释的现象，因为认识不到一件事情的重要性是不可能主动去做一件事情的。在对口支援工作中暴露出的这种问题是值得关注的。

再次，受援助地区的政府官员出于对援建方的资源依赖，不能顺畅地保持与对方的信息沟通，加剧了重建工作中对当地传统文化的破坏。调查发现，灾区干部群众对本地对口支援省份前来参与援建工作的各类人员保持着感激的心情，在重建工作中就表现出对援建者的"依赖性"尊重，即等待型的接受援助方式。各地援建队开展重建工作较为依赖本地干部的支持和配合，所以他们对当地政府提出的一些建议往往比较重视，但基层民众的声音就难以表达出来了，群众在心里就认为他们无权选择被援助的内容和形式。而且，即使是当地干部，也只是策略性地引导援助资金的投放方向，援建方仍旧有着很大的工作自主权。比如，汶川县文化局领导的碉楼修复建议就被搁置了很长一段时间，而灾区的一般民众更没有想过要去提意见。

灾区民众与外来援建人员之间的自由信息沟通，是确保灾后重建工作科学和顺利进行的重要保障。一个社会体系的整体性恢复必然要涉及多方面的问题，特别是在人们的基本生存问题得以解决之后，社会文化要素的重建变得更加紧迫，从而亟须地方社会人员的广泛参与，但如果缺少了通畅的信息沟通与对话渠道，这种参与势必会失去其最基本的意义。因此，在对口支援政策执行过程中所暴露出来的这个问题应引起高度的关注。

最后，多元主体参与的灾后重建工作统筹协调难度大，工作效率受到影响，对当地社会文化长远发展的问题往往重视不够。比如，有些地区的住房重建规划与地震之前的当地住房结构有很大差异，这势必会引起当地居民在未来生活中的不适应。有一些学校亟须重建的基础设施建设工期一再被延误，给当地群众的生活带来很大影响。当地的水电站建设如火如荼，但对当地生态环境的影响缺少慎重的评估，长远的自然和社会影响值得重视。这些问题的出现一方面体现出重建工作的紧迫性，另一方面也说明灾后重建工作缺少通盘且长远的规划与协调，这也是对口支援重建方式的次生副产品。

上述是灾区重建事业中的一个综合性问题，并不是对口援建政策单独造成的，但不容置疑的是，地震灾区重建中的对口支援政策与实施过程是整个重建工作的主轴，而且它在某种程度上也确实带来了工作协调方面的困难。该政策内部所蕴含的潜在冲突也是明显的：地方社会的主体性在对口援建工作中被大大减弱，一方面体现了当地人对外部经济资源的依赖，另一方面也给当地留下了潜在的社会隐患。

总体来看，省际对口支援政策是具有中国特色的灾害救助方式，它以其现实的辉煌成绩展示了蓬勃的生命力，体现了中华民族大家庭"一方有难，八方支援"的优良社会文化传统，更说明了改革开放后中国综合国力的增强以及应对自然灾害能力的提高。同时，它还展示了中国政府在防范风险挑战、应对突发事件中的独特创新能力和高超的政治智慧。省际对口支援政策凸显了中央政府在灾后重建工作中的职能和地位。就国家结构形式而言，中国是典型的单一制国家，这一点决定了中央政府与一般省级地方政府关系的总体上是一种行政领导关系。这种行政领导关系既包括作为中央政府的国务院对地方政府的领导，也包括国务院部门对地方政府在其职能范围内的指导，以及在一定程度上代表国务院实施的行政领导。国务院所属部门作为中央政府的组成部分不但根据自身的法定职责直接组织协调灾后恢复重建的有关事务，而且在国务院的统一领导和协调下，指导地方政府组织实施灾后恢复重建工作。2008年8月6日，国土资源部与四川省政府、成都市政府签订了《共同推进国土资源管理工作促进成都统筹城乡综合配套改革试验区建设的合作协议》。部省合作协议的出现体现了国土资源部和四川省政府、成都市政府履行职能的需要，以及政府行政制度和管理方式的发展与创新。表面上，协商合作的方式弱化了传统行政方式中中央政府的强制性程度，但是，本质上，地方政府的制度创新仍需要得到中央政府的认可、支持和指导。当对口支援作为一种创新机制运用到灾后恢复重建中时，这既是应对突发事件的重大措施，也是有别于常态制度的机制设计。地方政府在实践中对执行对口支援政策的适度变通，反映了灾后恢复重建实际的需要，也折射出当前我国政治经济制度架构下地方政府的现实需求。[①]

汶川特大地震灾后恢复重建所取得的成就令世人瞩目。这是中国人民在中国共产党领导下顽强拼搏创造的人间奇迹。迅速而科学的灾后重建决策，凸显了在中国共产党领导下举国体制的强大凝聚力与巨大威力，体现了社会主义制度集中力量办大事的制度优越，体现了改革开放30年形成的强大的综合国力，体现了科学发展观与以人为本精神在民族灾难面前的贯彻执行，体现了960万平方公里的国土上"守望相助"、心手相连的民族大团结，各地一家亲的宝贵精神的代代传承。

"多难兴邦"，实践一再证明，没有哪一次巨大的历史灾难不是以历史进步为补偿的。通过两年的灾后恢复重建，都江堰市已实现了凤凰涅槃、

---

① 刘铁：《对口支援的运行机制及其法制化：基于汶川地震灾后恢复重建的实证分析》，法律出版社2010年版，第157页。

浴火重生。城市已经焕发崭新的面貌，与地震时山崩地裂、满目疮痍、"站立的废墟"形成鲜明对比。都江堰人民从悲壮走向豪迈，都江堰经济社会发展"原地起跳"，"城乡建设水平整体提升20年以上"。按照中央部署的"三年重建任务两年基本完成"的目标，截至2010年底，都江堰市总投资398亿元的1031个灾后重建项目经过两年的艰苦奋战，累计竣工951个，竣工率达92%；累计完成投资359.8亿元，投资完成率达90.4%。项目投资额和建设进度均位居四川省严重受灾县（市）的前列。

"一个善于从自然灾害中总结和汲取经验教训的民族，必定是日益坚强和不可战胜的。""以铜为镜可以正衣冠，以史为鉴可以知兴替"，汶川大地震的应对是迅速有效的。但是，由于地震影响范围太大，受灾群众数量巨大，加之次生灾害持续不断，抗灾救灾工作遇到了很大困难。备灾能力不足导致整个灾害应急和救援工作面临巨大压力。这说明灾害管理体制还存在一些薄弱环节，包括缺少综合减灾项目，缺少综合灾害风险管理部门，缺少全面统一的损失需求评估体系，等等。汶川大地震的抢险救灾、社会捐赠、灾后重建仍有一些经验教训需要进一步认真总结。这些，可以为未来留下可资参考的历史之镜。

中国自古以来就灾害多发，除了自然灾害外，也遭遇着"非典"、"甲流"、流域水污染等波及面广泛的突发性事件。1960—1998 年艾滋病病毒、2002 年"非典"疫情、2009 年新型 H1N1 病毒（猪流感）、2014 年埃博拉病毒疫情、2019 年新冠肺炎疫情等"重大突发公共卫生事件"，都对经济社会产生了显著的负面影响。①2019 年底，新型冠状病毒肺炎（COVID-19）疫情肆虐全球，也是"新中国成立以来在我国发生的传播速度最快、感染

---

① 对于重大突发公共卫生事件对于经济发展影响的研究，可以参见 Elizabeth,B. , Mark,V. S. "The Economic Effects of the 1918 Influenza Epidemic," C. E. P. R. Discussion Papers,2002；Monterrubio,J. C. "Short-Term Economic Impacts of Influenza A (H1N1) and Government Reaction on the Mexican Tourism Industry: An Analysis of the Media," International Journal of Tourism Policy,2010, 3(1): 1-15；Jones,K. E. , Patel,N. G. , Levy,M. A. "Global Trends in Emerging Infectious Diseases,".Nature,2008, 451 (21): 990-993；Knodel,J. , Watkins,S. , Vanlandingham,M. "AIDS and Older Persons: An International Perspective," Journal of Acquired Immune Deficiency Syndromes,2003, 33(2): 153-165；王元龙、苏志欣:《非典型肺炎疫情对中国经济的影响及对策》,《国际金融研究》2003 年第 6 期；杨光志:《突发性公共卫生事件对区域可持续发展的影响及其应对》,《社会科学研究》2008年第 1 期；智艳、罗长远:《新冠肺炎疫情对中国经济的影响及其思考》,《学习与探索》2020 年第 4 期。

范围最广、防控难度最大的一次重大突发公共卫生事件"[1]，严重威胁公众的健康和生命安全，对人类社会安全形成严峻挑战。新型冠状病毒肺炎疫情（以下简称"新冠肺炎疫情"）不仅考验着个体乃至群体生理和心理的承受能力，而且检验着世界各个国家、地区对于风险治理的能力。[2] 这场肆虐全球的疫情大流行，使得如何加强应急管理能力建设、提升政府应对各类危机的能力成为国家治理体系和治理能力现代化的关键课题。

新冠肺炎疫情的影响是"多层次且动态的"[3]。从区域维度而言，新冠肺炎疫情的"重灾区"在湖北省尤其是武汉市。作为"九省通衢"之地，湖北武汉在与周边地区保持高度经济关联的同时，也使得疫情辐射面积远超"非典"疫情；从产业维度而言，新冠肺炎疫情对于服务业的影响更为严重，中国烹饪协会发布的《2020年新冠肺炎疫情期间中国餐饮业经营状况和发展趋势调查分析报告》显示，"疫情期间，78%的餐饮企业营业收入损失达100%以上"[4]；从时间维度而言，新冠肺炎疫情是"一个外生冲击"，既会在短期内造成经济下行，又会在长期为中国经济制造"结构性"升级的机会。[5] 从世界范围来看，受新冠肺炎疫情影响，全球经济将萎缩3%。[6] 当然，新冠肺炎世界范围内的大流行对世界秩序的影响并不止于经济。受益于应对2002年"非典"防控的"遗产"，[7] 中国政府通过对新冠肺炎疫

---

① 《习近平在统筹推进新冠肺炎疫情防控和经济社会发展工作部署会议上的讲话》，中国共产党新闻网，http://cpc.people.com.cn/n1/2020/0224/c64094-31600541.html.

② 肖祥：《风险社会治理责任范式：全球战"疫"与中国行动》，《学术界》2020年第9期。

③ 陈林：《重大突发公共卫生事件的经济影响及应对经验——基于文献回顾视角》，《东北财经大学学报》2020年第4期。

④ 中国烹饪协会：《中国烹饪协会发布2020年新冠肺炎疫情对中国餐饮业影响报告》，中国烹饪协会官网，http://www.ccas.com.cn/site/content/204393.html?siteid=1.

⑤ 智艳、罗长远：《新冠肺炎疫情对中国经济的影响及其思考》，《学习与探索》2020年第4期。

⑥ 吴乐珺：《IMF预计今年全球经济将出现萎缩 呼吁合作抗击疫情》，人民网，2020年4月16日。

⑦ 《非典遗产："阳光"就是消毒剂，倒逼政府信息公开》，2012年12月18日《半岛网——半岛都市报》。

情进行强有力的防控，管制交通、关闭门店、勒令企业停止生产经营活动等措施向世界证明了"成功"——作为人口最多的国家，中国在短短3个月内有效控制了新冠大流行的疫情。中央统筹协调下的"对口支援"机制在政府此次应对重大突发公共卫生事件中展现出了卓越、高效的风险控制、消除公害和应对危机的能力，是此次疫情"在短时间内得到有效控制和加快结束的关键助力"[①]。国外政党领导人高度赞誉了对口支援制度在疫情防控中发挥的重要作用，"中国为抗击疫情付出了巨大努力，世界上没有任何一个国家能够在短时间内高效调动如此大的人力和医疗资源，这充分展示了中国特色社会主义的强大力量"[②]。

（一）疫情防控中对口支援机制的特征

对口支援是具有中国特色的疫情防控机制。2020年1月24日，中央政府迅速启动对口支援机制，19个省（市）对口支援湖北省除武汉市以外的16个地市，集中全国优质医疗卫生资源对口支援湖北地区，共同应对此次重大突发公共卫生事件（见表5-4）。截至3月1日，北京、上海等29个省区市和新疆生产建设兵团共计31097名医护人员以及人民军队派出4000多名医护人员驰援湖北。[③]与2002年"非典"疫情的应对情况进行对比，可以发现，对口支援机制在应对突发公共卫生事件上有了一些新变化。

表5-4　省际对口支援湖北省除武汉以外地市新型冠状病毒肺炎结对关系表

支援方	受援方	支援方	受援方
重庆市、黑龙江省	孝感市	江苏省	黄石市
山东省、湖南省	黄冈市	福建省	宜昌市

---

① 寇大伟：《疫情防控中的府际关系与对口支援》，2020年3月26日《中国社会科学报》第4版。
② 参见《外国政党领导人和知名人士对中国战胜新冠肺炎疫情充满信心》，2020年2月12日《人民日报》。
③ 数据引自国家卫生健康委员会官网。

续表

支援方	受援方	支援方	受援方
江西省	随州市	内蒙古自治区、浙江省	荆门市
广东省、海南省	荆州市	山西省	仙桃、天门、潜江
辽宁省、宁夏回族自治区	襄阳市	贵州省	鄂州市
云南省	咸宁市	广西壮族自治区	十堰市
天津市	恩施土家族苗族自治州	河北省	神农架林区

资料来源：国家卫生健康委员会官网。

第一，中央垂直管理作用的凸显。我国在公共卫生防疫领域实行属地管理，在纵向的信息传输方面畅通性较差，激励和惩罚机制均不完善，造成公共卫生应急管理的滞后，一旦突发公共卫生事件会措手不及。[1]对口支援制度能够对属地管理的公共卫生防疫制度形成补充。当湖北省疫情爆发后，仅仅依靠一省之力来应对全省大范围的疫情蔓延是困难的。通过"请援""指援"到"支援"，对口支援制度快速反应，发挥出中央垂直管理系统的优势。"疫情就是命令，防控就是责任"，在疫情发生后的第一时间，通过内部系统快速上报到国家层面，由中央统筹协调全局、采取相应措施，将疫情及时控制住，保护人民的生命和健康，并将损失降到最小。在国家卫生健康委的统筹安排下，19个省份对口支援湖北省除武汉市外的16个市州及县级市，以"一省包一市"的方式，支援方地方政府能够在第一时间组建医疗队伍赶赴湖北。例如，浙江省对口支援荆门市，接到任务后，浙江省委、省政府能够第一时间与荆门对接工作，研究部署对口支援实践的展开，决定由浙江大学医学院附属邵逸夫医院单独组建重症救治团队赴荆门

---

[1] 寇大伟：《疫情防控中的府际关系与对口支援》，2020年3月26日《中国社会科学报》第4版。

开展支援。在确定对口支援具体任务的第一时间，邵逸夫医院能够依托牵头建设的国家呼吸区域医疗中心优势，在 24 小时内迅速组织起一支专家团队，由党委书记刘利民"挂帅"前往荆门。[①]

第二，重大突发公共卫生事件对口支援进一步制度化。不同于边疆地区治理类型对口支援以及促进经济社会发展与合作类型对口支援，突发重大事件类型对口支援实践具有非常强的应急性和针对性，对于对口支援制度化的要求也就更高。2009 年，我国甲型 H1N1 流感患者骤增，聚集性疫情明显增多，死亡病例不断出现，医疗救治任务十分艰巨。总体来看，甲型 H1N1 流感医疗救治省际对口支援机制，仍是由政策主导的政治任务行为。我国对于重大突发公共卫生事件的防控治理仍主要聚焦于应急预算编制、财政危机管理体制以及财政资金管理三个维度。[②] 新冠肺炎疫情发生后，通过实施一系列政策措施，使重大突发公共卫生事件对口支援由"政治任务"行为向突发性公共危机应对与区域援助模式的制度化行为转变。一方面，中央制定了一系列对口支援的配套制度。例如，2020 年国家卫生健康委办公厅、财政部办公厅联合印发《关于做好中央派遣支援湖北省新冠肺炎疫情防控工作医务人员生活保障的通知》（国卫办财务发〔2020〕3 号），明确落实了援鄂医务人员有关生活保障、费用结算等工作。2020 年 7 月，国家卫生健康委与国家中医药管理局联合印发《医疗联合体管理办法（试行）》（国卫医发〔2020〕13 号），为在当前疫情防控常态化下发挥各类医联体组织（尤其是城乡对口支援和区域对口支援中的医疗对口支援模式）提供了政策框架。一系列政策文件减少了对口支援实践的随意性和主观性，

---

① 《19 省份对口支援湖北开展新冠肺炎疫情防控工作纪实》，国家卫健委网，http://www.nhc.gov.cn/xcs/fk-dt/202002/0ac29fb0fed04244b23cef33e88fcb9a.shtml.

② 孙玉栋，王强：《财政应对突发公共卫生事件的制度逻辑及其机制完善》，《改革》2020 年第 4 期。

推动了疫情防控对口支援的精准化、常态化、制度化。另一方面，支援方地方政府利用技术手段，建立常态化对口支援机制。例如，江苏省搭建了远程的医疗服务平台，对口支援湖北黄石市，共计组织了省内 700 余名副高以上职称医务人员为黄石市患者和居民提供免费的线上诊疗服务。[①] 时任国家卫生健康委规划司司长毛群安在 2020 年 9 月国家卫生健康委员会例行新闻发布会上回应中国青年报记者提问，提出"互联网＋医疗健康"具有突破"地域限制"的便捷特点，扩大了对受援地区的医疗资源供给。

第三，人力支援与物力支援成为此次对口支援实践的"两驾马车"。新冠肺炎属于呼吸道传染病，呼吸道飞沫和密切接触是主要的途径，人群普遍易感是其显著流行病学特点。[②] 这就要求疫情的防控需要充足的医疗物资设备（防护服、口罩、呼吸机、监测仪、ECMO 等），以及大量具备丰富临床重症抢救经验、重大公共卫生事件处置经验及医院管理经验的专家、人才。国家卫生健康委明确要求各支援省份组建由医护、管理、疾控专业人员组成的支援队伍。受援地区的医疗卫生资源缺口是疫情防控救治紧张局势的主要原因，因此，在此次新冠肺炎疫情防控救治对口支援实践中，人力支援与物力支援成为最主要的支援模式。大规模的物力支援极大地缓解了重灾区医疗资源严重不足的压力，有力保障了湖北省和武汉市的疫情救治（见表 5–5）。在对口支援各方共同努力下，医疗资源保供实现了从严重"紧缺"到"紧平衡""动态平衡""动态足额供应"的跨越式提升。

---

① 《国家卫生健康委员会 2021 年 3 月 23 日例行新闻发布会文字实录》，宣传司，http://www.nhc.gov.cn/xcs/s3574/202103/d938c625a6014bab80cab4c734143838.shtml.

② 国家卫生健康委办公厅、国家中医药管理局办公室：《新型冠状病毒肺炎诊疗方案（试行第六版）》，《中国感染控制杂志》2020 年第 2 期。

表5-5 疫情发生以来调往湖北省医疗物资情况（截至2020年4月30日）

序号	类别	品种	单位	数量
1	医疗设备	全自动测温仪	台	20033
2		负压救护车	辆	1065
3		呼吸机	台	17655
4		心电监护仪	台	15746
5	消杀用品	84消毒液	吨	1874
6		免洗洗手液	万瓶	71.4
7	防护用品	医用手套	万副	198.7
8		防护服	万套	773
9		医用N95口罩	万只	498
10		医用非N95口罩	万只	2720
11	防控药品	磷酸氯喹	万片/粒	40
12		阿比多尔	万片/粒	360

资料来源：《抗击新冠肺炎疫情的中国行动》白皮书。

（二）对口支援应对新冠肺炎疫情的机制分析

第一，中央层面主要负责指挥、协调和考核评价。首先，建立了统一高效的指挥体系。时任中共中央政治局常委、国务院总理、中央应对疫情工作领导小组组长李克强主持召开30余次领导小组会议，研究部署疫情防控和统筹推进经济社会发展的重大问题和重要工作，赴北京、武汉等地和中国疾控中心、中国医学科学院病原生物学研究所、北京西站、首都机场及疫情防控国家重点医疗物资保障调度平台等考察调研。中央指导组指导湖北省、武汉市加强防控工作，以争分夺秒的"战时状态"开展工作，有力控制了疫情流行，守住了第一道防线。国务院联防联控机制发挥协调作用，持续召开例会跟踪分析研判疫情形势，加强医务人员和医疗物资调度,根据疫情发展变化相应调整防控策略和重点工作。[①] 其次,中央政府统筹调度全国疾控力量(医生、护士、医疗设备等),向湖北、黑龙江、吉林、北京、新疆、大连等地派出疾控专家队伍,提供疫情分析、现场流调、实验室检测、环境消杀、心理疏导、社区防控等能力的支持,坚决遏制疫情扩散蔓延。同时,中央政府从全国协调选派了包括疫情分析、核酸检测、社区防控、环境消杀、流调督导、心理援助、营养干预等方面的千名疾控和公共卫生人员组成的援助队伍驰援湖北省,在湖北期间累计完成了1.3万余名病例的流调,4万多名密切接触者的追踪调查,检测了近44万份的标本,对5000多个单位开展了环境消杀工作的指导。[②] 最后,中央政府对新冠肺炎疫情防控救治对口支援实践进行考核评价,不仅对疫情防控对口支援实践中涌现出的先进集体、先进人物进行广泛倡导和宣传,同时,也对常态化医疗对口支援工作中的先进医务人员进行广泛宣传,树立榜样。例如,2020年8月28日,《人民日报》刊登了《全国抗击新冠肺炎疫情先进个人拟表彰对象》,其中许多受表彰对象是抗击新冠肺炎疫情对口支援的参与者。2017年3月,中共中央组织部、人力资源社会保障部、教育部、原国家卫生和计划生育委员会发布的《关于进一步加强医疗人才"组团式"支援工作的通知》(组通字〔2017〕15号),明确提出了医疗人才对口支援的考核办法以及考核评估机制,力求明晰量化目标,细化考核标准,建立分层分类、科学管用的考核指标体系。

第二,省级层面主要负责组织落实。中央政府通过下达指令的方式将

---

① 《抗击新冠肺炎疫情的中国行动》白皮书,国务院新闻办公室,http://www.scio.gov.cn/ztk/dtzt/42313/43142/index.htm.

② 《2020年8月19日新闻发布会文字实录》,宣传司,http://www.nhc.gov.cn/xcs/s3574/202008/ceaddd24067640fca0073b3bfd838bbd.shtml.

新冠肺炎疫情防控对口支援任务层层分解给了全国19个省（区、市）。各省级地方政府主要通过"强扶弱"的帮扶机制以及划定"责任田"的定向方式负责组织落实。全国各省、市、县成立由党政主要负责人"挂帅"的应急指挥机制，构建自上而下统一指挥、一线指导、统筹协调的应急决策指挥体系，让湖北各地市在精准有效的支援下尽早摆脱抗疫资源困局，提升疫情防控能力。

第三，地市级层面主要负责具体实施。各地市级地方政府是新冠肺炎疫情防控对口支援任务的具体执行者，为受援地区提供人力、物力和财力的援助。承担对口支援任务的19个省（区、市）在对口支援政策目标任务分解后，将疫情防控救治任务进一步分解给各省（市）直属部门或市（县）部门。通过政策目标的层层设定和层层分解，实现"上级抓下级、下级对上级负责、级级抓落实"调配医疗人员和物资等快速"左右横向"配置到湖北省。[1]

抗疫斗争伟大实践再次证明，中国特色社会主义制度所具有的显著优势，是抵御风险挑战、提高国家治理效能的根本保证。衡量一个国家的制度是否成功、是否优越，一个重要方面就是看其在重大风险挑战面前，能不能号令四面、组织八方共同应对。历史和现实都告诉我们，只要坚持和完善中国特色社会主义制度、推进国家治理体系和治理能力现代化，善于运用制度力量应对风险挑战冲击，我们就一定能够经受住一次次压力测试，不断化危为机、浴火重生。[2]

---

[1] 闫义夫：《十九省"对口支援"湖北应对新冠肺炎疫情的运作机理及政治保障》，《社会科学家》2020年第4期。

[2] 习近平：《在全国抗击新冠肺炎疫情表彰大会上的讲话》，http://www.nhc.gov.cn/wjw/xwdt/202009/4c106399602e4b7488ac485e27c3684a.shtml.

地区社会经济发展不平衡是国际社会中普遍存在的现象。这种现象在大规模国家中会更加突出。区域发展的不平衡，即规模治理的非均衡性特征，不同规模的国家区域发展不平衡的程度也不相同。从国际上的治理经验来看，实现区域平衡发展有着多种政策模式，如自上而下的纵向转移支付、政府投资、政府购买、金融与税收优惠、技术创新等。许多国家已经取得了比较成熟的经验，例如，横向转移的"德国范式"颇受追捧。中国是区域发展不平衡极为显著的超大规模国家，自1994年起实施分税制财政体制改革以来，逐渐建立起一套中国特色的转移支付体系，其中，对口支援作为横向转移支付的重要方式，有着十分重要的历史意义。学术界一种相对公认的观点认为，"对口支援"具有显著的横向财政转移支付特征。不少学者论证了以对口支援为基础建立的横向财政转移支付的必要性和可行性，如花中东、刘忠义通过实证检验证明，对口支援有效减轻了地方的财政缺口，弥补了地区间的财力差异，基本维持了地区间的财力均衡，有效地刺激了受援地的消费和就业，以及地方经济的增长。[①] 但是，也有一些学者提出，对口支援充满了"劫富济贫"的色彩，[②] 甚至担忧现行纵横交错的转移支付体系无法支撑起我国财政均衡机制的有序运行，[③] 呼吁将这种"兄弟式互助"改革为一种规范而长效的横向转移支付制度，[④] 或者定位为"纵向转移支付的有益补充"[⑤]。也有学者提出，对口支援将部分中央政府的职责"转移"给了地方政府承担，这是一种政府间财政职能划分错位的体现，因此，主张根据不同类型的对口支援进行相应的改革。[⑥] 学者伍文中持相似观点，提出应该将对口支援体系进行归并、划分和改造，"一部分归并到横向财政转移支付，归属于国家财政均衡体系；一部分划转到市场体系；一部分进行功能再造归属于国家应急动员体系"[⑦]。从我国历史发展实际来看，传统的区域发展模式尽管为中国经济带来了快速的增长，但是也加大了我国不同区域之间的社会发展差异。现实中的国情呼求我国积极改进对口支援的制度设计，从传统的、具有较浓厚计划色彩的对口支援模式向更加强调效率和互惠共赢的对口合作模式转变，从而破解当前形势下区域间的协调发展问题。

---

① 花中东：《对口支援促进基本公共服务均等化效应分析——以四川地震灾区为例》，《西安财经学院学报》2010 年第 9 期。

② 李万慧、于印辉：《横向财政转移支付：理论、国际实践以及在中国的可行性》，《地方财政研究》2017 年第 8 期。

③ 贾康：《中央地方财力分配关系的体制逻辑与表象辨析》，《财政研究》2011 年第 1 期。

④ 伍文中、段铸：《基本财力均等视角下横向转移支付路径及实证模拟》，《财经论丛》2013 年第 2 期。

⑤ 石邵宾、樊丽明：《对口支援：一种中国式横向转移支付》，《财政研究》2020 年第 1 期。

⑥ 王玮：《"对口支援"不宜制度化为横向财政转移支付》，《地方财政研究》2017 年第 8 期。

⑦ 伍文中、张扬、刘晓萍：《从对口支援到横向财政转移支付：基于国家财政均衡体系的思考》，《财经论丛》2014 年第 1 期。

（一）"长津合作"的新特征

近几年来，东北地区经济下行压力较大，经济社会发展面临诸多困难和挑战。党中央、国务院高度重视东北振兴，陆续出台了一系列推动东北地区经济发展的重大政策文件。其中，2017 年国务院办公厅发布的《国务院办公厅关于印发东北地区与东部地区部分省市对口合作工作方案的通知》（国办发〔2017〕22 号）明确提出了组织长春市和天津市建立对口合作机制（以下简称"长津合作"），这标志着促进经济社会发展与合作类型对口支援实践向对口合作的转向。在"长津合作"中，这种转向表现了以下几点新特征。

第一，效率性和平等互惠性。传统促进经济社会发展与合作类型对口支援实践主要依靠中央政府的控制、引导与组织实施，支援方地方政府视之为"政治任务"，受援方地方政府处在被动接受的位置。在整体的实践闭环中，实施主体大多是各级地方政府，即使参与实践的企业也多为央企或国企，这就容易导致实践过程重政府作用、轻市场作用的现象。随着市场化改革进程的不断深化，地方政府的自主性不断加强，对口支援的实践同市场经济下区域经济的协调和发展需求表现出难以协调的一面。"长津合作"中政府发挥引导作用，即建机制、搭平台、抓项目、出政策；市场在资源配置中发挥决定性作用，更加强调通过市场化合作促进资本、人才、技术等要素合理流动。在"长津合作"的实践闭环中，立足两省资源禀赋、基础条件等因素，充分发挥两地各自比较优势，地方政府间是优势互补、共赢发展、平等互惠的关系。

第二，可持续性。在促进经济社会发展与合作类型对口支援实践中，由于时间紧任务重，地方政府为了在规定时间内完成"规定动作"，在政策出台和项目的选择上难免出现顾此失彼的情形。学者李盛全就曾指出，重庆库区移民对口支援合作项目中很多对口支援协议项目由于跟踪后续工作不力，造成半途流失告吹。[①] 而在"长津合作"中，由于计划命令控制较少而地方自主性较强，合作各方能够在动态发展的过程中选择和调整合作的领域和具体内容，使得各方能够从合作中获得持续的收益。

第三，系统性。传统模式下，促进经济社会发展与合作类型对口支援实践一般是以特定领域的政策目标为导向，区域协调机制的综合性功能并不明显。难免出现"头痛医头、脚痛医脚"，很难从根本上改变经济欠发达地区面临的突出矛盾和问题。"长津合作"是在综合考虑两地社会、经济、政治、环境、文化等方面的异质性的基础上进行的，具有全面性，除提高经济效益外，还能够形成系统的区域合作机制。

（二）长津两地主要经济指标的比较

分析如何通过对口合作机制实现长津两地的区域经济协调发展，需要对两地各自的经济产业结构特征、经济社会发展的差异状况做一个分析。

根据天津市统计局公布数据，2020 年天津市全市生产总值（GDP）为 14083.73 亿元，比 2019 年增长 1.5%。全年外贸进出口总额为 7340.66 亿元，下降 0.1%，基本恢复至上年水平。其中，进口 4265.54 亿元，下降 1.5%；出口 3075.12 亿元，增长 1.9%（见图 5-3）。

---

① 李盛全：《三峡工程库区移民对口支援的进展、问题及对策》，《重庆商学院学报》1998 年第 3 期。

图 5-3 天津市全市全年生产总值与进出口总额变化

2020 年,天津市全市本地生产总值中,第一产业实现增加值 210.18 亿元,下降 0.6%;第二产业实现增加值 4804.08 亿元,增长 1.6%;第三产业实现增加值 9069.47 亿元,增长 1.4%。三次产业结构由 2019 年的 1.3∶35.2∶63.5 调整为 1.5∶34.1∶64.4。从总体上看,农业生产总体稳定,从

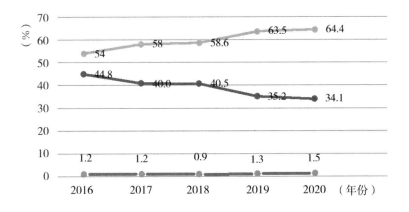

图 5-4 天津市第一、二、三产业比总变化

2016 年到 2020 年，全年第一产业增加值变动不大，基本维持在 0.9% 到 1.5% 的区间；2020 年，第二、第三产业增加值占全市生产总值的比重分别为 34.1% 和 64.4%；2016 年至 2020 年，第二、第三产业比重分别呈现下降和上升的趋势（见图 5-4）。

同时期，与天津市相比，长春市全年实现地区生产总值 6638.03 亿元，按可比价格计算，比上年增长 3.6%。在对外贸易方面，长春市全年实现进出口总额 1027.6 亿元，比上年增长 3.0%。其中，进口 892.2 亿元，增长 5.2%；出口 135.4 亿元，下降 9.3%（见图 5-5）。

图 5-5 长春市全市全年生产总值与进出口总额变化

在 2020 年长春市全市本地生产总值中，第一产业实现增加值 533.82 亿元，比上年下降 2.4%；第二产业实现增加值 2758.12 亿元，增长 8.0%；第三产业实现增加值 3346.09 亿元，增长 0.3%。三次产业结构由 2019 年的 5.9：42.3：51.8 调整为 8.0：41.6：50.4。受国内外复杂形势的影响，特别是新冠肺炎疫情的巨大冲击，2019 年起长春市全市第一、第二、第三产业出现较大波动，经济与社会发展以稳中求进为总基调（见图 5-6）。

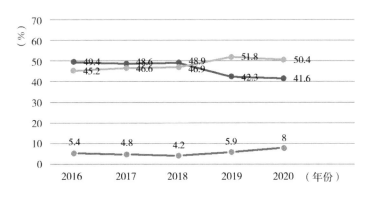

图 5-6 长春市第一、二、三产业比重变化

除地区生产总值以及三次产业比重外,全市全年一般公共预算收入、居民人均可支配收入同样是重要的反映区域经济发展状况的"晴雨表"。天津市、长春市两市在全市全年一般公共预算收入、居民人均可支配收入及增长率变化等重要指标方面的对比如图 5-7、图 5-8、图 5-9、图 5-10 所示。

图 5-7 天津市全年一般公共预算收入变化

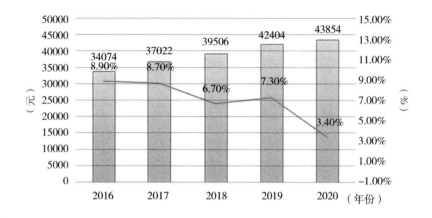

图 5-8　天津市全市全年居民人均可支配收入及增长率变化

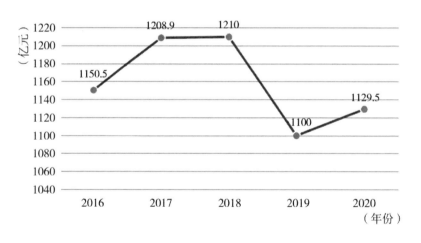

图 5-9　长春市全年一般公共预算收入变化

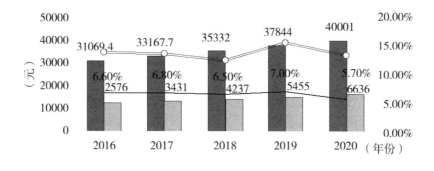

图 5-10　长春市全市城镇及农村全年居民人均可支配收入及增长率变化

　　如上图所示，2020 年天津市全年一般公共预算收入 1923.05 亿元，相对地，长春市全年一般公共预算收入 1129.5 亿元。2020 年天津市全年全市居民人均可支配收入 43854 元，增长 3.4%。按照常住地分，城镇居民人均可支配收入 47659 元，比上年增长 3.3%；农村居民人均可支配收入 25691元，比上年增长 3.6%。与天津市相比，长春市同时期城镇居民人均收入达到 40001 元，比上年增长 5.7%；农村居民人均可支配收入 16636 元，比上年增长 7.6%。从这些数据可以做出以下归纳分析。第一，从全市全年生产总值来看，天津市的生产总值要高于长春市，基本是同期长春市的两倍左右。但是，近年来天津市的增长率放缓，2019 年呈现较大幅度的下降，长春市同期仍能保持较高的增长率。第二，从全年的进出口总额来看，天津市的进出口贸易总额维持在七倍于长春市的水平，尽管从总体来看相较于长春市仍处于较高水平，但是，2018 年处于持续下跌的态势；而长春市的进出口贸易总额较小，总体来看对总收入增长的贡献较小。第三，从三次产业比重来看，2016 年到 2020 年，天津市全年第一产业增加值变动不大，基本维持在 0.9% 到 1.5% 的区间；第二产业和第三产业比重分别呈现下降和上升的趋势，其中，第三产业的比重由 2016 年的 54% 上升为 64%，始终保持着上升的态势，这意味着第三产业已经成为全市的主导产业。而长春市长期以来产业结构相对稳定，2019 年之后，第三产业比重有所上升，近年来首次超越第二产业所占比重。第四，从全年一般公共预算收入变化来看，2020 年天津市全年一般公共预算收入为 1923.05 亿元，全年一般公共预算支出为 3151 亿元，其中，投入在民生领域支出比重保持在 75% 左右，总体来看，财税结构得到了进一步优化；2020 年长春市全市一般预算全口径财政收入为 1129.5 亿元，在地方财政支出中，卫生健康支出 92.8 亿元，增长 16.1%，社会保障和就业支出 153.9 亿元，增长 6.9%，明显受到了新冠肺炎疫情的冲击影响。第五，从全市全年居民人均可支配收入及增长率变化来看，天津市 2020 年全年全市居民人均可支配收入为 43854 元，增长 3.4%，居民收入保持稳定增长。长春市全市城镇常住居民人均可支配收入达到了 40001 元，增长 5.7%，与天津市城镇居民人均水平的 47659 元差距进一步缩小。但是，长春市农村常住居民人均可支配收入为 16636 元，虽然从 2016 年至今始终保持着 6% 以上的增长率，但无论是和本地区城镇居民人均可支配收入水平，还是与同期的天津市农村常住居民人均可支配收入相比都有相当大的差距。

结合两地社会经济发展实际，长津两地对口合作总体需要考虑的是解决当前长春地区在思想观念转变、体制机制改革、供给侧结构性改革、产业结构优化、支持实体经济发展等方面存在的问题，推动长春地区经济企稳向好，同时，也充分考虑天津地区转型升级和开拓发展新空间的需要。

（三）"长津合作"的特点与机制

1."长津合作"的特点

根据国务院发布的《国务院关于深入推进实施新一轮东北振兴战略 加快推动东北地区经济企稳向好若干重要举措的意见》（国发〔2016〕62号文件），国务院办公厅发布的《东北地区与东部地区部分省市对口合作工作方案》（国办发〔2017〕22号文件），以及长津两地发布的相关政府文件，如2019年在长春市政府第23次常务会议上讨论并通过的《2019年天津市与长春市对口合作工作要点》，并结合长津两地经济社会发展现状来看，长津合作的战略规划主要呈现出以下特点。

第一，长津合作实践的主要运作方式以政府为主导，以市场为主体。长津合作中，两地地方政府在对口合作中起主导作用，将对口合作工作纳入重要议事日程，精心组织、主动作为，积极探索、力求实效。两地地方政府并不直接控制合作框架下的企业和个人的决策，而是强化协调指导，加大政策支持，为对口合作创造有利条件。长津合作是一种区别于对口支援（帮扶）和扶贫的新型跨地区合作模式。

第二，长津合作实践的主要原则是效率优先。长春市和天津市从当地的资源禀赋、基础条件等因素出发来制定合作战略框架。既要有项目产业等"硬合作"，更要有干部挂职培训、先进经验借鉴、思想观念和发展理念学习、体制机制创新等方面的"软合作"。例如，长春市学习和借鉴天津发展开放型经济的经验，利用天津的资本优势改造升级传统的制造业；而天津市则可以通过利用政策优惠参与投资和产业园区的建设，为本市的企业开发新的市场。

第三，长津合作实践是全领域、全方位、多层次、开放式的系统性深度合作。到 2020 年，长津两地已建立起市际统筹、部门联动、县区发力的对口合作机制。在平台、产业、人才、项目、体制创新等方面形成一批合作亮点，达到齐头并进，互利双赢。

第四，长津合作实践主体呈现自主性和多元化特征。一方面，除中央政府鼓励支持的东北地区与东部沿海地区的对口合作外，还支持内蒙古自治区主动对接东部省市，探索建立相应合作机制。另一方面，由于运作方式以市场机制为基础，且合作具有多层次、多领域的系统性，参与实践的主体也呈现出多元化特征，除吸引传统模式下的政府机构外，还吸引了众多企业、社会服务机构、科研单位等。[①] 在长春市同天津市、杭州市对口合作的深化中，长春市的影响力、吸引力和知名度不断提高，2020 年 12 月 26 日，第六届中国制造业上市公司价值 500 强论坛暨 5G+ 工业互联网赋能制造业高质量发展峰会在长春举行，经开区与全国 22 家高端制造企业建立协作关系，达成产业链对口协作机制。[②]

2. "长津合作" 的机制

基于长津合作战略合作框架所呈现出的特点，长、津两地在 "市际统筹、协同联动，政府引导、市场运作，互利共赢、突出特色，重点突破、示范带动" 基本原则下，建立了实现长津两地的区域经济协调发展的对口合作机制，主要包括以下几个方面：

第一，建立高层互访的对接机制。首先，两市主要领导高度重视对口合作工作，高位统筹，密切互动，实现互访对接。通过组织参加经济、农业、文化等领域的专题推介洽谈会，两市高层间频繁地互访学习、对接考察，两地方政府间就两市合作的基本框架和重大项目达成一致。例如，在

---

① 李胜兰、黄晓光、黎天元：《深哈合作机制研究》，《中国经济特区研究》2017 年第 1 期。

② 《经开区与全国 22 家高端制造业企业建立协作关系》，2020 年 12 月 27 日《长春日报》。

2019 年 3 月吉林省党政代表团赴天津市学习考察，举行了天津市—吉林省工作交流座谈会，会上双方签署了《天津市人民政府吉林省人民政府战略合作框架协议》。其次，建立联席会议机制。长、津两市对口合作机制同时是一个跨行政区域地方政府间相互学习、协同发展的机制。两市定期互访互学，就对口合作实践经验教训进行总结，就合作园区建设、干部交流培训、体制机制创新等相关具体事宜进行交流和探讨，对于推动长、津两市对口合作走向深入发挥了重要作用。例如，2017 年 2 月和 6 月，长津两市分别在长春和天津组织召开了对口合作联席会议。2017 年 6 月，长春市政府代表团在天津期间，部门与县区高效对接，在 4 天的访问时间内，18 个市直部门和 15 个县区主要负责人分别与天津市各结对部门、县区开展了 30 多场一对一会晤和座谈交流，达成了一系列重要合作成果。[①] 2019 年 5 月 21 至 22 日，在天津市河北区与长春市绿园区对口合作工作联席会上，两区政府签署了《长春市绿园区人民政府、天津市河北区人民政府 2019 对口合作框架协议》，将 2019 年度两区对口合作工作在产业合作、招商引资、党建与社会治理等多个方面进行了细化。

第二，建立主体责任机制。长、津两地对口合作实施主体主要分为三类。首先是属地实施主体。各县（市）区、开发区要发挥项目建设主体作用，全面梳理自身资源禀赋、工作基础和发展方向，依托各类园区平台，加大招商引资、孵化培育和要素保障力度，培育引进一批重大项目。其次是部门实施主体。市政府有关部门要发挥行业指导作用，围绕国家和省、市重点支持方向，依据总体规划和专项规划，采取自主谋划或借助外脑等形式，推动谋划生成一批重大项目。最后是企业实施主体。鼓励全市各级各类企

[①]《长春"华博会"上签约 97.2 亿元 开启津长对口合作新篇章》，长春市人民政府网，http://www.changc-hun.gov.cn/zw_33994/yw/zwdt_74/jjdt/201706/t20170624_1602680.html.

业特别是国有企业发挥市场主体作用，不断拓宽信息渠道、市场渠道，大力开展"以商招商、以企引企"，密切跟踪行业发展方向，在技术、市场、业态上开展创新突破，引进孵化一批重大项目。

第三，推动部门区县对接，实现合作良好开局。对口合作工作开展以来，两市各相关部门和县（市）区、开发区累计开展对接活动200余次，90%以上的市直部门开展了对接，已签署合作框架协议30余份，签约项目150余个，总签约额500多亿元。

昆山市对口帮扶阿图什市

贫困问题是世界性难题。中国的贫困规模之大、贫困分布之广、贫困程度之深世所罕见，贫困治理的难度超乎想象。作为历史上的贫困大国，中国的贫困治理取得了巨大的成就。2021年国务院新闻办公室发布的《人类减贫的中国实践》白皮书显示，"到2020年底，中国如期完成新时代脱贫攻坚目标任务，现行标准下9899万农村贫困人口全部脱贫，832个贫困县全部摘帽，12.8万个贫困村全部出列，区域性整体贫困得到解决，完成消除绝对贫困的艰巨任务"[①]。中国减贫实践表明，东西部扶贫协作和对口支援能够动员和凝聚各方力量，形成共同意志、共同行动，将中国的种种制度势能系统地转化为贫困治理效能，在中国贫困治理中发挥出重要作用。

---

① 中华人民共和国国务院新闻办公室:《人类减贫的中国实践》（白皮书），2021年4月。

　　贫困治理中的对口支援，主要包括"东西部对口扶贫协作"[①]"中央单位定点扶贫"和军队扶贫，[②] 以及区域内组织间的对口帮扶和"万企帮万村"精准扶贫行动[③] 等类型。其中，东西部扶贫协作和对口支援主要形式是东部 9 个省份结对帮扶中西部 14 个省份，东部 343 个经济发达县（市、区）与中西部 573 个贫困县开展"携手奔小康"行动。2012 年 3 月 19 日，国务院扶贫开发领导小组办公室发布了《国家扶贫开发工作重点县名单》。全国共有 592 个贫困县，其中，河北省有 39 个，吉林省有 8 个，黑龙江省有 14 个，安徽省有 19 个，湖北省有 25 个，湖南省有 20 个，重庆市有 14 个，四川省有 36 个，陕西省有 50 个。并且这些省份中每一个省省内都有集中连片特殊困难地区。[④] 2015 年至 2020 年，东部 9 个省份共向扶贫协作地区投入财政援助资金和社会帮扶资金 1005 亿多元，互派干部和技术人员 13.1 万人次，超过 2.2 万家东部企业扶贫协作地区累计投资 1.1 万亿元。东部省份和部分中央单位开展对口支援西藏自治区、新疆维吾尔自治区、青海省，组织实施全国教育、医疗人才"组团式"援藏援疆，选派优秀教师、医生开展组团支援，从中央单位选派干部到西部地区、老工业基地、革命老区挂职。[⑤]

[①] 东西部扶贫协作和对口支援主要是东部经济发达省份和西部贫困省份结对支援，推动省市县各层面帮扶，促进人才、资金、技术向贫困地区的流动，实现优势互补，缩小区域差距。"携手奔小康"是东西部扶贫协作层级下沉到县、乡甚至村级的结对支援。

[②] 中央单位定点扶贫主要是指中央和国家机关、民主党派和全国工商联、人民团体、参公事业单位、国有大型骨干企业、国有控股金融机构、国家重点科研院校、军队和武警部队等，根据中央统一部署和国家扶贫开发重点县开展结对帮扶，在资金、物资、技术、人才、项目等方面对结对帮扶给予倾斜和支持。

[③] 区域内组织间的对口帮扶和"万企帮万村"等精准扶贫行动可以归纳为以省级行政区为单位在本区域内开展的定点结对帮扶行动，主要是广泛动员社会组织、公民个人等积极参与脱贫攻坚，发挥各行各业专业优势，引导市场开发能力强的主体进入资源开发潜力大的地区，实现互惠互利、共同发展。

[④] 扶贫办：《国家扶贫开发工作重点县名单》，中国政府网，http://www.gov.cn/gzdt/2012-03/19/content_2094524.htm.

[⑤] 中华人民共和国国务院新闻办公室：《人类减贫的中国实践》（白皮书），2021 年 4 月 6 日。

东西部对口扶贫协作是一个综合的、全局的、复杂的系统工程,对于昆山市对口支援阿图什市的案例研究主要从三个方面进行剖析:一是明晰对口支援实践中的主体和客体,探索主客体之间形成了哪些正式或非正式的、长期的或短期的对口支援关系;二是聚焦产业协作领域,探索资金、人才、技术等协作要素作用于受援地哪些薄弱与关键环节的具体路径,形成哪些特色帮扶模式;三是深度提炼与探索对口支援主客体与协作要素之间的相互作用与运作机制。

(一)昆山市对口支援阿图什市概况

东西部扶贫协作对口支援是由中央政府主导、以地方政府为主体的发达地区对不发达地区实施援助的政策性行为。贫困治理绩效是对口支援制度规模治理负荷转化为规模治理效应的集中展现。"志合者,不以山海为远。"11 年来,阿图什市发展明显,成为东西部扶贫协作对口支援的典范,也体现了中国式脱贫致富的成果。阿图什市位于新疆西南部,集民族地区、边疆地区和贫困地区于一体,是国家扶贫攻坚的主要战场。阿图什市绿洲面积 11.3%,人均耕地面积 0.9 亩。在以对口帮扶为主要任务的 2000 年到 2010 年十年时间内,全市地区生产总值均未突破 20 亿元(见表 5-6)。2010 年城镇居民人均总收入 9246 元,农村居民人均纯收入 2096 元,远低于全国平均水平(见表 5-7)。2011 年到 2019 年,昆山市委、市政府和昆山援疆工作组贯彻落实中央对口支援新疆工作的指导方针,把帮助阿图什市早日摘掉"国家深度贫困县"的帽子作为昆山对口支援阿图什市的重中之重。昆山援疆工作组通过实施与阿图什市的"村村结对"工程,扶持阿图什市的贫困家庭生产增收、脱贫解困;通过实施安居富民工程,投入 4.92 亿元援疆资金,为 3.61 万户乡村游牧民家庭解决基本住所,实现安居乐业梦想；通过乡镇结对、企业和部门帮扶，充分整合昆山援疆的前后方力量，加速推进阿图什市脱贫步伐。

表5-6　阿图什市地区生产总值统计表

年份	地区生产总值（亿元）	地区生产总值增长（%）	人均生产总值（元）	人均生产总值比上年增长（%）
2000	3.74	0.8	1943	3.07
2001	4.79	25.6	2449	23.82
2002	5.22	8.5	2508	2.41
2003	5.99	11.4	2834	9.67
2004	7.14	14.8	3336	13.36
2005	9.19	7.8	4180	8.23
2006	10.46	10.50	4691	9.06
2007	11.96	12.8	5272	12.38
2008	13.45	7.5	5715	8.40
2009	15.29	8.8	6410	5.10
2010	17.43	10.3	7128	7.60
2011	23.29	19.0	9284	16.00
2012	27.97	15.0	10951	13.00
2013	34.40	14.3	12861	14.80
2014	38.95	12.2	14583	8.70
2015	45.12	10.7	16732	8.70
2016	43.56	5.2	16210	−3.12
2017	46.37	6.8	16800	3.70
2018	50.75	3.4	17400	2.90
2019	64.73	6.6	22678	9.18

数据来源：根据阿图什市统计局公开资料自制。

表 5-7 阿图什市人民基本收入情况统计表

年份	农牧民人均纯收入（元）	城镇居民人均可支配收入（元）
2000	1179	2004 年以前未开展此项工作
2001	1260	
2002	1363	
2003	1537	
2004	1622	5355
2005	1672	7246
2006	1719	7356
2007	1822	8480.94
2008	1958	8587.89
2009	2058	8747.33
2010	2096	9246.37
2011	2670	11787
2012	3521	15058.18
2013	4350	16120.97
2014	5207	18702.34
2015	6010	21008.72
2016	6870	22898.53
2017	7883	24731
2018	8012.8	26569
2019	9785.7	28649

数据来源：根据阿图什市统计局公开资料自制。

（二）昆山市对口支援阿图什市模式分析

江苏省昆山市从 2010 年起开始对口支援新疆克孜勒苏柯尔克孜自治州（简称克州）阿图什市。如何把昆山经验变成阿图什实践，怎样把昆山优势转化成阿图什的"造血"产业，是昆山对口支援阿图什市实现贫困治理的重中之重。具体而言，在昆山市对口支援阿图什市的实践过程中，建立了五种对口支援关系（见表 5-8）。

表 5-8　昆山市对口支援阿图什市的模式类型及特征

帮扶类型	典型案例	帮扶方式	主要成效
贫困村"摘帽"	"村村结对"帮扶	突出帮扶项目，有限保障扶贫项目；促进贫困家庭就业，搭建就业平台	结对的69个贫困村（15个重点贫困村、54个深度贫困村）完成脱贫摘帽
"连心券"帮扶	"产业连心券"	引导和鼓励困难群众积极生产，同时，激励龙头企业和农民合作社积极收购贫困户农产品	形成贫困户种植业农副产品"连心券"创新特色帮扶模式
安居富民工程帮扶	安居富民工程项目	对农牧民住房进行改造，建设安居富民房	改善了农牧民的居住条件，便于剩余劳动力就地就近就业
乡镇结对帮扶	周庄镇结对帮扶阿扎克乡	支援方乡镇领导到受援方实地考察，签订结对帮扶协议，结构化设置帮扶项目，立体式推动帮扶工作	农业产供销之间精准对接，实现信息共享与互惠共赢；"新疆土特产周庄经销中心"建设，扩大了受援地的土特产销售，促进当地农牧业发展
企业和部门帮扶	昆山产业园区建设	捐资捐物；利用阿图什资源、地缘优势，结合阿图什市的产业规划，制定完善招商引资优惠政策，设置创业就业等引导资金，开展形式多样的招商引资活动	实现受援地资源优势与昆山资金和市场优势的互补，有利于受援地产业体系培育；解决了当地5000余人的就业，直接脱贫近2.5万人

资料来源：根据资料整理自制。

　　一是贫困村"摘帽"。2011—2019年，昆山援疆工作组响应中央和江苏省委、省政府"携手奔小康"的要求，在对口支援的项目计划安排上更加突出扶贫项目，援助资金向民生倾斜、向基层倾斜、向贫困村倾斜、向贫困户倾斜，优先保障扶贫项目；积极促进贫困家庭就业，帮助搭建就业平台，让村里富余劳动力就地就近就业，形成"一人就业，全家脱贫"的格局。到2019年，昆山市千灯镇、淀山湖镇、周庄镇、巴城镇分别与阿图什市松他克乡、阿湖乡、阿扎克乡、上阿图什镇结对，为昆山对口支援阿图什市开辟了新途径。同时，昆山市社会经济组织结对阿图什市69个贫困村，实现了"村村结对"帮扶全覆盖。

二是"连心券"帮扶。2017 年,昆山援疆工作组为了确保阿图什 4 个乡镇的 5 个行政村如期实现脱贫,鼓励贫困农户生产致富,开始探索试行贫困户种植业农副产品"连心券"特色对口帮扶模式。到了 2018 年,"连心券"的覆盖面已涵盖产业、教育、健康和采集保障等多个方面。2019 年 9 月 25 日,由昆山援疆工作组举办的援疆资金"乡镇结对帮扶暨民族团结连心券"补贴发放仪式在上阿图什镇博依萨克村举行,为博依萨克村发放 10 万元的乡镇村结对帮扶资金;为 125 名在疆内外就读的贫困家庭大学生发放"教育连心券";为 10 余名大病贫困家庭代表发放"健康连心券",给予每人 3500 元补贴;为 30 余户贫困户发放"核桃连心券"种植补贴及用工补贴,合计全年发放"连心券"补贴 600 多万元。

三是安居富民工程帮扶。为了改善广大农牧民的住房条件,新疆从 2010 年 6 月开始实施"安居富民"工程。2011 年到 2019 年,昆山市在阿图什市共援建(包括升级改造)安居富民房 36132 套,江苏昆山市共投入援疆补助资金近 4.91 亿元。安居富民工程资金来源主要包括国家补贴、自治区补贴、对口援建资金以及农牧民自筹。例如,2018 年建档立卡贫困户总补助资金 5.52 万元,其中:中央补助资金 1.52 万元、自治区补助资金 0.8 万元、援疆补助资金 2 万元、中央扶贫补助资金 1.2 万元;2018 年安居富民工程主要帮扶三类重点对象,分别是低保户、残疾户和五保户,总补助资金 4.32 万元,其中:中央补助资金 1.52 万元、自治区补助资金 0.8 万元、援疆补助资金 2 万元;2018 年一般户总补助资金 2.85 万元,其中:自治区补助资金 1.85 万元、援疆补助资金 1 万元。[①] 随着各地安居富民工程的全面展开,一大批农牧民即将搬进新房,更多农牧民群众实现了在家门口就

---

① 《安居富民政策》,阿图什市人民政府网,http://www.xjats.gov.cn/gk/shbz/20532.htm.

业。在一段采访中，阿布墩村村民阿不来提·买木提明领到了 3.85 万元的盖房补助，兴奋地告诉记者："我四月初开始盖房子，现在快建好了，打算五月底搬进新房。我还修了 85 平方米的牲畜棚圈，打算通过畜牧养殖提高家庭收入，争取今年能脱贫。"[①] 这反映出通过援建安居富民房，改善了阿图什市农牧民的居住条件，为贫困户安居乐业、脱贫致富打好了基础。

四是乡镇结对帮扶。2017 年起，乡镇结对帮扶共建立起四组对口帮扶关系：巴城镇结对上阿图什镇、周庄镇结对阿扎克乡镇、千灯镇结对松他克乡、淀山湖镇结对阿湖乡。例如，2017 年 7 月 2 日，昆山市周庄镇与阿图什市阿扎克乡的镇乡（村）结对帮扶签约仪式在江苏省对口支援新疆克州前方指挥部举行，同时，举行首个结对帮扶项目——新疆土特产周庄经销中心启动仪式。根据周庄镇与阿扎克乡签订的结对帮扶协议，周庄镇通过结构化设置帮扶项目，立体式推动帮扶工作，重点围绕产业帮扶、就业帮扶、突出基层组织干部人才培养以及医疗、经济、文化、农牧业、旅游等专业技术培训和人才培养等方面展开。

五是企业和部门帮扶。2011 年以来，江苏省、苏州市、昆山市各级各部门先后到阿图什市开展结对帮扶工作，捐资捐物，围绕不同领域积极开展援建工作，积极扶持阿图什各项事业发展。例如，2019 年 8 月 9 日，昆山企业家联谊会、女企业家协会到阿图什市进行文化项目援建及考察活动，为阿扎克乡温吐萨克村捐赠柔力球、非洲鼓，为阿图什市昆山育才学校捐赠有声图书馆，开启了昆山文化援疆的先河。

总体而言，与传统的帮扶模式相比，昆山市对口支援阿图什市的五种典型帮扶模式能够充分地整合昆山市前后方的力量，在助推阿图什市脱贫

---

① 《新疆加快安居富民工程建设，提升各族群众幸福指数》，新疆新闻在线网，http://www.kas8.cn/post-2410.html.

方面成效显著。通过诸如"村村结对"的方式，将对口支援力量下放到村一级，全面开展结对帮扶；昆山市对口支援阿图什市从最基本的民生入手，将80%的援助资金用在民生工程上；充分利用了苏州昆山的消费平台，对接东南沿海城市巨大的消费市场，探索南疆绿洲经济发展新模式。当然，需要注意的是，由于企业参与帮扶可能导致运营成本过高，再加上脱贫的紧迫性与贫困治理的长期性，受援地可能更倾向于引进"短平快"企业或项目，因此，可持续性有待加强。[①]

（三）昆山市对口支援阿图什市运行机制分析

东西部扶贫协作对口支援的运行机制是指在协作主客体在与协作要素

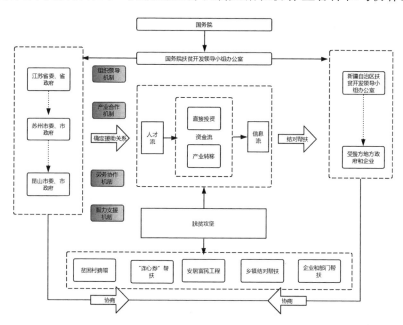

图 5-11 昆山市扶贫协作对口支援阿图什市的运行机制

资料来源：根据国务院扶贫开发领导小组办公室官网信息绘制。

---

① 方方：《京冀产业扶贫协作研究：路径、机制与展望》，《北京蓝皮书·北京经济发展报告（2020—2021）》，社会科学文献出版社2021年版，第215页。

相互作用的过程中，为维持协作正常运行而遵循的一定的组织方式，是对扶贫协作对口支援实施路径的共性特征的深度提炼与归纳（见图5-11）。

一是在实际的对口帮扶协作过程中，昆山市和阿图什市两地依赖于统一高效的组织领导机制、互利双赢的产业合作机制、长期稳定的劳务协作机制以及智力支援机制的共同作用，建立健全东西部协作和对口支援工作机制，确保帮扶措施持续跟进、力度不减，高质量助力结对地区实现巩固拓展脱贫攻坚成果同乡村振兴有效衔接。[1] 江苏省委、省政府主要负责同志带队赴新疆对口受援地考察调研，共商对口支援和合作计划。苏州市建立了3个援疆工作组先后深入阿图什市、巩留县和霍尔果斯经济开发区进行人员对接和工作对接。昆山援疆工作组结合实际研究，先后组织编制了《新疆阿图什市城市总体规划（2013—2030）》和8个专项规划，助力阿图什地区巩固拓展脱贫攻坚成果。通过对口支援任务的层层分解、逐一细化落实，为帮扶工作提供决策支撑。在昆山市对口支援阿图什市的过程中，产业帮扶与合作同样是主攻方向。在帮助结对地区因地制宜发展特色产业、壮大优势产业的同时，实现产业互补，合作升级。同时，劳务协作是助力巩固拓展脱贫攻坚成果最有效、最直接的方式，围绕安居富民工程完善劳务协作机制帮助了阿图什市脱贫群众就地就近就业。此外，昆山对口支援实践中还积极推进科技文化援疆和柔性引才工作，为阿图什市经济发展提供了坚实的智力支持。

二是支援方地方政府通过直接投资和产业转移的方式实现资金流、人才流和信息流的定向转移。2017年后，昆山第三批援疆工作组紧紧抓住"对口援建"机遇，建设具有承接产业转移功能的援疆特色产业功能区，招商

---

[1] 《坚持完善东西部协作和对口支援机制》，国家振兴局，http://www.cpad.gov.cn/art/2021/3/22/art_56_187951.html.

引资工作在昆山产业园区先行先试，以制度创新推动承接产业转移，探索企业落地政策扶持、补助、贴息等资金支持的发展机制。2019 年 10 月统计结果显示，阿图什市工业园区共有企业 138 家，已开工正常生产的企业 69 家，其中，重工业 13 家，轻工业 14 家，昆山产业园（含电子装配园）14 家，小微产业园区 36 家，电子产业园 4 家。截至 2019 年 10 月，完成工业总产值 8 亿元，完成工业增加值 3 亿元，同比增加 8%；解决就业人员 6092 人。

三是受援方自身的资源、地缘优势、承接支援方的各种资源要素以及科学配置资源要素的能力，是影响受援方脱贫的内源性因素。首先，科学援建是昆山市对口支援阿图什市的基本遵循。在对口支援实践过程中，更加关注构建高效运行的体制机制，促进各类要素发挥应有的效用，正确处理城市与农村、安居与乐业、"输血"与"造血"、经济发展与社会稳定和长治久安的关系。比如，先后援建的阿图什市昆山产业园、阿图什小微企业园、阿图什—昆山戈壁设施农业示范园、巴库果园农业示范园、克州三千年风情街等援助项目，就是在充分发挥昆山产业优势、技术优势和人才优势的基础上，结合阿图什的地缘优势和资源优势，所构建起的科学、高效的援助模式。其次，智力援建是对口支援的战略导向。长期以来，人力资源不足是制约阿图什市发展的重要因素。人才培养成为昆山市对口支援阿图什市的工作重点。2011 年至 2019 年，昆山援疆工作组在对口支援阿图什市的工作实践中，通过对阿图什市干部和人才队伍深入调研，把昆山人才援疆、智力援建战略实施纳入阿图什市的人才战略，编制并落实《干部人才援建专项规划》，把干部培训项目列入每年对口支援阿图什市的项目计划。此外，还投入援疆资金先后组织 1059 位阿图什市基层干部和有关人士赴江苏昆山学习考察，并以昆山党校为教育基地，为阿图什市培训干部人才。

昆山市对口帮扶协作阿图什市，在外源性与内源性因素之间的交互作用下，任务落实到了村，协作落实到了企业和项目。通过构建起"支援方—受援方"的脱贫产业支撑体系，一方面，充分利用了昆山地区的人才、技术、信息、市场、管理、资金等各种优势，另一方面，在互利互惠的基础上与阿图什共同开发当地优势资源，促进协作支援与脱贫攻坚之间实现良性互动，最终实现资源要素利用效率最大化与区域空间相对均衡的目标。昆山市对口支援阿图什市的实践表明，东西部扶贫协作和对口支援在缩小我国东西部经济社会发展差距、实现贫困有效治理中发挥着重要作用。作为横向的地区间帮扶制度，准确把握对口支援实现贫困治理的模式、机制和实践困境，有助于进一步激发对口支援的内生动力，也有利于增强受援方的"造血功能"。

第六章

对口支援制度的
深远意义与发展方向

潮落江平未有风，扁舟共济与君同。时时引领望天末，何处青山是越中。

——（唐）孟浩然《渡浙江问舟中人》

导　言

　　当代中国在积极参与经济全球化进程的开放条件下，成功推进和拓展了中国式现代化，实现了近代"中国之乱"向当代"中国之治"的历史性转变。在这一历史进程中，对口支援的创新实践发挥了十分重要的作用。作为富有中国特色的规模治理制度安排，对口支援制度在强化国家认同、改善府际关系、破解大国非均衡发展难题等方面具有深远意义。但是，我们需要注意到，随着对口支援承载了更多的国家意图，很容易陷入制度僵化的窠臼。因此，为了巩固对口支援实践已有成果，推进国家治理体系和治理能力现代化的进程，更好地承受大国治理的"任务之重"，应当进一步丰富、优化和完善对口支援制度建设，为对口支援实践的规范化、可持续化提供有效的制度保障。

一

对口支援实现规模治理的深远意义 ①

对口支援的本质是党和国家面对规模治理难题有目的使用的政策工具。在从一项临时性的公共政策演进为国家制度的实践过程中，这个"工具"无论是其具体实践形式，还是内含的国家意图，都得到了不断丰富和调整。根据对口支援实践所承载的国家意图，可以将对口支援划分为三种类型：一是针对少数民族边疆地区的对口支援。这种类型的对口支援是党和国家维护边疆稳定、富民兴边的重要举措。例如"对口援疆""对口援藏"的治理实践。二是针对特定重大事件的对口支援。这种类型的对口支援是党和国家实现资源分享和利益补偿的有效手段。例如"三峡移

---

① 本节对于对口支援制度深远意义的讨论，选自作者发表于《学术界》2020年第10期的《对口支援：破解规模治理负荷的有效制度安排》以及作者发表于《新疆社会科学》2020年第11期的《稳定、平衡与发展：建设中国特色对口支援制度的三重使命》，特此说明。

民"工程、"武汉抗疫"等。三是促进经济社会发展与合作类型对口支援。这种类型的对口支援是党和国家推动国民经济协调发展的重要方法。例如,2014 年发达省(市)对口支援四川、云南、甘肃省藏区经济社会发展工作等。

三种类型的对口支援所对应的是国家规模治理中政治、经济和社会三个维度。不同维度下,对口支援所承载的国家规模治理的主要意图有所不同(如表 6-1)。例如,针对新疆、西藏等边疆民族地区全面性对口

表 6-1　对口支援实现规模治理的主要意图

对口支援类型	规模治理的主要意图
边疆民族地区治理类型	维护边疆稳定,促进民族团结
突发重大事件类型	平衡府际关系,均衡基本公共服务
促进经济社会发展与合作类型	协调区域发展,促进社会合作

支援的核心目标是维护边疆稳定,铸牢中华民族共同体意识是其核心使命;突发重大事件类型对口支援的核心目标是解决财力与事权相匹配的问题,处理好大国央地关系的平衡以及基本公共服务的均衡;促进经济社会发展与合作类型对口支援的核心目标是解决广大人民群众共享改革开放成果的问题,提高资源配置的规模效益。从一定意义上讲,不同类型的对口支援实践主要是由规模治理的不同维度所决定的。对口支援承载了国家规模治理的三重使命,这逐渐成为培育新时期民族关系、府际关系、区域关系的"催化剂"。当然,这并不意味着某种类型的对口支援只承载了国家规模治理的某一方面意图。不同类型的对口支援尽管均具有政治性、社会性和经济性使命,但是它们又会侧重于某一个方面。例如,对口援藏、援疆不仅要帮助西藏和新疆地区实现社会稳定,还要促进这些地区经济的发展。由于其民族团结和边防巩固等的重要性,其政治性

使命远远大于经济性使命。随着对口支援实践逐渐从一项临时性的公共政策演进为国家制度，对口支援实践的意义也在不断丰富。一部分对口支援在新的历史阶段或者制度本身的变革和创新中逐渐被中央赋予了新的使命。

具体而言，对口支援制度通过分散风险、分摊成本、汇集资源、形成合力、协调发展以及增进团结的方式实现了规模治理负荷向规模治理效应的转化。从长期的对口支援实践来看，这种转化对于超大规模国家的治理具有深远意义：强化国家认同、重塑府际关系、促进区域协调发展以及促进社会合作。

（一）强化国家认同

中国同世界上其他大规模国家一样，在现代化变革的进程中，如何整合族群的差异性和边疆治理问题都是现代国家建设中所必须要处理的问题。[①] 在中国，少数民族与边疆在地域上大部分是重合的，民族问题与边疆治理问题往往是联系在一起的，而且又会受到外部势力的影响，因此，既不能离开边疆场域谈民族问题，也不能离开民族关系谈边疆治理。边疆民族地区是距离国家政治中心、经济中心、文化中心相对较远的边缘区域。中国的边疆民族地区是国家主权领土安全的战略屏障，是整合传统文化民族多样性的关键区域，更是国家认同构建的重要场域，有着相对突出的复杂性、民族性、多样性、与贫穷地区的高度重叠性特征。边疆民族地区的有效治理，对于国家统一和边疆巩固、民族团结和社会稳定、国家富强和民族复兴具有重要意义。因此，针对这些"边缘性"的地理空间，国家有必要采取更具灵活性、专门性的措施进行治理，对口支援的政策设计即是解决

---

① 沈桂萍、郝雨凡：《民族政策与中国边疆安全》，社会科学文献出版社 2019 年版，第 6 页。

边疆治理问题而展开的治理技术和机制。对口支援边疆民族地区不能单纯地"算经济账",而应将其置于维护国家统一和坚持社会主义制度价值取向的长远目标下看待其必要性。国家对边疆民族地区的空间治理从中华人民共和国成立之初的边防建设需要,到20世纪90年代初在国家投资和中央财政扶持的同时兼行特殊的对口支援政策,再到21世纪初在边疆地区开展大规模交通基础设施建设,既反映了边疆民族地区治理一以贯之的重要性,又展现了国家边疆民族地区治理策略的转变。在边疆民族地区治理过程中,对口支援实践着力于通过富民兴边来强化边疆民族地区的国民的国家认同,这些措施对边疆发展、社会稳定和维护国家统一具有积极的现实意义。

我国是统一的多民族国家。根据2021年第七次全国人口普查统计,我国少数民族人口为125467390人,占全国人口的8.89%,民族自治地方占国土总面积的64%,西部和边疆绝大多数地区都是少数民族聚居区。[①] 这一基本国情决定了边疆民族地区的发展在我国经济社会发展全局中占有极其重要的地位。长期以来,国家就十分重视通过对口支援边疆民族地区来加强对边疆民族地区的治理,在初期甚至是边疆民族地区发展的主要动力,其中,全国性的对口支援新疆、对口支援西藏已经成为我国历史最悠久、援助规模最大、时间跨度最长的对口支援模式。对口援藏、对口援疆同其他地区的对口支援实践相比,具有更为显著的"特殊性"[②]:一方面,对口援藏与对口援疆在经济建设、社会发展等方面负有重要使命,支援方需要

[①] 《第七次全国人口普查公报》,中华人民共和国中央人民政府门户网站,http://www.gov.cn/guoqing/2021-05/13/content_5606149.htm.

[②] 关于对口援藏和对口援疆同其他类型对口支援实践相比的特殊性的讨论,参见杨明洪、马骏丽:《以"民主改革"为坐标起点考察对口援藏制度》,《中央民族大学学报(社科版)》2019年第5期;杨明洪:《和平解放以来中央实施对口援藏政策变迁研究》,《中国藏学》2019年第4期。

给予大量的人力、物力和财力支援；另一方面，因地缘条件边疆民族地区治理面临着很大的考验，对口援藏与对口援疆肩负着维护边疆安全的历史重任，需要在同境内外敌对势力的斗争中完成援助使命。对于多民族国家来说，国内各民族的国家认同弥足珍贵。一定程度且稳定的国家认同，是多民族国家维护统一和稳定的重要基础。国家认同来自国民对自身与国家之间身份归属和利益关系的认知，这不是一个纯粹的自发过程，而是需要政治构建和后天强化的。全国性的对口支援边疆民族地区，增进了不同民族之间的交往，尤其是汉族与边疆民族间的交往、沟通，边疆民族地区治理的目标与成效在此过程中同民族国家发展和中华民族的伟大复兴紧密统一起来。其中，干部支援、资金支援和政策支持构成了对口支援强化国家认同的三种重要方式。

1. 干部支援

干部支援是党和国家采取的不同于其他类型对口支援的重要方式。对口援疆、对口援藏的工作部署侧重于派驻得力干部、优秀技术干部和专业人才，以满足受援地区相应工作岗位需要，以干部支援作为"龙头"带动项目支援、技术支援等支援方式。据统计，1997 年后的 20 年间，先后共计有九批 1.9 万余名干部被选派到新疆。新一轮援疆工作开展以来，有三批次 1.5 万名内地干部深入天山南北。[①]1994 年到 2020 年，对口援藏省市、中央国家机关及中央企业分 9 批支援西藏，共计选派了 9682 名优秀干部援藏。[②]党政领导干部援藏、援疆通常三年一期，其间，工作生活均在受援地区，只在节假日及休假期间返乡。援藏、援疆干部到受援地区开展工作，首先需

---

① 新华社：《同心捧月照天山 砥砺奋进著华章——全国对口援疆 20 年成就综述》，2017 年 7 月 9 日，新华网，http://www.xinhuanet.com/politics/2017-07/09/c_1121289366.htm.

② 《阳光洒遍雪域高原》，2021 年 5 月 30 日《人民日报》第 1 版。

要确立稳定压倒一切的意识,在政治上与思想上自觉地与中央保持高度一致,全力维护好社会政治稳定。[1] 援疆干部除了要"带项目""带资金"到受援地区,一个重要的任务就是"维稳、安保"。援藏干部同样将"反对分裂、维护稳定、促进发展"作为行动准则。例如,中央宣传部门和新闻媒体的援藏干部,充分发挥熟悉网络舆情管控的优势,制作刊发一系列电视专题片和新闻稿件,营造良好的社会舆论环境;担任县委书记的援藏干部,着力解决基层组织和基层政权建设中的突出问题,夯实反分裂斗争的思想基础、组织基础和群众基础。2010 年,中共西藏自治区党委组织部和中共西藏杂志社主编的《援藏:第五批对口支援西藏纪实》中记载了援藏干部为维护社会政治稳定所做的努力,"援藏干部们多次深入社情复杂的县区和边境一线蹲点;或者深入边境一线重点部位,在铁路沿线和矿山、油库、水源等敏感地带组织执勤守护,防止不法分子滋事破坏;或者与边防将士共同研判境内外安全状况,督促指导维稳防控工作;或者在受援地区深入调查研究,根据各地实际情况,着力解决基层组织和基层政权建设中的突出问题,以发展促稳定,化解了基层不稳定因素"。

援藏干部使受援地人民进一步感受到党中央的亲切关怀和祖国大家庭的温暖,强化了边疆民族地区的情感认同。[2] 经历了平息拉萨"3·14"事件后续影响的中央办公厅援藏干部石耀宇在采访中称,"在这些特殊战斗中,援藏干部接受了洗礼,经受了锻炼。与此同时,耳闻目睹西藏的跨越式发展,也坚定了大家忠诚于党的事业的信心和决心"[3]。此外,边疆地

---

① 中共上海市委党史研究室、上海市人民政府合作交流办公室、政协上海市委员会文史资料委员会编:《上海的责任——对口帮扶亲历者说》(下卷),上海人民出版社 2020 年版,第 1156 页。
② 中共西藏自治区党委组织部、中共西藏杂志社编《援藏:第五批对口支援西藏纪实》,华文出版社 2010 年版,第 6—8 页。
③ 中共西藏自治区党委组织部、中共西藏杂志社编《援藏:第五批对口支援西藏纪实》,华文出版社 2010 年版,第 15 页。

区的援助干部将援助工作与当地经济社会发展、富民兴边大局相结合，把内地改革开放和现代化建设的好思路、好做法、好经验引进到西藏实际工作中。例如，进入 21 世纪以来，第六批援藏干部充分发挥了在受援地与支援地间的桥梁纽带作用，先后为受援地争取"117 项目""188 项目"和"226 项目"，分别落实资金 321 亿元、873 亿元和 1931 亿元，实施了拉萨城市供暖工程、拉日铁路、旁多水利枢纽、藏木水电站、扎墨公路等一大批重点项目建设。通过选派大量援助干部到边疆民族地区，使少数民族群众认识到面对贫困，他们不再是"孤军奋战"，而是和援助省市"并肩作战"，从而增强了少数民族战胜贫困、走向富裕的能力和信心。经济较发达地区同经济欠发达的边疆民族地区结成稳定的对口支援关系，不仅加快了边疆地区社会经济发展，而且打破了历史地理环境造成的民族之间的隔阂，增进各民族相互交流、理解，增进边疆地区各民族之间的情感认同。

2. 资金支援

早期对边疆民族地区的对口支援局限于物资设备、财政资金和人才资源，主要是为了凸显党和政府对边疆民族地区的特殊情感关怀。党和国家领导人一直以来高度重视通过对口支援，尤其是资金支援这种最直接、最"立竿见影"的方式来推动边疆地区的稳定和社会经济的发展。对口援藏、援疆实践中的资金支援，是将资金从富裕地区转移到资金匮乏又急需资金的边疆民族地区，提高资金使用的边际效用，达到"雪中送炭"的效果。从 20 世纪 50 年代开始，国家对民族地区实行"统收统支、不足补助"。改革开放初期到 20 世纪末，在政策、资金、体制机制上采取有力措施，是党和政府支持边疆民族地区发展的重点。比如，1977 年设立边境建设事业补助费；1979 年制定实施《边疆建设规划（草案）》，计划在 8 年内安排边疆建设资金 400 亿元；1980 年在全国实行"包干制"体制过程中，中央财政对边疆民族地区保留了财政补助制度，相应地增加了"少数民族地区补助费""民族地区财政预备费"和"民族地区机动金"三项财政政策的补助；1980 年至 1988 年，中央财政对民族 8 省区实行年递增 10% 的定额补助制度等。1994 年，国家进行分税制改革，对民族地区实行政策性转移支付。[1]

边疆民族地区经济基础薄弱，自我发展能力较弱。国家部委和经济相对发达地区对指定的边疆民族地区以"资金支援"、增加特殊支出项目等办法，不断加大对民族地区的财政转移支付力度。2006 年起，中央财政在对 8 个民族省区、30 个自治州实施民族地区转移支付的基础上，又将 53 个非民族省区、非民族自治州所辖的自治县纳入中央财政转移支付的范围。此外，还在扶贫、教育、文化、卫生等方面，加大专项资金投入的力度。"十一五"以来，累计安排民族 8 省区财政扶贫资金 342.4 亿元，年均增长 15%，高于同期中央财政补助地方扶贫资金的增幅；安排少数民族发展资金 30.4 亿元，年均增长 28.9%，高于同期财政扶贫资金总量的增幅；累计安排 5 个自治区的投资规模 1190 多亿元，年均增长 32%；通过对民族贸易和民族特需商品生产贷款实施贷款优惠利率累计贴息 34.09 亿元，带动金融机构向民贸民品企业放贷 1200 多亿元。这些资金投入，帮助建成了一批机场、公路、港口、水利枢纽等基础设施项目和重点产业项目，对加快少数民族和民族地区经济社会发展发挥了至关重要的作用。[2] 对口支援的资金最初大多用于民生保障方面，经济产业方面的投资相对较少，即主要采用的是"输血式"对口支援。这种方式能够使当地民众在短期内生活水平

---

[1] 《中国的民族政策与各民族共同繁荣发展》白皮书，2009 年 9 月 27 日，http://www.gov.cn/zhengce/2009-09/27/content_2615773.htm.

[2] 《国务院关于加快少数民族和民族地区经济社会发展工作情况的报告——2010 年 12 月 22 日在第十一届全国人民代表大会常务委员会第十八次会议上》，http://www.npc.gov.cn/zgrdw/huiyi/ztbg/gwygyjkssmzhmzd-qjjshfz/2010-12/23/content_1611095.htm.

得到相应提高，但是，并不能促进当地经济形成自我发展能力。[1]

2008 年，中央政府确定支援方的地方政府每年的援助资金占地方当年财政收入的 1% 以后，支援方地方政府的援助资金在受援方的地方发展资金中只占较小的份额，国有企业和中央政府投入受援地区的资金成为公共援助资金的主要来源。2009 年，国家不断加大对边疆地区经济社会发展的支持力度，推进的兴边富民行动覆盖了全国所有 136 个边境县和新疆生产建设兵团 58 个边境团场，累计投入资金 22 多亿元，有效加快了边疆地区建设步伐。地方政府支援的重点转向了技术支援、人才支援和民生项目支援，对口支援成了帮助受援地区居民得实惠、见实效的重要方式。尽管经济较落后的省市筹措援建资金给本省市经济发展带来较大的负担，经济较发达的省市也会因为单方惠予性、无偿性的对口支援而难免存在"大包大揽"或者非市场化操作的倾向，形成援助中的"地方保护主义"，[2] 但是，从长期实践来看，资金支援不仅弥补了地区财力差距，有效解决了地方财力不均衡问题，促进了边疆民族地区经济社会的繁荣发展，而且推动了内地与边疆的联系与互动，增强了受援方民众尤其是少数民族人民的"四个认同"，为培育区域间守望相助的"命运共同体意识"创造了必要的物质条件。

3. 政策支持

中华人民共和国成立后，党和国家在总结历史经验和治边规律的基础上不断调试完善对口支援边疆民族地区的政策措施，极大地增强了各民族的国家归属感和民族团结意识。自 1976 年 6 月召开的五届全国人大二次会议决定恢复全国人大民族委员会，重新设立民族工作部门，党和国家就

---

[1] 杨明洪：《西藏和平解放中央对口支援西藏政策变迁研究》，《中国藏学》2019 年第 4 期。

[2] 余翔：《发展型社会政策视野下的省际对口支援研究——基于汶川地震灾后重建案例》，浙江大学出版社 2014 年版，第 156 页。

把边疆地区的建设与发展放到了极为重要的位置来考虑。1979 年，中央政府将原定的全国民族工作座谈会改为了全国边防工作会议，并制定了《边疆建设规划草案》。1979 年全国边防工作会议确定全国支援西藏的格局后，国家先后 5 次召开全国西藏工作座谈会。通过一系列的全国西藏工作座谈会，不仅明确了经济较发达地区援藏的任务安排，一些在常态化对口支援实践中处于受援方位置的老、少、边、穷省份同样也被中央政府赋予了对口支援西藏的任务。这表明了对边疆地区尤其是西藏地区的支援，不是一味地强调经济性支援，通过建立起西藏地区同全国各省份的结对支援关系，在实践中不断地调试中央与地方、地方与地方的关系进而增强国家认同、强化边疆地区的稳定和安全，同样是对口支援边疆地区的重要使命。

2000 年，由中央政法委牵头，中共中央、国务院、武警部队和新疆自治区等多个部门组成中央新疆工作协调小组。[①] 从协调小组设立起，小组的组长一职一直由中央政治局常委兼任。到了 2013 年 5 月，协调小组组长的职务由全国政协主席担任。这些举措表明，西藏和新疆地区一直以来都是全国对口支援工作的重中之重。在这一框架下，帮扶支援西藏和新疆地区建设，逐步发展为对口援藏、对口援疆制度。学者杨明洪认为，中央政府所发起的长期在边疆地区的对口支援以及这种援助发展方式，演化为受援地区民众对国家的制度期待。[②] 以西藏为例，实施对口援藏的"制度期待"包含有两点。第一，西藏和平解放之前是"政教合一"的形式，自和平解放后"西藏采用了内地的行政、社会和经济体制"[③]，客观上缺乏相应的党政人才干部，不具备直接"移植"内地成套体制的条件。第二，原有社

---

① 中央新疆工作协调小组是中央关于新疆工作的议事协调机构，具体办事机构是中央新疆办。

② 杨明洪、马俊丽：《以"民主改革"为坐标起点考察对口援藏制度》，《中央民族大学学报（哲学社会科学版）》2019 年第 5 期。

③ 马戎：《西藏的人口与社会》，同心出版社 1996 年版，第 228 页。

会结构瓦解后，当地民众仍然存在"历史上留下来的很大的民族隔阂"①，缺乏对新的社会制度优势的认知、认同，客观上需要内地支持经济社会发展，从根本上消除各民族之间"事实上的不平等"。如同习近平在第二次中央新疆工作座谈会上所强调的："对口支援是国家战略，必须长期坚持，把对口援疆工作打造成加强民族团结的工程。"② 因此，全国对口援藏、援疆被视为一种中央政府的"责任分担"③，也是密切中央同边疆地区关系、促进边疆同内地经济文化交流、维护国家统一性的必然选择。④

综上，对口支援边疆民族地区是促进边疆与内地之间加深交流交往、增进各民族团结融合的纽带，随着援助省市结合自身优势、带有创新色彩的"自选动作"不断推出，推动了内地与边疆地区的互动交流，丰富了交往交融的内涵。实践表明，以干部支援、资金支援和政策支持为主要内容的对口支援"见人、见物、又见精神"，对于构建团结和谐的民族关系、促进边疆地区稳定和发展、强化边疆地区的国家认同有着重要意义。

（二）重塑府际关系

对口支援是一项具有中国特色的制度安排，同时，也是一种重要的协调央地关系、重塑府际关系的政策工具。从形式上来看，对口支援蕴含了府际关系的互动。⑤ 在对口支援实践中，府际关系的互动主要表现为"条

---

① 中央文献研究室等编：《西藏工作文献选编》，中央文献出版社 2005 年版，第 55 页。

② 新华网，http://news.xinhuanet.com/pjoto/2014-05/29/c_126564529.htm.

③ 杨明洪：《政企关系与责任分担：市场化背景下中央企业对口援藏制度体系研究》，《西南民族大学学报（人文社会科学版）》2020 年第 7 期。

④ 靳薇：《西藏：援助与发展》，西藏人民出版社 2010 年版，第 35 页。

⑤ 所谓府际关系是指政府之间或者政府内部各部门之间的关系，具体包括中央政府与地方政府间、地方政府不同层级间的纵向府际关系，以及地方同级政府间、同级政府不同部门间的横向府际关系。

块间"的纵向协调以及"块块间"的资源交互。[1] 不同省份之间的对口援助关系逐渐摆脱单向无偿"输血式"援助模式,转变为双向互惠互利合作模式,建立了一系列较为完善的运行机制。在对口支援实践过程中,政府间关系(包括央地关系、支援方地方政府和受援方地方政府间)都发生了某种程度的变化。

1. 对口支援制度强化了中央权威

对口支援加强了中央政府的主导作用和层级节制。对于超大规模国家而言,中央与地方间的关系是影响国家规模治理的重要因素。中国是单一制的政治体制,中央政府的权威渗透在对口支援政策的制定、执行、评估与变迁的全过程。在构建新型府际关系的过程中,中央政府依然要发挥不可替代的重要作用。

首先,中央政府通过将对口支援实践的绩效作为官员考核和晋升的主要依据,强化了中央政府对地方政府的约束力。在这种制度中,地方政府对中央政策的落实情况以及完成效果如何势必会影响到中央对地方政府的评价——既可能影响到中央对地方宏观政策的调控力度,也可能影响到中央对地方领导班子的政绩考量。[2] 中央政府对对口支援抱有很强的期望和持续的关注,支援方和受援方地方政府既不希望因为对口支援任务执行不力被问责,也希望在对口支援实践中不断创新,获得中央政府更多的肯定和表扬。比如,武汉市"立体跨越式"援藏卓有成效,推动了西藏山南地区乃东县经济社会实现立体跨越式发展,武汉市"立体跨越式"援藏的经验和成果获得了中央、西藏自治区和湖北省委领导的高度关注和大力宣传。习近平同志2009 年 12 月在《西藏自治区乃东县昌珠镇克松居委会在学习实践活动中扎

---

① 寇大伟:《疫情防控中的府际关系与对口支援》,2020 年 3 月 26 日《中国社会科学报》第 4 版。

② 李瑞昌:《中国特点的对口支援制度研究——政府间网络视角》,复旦大学出版社 2016 年版,第 186 页。

实推进农牧区科学发展》的简报上作出重要批示：克松居委会在学习实践活动中积极推进农牧区科学发展，认识深刻、思路清晰、措施具体、效果明显。他们的做法，值得少数民族聚居地区和边疆地区农村学习借鉴。湖北省委领导在第五批武汉市援藏干部进藏动员会上指出，要将"武汉市援藏模式"扩展为"湖北省援藏模式"。中国网络电视台在门户网站上从"最新消息""武汉市援藏工作的主要做法""武汉市援藏工作的启示""基于武汉市援藏工作经验的几点建议"等几个方面高度评价了武汉市对口支援乃东县的工作经验，[①]并对武汉市援藏经验进行宣传推广。

其次，对口支援通过指令的方式抽取地理位置不毗邻，甚至跨行政层级的地方政府控制的资源援助另一地方政府，无论是支援方地方政府还是受援方地方政府都能轻易感知到中央权威，增强了对口支援模式下地方政府对中央政府的服从。1978年，中国经济管理体制经历了数次"放权—收权"改革。中央政府的计划更多地依赖于地方政府的配合。而自1980年实行财政包干以来，中央财力占GDP的比例一直下降，连续几年国家财政出现了巨额赤字，甚至出现两次中央财政向地方财政"借钱"的事。这种状况严重制约了中央对经济的宏观调控能力，并直接导致了1994年的分税制改革。在这种情况下，中央政府通过对口支援这一制度安排不但在财政困难的情况下实现了对少数民族边疆地区的对口支援，而且加强了中央对地方的权威。在1994年分税制改革之后，中央尽管具有了更强的财政汲取能力，但涉及需要省际资源调控、转移支付的特定事件时仍要求相关省份间开展对口支援，这表明重塑府际关系逐渐成为中央决定实施对口支援制度的一个重要原因。例如，2005年浙江省出台《浙江省2005—2007年对口支

---

① 《"立体跨越式"援藏——直击武汉援藏工作经验和成效》，央视网，http://news.cntv.cn/special/whyz/shouye/index.shtml.

援工作指导纲要》提出"继续坚持输血与造血相结合，帮扶和合作并举的方针"，率先以文件的形式表明自身诉求。[①]

最后，对口支援的实践方式形成了中央集中统一领导下的中央政府与地方政府的良性互动合作关系。在单一制体制下，如何发挥中央与地方"两个积极性"，形成中央与地方良性互动合作关系，一直是中华人民共和国成立以来处理好中央与地方关系的重大实践课题。早在 1956 年，毛泽东在中共中央政治局扩大会议上发表的《论十大关系》的讲话中就明确指出："我们的国家这样大，人口这样多，情况这样复杂，有中央和地方两个积极性，比只有一个积极性好得多……应当在巩固中央统一领导的前提下，扩大一点地方的权力，给地方更多的独立性，让地方办更多的事情。"[②] 对口支援的实践创造性地将国家的各个部分联结为一个统一的整体，不仅使超大规模国土空间内的资源调动与配置成为可能，而且形成了中央与地方良性互动新格局。三峡百万大移民的生动实践表明，应对重大工程建设既离不开中央政府的宏观调控和顶层设计，也离不开中央政府统筹"赋能"作用下地方能动性、创造性的充分调动。

2. 对口支援制度强化了地方政府间的互动合作

对口支援培育了中央主导下共同解决大国治理问题的合作型、伙伴型政府间关系，激发了"块块间"横向的活力。在中国共产党的统筹下，在对口支援任务的制定、分配及执行过程中，中央政府、支援方政府和受援方政府三方形成了一个稳定而长期的互动过程。例如，丹江口市的建设积极性和京、津两市的援助积极性在对口支援实践过程中得以激发，长期的库区对口协作成为可能。

---

① 王忠东：《论对口支援工作中的政府责任》，《内蒙古农业大学学报》2009 年第 3 期。
② 《毛泽东选集》第七卷，人民出版社 1999 年版，第 31 页。

"仅以地方政府对中央政府政治忠诚为激励要素显然不能构建长期的对口支援机制"①，单边的无偿支援容易滋生受援方的依赖性与惰性。因此，如何平衡好府际关系，加强中西部地区地方政府间的互动合作，实现由"单方受益型"对口支援向"双方共赢型"对口支援的政策转型，是建设对口支援长效机制的重要使命。②尤其是近年来，随着对口支援规模扩大化、实施常态化，对口支援向"对口合作"发生转向，"中央—地方"的垂直激励逐渐变化为"地方—地方"的平行激励，支援方地方政府和受援方地方政府的关系从单向的"政治性馈赠"向双向的"礼尚往来"转变，一些地方政府甚至自发地形成了对口合作关系。③

这种新型"伙伴关系"建立的原因在于：其一，对口支援双方地方政府之间不存在行政上下级隶属关系，地方政府间的关系既有可能是"斜向"的，如一省支援一市；也有可能是"正向"的，如在吉林省同浙江省建立对口支援关系的框架下，温州市同吉林市建立对口支援关系，温州市龙湾区同吉林市龙潭区建立对口支援关系。其二，受援方地方政府尽管接受了支援方地方政府的直接援助，但是受援方地方政府并不对支援方地方政府负有回应性义务（如等价回馈），援受双方地方政府处于平等合作地位，两者的权利与义务关系处于对等状态。其三，随着受援地区的经济发展加快，对口支援的重点已转向为培育受援方自我可持续发展能力上，基于对等利益分享的对口合作更符合双方地方政府的"意愿"。如此，中央政府既摆脱

---

① 刘铁：《论对口支援长效机制的建立——以汶川地震灾后重建对口支援模式演变为视角》，《西南民族大学学报》2010年第6期。
② 任维德：《"一带一路"战略下的对口支援政策创新》，《内蒙古大学学报》2016年第1期。
③ 尽管中央政府制定的对口支援政策支持发展对口合作关系，但预设的合作主体为企业。例如《汶川地震灾后恢复重建对口支援方案》中鼓励"按照市场化方式运作，鼓励企业投资建厂、兴建商贸流通等市场服务设施"。中央政府通过后续的部署表示了对地方政府间的合作的肯定，这表明地方政府在对口支援实践过程中推动了制度的变迁。

了"援助依赖"的尴尬境地，也打造了一种更为平等的合作型、伙伴型地方政府间关系，即使两个非地理空间上毗邻的省份之间也能在平行激励下共同促进要素合理流动、资源共享、互利共赢、共谋发展。

（三）促进区域协调发展

区域发展不平衡是大国在推进现代化进程中都会遇到的发展难题。超大规模的疆域和单一制体制，既使得中国在面对危机时有充分的缓冲空间以及产业分工、布局的梯度与秩序，也为之设定了通过不断发展逐步缩小地区差距，进而实现不同地区平衡协调发展的责任和使命。党的十八大以来，各地区各部门围绕促进区域协调发展，在建立健全区域合作机制、区域互助机制、区际利益补偿机制等方面进行积极探索并取得一定成效。同时要看到，我国区域发展差距依然较大，区域分化现象逐渐显现，无序开发与恶性竞争仍然存在，区域发展不平衡不充分问题依然比较突出，区域发展机制还不完善，难以适应新时代实施区域协调发展战略需要。[1]从表6-2和表6-3可知，全国34个地区从1978年到2005年，东西部地区占全国GDP比重差距不断拉大，人均可支配收入差距由2013年的9739.4元拉大到13283.7元。东西部地区间财政能力和公共服务能力水平的差距使得一系列的政策（尤其是再分配、公共物品的提供等）达成一致变得更为困难。在单一制体制下，中央政府承载着实现区域平衡发展的责任和压力。常用的实现区域平衡发展的举措是财政转移支付和公共财政投入。但是，一般性的财政转移支付容易导致"粘蝇纸效应"[2]。如何解决我国各地区

---

[1] 《中共中央 国务院关于建立更加有效的区域协调发展新机制的意见》（2018年11月18日）。

[2] "粘蝇纸效应"是指上级政府给居民的拨款被地方政府"粘"在原有支出项目上，而不是重新调整财政资金分配。参见吕炜、赵佳佳：《中国转移支付的粘蝇纸效应与经济绩效》，《财政研究》2015年第9期。

间均衡发展，落实发展成果为全体人民所共享，需要特殊的政策设计和持续有效的政策供给。

表6-2　按东、中、西部及东北地区分组占全国 GDP 比重（%）

年份	东部	中部	西部	东北
1978	39	31	16.5	13.5
1991—1999（年均）	47.8	27.4	13.8	11
2005	55	19	17	9

资料来源：作者自制。

表6-3　全国居民按东、中、西部及东北地区分组的人均可支配收入（单位：元）①

组别	2013	2014	2015	2016	2017
东部地区	23658.4	25954，0	28223.3	30654.7	33414.0
中部地区	15263.9	16867.7	18442.1	20006.2	21833.6
西部地区	13919.0	15376.1	16868.1	18406.8	20130.3
东北地区	17893.1	19604.4	21008.4	22351.5	23900.5

资料来源：作者自制。

无论是边疆民族地区治理类型、突发重大事件类型，还是促进经济社会发展与合作类型的对口支援实践，都普遍地存在着由经济实力较强或更发达的一方向经济实力较弱或欠发达的一方实施支援的形式。对口支援实践可以实现大规模领土范围内的资源横向流动，促进区域协调发展。最为鲜明的是1996年正式启动的扶贫协作对口支援，国务院办公厅转发了《关于组织经济较发达地区与经济欠发达地区开展扶贫协作的报告》（国办发〔1996〕26号），该报告指出，"引导区域经济协调发展，加强东西部地区互助合作，帮助贫困地区尽快解决群众温饱问题，逐步缩小地区之间的差

---

① 参见国家统计局编：《中国统计年鉴2018》，2018年，国家统计局，http://www.stats.gov.cn/tjsj/ndsj/2018/indexch.htm。

距,是今后改革和发展的一项战略任务"。因此,在东西部扶贫协作中,中央将对口支援界定为"推动区域协调发展、共同发展的大战略,是加强区域合作、优化产业布局、拓展对内对外开发新空间的大布局,是打赢脱贫攻坚战、实现先富帮后富、最终实现共同富裕的大举措"①。

2018年11月18日,中共中央、国务院发布了《关于建立更加有效的区域协调发展新机制的意见》,提出要"加大东西部扶贫协作力度,推动形成专项扶贫、行业扶贫、社会扶贫等多方力量多种举措有机结合互为支撑的'三位一体'大扶贫格局……深化全方位、精准对口支援,推动新疆、西藏和青海、四川、云南、甘肃四省藏区经济社会持续健康发展,促进民族交往交流交融,筑牢社会稳定和长治久安基础……面向经济转型升级困难地区,组织开展对口协作(合作),构建政府、企业和相关研究机构等社会力量广泛参与的对口协作(合作)体系"②。在这份文件中,东西部扶贫协作、对口支援和对口协作(合作)作为对口支援的组合拳被视为优化区域互助的重要机制。

对口支援是具有中国特色的区域协调方式,既有别于一般意义上地方政府间的经济技术合作,也迥然于中央政府直接的纵向财政转移支付,它具有以下几点显著特征。

第一,对口支援是中央政府解决空间不平衡的重要方式。大规模国家空间不平衡的显著特征是经济发展与资源的差异化分布。由于我国区域间地理环境、经济基础和产业布局等方面的差异,区域间存在较大的经济落差。根据国家统计局公布的数据,2020年东部地区以占全国39.93%的人口和占全国9.5%的土地面积,实现了占全国51.93%的地区生产总值(Gross Regional Product,简称GNP)。西部地区虽然土地面积占全国的

---

① 中华人民共和国国务院公报(〔2017〕第1号)。
② 《中共中央 国务院关于建立更加有效的区域协调发展新机制的意见》,2018年11月18日。

71.6%，但是地区生产总值仅占全国的 21.07%。西部地区虽然地域辽阔、资源丰富，但是在人才、技术、设备和管理等方面同东南沿海地区存在很大的差距。江泽民指出，中央政府在发展战略布局上，必须有全局的意识和全盘的构想，"西部地域广大，自然资源丰富，有巨大的发展潜力，也是一个巨大的潜在市场。加快发展西部地区，可以促进各种资源合理配置和流动，为国民经济发展提供广阔的空间和巨大的推动力量"[1]。20 世纪 90 年代后，针对区域发展不平衡问题，国家更加重视对口支援工作，指出对口支援不同于一般的经济技术协作和横向联合，应当按照"支援为主、互补互济、积极合作、共同繁荣"原则进行。2012 年党的十八大发出确保到 2020 年实现全面建成小康社会宏伟目标的动员令后，以习近平同志为核心的党中央把脱贫攻坚作为全面建成小康社会的底线任务和标志性指标，纳入"五位一体"总体布局和"四个全面"战略布局，以前所未有的力度推进。2013 年 11 月，习近平总书记首次提出"精准扶贫"概念，东西部扶贫协作和对口支援成为解决中国贫困问题的重大制度创新和制度优势。长期的对口支援实践表明，在东部地区和西部地区间建立起对口支援关系，能够实现跨区域要素共享、产业互动，协同发展。西部地区的资源、装备制造和特色产品等优势能够与东部地区的资本、市场需求和营销网络等优势相结合，形成更加科学的区域经济布局和优化组合，使全国各区域间形成各具特色的产业结构，推动产品结构不断升级改造。[2] 中央政府正是因为看到了东西部地区间经济的互补性，才将对口支援作为解决空间不平衡的重要方式。

---

[1] 江泽民:《不失时机地实施西部大开发战略》(1999 年 6 月 17 日)，载《江泽民文选》第 2 卷，人民出版社 2006 年版，第 343 页。

[2] 赵明刚:《中国特色对口支援模式研究》，《社会主义研究》2011 年第 2 期。

　　第二，对口支援促进区域协调发展不是"劫富济贫"，而是援受双方的合作共赢。对口支援承载着鲜明的国家保障整体发展的战略意图，常常在官方的宣传中表述为"历史赋予的光荣任务"[①]。这就要求支援方顾全大局，无私地给予受援方支援和帮助。但是这并不意味着对口支援是违背市场经济原则的"拉郎配"行为，对口支援实践在启动之初就建立在符合市场价值规律的基础之上。尤其是近年来，对口支援在向对口合作的发展过程中，逐渐体现出"互利性"特征：一是更加注重发挥市场的作用，把产业扶贫做成了有生命力的、可持续的高质量脱贫路径；二是更加注重动员社会各方力量参与支援，社会组织具有专业性和灵活性，能够更好地和支援方地方政府形成合力，丰富对口支援实践的多样性和针对性；三是更加注重突出互惠互利、合作双赢，发挥支援方省（市）优势帮助受援地区发展是国家赋予的政治责任和义务，但是，对口支援并非绝对的单向过程，对口支援地区的相对优势，也能转化为促进支援方地区发展的有力支撑。事实上，这些特点在历次重大的对口支援实践中都已经得到了充分体现。例如，自 2013 年对口帮扶贵州遵义工作确定下来后，采取由上海的 3 个区具体承担对口帮扶遵义市位于武陵山、乌蒙山两个集中连片特殊困难地区的习水、正安、道真、务川等 4 个国家级贫困县的帮扶形式。除了派干部、给予援助资金外，上海在遵义应当地所需和上海所能，在产业扶贫方面进行了许多有益的实践，特别注重符合市场经济规律，因地制宜，引导企业到遵义谋发展，同时与贫困户脱贫任务相衔接，实现了企业发展和当地贫困户脱贫的双赢。[②] 又如，自 2017 年天津市和长春市建立对口合作关系以来，

---

① 周晓丽、马晓东：《协作治理模式：从"对口支援"到"协作发展"》，《南京社会科学》2012 年第 9 期。

② 中共上海市委党史研究室、上海市人民政府合作交流办公室、政协上海市委员会文史资料委员会编：《上海的责任——对口帮扶亲历者说》（上卷），上海人民出版社 2020 年版，第 6 页。

合计开展对接活动 200 余次，签署合作框架协议 30 余份，签约项目 150 余个，总签约额达 500 多亿元。[①] 通过对口支援实践，两市共享了天津的"津洽会""华博会"、长春市的"东博会"等展会平台，长春市的特色产品优势和天津市的资本优势有机结合，促进了经贸合作。这表明，中央主导下的区域间对口支援实践，既可以解决区域发展不平衡问题，又有利于培育统一市场，推动地区间的优势互补。

第三，对口支援促进受援地区经济实现跨越式发展是实现区域协调发展的一项长期性工作。对口支援不仅是向受援地区"输血"，更重要的是强化了受援地区的"造血"能力。一些经济欠发达地区长期以来受限于地理环境、自然资源、交通设施等因素的制约，长期面临自我发展能力不足的问题。对口支援实践中支援方地方政府通过"交支票""给钥匙"等方式直接"输血"，在一定的历史阶段发挥了重要作用。但随着对口支援实践的逐步深入，对口支援不再是简单地依赖于中央政府所采取的直接的财政转移支付以及各个支援方地方政府所提供的无偿援助，[②] 而是根据新时期我国市场经济体制改革的要求，注重对受援地区的"造血"能力的培育。"造血"型对口支援致力于受援地区长久的、可持续性的发展。[③] 例如，三峡库区移民对口支援工作中涉及生产、生活、就业、就学、医疗社会保障、语言的沟通及日常生活习惯的适应等后续工作。通过在三峡库区建立医院、敬老院、图书馆、福利院、广电中心、科技中心、培训中心等社会公益事业项目，促进受援地区社会事业的发展。但是，通过对口支援实践促进区域协调发

---

① 国家发改委振兴司：《东北地区与东部地区对口合作成效及经验做法介绍之六：天津市与长春市》，2018年 4 月 11 日，长春市发展和改革委员会门户网站：http://drc.changchun.gov.cn/fzgg/dbzx/201804/t20180412_1287715.html.

② 李天华：《中国民族地区对口支援的政策演变及展望》，《现代经济信息》2018 年第 12 期。

③ 师晓娟、蔡秀清、杨啸宇：《援藏干部助力西藏脱贫攻坚：成就、经验与启示》，《西藏民族大学学报（哲学社会科学版）》2019 年第 6 期。

展不是一蹴而就的短期目标,而是一项需要长期实施的工作。

第四,中央督查评估支援方地方政府绩效的工作重点是转移支付的实际效果。一方面,对口支援实践过程中,地方政府间平等的双边合作关系,有利于对援助资金的使用方向和利用效率进行监督管控。另一方面,支援方地方政府面临中央考核和其他支援方地方政府竞争的双重压力。中央政府对于积极主动开展工作并取得明显成效的省市,给予通报表扬并加大支持力度,对于合作进展缓慢的省市,则提出整改要求并督促落实整改措施。

(四)促进社会合作

合作对人类社会至关重要,是人类文明的基石。[①] 作为群体的一分子,人类独特的生活方式使群体成员合作成为社会的内在价值并带来极高的收益——"群体在面对环境、军事和其他类型的挑战时,能够作为一个生物学和文化实体而生存"——人类因此而成为了"合作的物种"[②]。无论是远古人类社会中氏族部落的合作捕猎、采集劳作,还是现代社会中复杂的经济组织和有序的社会秩序,无不依赖于大量社会成员之间的合作。社会合作、竞争等其他人类行为共同构成了推动人类社会持续发展进步的完整图谱。"社会合作形成良秩。"在社会科学领域,"社会和谐"或者"优良秩序"是社会合作所追求的目标。然而,虽然合作的收益由社会群体的所有成员所共享,但其成本也是由每个合作者个人所承担。"公众利益—个人成本"之间的冲突就导致了"合作者困境"[③]。当人们对一些重大事件进行合作时面临着协同"分崩离析"的危险,进而导致集体效率的损失。

---

① Robert Axelrod,The Evolution of Cooperation,New York; Bascic Books,1984, P.3.

② [美]塞缪尔·鲍尔斯、赫伯特·金迪斯:《合作的物种——人类的互惠性及其演化》,张弘,译,浙江大学出版社 2015 年版,第 6 页。

③ [英]彼得·图尔钦:《超级社会》,山西人民出版社 2020 年版,第 73 页。

社会合作的困难又因规模因素而呈指数级增长。"无论是英国人类学家罗宾·邓巴提出的有关人类社会交往对象数量限制的邓巴数，还是美国人类学家、美国科学院院士罗塞尔·伯纳德和英国社会学家彼得·吉尔沃思共同提出的'伯纳德–吉尔沃思数'都在提醒我们，人类社会交往存在明显的规模局限，大规模的、持续的群体合作存在天然的障碍。"[①] 大规模社会合作面临的诸如囚徒困境、集体行动困境、公地悲剧、公共产品供给难题等困境昭示了破解规模治理难题的一个重要方面就是破解规模因素导致的社会合作困难。如何维持大规模社会合作，消除大规模社会合作的障碍，增进社会关系的协调性，促进不同社会群体之间交流、交往和协同行动构成了现代国家建设的重要挑战。

"历史上无论是单一制大国，还是联邦主义大国，政治设计的出发点都是为了规模和解决规模障碍。"[②] 具有"结对子"特点的对口支援，是富有中国特色的跨区域社会合作方式，也是破解超大规模社会合作难题的重要制度创新。它既有别于一般意义上地方政府间的经济技术合作，也异于传统的社会合作治理范式。对口支援在思想上、行动上促进了社会群体凝聚合力，形成良性互动。

第一，思想上的认同。在大规模社会中形成长期、稳定社会合作的困难之一在于难以达成共同的利益认知。"行动者只有一个行动原则：最大限度地实现个人利益。"[③] 而对口支援是一种共同追求长期效益、集体利益最大化的社会系统生成机制。它平衡了个人利益和集体利益、部分利益和整体利益之间的矛盾。事实上，如果将地方政府看作一个"经济人"或"社

① 王道勇：《社会合作何以可能——集体利益论与集体意识论的理论分析与现实融合》，《社会学研究》2022年第3期。

② 谢岳：《联邦主义：大国繁荣的政治抉择》，《探索与争鸣》2012年第9期。

③ [美] 詹姆斯·S.科尔曼：《社会理论的基础》上册，邓方，译，社会科学文献出版社1999年版，第45页。

会人",那么,对口支援就很难获得地方政府的支持。因为对于支援方地方政府而言,这是一件"成本很大,收益很小的事情"[①]。那么为何这样一个广领域、多主体、深层次的社会合作实践能够启动并且顺利实施呢?对口支援促进了社会群体思想上的认同。共同的利益认知,成为了跨区域社会合作的基础和起点。"结对子"蕴含着中国式的伦理和文化。"众志成城""风雨同舟""一方有难,八方支援""人心齐、泰山移""众人拾柴火焰高""单丝不成线,独木不成林""独脚难行,孤掌难鸣"等文化基因内蕴于中华民族的精神血脉之中。当需要动员各方资源共同应对时,这样的传统文化就促进了集体利益认知的形成,进而形成引导社会广泛参与、调节多元主体行为的联动机制。例如,2008年汶川地震发生后,在抢险救灾阶段,各地政府、企事业单位、非政府组织、志愿者和群众的"无偿支援"是在没有行政命令、没有层层动员的情况下自发展开的,这为上升为正式的"对口支援"提供了模式和理念上的准备与支撑。即使在不易形成集体利益认知的非灾害救援领域,对口支援也能够通过文件宣示机制、会议动员机制和媒体传播机制等思想动员方式,阐明启动对口支援大义、凝聚社会合作互助共识、传递中央的政治"决心",形成与动员方向一致的群体精神动力。

第二,行动上的协同。并非有着共同利益认知的群体必然能够进行有效的社会合作,这是集体行动的困境。在对口支援实践过程中,中央、地方、市场与社会多元主体参与下,为何各方主体的集体行动能够占据主导地位,形成"联合治理"的格局呢?对口支援的内在机制及其他有利的制度安排激发了集体行动。

首先是"上下压力"。上层的压力来自中央政府。1983年初国务院明

---

① 刘铁:《对口支援的运行机制及其法制化:基于汶川地震灾后恢复重建的实证分析》,法律出版社2010年版,第11页。

确对口支援工作的主管部门后，对口支援政策及相关工作正式纳入中央政府的职责范围内。随着对口支援作为政策工具被中央政府在诸多事务中运用，中央政府对其成为破解大国规模治理问题的有效政策工具抱有很强的期望。响应中央对口支援部署的政府各部门和对口省份都不希望因为政策执行不力被问责。下层的压力来自民众。对口支援是否充分发挥作用，民众不仅是对口支援实践的重要参与者，也是最直接的受益者。民众对对口支援政策的认同力，以及援受地方政府政策执行效果的评议，驱动援受双方都倾向于选择协同而不是各行其是。

其次是"互惠共赢"的利益激励。对口支援作为社会合作治理的典型范式，其长期实施离不开持续性的利益激励。与"单边支援"相比，"对口合作"作为对口支援的高阶形式，更多地考虑到了对口支援的长远性和有效性。援受双方均有加快发展、持续发展的愿望和要求。援受双方充分发挥资源禀赋的比较优势，建立"互惠共赢"的利益共享机制，形成了双方协同行动的基础。地方政府之间虽然在对口支援的角色方面存在差异，"但是基于平等对话与充分协商达成的合作共识更能反映各主体的利益诉求，真正实现互利共赢的价值目标"[1]。例如，贵州省"紧抓对口帮扶契机"，在推进长江经济带教育、卫生、文化体育、养老等公共服务领域共建共享上积极参与，促进了区域经济社会联动发展。[2]

再次是"政府主导、多元共治"的统筹协调。中央政府主导下不同层级、不同地域、不相隶属的地方政府之间开展的结对支援，可以充分发挥单一制体制下国家统筹能力。例如，在丹江口库区及上游地区对口协作

---

① 李楠楠：《跨区域应急协同治理的财政进路：以对口支援为切入点》，《中国行政管理》2022 年第 12 期。
② 《贵州省：紧抓对口帮扶契机 推进公共服务共建共享》，中国改革网，2018 年 12 月 3 日，http://www.chinareform.net/index.php?m=content&c=index&a=show&catid=24&id=28536.

实践中，单一制体制下的国家统筹"赋能"作用，丹江口市的建设积极性和京津两市的援助积极性得以有效整合，长期的库区对口协作成为可能。同时，对口支援又是一个涵盖了党和政府、企事业单位、社会组织等多元主体参与的系统性工程。2008 年修订的《防震减灾法》将"地震灾后恢复重建应当坚持政府主导、社会参与和市场运作相结合"作为恢复重建原则之一写入国家法律，为社会力量参与灾后恢复重建提供了基本的法律依据。通过设置对口支援管理、协调机构以及会议体制，地方政府、企业、公众等能够在更广的范围和更多样的形式上协同开展对口支援。对口支援拓宽了政府与社会合作的空间，开启了"政府—社会"合作治理的新格局。

最后是援助干部的"双重身份"，成为促进协同行动的"调和剂"。援助干部通常既是支援方地方政府的"出资人"代表，又是受援方地方政府的"业主"代表，同时还是中央政府的履行公共权力，实现国家意图的直接"践行者"代表。因此，援助干部支援能够协调各方利益关系，成为促进协同行动的"调和剂"。例如，上海市选派的援喀公安干部"成为了沪喀两地公安机关的桥梁和纽带"[1]。上海有资金、资源方面的优势，喀什信息资源丰富，在打击特殊类型犯罪方面有着丰富经验。自 2018 年沪喀在援助干部协调下签订了两地公安合作协议后，两地多次联手，通过线索互查、联合办案、信息共享等方式，抓获案犯逃犯 200 余名。

对口支援，是"建立中国特色区域合作机制的有效探索"[2]。由思想上的认同以及行动上的协同建立起来的整合机制，是对口支援促进社会

---

① 中共上海市委党史研究室、上海市人民政府合作交流办公室、政协上海市委员会文史资料委员会编：《上海的责任——对口帮扶亲历者说》，上海人民出版社 2020 年版，第 1382 页。

② 《穆虹副主任在中央党校专题介绍四川汶川地震灾后恢复重建有关情况》，中华人民共和国国家发展和改革委员会，2010 年 6 月 17 日，https://www.ndrc.gov.cn/fzggw/wld/mh/lddt/201006/t20100617_1167136_ext.html.

合作的关键。对口支援以共同的治理目标为导向，通过人员交流、经济互助、文化融合等方式促进了超大规模领土范围内的社会合作。传统的以行政区划为中心的治理模式，依赖政府高度集中的行政权力治理社会公共问题，尤其是中央政府因承载着多重治理目标而面临严峻的挑战。对口支援倡导多元主体共同参与公共问题治理。从这个角度看，对口支援促进社会合作的现实意义主要表现在三个方面：一是通过社会合作，能够打破由"行政壁垒"对市场要素在区域间流动的阻碍，解决跨地区性公共物品的供给难题，培育出统一且开放的市场体系。① 各区域的资金、技术、设备能够根据受援地区的经济发展需要，直接融入该地区的经济机制和发展轨道，这比单纯依靠国家调拨资金和物资所带来的效果要大得多。二是通过社会合作，能够充分利用有限的社会资源，在现有要素禀赋条件的基础上集中时间、集中人力、集中精力，在较短时间内在某些局部取得突破性进展。三是通过多层次、多领域的社会合作，能够不断促进全国的一体化程度。地方政府的合作行为是促进区域政治、经济一体化的关键变量，相距遥远的地区因地方合作而联系得更加紧密。正如菲利克斯·格罗斯在谈到"多民族地区内部的协调与合作"时，强调"邻里合作往往是生存的必要前提"，而"从邻里交往发展起来的地域联系表明，在表现出共同利益或共同价值观的地方，就会产生出一种社会纽带。这种社会纽带一旦产生，就会为共同的目标、共同的需要，以及象征性符号所加强，甚至被传统所加强"②。

---

① 张紧跟：《当代中政府间关系导论》，社会科学文献出版社 2009 年版，第 156 页。
② [美] 菲利克斯·格罗斯：《公民与国家：民族、部族和族属身份》，王建娥、魏强译，新华出版社 2003 年版，第 207—216 页。

从第一次启动对口支援至今已经经历了 40 多年的发展历程。对口支援在促进区域协调发展、控制和缩小西部民族地区与东部沿海地区发展差距、促进民族团结、维护国家统一和边疆稳定等方面发挥了重要作用。与此同时，随着对口支援规模扩大化、形式多样化、实施常态化，对口支援法律体系不健全，对口支援制度激励不到位，对口支援实践协调、管理和监督机制不成熟等问题正日益凸显。

（一）对口支援法律体系不健全

从我国法律、法规、规章和规范性文件的规定，以及实施中的各类对口支援合作协议来看，我国对口支援法律体系正经历逐步完善的过程。尽管经过几十年的实践和经验总结，对口支援法律体系初步形成，并且对指导现阶段的对口支援工作发挥了重要作用。但是，现行的对口支援法律体系建设仍有不完善的环节，影响了建立在统一规则基础上的对口支援实践秩序的形成。

一是现行对口支援相关法律规范存在立法统一问题。法律体系的统一性和权威性是其有效实施和发挥实效的前提。如果缺乏统一性，行动者就很难依据统一的规范来指导实践。目前，关于对口支援的法律体系，主要有《民族区域自治法》《长江三峡工程建设移民条例》《汶川地震灾后恢复重建条例》等规范性文件，以及参与对口支援实践的省、自治区、直辖市根据实际工作所制定的地方性法规、条例或行政规章等构成。一方面，对口支援的部分协议、文件同我国现行的法律法规不协调。例如，《汶川地震灾后恢复重建对口支援方案》中"各支援省市每年对口支援实物工作量按不低于本省市上年地方财政收入的1%"的规定与《中华人民共和国预算法》第13条"经人民代表大会批准的预算，非经法定程序，不得调整。各级政府、各部门、各单位的支出必须以经批准的预算为依据，未列入预算的不得支出"的规定之间存在"权限冲突"。另一方面，不同层级、不同部门颁布的地方性法规、条例或规章还存在一些矛盾、冲突，导致对口支援政策的权威性得不到保障。

二是对口支援法律制度的实施存在着随意性。对口支援实践具有综合性和长期性特征，这就要求出台一部专门的、原则性和指导性兼备的法律来规范对口支援实践。但是，纵观对口支援政策的制定和发展历程，发现已出台的对口支援法规、规章及政策文件的标准、范围和时效性并不明晰，具有较大的随意性，缺乏专门的《对口支援法》来确定统一的规范和标准。例如，目前作为对口支援主要法律依据的《中华人民共和国区域自治法》第64条，仅确定了对口支援的主体、方式、目的，未对对口支援的启动程序、资金来源、使用方式、激励机制、退出机制等作出具体规定。《宪法》《民族区域自治法》和《长江三峡工程建设移民条例》中涉及对口支援的也仅仅是几项宽泛表达的条款，如"优先安排项目""加大力度支持"等，可操作性弱，难以形成对实践具体明确的指导。对口支援实践主体之间往往缺乏协调，支援方和受援方的权利义务关系不明确，实施过程中存在随意性和不确定性，援助项目实施效果无法保证。①

（二）对口支援制度激励不到位

对口支援的政治动员特点仍然显著，制度激励不到位容易导致对口支援实践动力不足。

一是从中央政府角度而言，对口支援尚未通过人大立法上升到法律义务层面。支援方地方政府和受援方地方政府更容易将之视为中央政府分派给地方的"政治义务"。一方面，容易导致政治动员的效力不足——很大程度上取决于支援方地方政府主要领导对对口支援工作的认识程度或履行国家责任的政治觉悟。领导重视就会做得好。反之，就会在对口支援工作中不同程度地出现走形式、走过场，甚至过度追求"面子工程"的现象。另一方面，过分强调政治动员容易在对口支援实践过程中出现重政府指导、轻市场作用的现象。例如，高校"对口支援"的开展没有得到政府充足的专项经费支持。在对口支援实践初期，支援方高校开展对口支援的经费完全靠自筹，受援方高校开展对口支援的经费来自西部重点高校建设经费。支援方高校作为拥有独立民事权利的法人实体，单纯牺牲自身的利益来满足受援方高校的发展，有悖于市场经济等价交换的原

---

① 李天华:《中国民族地区对口支援的政策演变及展望》,《现代经济信息》2018 年第 12 期。

则。援受双方高校普遍反映，经费短缺已成为制约对口支援工作健康、稳定发展的"瓶颈"问题。[①]

　　二是从支援方地方政府角度而言，无偿性的对口支援任务压缩了地方政府的自主发展空间，承受着巨大的压力。这种压力主要来自两个方面：一方面是财政压力，财政收入能力较强的发达地区，常常同时承担着多个地区的对口支援任务。例如，在汶川地震恢复重建对口支援中，支援方地方政府需要期限按3年安排，援助省市每年对口支援实物工作量按不低于本省市上年地方财政收入的1%考虑，而承担了灾后恢复重建任务的支援方地方政府往往同时负有对口支援边疆地区的重任。虽然对口支援分摊了中央政府的财政压力，但是"压力"并没有消失，而是转移给了各个支援方省市。一旦遇到突发状况（如地震、疫情等），支援方地方政府的财政压力就会凸显出来。另一方面是行政成本，支援方地方政府需要在受援地区（如前方指挥部）和本省市内（如领导小组办公室）设置相应的负责机构，这无疑增加了支援方地方政府的行政成本。当支援方地方政府利益本位意识出现时，对口支援工作负责机构有可能会工作阻力变大，导致对口支援实践效率下降。

　　三是从受援方地方政府角度而言，有的受援方地方政府自主发展动力不足，习惯于"等、靠、要"，而不是"闯、改、创"。对口支援给受援地区带来了新思维、新方法，但不会在短时间内改变一个地区尤其是地方政府的整体思路。一些地方政府尤其是基层政府过分依赖中央政府和支援方地方政府提供的外部支持，放松了自我发展能力的培养，这一问题从争当国家级贫困县就可见一斑。如何通过制度激励激发受援方地方政府创新活力，

---

① 谢群、房剑森、石芳华：《走向"合作"：东西部高校对口"支援"政策透视》，《教育发展研究》2012年第1期。

是对口支援未来发展面临的问题之一。

四是从援助干部角度而言，政策激励不足。受到较偏远的地理位置、干燥的气候环境、相对滞后的社会经济发展水平等因素影响，援助干部主动参与对口支援实践更多的是出于责任感、使命感和荣誉感。例如，在1991年由中国扶贫基金会发起的苏陕干部交流活动中，根据中共陕西省委《关于从江苏省为陕南贫困地区聘任一批干部的函（1990年12月23日）》以及《关于从江苏省请进一批干部支援秦巴山区建设和从陕南选派干部去江苏挂职学习的实施方案》要求，"从江苏省聘请七十名熟悉经济工作、身体健康、愿为改变贫困地区面貌贡献力量的离退休干部和现职领导干部……有职有权，用其所长，到陕南各地、市、县政府部门担任实职领导，负责经济和扶贫开发工作，具体职务是：沟通信息、外引内联，东西互助，发展经济……不占当地干部编制，任期一般二至三年"。尽管选派援助干部的方案已确定，但是，"江苏的干部对去陕西贫困地区挂职工作两年并没有表现出多少热情，自愿报名的干部则更少"①。在另一些对口支援实践场域中，援助干部还提到由于参加对口支援工作所带来的生活、工作各个方面的窘境：当他们参与援疆工作3年后返回原单位，个人已经和原来的政治生态相脱离，尽管得到了形式上的表彰和鼓励，但是错过了提拔和重用的"黄金时间"；长期无法陪伴家庭，导致赡养父母、抚养子女的责任的缺位；由于援助地区生活、工作环境的不适应，导致身体健康受到一定损害，等等。在一项关于中央对口援青工作的调查研究中还发现，援青干部与援藏干部之间，甚至是援青干部之间，在生活、福利和工作待遇上存

---

① 华克：《开展苏陕干部交流 促进东西互助共同富裕》，选编自何道峰主编：《中国扶贫基金会经典案例》，中国社会科学文献出版社2017年版，第21—33页。

在较大差距,成为引发其思想不稳定的重要因素。[①] 如何聚焦对口支援干部这一群体,从选派、培养、使用等环节入手,形成统一的、有效的政策激励,让援助干部"去"有信心、"驻"得安心、"回"得舒心是提高对口支援效率和效益的一个关键因素。

(三)管理、评估和监督机制不成熟

对口支援的规模治理模式兼具了"行政"和"发包"两种机制。中央政府(或上级政府)通过"逐级发包"的方式细化对口支援任务。这也就意味着,对口支援能否产生规模治理的效应,取决于一系列"发包"到各层级地方政府的子政策的科学性。对口支援实践中管理、评估和监督机制的不成熟,使得"发包"后的一些项目很难落实,中途夭折或者尽管"劳心劳力",却无法达到预期的政策效果。

一是对口支援的归口管理部门尚未明确。目前,对口支援工作没有明确由国家发展改革委员会、国家民族事务委员会和国家扶贫办中的哪个部门牵头负责。实际工作中,扶贫办负责"东西协作"扶贫工作,包括了对口支援工作中的诸多部分;国家发展改革委员会关注的是西部开发和民族地区发展更宏观层面的问题;国家民族事务委员会则主要负责少数民族和民族地区发展的指导与协调工作。显然,这种职责分散的状况,一定程度上造成了对口支援工作的力度不足和运作效率低下的状况。由哪个部门或者是否成立专门机构作为对口支援工作的归口管理部门成为亟须解决的问题。国务院扶贫工作领导小组办公室作为协调机构,主要工作是进行协调、调研和在研究问题的基础上提出建议。一般而言,协调机构并不能作为执

---

① 孙发平、崔耀鹏:《五年来中央对口援青工作成效、问题及政策建议》,选编自《2017年青海经济社会形势分析与预测》,社会科学文献出版社2016年版,第139页。

法主体。国家民族事务委员会和国家发展改革委员会在对口支援工作上的职责尚不明确，内部也不存在组织实施对口支援工作的部门机构和专业队伍。

二是对口支援的评估机制尚不成熟。对口支援作为一种制度模式，尚缺乏一个动态的、高效的评估体系。在相当多的对口支援完整的工作链条中（如援建项目的立项、审批、招投标等环节），既缺乏对口支援项目启动之初的风险评估和效益评估，也缺乏对口支援过程中的追踪评估。前者在政策出台和项目的选择上可能顾此失彼，后者容易忽视对目标和进度趋势的评估管理，有些财政援助资金无法第一时间到位，导致支援项目无法按期启动，或者支援项目签订后难以落实，甚至在实施过程中夭折。

三是对口支援的监督机制尚不完备。对口支援是一项综合性、长期性的工作。随着对口支援实践的逐步深入推广，对口支援已经不再是以往地方政府单一援助的方式，而是形成了一种涉及中央各部委、各级地方政府、国有企业、民营企业、社会组织和个人的大型网状支援格局。援助资金巨大、援助领域众多、援助主体多样，只有有效的监管才能保证人力、物力和财力得到有效使用。但是，由于当前阶段对口支援的监督机制还不完备，在对口支援援助项目，尤其是工程类项目的实施过程中，容易出现各类问题。譬如施工项目问题。一些地区在确定援助项目时存在为了政绩和形象而脱离受援地区实际发展需要，盲目追求大、全的情形，造成时间和资源的浪费。譬如工程监理问题，在对口支援实施过程中，很多项目签订后却难以落实。例如，李盛全在一项研究中就指出"重庆库区移民对口支援合作项目达成协议较难，且其实施率只有一半。很多对口支援协议项目由于跟踪后续工作不力，造成半途流失告吹"①。而在汶川地震灾后恢复重建过程中，一些灾后重建民房项目存在着质量问题，甚至成为当地民众"某种不良情绪的导火线"②，譬如资金使用问题。援助项目建设涉及诸多援助方的资金来源和使用，援助资金能否及时到账、使用是否规范都有可能直接影响援助项目的进展。

---

① 李盛全：《三峡库区移民工程的进展、问题及对策》，《重庆商学院学报》1998 年第 3 期。

② 尹鸿伟：《北川重建民居质量争议》，《南风窗》2010 年第 12 期。

三 对口支援制度的完善路径

对口支援制度是党和政府根据我国国情探索出的一种减轻国家治理负荷、破解国家规模治理难题的长效机制，在促进边疆民族地区发展、汶川地震灾后重建、脱贫攻坚战、新冠肺炎疫情防控等各个领域展现了巨大的治理成效。作为富有中国特色的规模治理制度安排，对口支援制度在构建援受双方优势互补、资源共享的空间格局发挥了重要的作用，为推进中国式现代化积累了宝贵经验。新时期，我国基本形成了较为稳定的空间治理格局，但是，无论是区域开发合作共治，还是保持城市都市活力、韧性和可持续发展能力，都还面临着新的挑战，未来亟须进一步巩固对口支援实践已有成果，提升对口支援的深度和广度，完善对口支援制度建设，为对口支援实践的规范化、可持续化提供制度保障。

具体而言，加强对口支援的制度建设包括以下方面内容：在对口支援的发展前景方面，应当进一步推动对口支援向对口合作发展；在自上而下主导机制方面，应当通过完善对口支援立法，建立健全良性、高效、可持续的对口支援协调、监督和奖惩机制，建立科学、有效的评估体系等，推动对口支援的制度化；在承上启下的对口支援中层协调方面，应当根据受援地的客观情况和实际需求来确定对口支援的实施方案，完善省（市）级地方政府中层协调的机制；在丰富对口支援实践主体方面，应当扩宽对口支援的参与渠道，吸纳社会力量参与对口支援实践，创新对口支援工作办法。

（一）推动对口支援向对口合作发展

新阶段的对口支援工作不仅是拨款支援，更多是为受援方提供发展机会、发展条件和发展期待。[①] 推动对口支援向对口合作发展，是构建"政府搭台，企业唱戏，全社会广泛参与"的协作与激励机制的重要途径。与传统的对口支援模式相比，对口合作模式更强调效益性、互惠性以及可持续性。传统的对口支援模式在特定的历史条件下，为我国区域经济的平衡和协调发展作出了重要贡献。但是，随着市场化改革的不断深化，尤其是中国政府职能从传统的命令型向服务型转变，传统的对口支援模式的局限性开始显现。[②]"新形势下，东西部扶贫协作和对口支援要注意由'输血式'向'造血式'转变，实现互利双赢、共同发展。西部地区产业支撑带动能力不强，自身造血功能比较弱，靠过去单一的、短期的、救济式的送钱送物难以从根本上解决问题。"[③] 因此，从长远来看，未来对口支援发展的一个重要方

---

① 王永才：《对口支援民族地区的法理基础与法治化探索》，《中央民族大学学报（哲学社会科学版）》2014年第5期。

② 李胜兰、黄晓光、黎天元：《深哈合作机制研究》，《中国经济特区研究》2017年第1期。

③ 《习近平总书记在东西部扶贫协作座谈会上的讲话》（2016年7月20日），《习近平扶贫论述摘编》，中央文献出版社2018年版，第104页。

向在于培育构建适应市场需求的产业支撑体系，遵循价值、竞争、供求机制等市场规律，进一步明确市场在配置资源过程中的主导作用。在对口支援向对口合作发展过程中，依托援受双方比较优势与合作基础，强化优势互补，扩大合作领域，实现互利共赢。浙江省对口合作阿克苏地区为对口支援向对口合作发展提供了范式。金融顾问制度同对口支援制度相得益彰，发生"化学反应"，通过"金融顾问制度"浙江省逐渐实现了由对口支援阿克苏地区向对口合作的转变。2021年6月18日，"融金融情·金融顾问进天山"签约仪式在阿克苏举行，阿克苏地区行政行署与浙江省援疆指挥部、浙商总会金融服务委员会签署《金融顾问合作协议》，发挥浙江省全国首创金融顾问制度的优势，传授浙江省发展资本市场的先进经验，为阿克苏地区全面链接浙江金融顾问系统服务。这一制度在浙江省对口支援实践中的广泛应用为阿克苏地区经济发展注入了"强心针"，[1] 同时，也体现了浙江省对口支援实践向对口合作的转向，开启了浙阿两地金融领域的合作。可以说，推动远亲或者近邻地方政府之间的合作交流，更适应中国政治经济体制的发展变化环境，更符合党和国家"均衡发展"的战略需求，更贴合人民群众追求共同富裕的现实要求。如何进一步推动对口支援向对口合作发展，建立起以效率优先为原则、以平等合作为基础、以市场驱动为主导的区域合作机制，成为了推进跨区域协同纵深发展的关键。

（二）推动对口支援制度化

对口支援作为中国治理的特色机制，经过40年来的不断摸索，已经形成了相对稳定的运行机制。同时也应看到，对口支援在立法、组织实施和

---

[1] 晁增福、康顺光：《阿克苏地区城镇化水平测算方法的比较分析》，《塔里木大学学报》2015年第1期。

实践评估的各项环节仍存在着不规范、不明确的问题。因此，为了使对口支援发挥出更大的规模治理效能，需要进一步推动对口支援的制度化、法制化发展，坚持管理、激励和评估有机结合，促使援助力量规范履职、担当作为。

第一，加强对口支援组织管理体制建设。加强统一的组织协调，建立健全从中央到地方，从支援方到受援方，从政府机构到社会组织，涵盖多个参与主体的对口支援管理体制。对口支援实践过程中包括了定期协商、调度协调、信息反馈等多个环节，如果有一个明确的机构或部门管理，对口支援工作将会大大降低协商、协调的成本。但是，从目前的对口支援实践来看，我国尚未建立起稳定统一的对口支援管理体制。从中央政府层面来看，缺乏组织协调对口支援日常工作的机构。国家民族事务委员会和国家发展改革委员会主要负责针对少数民族边疆地区的对口支援；国家经委、国家计委、国家民委、教育部、卫生部等主要负责针对特定事件和管理对象的对口支援；国家扶贫办主要负责针对经济落后省份地区的对口支援。但是新阶段的对口支援并不仅仅具有单一的功能，例如对汶川地震灾后地区恢复重建的对口支援不仅要提供拨款，还要帮助改善生态、服务民生和发展经济等。单一部门牵头负责对口支援工作会依据自身职能对对口支援工作作出安排规划，难免会"厚此薄彼"，从而影响对口支援的工作效率。从地方政府层面来看，各个省份主管对口支援工作的机构不尽相同。一些省市成立了专门的对口支援机构，例如，上海市成立了人民政府合作交流办公室，北京成立了对口支援和经济合作工作领导小组办公室；一些省市则是在发展和改革委员会内设专门机构负责对口支援事务，如吉林省发改委下设对口支援处（地区经济处），山东省发改委下设对口支援办公室；一些省份尚未建立专门的对口支援机构，而是设立工作领导小组负责相关事宜,如山西省成立对口支援新疆工作领导小组,领导小组下设援疆办和前方指挥部。总体而言,主管对口支援工作的机构职能权限不清容易导致支援方和受援方地方政府的协调、联络和对接工作出现困难,甚至导致出现"不管""不问"的模糊地带。一项对口支援事务即设立一个对口支援办公室更有可能导致职能重叠,人员冗余,行政成本增加。基于上述情况,在中央政府层面可以下设一个专门的对口支援管理机构负责布置与协调各类对口支援事务。地方政府层面可以建立统一的对口支援办公室使得不同层级、不同部门间的力量达成更有效的整合。对口支援是一个系统的、多部门合作、多主体参与的"中央统筹—地方竞争"治理模式。特别是近年来社会组织逐渐成为对口支援实践中的新兴参与主体,承担了越来越重要的公共服务供给和社会管理责任。健全对口支援组织管理体制,明确主管部门,划分各部门职责权限,其目的就是要使对口支援能够做到相关省、市、区之间,部门与部门之间密切配合,各个环节彼此相互联系、相互促进,充分调动多个参与主体的积极性,形成领导有力、协调及时、运转有序的对口支援工作机制,使投入对口支援的有限资源得到最优配置。

　　第二,加强对口支援法制化建设。富有中国特色的对口支援制度是一项由中央统筹、地方政府为主体、各种社会力量广泛参与的多领域、大跨度、长周期的社会工程,需要借助法律手段来保证其实施的规范性、可持续性。推动对口支援的法制化,就是将行政命令、规章制度等用法律的形式固定下来。2001年2月修正后的《中华人民共和国区域自治法》第64条首次以基本法律的形式明确了对口支援的法律地位。2001年2月国务院重新修订了《长江三峡工程建设移民条例》,规定了国务院有关部门,支援方省、直辖市、自治区对口支援三峡库区移民的原则。2004年9月下发的《西部开发促进法》(征求意见稿)第5条已经对承担对口支援任务的经济相对发达地区的省级人民政府作出了明确要求，要求援助方政府制订专门的援助计划。2008 年 6 月国务院颁布施行了《汶川地震灾后恢复重建条例》，使得灾后恢复重建纳入法制化轨道，明确了灾后恢复重建的责任落实。参与对口支援实践的省、自治区、直辖市根据对口支援任务制定地方性法规、条例或规章等。整体上来看，对口支援法制化建设已经取得了明显的成效，但在具体运行中，仍存在着不健全、不协调等问题。学者熊文钊指出："当前的对口支援还不是制度性的安排，更多地表现为一种应急处理，应尽快将其纳入法制化轨道。"[①] 将对口支援纳入法制化轨道，不仅能够提高对口支援这一工作的法律地位，调动社会各界力量参与的积极性，而且能够将"政治任务"有效转变为"法律义务"，减轻中央政府面临的舆论压力和来自地方的阻力。[②] 一方面，需要完善对口支援的相关立法，实现由政策规范化向法律规范化转变。应当深入对口支援地区进行立法调研，根据对口支援的实践需要，制订出一部原则性与指导性兼备的法律，既要确立"对口支援"的立法原则，又要将对口支援的领导机构、支援范围、支援目标、支援内容、支援方式、资金使用等方面作出明确、系统的规定。从法律层面，明晰央地之间、地方政府之间、政府与社会之间、各个部门之间的主体责任和边界，将对口支援实践过程纳入法治化轨道下，将过往比较成熟的政策做法上升到常规化的国家规模治理制度，以克服"一次会议一个措施""政策多于法律，指导不够具体"等问题。另一方面，需要加强对口支援法律法规的立法协调，夯实对口支援的法制基础，以保证国家有关对口支援法律法规的权威性，实现国家法律法规的统一实施。不仅应当加强《民族区域自治法》《长江三峡工程建设移民条例》以及西部大开发有关法律

① 王健君、张辉、俞泽：《最大规模对口支援稳边兴疆》，《瞭望》2010 年第 18 期。
② 郑春勇：《论对口支援任务型府际关系网络及其治理》，《经济社会体制比较》2014 年第 2 期。

文件之间的协调性，还需加强国家发展与改革委员会、国家民族事务委员会、国家扶贫办等所制定的法律规章之间的协调性，梳理已颁布的地方性法规、条例或规章，夯实对口支援的法制基础，以克服对口支援实践中政出多门、不相协调，甚至相互冲突的情况。总体而言，明确党委、政府、社会、公民等主体在对口支援实践中的责任边界和角色定位，是建设社会治理共同体的关键。只有加强对口支援法制化建设，在一个恰当的法律框架内推行对口支援，才能更好地、持续发挥其规模治理的效力。

第三，建立健全对口支援的沟通协调机制。从对口支援的具体实践来看，在政府层级上，涉及国务院、省级政府以及市、县、乡各级政府；在参与主体方面，涉及党政军民学企；在具体的援建项目中，涉及支援方、受援方、项目业主、施工方、监理方等各个方面。可以说，对口支援是一种跨区域、跨行政层级、跨行业、跨部门、跨单位的复杂行为。然而，目前不同领域的对口支援归口不同组织机构协调和管理，造成运行成本高、协调难度大。因此，迫切需要通过建立健全对口支援沟通协调机制，推动对口支援制度化。国务院可以下设一个专门的对口支援管理机构或者"中央对口支援协调领导小组"，地方政府可以在发改委下设立统一的对口支援办公室。通过从中央到地方建立专门的对口支援管理机构，共同组成完整的对口支援沟通协调体系。沟通协调内容包括对口支援任务协调、会议调度、预案制定和信息反馈等多个环节。沟通协调对象包括中央有关部委及其直属企事业单位、支援方地方政府、受援方地方政府、社会力量等。此外，坚持领导互访制度，完善定期和不定期的交流机制，建立援受两地工作磋商机制，可以增强对口支援工作的针对性和有效性。总体而言，对口支援沟通协调机制的优化，是支援方与受援方高效合作和沟通的重要保障，能够减少对口支援运行成本，化解对口支援过程中出现的责任风险，优化人力资源分配，有助于对口支援更加有效地实现决策意图。

第四，完善对口支援的监督审查机制。当前对口支援运行过程中，存在着监督不足、审查缺失、考核机制不健全等问题。监督审查机制是对口支援制度建设中不可缺少的内容，建立有效的对口支援监督审查机制，是对口支援制度建设的一项重要任务。一方面，考虑成立专门的督查机构，避免既是"运动员"又是"裁判员"的"同体监督"问题，保证援助资金规范、合理、透明地运行。另一方面，还应发挥全方位的社会监督功能，将更多的社会主体纳入监督机制中来，"形成受援区地方政府为增长而相互竞争的激励和压力"[1]，从而发挥对口支援"援助之手"的职能。比如，对于援助项目的审核可以根据"交钥匙"项目、"交支票"项目、"合作共建"项目中援受双方不同的职责，履行不同的监督审查责任（见表6-4）。

表6-4　不同援助项目的监督审查责任

项目类型	项目资金来源及项目实施	监督审查责任
"交钥匙"项目	支援方提供项目资金并实施建设建成后交受援方使用	支援方承担监督主体责任，受援方搞好服务保障
"交支票"项目	支援方提供项目资金受援方实施项目建设	受援方承担监督主体责任，支援方积极参与
"合作共建"项目	支援方和受援方共同投入资金项目互有合作	支援方和受援方共同承担监督责任，按双方投入的物力、财力和项目建设分工情况进行监督

资料来源：作者自制。

第五，建立科学、有效的考核评估管理机制。随着对口支援的逐步深入和层层递进，对口支援涉及的援助主体之多、援助资金之大、援助领域之广、援助周期之长都和早期的援助模式大不相同。只有建立起科学、有

---

[1] 徐明、刘金山：《省际对口支援如何影响受援地区经济绩效——兼论经济增长与城乡收入趋同的多重中介效应》，《经济科学》2018年第4期。

效的对口支援考核评估管理机制，才能使对口支援的人力、物力和财力充分发挥效用。一方面，要建立强有力的对口支援奖惩机制。对口支援作为一种补充性制度安排，需要政府强有力的引导和激励。1983年国务院发布的《国务院批转关于经济发达省、市同少数民族地区对口支援和经济技术协作工作座谈会纪要的通知》曾在几个方面提出适当放宽某些经济政策，"照顾到支援一方的利益，做到互惠互利"，如国家引导和鼓励经济发达地区的企业按照互惠互利的原则，到民族自治地方投资，开展多种形式的经济合作。但是，国家对向民族地区提供对口支援和经济技术协作单位的专门鼓励措施仍尚未出台。[①] 因此，当前需要尽快建立对口支援的行政指导和相关奖励制度，出台鼓励参与对口支援实践的配套政策、措施，对实践过程中的地方政府以及干部进行表彰或者批评，化被动为主动，将援助效果作为考核地方政府和干部政绩的重要指标，充分调动参与对口支援工作的积极性和主动性。另一方面，要加强和完善对口支援考核评估机制。政策评估机制作为一种事后排除机制，用于发现正在执行中的政策冲突现象。因此，有必要建立专门的专家评价组，定期和不定期地监察对口支援的工作情况，做到及时诊断、反馈和矫正，把有限的资源用在社会效益最高和最需要的地方；完善对口支援工作考核机制，建立专门的评估指标体系衡量对口支援工作的绩效，明确援助项目成败原因和经验，从而保证对口支援工作有效、健康地发展；明确援受双方在支援项目建设中和建设后的责任，在对口支援项目协议签订后，支援方应当积极采取措施，在资金、物资以及人员等各方面做好项目实施的准备，受援方应当做好相关的配套工作，积极配合项目的落实。

---

① 熊文钊、田艳：《对口援疆政策的法治化研究》，《新疆师范大学学报（哲学社会科学版）》2010年第3期。

（三）健全中层协调机制

首先，根据受援地的客观情况和实际需求，来确定对口支援的实施方案，实现从立体跨越式对口支援到系统化、精准化对口支援的转变。在教育资源落后的地区重点推行教育对口支援；在产业发展亟须调整的地区实施产业对口支援，针对性地帮助受援地区实现跨越式发展；在经济欠发达地区则重点发挥对口支援的帮扶作用，开展金融对口支援、精准帮扶、科技对口支援等；在社会发展整体落后的地区，充分发挥干部对口支援的引领带动作用，以干部支援带动医疗卫生对口支援、教育对口支援、产业对口支援等。通过精准化的目标实施，确保援受双方对对口支援政策有正确而清楚的认知，明确援助的目的、重点与任务。

其次，省（市）级地方政府往往是跨区域对口支援实践的关键环节，承担着承上启下的中层协调任务：如建立对口支援工作机制；编制对口支援规划；筹集对口支援资金等。在加强对口支援援助过程工作（如资金支援、技术支援、人才支援、项目支援等）的过程管理的同时，也需在援助项目竣工后，加强对援助项目的验收和后续监督管理。各援助方省（市）级地方政府需要重点加大对落实对口支援事项的考核力度，推动对口支援政策、项目和资金的落实，重视公共产品及基础设施项目的后期修缮和维护等，坚持过程和结果并重的管理原则，保证援助工作的可持续性和有效性。

最后，援助干部方面，制定出台配套的援助干部管理办法，明确援助干部管理权限、职务任免、考核培训等内容，规范援助干部管理。从粗糙化向精准化转变，使得援助干部发生人员变动时，对口支援工作仍能有效率且平稳地推行。例如，在对口援藏实践中，建立援藏县委书记请销假制度，能够确保援藏县委书记始终处于组织的监督管理之下；建立援藏工作季报和责任追究机制，可以全面掌握全区援藏资金、项目落实情况；建立援藏干部自我管理组织，制定了《援藏干部考核办法》，结合援藏干部中期考核，便于强化考核结果的运用。[①]

另外，需要落实省一级地方政府的强化援助项目计划管理和援助资金监管，切实提高援助资金的使用效益。建立健全绩效考核评价机制，做好对口支援信息公开工作。同时，年度对口支援工作进展情况应及时向中央政府汇报。

（四）扩大基层实践主体

中央政府的统筹、组织和制度供给，一直是我国对口支援工作的核心特征和保障。中央政府是人民利益的代表，具有对全国所有地区社会公共事务的管理职能以及对全国所有地区社会资源分配的职能。以政府部门为单一主体的援助方式的突出优势是，可以充分发挥各级政府以及各职能部门迅速有力地组织与分配各种资源的优势，从而快速实现对口支援的政策预期。但是，这种单一主体的援助方式存在一定的不足，如支援目标发生偏离和转换、受援地诉求不能得到有效满足、某些方面支援效率不高等。因此，还要动员社会各界的广泛参与、出人出力，把社会各界力量整合到政府主导的对口支援制度架构中，促进对口支援主体多元化，动员社会各界力量参与对口支援。只有吸纳更多的群众参与到对口支援的实施过程中，改变以往那种单向灌输式的群众需求"被满足"模式，才能将对口支援的创新实践发挥出最大效用。

纵览历次对口支援实践，实际的对口支援实践主体除了援助干部外，

---

① 中共西藏自治区党委组织部、《紫光阁》杂志社编《援藏：第六批对口支援西藏纪实》，人民出版社2013年版，第8页。

还包括医疗机构、教育机构、企业等主体。在中央政府出台的一些具体对口支援工作方案中已经明确地将吸纳社会力量参与作为开展对口支援实践的主要原则。例如，《京津两市对口帮扶河北省张承环京津相关地区工作方案》中明确提出："国家有关部门加强指导协调，京津冀各级政府切实强化各自责任，引导京津各类企事业单位和动员社会各界积极参与，务实推动对口帮扶各项任务全面落实。"通过进一步动员有能力、有愿望的企业和社会力量参与到对口支援中来，不仅可以加强社会资金、资源的筹集力度，强化支援效果，增强受援地自身的"造血"能力，而且更容易让社会各界认识到对口支援的意义，加深情感上的联系，真正体验到社会主义制度集中力量办大事的优越性。在抗击新冠肺炎疫情过程中的公益动员就表现出相当广泛的支援主体特征、以人力支援为主的资源要素特征和呈现网格结构的资源配置特征。[1] 未来的对口支援实践中，进一步广泛地吸纳社会力量，丰富对口支援基层实践主体，拓宽对口支援的参与渠道，在以政府部门为主导的对口支援"丛林"中形成另外一种行动机制。[2] 特别是在解决对口支援后续合作的难题上，应当将更多的资源和责任赋予社会力量，真正形成一种"不撤走"的支援队伍。

总之，中国作为一个大国，要以中国式现代化实现民族的伟大复兴，既要吸收借鉴国外的先进文明成果，更要立足中国国情，依靠中国人的创造性活动才能真正做到。对口支援不仅是破解规模治理负荷的制度创新，也是实现各地区社会、经济协调发展，改变复杂社会边际效用递减趋势的有效方式，更是中国式现代化的重要特色体现。通过对口支援的制度创新，

---

① 史晓琴、樊丽明、石邵宾：《中国抗击新冠肺炎疫情中对口支援何以发生——公共经济学视角的分析》，《财政研究》2020 年第 8 期。

② 余翔：《发展型社会政策视野下的省际对口支援研究——基于汶川地震灾后重建案例》，浙江大学出版社 2014 年版，第 193 页。

将国家的规模治理负荷转化为规模治理优势，这是大国之治的中国经验。全面认识对口支援的现实意义和创新性，尤其是其破解国家规模治理难题的内在机理，对于总结新型的单一制体制下超大规模国家治理的经验，进一步推进对口支援工作制度化，法制化，为国家治理现代化注入新的制度动力有着重要意义。对口支援作为一种制度安排已经逐渐覆盖到了中国国家治理的方方面面，但是，对于对口支援的经验分析和理论研究仍然滞后于对口支援实践的进程。因此，推进对口支援实践研究的理论化，既是探索中国大国之治的重要视角，也是构建中国国家治理自主知识体系的一种路径。

参考文献

一、中文著作

[1] [英]安东尼·吉登斯.现代性的后果[M].田禾,译.南京:译林出版社,2011年.

[2] [瑞士]安德烈亚斯·威默.国家建构——聚合与崩溃[M].叶江,译.上海:格致出版社,人民出版社,2019年.

[3] [意大利]阿尔伯托·阿莱西纳,恩里科·斯波劳雷.国家的规模[M].戴家武,欧阳峣,译.上海:格致出版社,上海人民出版社,2020年.

[4] [古希腊]柏拉图.理想国[M].郭斌和,张竹明,译.北京:商务印书馆,2017年.

[5] 丛日云.西方政治文化传统[M].哈尔滨:黑龙江人民出版社,2002年.

[6] 辞海[M].上海:上海辞书出版社,2009年.

[7] [美]道格拉斯·诺斯,罗伯特·托马斯.西方世界的兴起(第二版)[M].北京:华夏出版社,1999年.

[8] [美]道格拉斯·诺斯.经济史上的结构与变革[M].北京:商务印书馆,1992年.

[9] [美]道格拉斯·诺斯.制度、制度变迁与经济绩效[M].上海:上海三联书店,1994年.

[10] [英]戴维·米勒,韦农·波格丹诺编.布莱克维尔政治学百科全书(修订版)[M].邓正来,译.北京:中国政法大学出版社,1992年.

[11] 邓小南.过程·空间:宋代政治史再探讨[M].北京:北京大学出版社,2017年.

[12] 邓小平文选(第3卷)[M].北京:人民出版社,1993年.

[13] 邓云特.中国救荒史[M].北京:商务印书馆,2011年.

[14] 方方.京冀产业扶贫协作研究:路径、机制与展望[M]//北京蓝皮书·北京经济发展报告(2020—2021).北京:社会科学文献出版社,2021年.

[15] [美]弗雷德里克·沃特金斯.西方政治传统:近代自由主义之发展[M].李丰斌,译.北京:新星出版社,2006年.

[16] 费孝通.中华民族多元一体格局(修订本)[M].北京:中央民族大学出版社,1999年.

[17] [美]费正清.剑桥中国晚清史(上卷)[M].中国社会科学院历史研究所编译室,译.北京:中国社会科学出版社,1985年.

[18] [美]费正清.剑桥中国晚清史(下卷)[M].中国社会科学院历史研究所编译室,译.北京:中国社会科学出版社,1985年.

[19] [美]费正清.伟大的中国革命(1800—1985)[M].刘尊棋,译.北京:世界知识出版社,2001年.

[20] 高民政.中国政府与政治[M].济南:黄河出版社,1993年.

[21] 国家民委政策研究室.国家民委民族政策文件选编(1979—1984)》[M].北京:中央民族出版社,1988年.

[22] 国家民族事务委员会,中共中央文献研究室,编.新时期民族工作文献选编[M].北京:中央文献出版社,1990年.

[23] 葛剑雄.中国历代疆域的变迁[M].北京:商务印书馆,1997年.

[24] 国务院三峡建设委员会移民开发局.三峡工程移民工作手册[M].北京:中国三峡出版社,2001年.

[25] 葛兆光.宅兹中国:重建有关"中国"的历史论述[M].北京:中华书局,2011年.

[26] 胡鞍钢,王绍光,周建明,主编.第二次转型:国家制度建设[M].北京:清华大学出版社,2003年.

[27] [西]胡安·诺格.民族主义与领土[M].徐鹤林,朱伦,译.北京:中央民族大学出版社,2009年.

[28] 胡德.权力空间过程与区域经济发展[M].南京:东南大学出版社,2014年.

[29] [法]亨利·勒菲弗.空间与政治[M].李春,译.上海:上海人民出版社,2008年.

[30] 胡锦涛.胡锦涛文选（第三卷）[M].北京：人民出版社，2016年.

[31] 胡茂成.中国特色对口支援体制实践与探索 [M].北京：人民出版社，2014年.

[32] 黄仁宇.万历十五年 [M].北京：生活·读书·新知三联书店，1997年.

[33] 黄仁宇.十六世纪明代中国之财政税收 [M].北京：生活·读书·新知三联书店，2001年。

[34] 黄仁宇.中国大历史 [M].北京：生活·读书·新知三联书店，2007年.

[35] [美]汉斯·摩根索.国家间政治：权力斗争与和平 [M].徐昕，郝望，李保平，译.北京：北京大学出版社，2006年.

[36] 花中东.省际援助灾区的经济效应对口支援政策实施的经济效应研究——以对口支援四川灾区为例 [M].北京：北京理工大学出版社，2014年.

[37] [美]迦纳.政治科学与政府 [M].孙寒冰，译.上海：商务印书馆，1946年.

[38] 晋冀鲁豫边区政府合作厅，编.农村合作互助运动中三大结合的研究 [DB]// 中国国家图书馆馆藏中文资源／民国文献.

[39] 靳薇.西藏：援助与发展 [M].拉萨：西藏人民出版社，2010年.

[40] 景跃进，陈明明，肖滨.当代中国政府与政治 [M].北京：中国人民大学出版社，2016年.

[41] [英]杰弗里·韦斯特.规模：复杂世界的简单法则 [M].北京：中信出版社，2018年.

[42] 姜义华.中华文明的经脉 [M].北京：商务印书馆，2019年.

[43] [韩]金志勋.国民党经济封锁对中央苏区对外贸易的实际影响 [M]//.中华民国史研究三十年 (1972—2020)(中卷)，北京：社会科学文献出版社，2002年.

[44] [德]柯武刚，史漫飞.制度经济学——社会秩序与公共政策 [M].韩朝华，译.北京：商务印书馆，2000年.

[45] [美]罗伯特·A.达尔，爱德华·R.塔夫特.规模与民主 [M].唐皇凤，刘晔，译.上海：上海人民出版社，2017年.

[46] 罗布江村，赵心愚.四川地震灾区灾后重建与发展学术研讨会论文集 [M].北京：中国

出版集团·现代教育出版社,2009 年.

[47] 刘刚,李冬君.文化的江山 [M].太原:山西人民出版社,2009 年.

[48] 柳建文,杨龙.从无偿援助到平等互惠——西藏与内地的地方合作与长治久安研究 [M].北京:社会科学文献出版社,2014 年.

[49] 李玲,等.国土资源管理概论 [M].北京:中国人民大学出版社,1998 年.

[50] 李零.茫茫禹迹——中国的两次大一统 [M]// 我们的中国 (第一编).北京:生活·读书·新知三联书店,2016 年.

[51] 陆铭.空间的力量:地理、政治与城市的发展 [M].上海:格致出版社,上海人民出版社,2017 年.

[52] 李秋芳.反腐倡廉蓝皮书:中国反腐倡廉建设报告 (No.2)[M].北京:社会科学文献出版社,2012 年.

[53] 李瑞昌.中国特点的对口支援制度研究——政府间网络视角 [M].上海:复旦大学出版社,2016 年.

[54] [法]费尔南·布罗代尔.资本主义论丛 [M].顾良,张慧君,译.北京:中央编译出版社,1997 年.

[55] [法]卢梭.社会契约论 [M].李平沤,译.北京:商务印书馆,2018 年.

[56] [美]拉铁摩尔.中国的亚洲内陆边疆 [M].唐晓峰,译.南京:江苏人民出版社,2008 年.

[57] 刘铁.对口支援的运行机制及其法制化:基于汶川地震灾后恢复重建的实证分析 [M].北京:法律出版社,2020 年.

[58] 刘旭.旧唐书·列传 [M].北京:中华书局,1975 年.

[59] [英]李约瑟.四海之内:东方和西方的对话 [M].劳陇,译.北京:生活·读书·新知三联书店,1987 年.

[60] 林毅夫.关于制度变迁的经济学理论:诱致性变迁与强制性变迁 [M]// 科斯,等.财产权利与制度变迁.上海:上海人民出版社,1994 年.

[61] 骆郁廷.精神动力论财产权利与制度变迁 [M].武汉：武汉大学出版社，2003 年。

[62] [英] 阿尔弗雷德·马歇尔.经济学原理 [M].朱攀峰，译.北京：北京出版社，2007 年.

[63] 马克思恩格斯全集 (第 23 卷)[M].北京：人民出版社，1972 年.

[64] 马克思恩格斯文集 (第 1 卷)[M].北京：人民出版社，2009 年.

[65] 马克思恩格斯选集 (第 4 卷)[M].北京：人民出版社，1995 年.

[66] [美] 麦克法夸尔，费正清，主编.剑桥中华人民共和国史 (1949—1965 年)[M].北京：中国社会科学出版社，1990 年.

[67] [德] 马克斯·韦伯.经济与社会 (下卷)[M].北京：商务印书馆，1997 年.

[68] 马细谱.南斯拉夫兴亡 [M].北京：社会科学文献出版社，2010 年.

[69] [美] 米歇尔·渥克.灰犀牛：如何应对大概率危机 [M].王丽云译，北京：中信出版集团，2017 年.

[70] 毛泽东文集 (第四卷)[M].北京：人民出版社，1999 年.

[71] 毛泽东文集 (第六卷)[M].北京：人民出版社，1999 年.

[72] 毛泽东著作选读 (下册)[M].北京：人民出版社，1986 年.

[73] [美] 道格拉斯·诺斯.经济史中的结构与变迁 [M].陈郁，罗华平，译.上海：上海三联书店，1991 年.

[74] 宁骚.公共政策学 [M].北京：高等教育出版社，2003 年.

[75] [美] 纳西姆·尼古拉斯·塔勒布.黑天鹅 [M].万丹，译.北京：中信出版社，2008 年.

[76] 欧阳峣.大国发展道路：经验和理论 [M].北京：北京大学出版社，2018 年.

[77] [日] 平田茂树.宋代政治结构研究 [M].林松涛，朱刚，译.上海：上海古籍出版社，2010 年.

[78] 瞿晓琳.新中国成立以来中国共产党领导地民族地区民生建设研究 [M].北京：人民出版社，2016 年.

[79] 人民日报.人民日报社论选辑 [M].北京：人民日报出版社，1960 年.

[80] 任维德.中国区域治理研究报告[M].北京:中国社会科学出版社,2018年.

[81] [美]斯蒂芬·P·罗宾斯,蒂莫西·A·贾奇.组织行为学(第14版)[M].孙健敏,李原,黄小勇,译.北京:中国人民大学出版社,2012年.

[82] 孙光.政策科学[M].杭州:浙江教育出版社,1987年.

[83] 上海市对口支援都江堰灾后重建指挥部,上海市地方志办公室,都江堰市人民政府,编纂.汶川特大地震:上海市对口支援都江堰市灾后重建志[M].北京:方志出版社,2012年.

[84] 十七大以来重要文献选编(上)[M].北京:中央文献出版社,2009年.

[85] 十三经注疏[M].北京:中华书局,1980年.

[86] 施展.枢纽:3000年的中国[M].桂林:广西师范大学出版社,2018年.

[87] 中共中央文献研究室,中共西藏自治区委员会,中国藏学研究中心.毛泽东西藏工作文选[M].北京:中央文献出版社,中国藏学出版社,2008年.

[88] [美]托马斯·R·戴伊.理解公共政策[M].谢明,译.北京:中国人民大学出版社,2011年.

[89] 唐皇凤.大国治理与政治建设——当代中国国家治理的现实基础、主要困境及战略选择[M]//李建华.伦理学与公共事务.长沙:湖南人民出版社,2008年.

[90] 谭震林.现代化的大规模的农业建设开始了[M].太原:山西日报出版社,1960年.

[91] 王邦佐,等.政治学词典[M].上海:上海辞书出版社,2009年.

[92] 吴定.公共政策辞典[M].台北:五南图书出版公司,2005年.

[93] 现代汉语词海编委会.现代汉语词海[M].太原:山西教育出版社,2002年.

[94] [德]乌尔里希·贝克.风险社会:新的现代性之路[M].南京:译林出版社,2004年.

[95] 王沪宁.政治的人生[M].上海:上海人民出版社,1995年.

[96] 王红生.论印度的民主[M].北京:社会科学文献出版社,2011年.

[97] 习近平扶贫论述摘编[M].北京:中央文献出版社,2018年.

[98] 习近平谈治国理政(第三卷)[M].北京:外文出版社,2020年.

[99] 习近平. 习近平谈治国理政(第二卷)[M]. 北京 : 外文出版社 , 2017 年 .

[100]伍精华 . 进一步开展对口支援和地区协作帮助少数民族地区发展经济建设 [M]//. 中国横向经济年鉴 (1992). 北京 : 中国社会科学出版社 , 1992 年 .

[101]吴稼祥 . 公天下 [M]. 桂林 : 广西师范大学出版社 , 2013 年 .

[102][美] 威廉·内斯特 . 国际关系 : 21 世纪的政治与经济 [M]// 姚远 , 汪恒 , 译 . 北京 : 北京大学出版社 , 2005 年 .

[103]新时期民族工作文献选编 [M]. 北京 : 中央文献出版社 , 1990 年 .

[104]西藏工作文献选编 (1949—2005 年)[M]. 北京 : 中央文献出版社 , 2005 年 .

[105]《西藏自治区概况》编写组 . 西藏自治区概况 [M]. 北京 : 民族出版社 , 2009 年 .

[106]王子今 . 中国古代交通文化论丛 [M]. 北京 : 中国社会科学出版社 , 2015 年 .

[107]西藏自治区人民政府办公厅 , 西藏自治区党委党史研究室 . 全国支援西藏 [M]. 拉萨 : 西藏人民出版社 , 2002 年 .

[108]许倬云 . 说中国 : 一个不断变化的复杂共同体 [M]. 桂林 : 广西师范大学出版社 , 2015 年 .

[109][英] 亚当·库珀 , 杰西卡·库珀主编 . 社会科学百科全书 [M]. 上海 : 上海译文出版社 , 1989 年 .

[110]杨宏山 . 公共政策学 [M]. 北京 : 中国人民大学出版社 , 2020 年 .

[111][古希腊] 亚里士多德 . 政治学 [M]. 吴寿彭 , 译 , 北京 : 商务印书馆 , 2010 年 .

[112]阎步克 . 帝国开端时期的官僚政治制度——秦汉 [M]// 吴宗国 . 中国古代官僚政治制度 . 北京 : 北京大学出版社 , 2004 年 .

[113]余翔 . 发展型社会政策视野下的省际对口支援研究——基于汶川地震灾后重建案例 [M]. 杭州 : 浙江大学出版社 , 2014 年 .

[114]于省吾 . 释"中国"[M]// 中华学术论文集 . 北京 : 中华书局 , 1981 年 .

[115]姚洋 . 中国道路的世界意义 [M]. 北京 : 北京大学出版社 , 2011 年 .

[116]于阳 . 中国政治时钟 : 三千年来国家治理的周期运动 [M]. 北京 : 当代中国出版社 ,

2016 年.

[117]张传玺.中国古代政治文明讲略 [M].北京：北京出版社，北京出版集团公司，2019 年.

[118]周恩来选集（下卷)[M].北京：人民出版社，1984 年.

[119]中共西北中央局调查研究室，编.边区的劳动互助 [DB]// 中国国家图书馆馆藏中文资源 / 民国资源.

[120]中共西藏自治区党委组织部，《紫光阁》杂志社.援藏：第六批对口支援西藏纪实 [M].北京：人民出版社，2013 年.

[121]中共西藏自治区党委组织部，中共西藏杂志社，编.援藏：第五批对口支援西藏纪实 [M].北京：华文出版社，2010 年.

[122]张光直.青铜挥麈 [M].上海：上海文艺出版社，2000 年.

[123]中华人民共和国国务院新闻办公室.西藏发展道路的历史选择（白皮书)[M].2015 年.

[124]张江华.中国少数民族现状与发展调查——堆龙德庆县 [M].北京：民族出版社，2003 年.

[125]周雪光.中国国家治理的制度逻辑：一个组织学研究 [M].北京：生活·读书·新知三联书店，2017 年.

[126]周雪光.组织社会学十讲 [M].北京：社会科学文献出版社，2003 年.

[127]司马光.资治通鉴 [M].北京：中华书局，1963 年.

[128]中共西藏自治区委员会党史研究室，编著.中国共产党西藏历史大事记 (1949—2004)（第一卷)[M].北京：中共党史出版社，2005 年.

[129]林水波.跨域治理 [M].台北：五南图书出版股份有限公司，2009.

二、中文论文：

[1]　习近平.决胜全面建成小康社会 夺取新时代中国特色社会主义伟大胜利——在中国共产党第十九次全国代表大会上的报告 [J].中国经济周刊，2017(42): 68-96.

[2] 付娟 . 我国高校"对口支援"政策：成效、问题与优化策略 [J]. 浙江师范大学学报（社会科学版），2018, 43(2): 101−106.

[3] 解群 . 支援欠发达地区高校政策的中外比较 [J]. 学术论坛，2013(6): 222−228.

[4] 闫卫华 . 关于对口支援西部地区高校的思考 [J]. 学术论坛，2018(1): 81−82.

[5] 郑刚，刘健 . 中国特色的东西部高校对口支援政策模式 [J]. 教育与职业，2013(23): 14−17.

[6] 李瑞昌 . 界定"中国特点的对口支援"：一种政治性馈赠解释 [J]. 经济社会体制比较，2015(4): 194−203.

[7] 李琼，张登巧 . 少数民族地区社会保障制度减贫的功能及实践 [J]. 甘肃社会科学，2017(4): 87−92.

[8] 夏少琼 . 对口支援：政治、道德与市场的互动——以汶川地震灾后重建为中心 [J]. 西南民族大学学报（人文社会科学版），2013(5).

[9] 郑春燕 . 当合法性遭遇正当性——以施密特宪法思想中的对抗理论为背景 [J]. 浙江学刊，2004, (4).

[10] 袁武振，高喜平等 .1950 年代上海对陕西建设的支援 [J]. 西安邮电学院学报，2008, 13(4): 32−37

[11] 刘春宇 . 对口援疆政府应承担怎样的职责 [J]. 中国经贸导刊，2011, (18).

[12] 余翔 . 对口支援少数民族地区的政策变迁与发展前瞻 [J]. 华北电力大学学报（社会科学版），2013, 6: 68−73.

[13] 王颖，董垒 . 我国灾后地方政府对口支援模式初探——以各省市援建汶川地震灾区为例 [J]. 当代世界与社会主义，2010, (1): 131−136.

[14] 陈志刚 . 对口支援与散杂居民族地区小康建一来自江西省少数民族地区对口支援的调研报告 [J]. 中南民族大学学报 .2005.3

[15] 祝小芳 . 分权模式下的横向财政均衡：德国的经验与启示 [J]. 财政研究，2005(2).

[16] 江华富.对口支援硕果丰——湖北省"616"对口支援工程实施10周年回眸 [J].民族经济,2017

[17] 熊文钊,田艳.对口援疆政策的法治化研究 [J].新疆师范大学学报(哲学社会科学版).2010, 3: 12–20.

[18] 俞晓晶.从对口支援到长效合作:基于两阶段博弈的分析 [J].经济体制改革.2010, 5: 37–39.

[19] 吕朝辉.边疆治理视野下的精准对口支援研究 [J].云南民族大学学报(哲学社会科学版).2016, 33(3): 31–37

[20] 钟开斌.对口支援灾区:起源与形成 [J].经济社会体制比较,2011, (6): 140–146.

[21] 钟开斌.对口支援:起源、形成及其演化 [J].甘肃行政学院学报.2013, (4).

[22] 赵伦,蒋勇杰.地方政府对口支援模式分析——兼论中央政府统筹下的制度特征与制度优势 [J].成都大学学报(社会科学版).2009, (2): 4–8.

[23] 王磊.对口支援政策的减贫成效及优化对策——以对口援藏为例 [J].发展研究,2018.6.

[24] 王磊,黄云生.提高对口援藏有效性的途径研究——基于农牧民需求的视角 [J].贵州民族研究,2014(8): 163–166.

[25] 王磊,杨明洪.西藏产业结构演变:特征、问题与对策 [J].西藏研究,2015(3): 58–64.

[26] 杨明洪.对口援藏有效性的理论认识与实现路径研究 [J].中国藏学,2014(3): 126–132.

[27] 杨明洪,张营为.对口援藏制度研究进展 [J].民族学刊,2016(4).

[28] 刘铁.从对口支援到对口合作的演变论地方政府的行为逻辑——基于汶川地震灾后恢复重建对口支援的考察 [J].农村经济,2010(4): 42–44.

[29] 周晓丽,马晓东.协作治理模式:从"对口支援"到"协作发展" [J].南京社会科学,2012, , 9.

[30] 于永利.灾后对口支援的模式与合作化转向 [J].今日中国论坛,2013, , 17.

[31] 于永利.省际对口支援的制度优化——基于国际双边援助的参照 [J].理论论坛,484–

486.

[32] 郑春勇. 对口支援中的"礼尚往来"现象及其风险研究 [J]. 人文杂志, 2018(1): 122-128.

[33] 靳薇. 援藏项目效益调查报告 [J]. 中国藏学, 2000(3).

[34] 湖北省武汉市民族宗教事务委员会. 敢为人先 追求卓越 打造对口支援新模式 [J]. 中国民族, 2018(7): 28-29.

[35] 丁忠毅. 国家治理视域下省际对口支援边疆政策的运行机制研究 [J]. 思想战线, 2018, 44(4): 76-87.

[36] 丁忠毅. 府际协作治理能力建设的阻滞因素及其化解——以对口支援边疆民族地区为中心的考察 [J]. 理论探讨, 2016(3).

[37] 丁忠毅. 府际协作治理能力建设的现实性 [J]. 理论视野, 2017(2).

[38] 周志忍, 蒋敏娟. 中国政府跨部门协同机制探析——一个叙事与诊断框架 [J]. 公共行政评论, 2013(1).

[39] 周平. 边疆在国家发展中的意义 [J]. 思想战线, 2013.2.

[40] 周平. 陆地边疆治理面临资源困境 [J]. 云南师范大学学报 (哲学社会科学版), 2017, 4.

[41] 方盛举, 吕朝辉. 论我国陆地边疆治理的合作型治理 [J]. 社会科学研究, 2015, 4.

[42] 徐明. 省际对口支援如何影响受援地区经济绩效——兼论经济增长与城乡收入趋同的多重中介效应 [J]. 经济科学, 2018, 4: 75-88.

[43] 张文礼, 王达梅. 科层制市场机制: 对口支援机制的反思 [J]. 西北师范大学学报 (社会科学版).2017(5).

[44] 张曦. 汶川经验: 对口支援与脆弱性 / 恢复力 [J].2018, 35(4): 104-110.

[45] 李含琳. 论当前西部民族地区大开发的宏观环境和应对策略 [J]. 民族研究, 2000, (3): 41-47.

[46] 丁煌, 叶汉雄. 论跨域治理多元主体间伙伴关系的构建 [J]. 南京社会科学, 2013, (1): 63-69.

[47] 陶希东 . 跨界治理 : 中国社会公共治理的战略选择 [J]. 学术月刊 , 2011, (8): 22–29.

[58] 赵明刚 . 中国特色对口支援模式研究 [J]. 社会主义研究 , 2011, (2): 56–61.

[59] 倪锋 , 张悦 , 于彤舟 . 汶川大地震对口支援初步研究 [J]. 经济与管理研究 , 2009, (7): 55–62.

[50] 袁武振 , 梁月兰 , 高喜平 , 柴云 .1950 年代上海对陕西建设的支援 [J]. 西安邮电学院学报 , 2008, (4): 32–36.

[51] 梁福庆 . 三峡库区移民对口支援的基本经验及其对策 [J]. 重庆社会科学 , 2008, (8): 84–87.

[52] 王永才 . 对口支援民族地区的法理基础与法治化探索 [J]. 中央民族大学学报 (哲学社会科学版), 2014, 41(5): 25–29.

[53] 王永才 . 对口支援民族地区的问题与法治反思 [J]. 黑龙江民族丛刊 .2014 年第 2 期。

[54] 王红 .2000 年我国九年义务教育经费情况分析及改善建议 . 教育发展研究 . 2001.7. (11–17).

[55] 李庆滑 . 我国省际对口支援的实践、理论与制度完善 [J]. 中共浙江省委党校学报 .2010

[56] 伍文中 . 从对口支援到横向财政转移支付——文献综述及未来研究趋势 [J]. 财经论丛 .2012, 1: 34–38

[57] 杨道波 . 地区间对口支援和协作的法律制度问题与完善 [J]. 理论探索 .2005.6: 155–157

[58] 杨道波 . 对口支援和经济技术协作法律对策研究 [J]. 中央民族大学学报 (哲学社会科学版), 2006, 33(1): 64–69.

[59] 李延成 . 对口支援 : 对帮助不发达地区发展教育的一项政策与制度安排 [J]. 教育发展研究 .2002: 10

[60] 李盛全 . 三峡库区移民工程的近战、问题及对策 [J]. 重庆商学院学报 , 1998: 3.13.14.

[61] 王玮 . 中国能引入横向财政平衡机制吗——兼论对口支援的改革 [J]. 财贸研究 , 2010 (2). 63–69.

[62] 朱光磊，张传彬．系统性完善与培育府际伙伴关系——关于"对口支援"制度的初步研究 [J]．江苏行政学院学报，2011(2): 85-90.

[63] 清华大学课题组．东西部高校对口支援的实践与经验 [J]．清华大学教育研究．2007，28(4): 34-43.

[64] 阿拉塔高娃．关于东南沿海地区与少数民族地区的对口支援和经济技术协作发展的再认识 [J]．内蒙古社会科学，2000.2

[65] 陈栋生．东西互动、产业专业是实现区域协调发展的重要途径 [J]．中国金融．2008.4

[66] 田艳．民族自治地方经济管理自治权研究 [C]．北京：中央民族大学出版社，2012.6: 24-25.

[67] 解群．中国高校对口支援政策分析 [D]．上海：华东师范大学，2012.

[68] 卢秀敏．十一届三中全会以来党的民族经济政策与西藏经济发展 [D]．成都：西南师范大学硕士学位论文，2002.

[69] 田禾．区域互动与我国区域经济协调发展研究 [D]．武汉：武汉理工大学博士学位论文，2007.

三、报纸：

[1] 刘天亮．援藏20年，翻过米拉山口更向前 [N]．人民日报，2014-08-26.

[2] 陈宝善．国家各部委对口支援安徽灾区实在有力 第二次对口支援安徽灾区会议部署下步工作 [N]．人民日报，1992-05-06.

[3] 陈雁，翟启运，熊明银．暖流，在中华大地涌动——"扶贫济困送温暖"捐助活动综述 [N]．人民日报，1997-02-03.

[4] 李安达，张玉来．科学规划 依靠群众 对口支援——吉林省受灾区重建家园一年解困 [N]．人民日报，1999-12-24.

[5] 李文．湖南非灾区支援灾区耕牛 [N]．人民日报，1955-04-27.

[6] 刘杰 . 责任到人 资金到位 援助到户——安徽灾区民建房力度大进展快 [N]. 人民日报，
1999-12-24.

[7] 陈祖甲 . 加强边远地区科技队伍建设鼓励沿海内地科技人员支边国家对边远地区科技
人员实行特殊政策 [N]. 人民日报，1983-04-30.

[8] 哈尔滨太平公社采取"四级挂钩""八行对口"办法 大力支援农业技术改造 [N]. 人民
日报，1960-11-30.

[9] 厂厂包社 对口支援——论工业支援农业技术改造的新形式 [N]. 山西日报，1960-
03-20.

[10] 工农协作加速农业技术改造 [N]. 人民日报，1960-03-23.

[11] 厂社挂钩的新发展 支援农业的好办法 [N]. 人民日报，1960-08-16.

[12] 要闻快报 [N]. 人民日报，1960-05-28.

[13] 上海市轻工业局革命委员会 . 合理使用劳动力 [N]. 人民日报，1973-03-16.

[14] 余秋里 . 全党动员 决战三年 为基本上实现农业机械化而奋斗（一九七八年一月二十六
日在第三次全国农业机械化会议上的总结报告)[N]. 人民日报，1978-01-29.

[15] 根据中央关于加强边疆地区建设的指示 江苏与广西结成对口支援省区 [N]. 人民日报，
1980-07-24.

[16] 范睦 . 四川四个省辖市对三个民族地区开展对口支援 [N]. 人民日报，1981-12-30.

[17] 朱明 . 广西二十一所城市医院 对口支援少数民族山区医院 [N]. 人民日报，1981-
12-30.

[18] 冯诚 . 甘肃从人力物力和资金方面 重点帮助陇南地区治穷致富 [N]. 人民日报，1986-
06-11.

[19] 张东波，贾昭全 . 军队百家医院对口支援西部医院 [N]. 人民日报，2001-06-04.

[20] 育文 . 西部所有本科高校将实现渡口支援 [N]. 人民日报，2005-03-03.

[21] 张国勇，魏晓东 .15年全国对口支援三峡到位资金 274.1 亿元 [N]. 重庆日报，2006-

12-04.

[22] 汶川地震灾区浴火重生 灾后重建投资计划完成逾七成 [N]. 人民日报 (海外版), 2010-
05-12.

[23] 曹东勃 . 对口支援 : 脱贫攻坚战的决胜利器 [N]. 解放日报, 2018-08-21.

[24] 孙鸿宾, 江绍高 . 搬大水 抗大旱 旱多久 抗多久——湖北省抗大旱夺丰收纪事 [N]. 人
民日报, 1978-11-11.

[25] 杨振武 . 田纪云强调救灾工作要再接再厉 当前救灾抓好 10 件大事 [N]. 人民日报,
1991-11-17.

[26] 王荧瑶 . 高质量完成对口支援任务 推动取得新的更大成效 [J]. 台州日报, 2018-07-06.

[27] 陈如桂 . 强化对口支援 促进精准扶贫 [N]. 人民日报, 2018-09-21.

[28] 陈祖甲 . 加强边远地区科技队伍建设鼓励沿海内地科技人员支边国家对边远地区科技
人员实行特殊政策 [N]. 人民日报, 1983-04-30.

[29] 周宇, 孙乾 . 本市新设对口支援工作组 负责疆藏和玉树对口支援同时担负驻京办管理
职能 [N]. 京华时报, 2010-07-06.

[30] 姚润丰 . 对口支援书写三峡变迁史 [N]. 中国三峡工程报, 2006-12-08.

[31] 唐景莉 . 教育部将加大对口支援西部高校的力度 [N]. 中国教育报, 2001.7.12.

[32] 唐青林 .2000 名教师出征支教贫困地区 , 四川全面启动实施"两个工程" [N]. 中国教育
报 .2000.5.15.

[33] 夏越 .280 名贫困县教育局长进京充电 [N]. 中国教育报, 2000.7.8.

[34] 袁茜 . 情系天山—山东对口支援新疆教育工作纪实 [N]. 中国教育报, 2001.6.14.

[35] 周健伟, 刘心惠 . 以科技教育大发展支持西部大开发 [N]. 光明日报, 2000.8.23.

[36] 周祖臣 . 广西对口支援边境学校 [N]. 中国教育报, 2000.8.7.

[37] 吴邦国 . 建设团结、富裕、文明的新西藏——在庆祝西藏自治区成立三十周年干部大会
上的讲话 (摘要)[N]. 人民日报, 1995-09-1.

[38] 陈强.支援行动迟缓,十八单位挨批,信阳市城乡教育对口支援动真格 [N]. 中国教育报 .2009, 1.

[39] 习近平.决胜全面建成小康社会 夺取新时代中国特色社会主义伟大胜利——在中国共产党第十九次全国代表大会上的报告 [N]. 人民日报,2017-10-28.

[40] 焦新.省市"结对子",学校一帮一,各地教育对口支援如火如荼 [N]. 中国教育报,2000.

四、网站 / 政府公文

[1] 张岸元,张长海.对口支援也是一种巨灾保险机制 [EB/OL]. http://insurance.hexun.com/2008-09-15/108879612.html.

[2] 重庆市移民局 湖北省移民局:三峡库区企业结构调整办公室有关资料及报告,2005-2007 年。

[3] 国务院三峡办:三峡工程综合统计信息,1993-2007 年.中央机构编制委员会办公室.部际联席会议,中国机构编制网

[4] 关于组织发达省、市同少数民族地区对口支援和经济技术协作工作座谈会纪要(国发〔1983〕7 号文件)[EB/OL].http://www.chinalawedu.com/.

[5] 杜宇.到 4 月底 20 个对口支援省市确定对口支援资金 560 多亿元 [A]. 中华人民共和国中央人民政府网站,http://www.gov.cn/zxft/ft171/content_1311596.htm.

[6] 陈竺.切实推进城乡医院对口支援工作 [A]. 中华人民共和国中央人民政府网站,http://www.gov.cn/govweb/gzdt/2009-08/18/content_1395070.htm

[7] 张丽红.鄂尔多斯市对口支援兴盟首批项目开工奠基 [A]. 中国日报网,http://www.chinadaily.com.cn/dfpd/neimenggu/2010-10-11/content-984086.html.

[8] 《北京市人民政府办公厅关于开展对口支援三峡工程库区移民工作的通知》,京政办发〔1992 〕53 号 .

[9] 《国务院办公厅关于开展对三峡工程库区移民工作对口支援的通知》，国办发〔1992〕14 号．

[10] 国家发展改革委员会，中共中央组织部，人力资源和社会保障部．《关于调整对口援藏结对关系的通知》，发改地区〔2015〕705 号．

[11] 广东省人民政府办公厅．《广东省人民政府办公厅关于印发广东省对口支援林芝工作方案的通知》，粤办函〔2016〕333 号．

[12] 《汶川地震灾后恢复重建对口支援方案》国务院办公厅〔2008〕53 号．

[13] 教育部，国务院扶贫开发领导小组，中组部，国家计委，财政部，人事部．关于印发《关于东西部地区学校对口支援工作的指导意见》的通知，2000.

五、外文文献

[1]　Axelrod R. M. The Evolution of cooperation[M]. Basic books, 2006.

[2]　Alesina, A., D. Dollar. Who gives foreign aid to whom and why?[J]. Journal of Economic Growth, 2000, 5: 33−64.

[3]　Alesina, A., E. Spolaore. On the number and size of nations[J]. Quarterly Journal of Economics, 1997, 112(4): 1027−1056.

[4]　Alesina, A., E. Spolaore. Conflict, defense spending, and the number of nations[J]. European Economic Review, 2006, 50(1): 91−120.

[5]　Alesina, A., R. Wacziarg. Openness, country size and the government[J]. Journal of Public Economics, 1998, 69: 305−322.

[6]　Mesterton−Gibbons M., Dugatkin L. A. Cooperation among Unrelated Individuals: Evolutionary Factors[J]. The Quarterly Review of Biology, 1992, 67(3).

[7]　Dahl, R. A., E. R. Tufte. Size and Democracy[M]. Stanford: Stanford University Press, 1973.

[8]　Engel, C., J. Rogers. How wide is the border?[J]. American Economic Review, 1996, 86:

1112-1125.

[9] Friedman, D. A theory of the size and shape of nation[J]. Journal of political Economy, 1977, 85(1): 59-77.

[10] Wittman, D. The wealth and size of nations[J]. Journal of Conflict Resolution, 2000, 44(6): 868-884.

[11] Kirk Emerson, Tina Nabatchi, Stephen Balogh. An Integrative Framework for Collaborative Governance[J]. Journal of Public Administration Research and Theory, 2012, 22(1): 1-29.

[12] Carey Doberstein. Designing Collaborative Governance Decision-Making in Search of a 'Collaborative Advantage' [J]. Public Management Review, 2016, 18(6): 819-841.

[13] Xuepeng Qian, Weisheng Zhou, Koichiro Yammada, Qian Wang. Pairng Aid System in Disaster Relief and Recovery Management: Lessons from Wenchuan Earthquake in China 国际基础设施恢复与重建研究所, http://www. iiirr. ucalgary. ca/files/iiirr/A3-2_. pdf, 2017-07-30.

[14] Sebastian Heilmann. From Local Experiments To National Policy: The Origins of China's Distinctive Policy Process[J]. The China Journal, 2008,(59): 1-30.

[15] Thomas Bernstein. Stalinism, Famine, and Chinese Peasants: grain procurements during the Great Leap Forward[J]. Theory and Society, 1984, 13,(3): 339-369.

[16] Arjen Boin and Mark Rhinard. Managing Transboundary Crises: What Role for the European Union?[J]. International Studies Review, 2008, 10(1): 1-26.

[17] Sebastian Heilmann. From local Experiments To National Policy: The Origins of China's Distinctive Policy Process[J]. The China Journal, 2008,(59): 1-30.

[18] Wittkopf, E. Western Bilateral Aid Allocation: A Comparative Study of Recipient State Attributes and Aid Received[M]. Sage Publications, 1972.

后 记

超大规模是当代中国的基础性治理条件,是国家治理复杂性的根源。作为世界上规模最大的单一制国家,中国一直面临着维护国家统一与中央政府治理负荷之间张力的大国难题,构建发挥中央与地方两个积极性的体制和机制就成为破解这一难题的关键。作为一种体制和机制的制度创新,"对口支援"已成为解码中国之治的重要密码。

虽然早在研究生毕业留校任教后就知道了支教边疆一事,后在一些重大灾后救援、重建的新闻报道中初步了解到对口支援的作用,但真正对"对口支援"制度有深切的体验和感悟是 2016 年夏季参与了吉林大学组织的新疆阿勒泰地区支援团。在实际参与"对口援疆"的过程中,特别是听到许多参与援疆的同志讲述的援疆故事后,我对"对口支援"制度的意义有了更深入的了解,并对"对口支援"与国家规模治理的关系产生了浓厚的兴趣。后来,我建议博士研究生王宏伟选择对口支援与国家规模治理的关系作为研究方向。得到宏伟同意后,我安排他去吉林省政府负责管理对口支援的部门进行调研。在实际调研和梳理对口支援相关文献、政策的基础上,我们合作完成了《对口支援:破解规模治理负荷的有效制度安排》一文。该文在《学术界》2020 年第 10 期发表后,不仅被《新华文摘》等一些刊物相继转发,也引起了出版界同人的关注。不久,我收到了《学术界》马立钊主编转来的安徽人民出版社总编辑何军民想联系我的微信。与何总编建立联系后，何总编认为，对口支援是一个很有意义的选题，建议在《学术界》发表的文章基础上，扩展成一部学术著作。与宏伟商量后，我们采纳了何总编的建议。我们认为，虽然国内已有"对口支援"方面研究的学术著作，但"对口支援"作为一种制度创新，对于其破解国家规模治理难题的内在机理仍缺少深入的研究，更没有这方面系统阐释的学术著作，在这一领域，既有值得深入挖掘的地方，又有很大的理论拓展空间，而且可以与宏伟博士论文的写作有机结合起来。

2021 年，安徽人民出版社以"中国对口支援"为题申报了中宣部 2021 年主题出版重点出版物选题，但由于书稿准备不充分申报没有成功。申报没有获批，加上疫情的特殊时期遇到的一些事情，我打算放弃著作的撰写工作，并告知了何总编。何总编得知我打算放弃的想法后，发微信鼓励我，认为"对口支援"是"讲好中国故事"的重要题目，也是符合国家出版需求的好选题，应该充实内容再申报，何总编的坚持和鼓励感动了我。

2022 年，书稿在做了系统性完善的基础上，在何总编的策划下，以"对口支援：大国治理的中国经验"为题，申报了中宣部 2022 年度主题出版重点出版物选题。这一次，在上海复旦大学李瑞昌教授和上海交通大学韩志明教授的大力推荐下，得到了评审专家的认可，成功入选中宣部 2022 年主题出版重点出版物选题。

实事求是地说，这本书的完成，我的学生王宏伟作出了主要的贡献。宏伟也在这一主题的探索过程中，实现了从在读博士向吉林大学"鼎新学者博士后"的身份转变，成为吉林大学哲学社会科学研究"中国式现代化道路的政治学阐释"创新团队的新成员，并获得了 2023 年国家社科基金青年项目的资助。我知道，选择了教师这一职业，就是选择了与学生同行。我是一个幸运的人，遇到了宏伟这样既热爱学术又敬畏学术的学生。师生之间只有相互欣赏才能彼此成就。师生相遇是一种缘，师生交流合作是一首歌！

在书稿即将付印之际，我衷心感谢汪双琴责编认真负责的审稿工作。没有何总编和双琴等责编的全力支持，这本书也不可能诞生。本书的部分内容曾经以单篇论文的形式发表在《学术界》《南京社会科学》《社会科学报》等报刊上，非常感谢上述报刊刊发拙文。在收集相关资料和调研的过程中，也得到了吉林省发展和改革委员会对口支援处相关领导的大力支持！在本书的撰写过程中，一些想法也受惠于学界相关的研究成果，受惠于与很多学界同人的学术交流和讨论，受惠于吉林大学的同事和学生的交流与沟通。感谢大家！在此，要特别感谢北京大学博雅讲席教授王浦劬先生在阅读书稿后的大力推荐！

最后，本书系国家社科基金重点项目"中国式现代化新道路与人类文明新形态研究"（21AZD094）、吉林大学哲学社会科学研究创新团队项目"中国式现代化道路的政治学阐释"（2022CXTD06）、国家社科基金青年项目"中国超大规模国家治理视角下对口支援制度研究"（23CZZ015）的阶段性成果，感谢上述项目的支持！

学术探索仍在路上，行者无疆！囿于调研、文献阅读的范围和研究视野，本书的研究探索难免存在各种不足，甚至是偏颇之处，热忱期待学界同人不吝批评指正。

周光辉

2023 年 10 月